国家哲学社会科学成果文库

NATIONAL ACHIEVEMENTS LIBRARY
OF PHILOSOPHY AND SOCIAL SCIENCES

敦煌石窟乐舞
图像研究

朱晓峰　著

社会科学文献出版社
SOCIAL SCIENCES ACADEMIC PRESS (CHINA)

图书在版编目（CIP）数据

敦煌石窟乐舞图像研究 / 朱晓峰著 . -- 北京 : 社
会科学文献出版社，2025.6. --（国家哲学社会科学成
果文库）. -- ISBN 978-7-5228-5248-5

Ⅰ .K879.414

中国国家版本馆 CIP 数据核字第 2025PC5874 号

· 国家哲学社会科学成果文库 ·

敦煌石窟乐舞图像研究

著　　者 / 朱晓峰

出 版 人 / 冀祥德
组稿编辑 / 郑庆寰
责任编辑 / 汪延平
责任印制 / 岳　阳

出　　版 / 社会科学文献出版社·历史学分社（010）59367256
　　　　　　地址：北京市北三环中路甲29号院华龙大厦　邮编：100029
　　　　　　网址：www. ssap. com. cn
发　　行 / 社会科学文献出版社（010）59367028
印　　装 / 北京盛通印刷股份有限公司

规　　格 / 开　本：787mm×1092mm　1/16
　　　　　　印　张：29.25　字　数：460千字
版　　次 / 2025年6月第1版　2025年6月第1次印刷
书　　号 / ISBN 978-7-5228-5248-5
定　　价 / 168.00元

读者服务电话：4008918866

《国家哲学社会科学成果文库》
出版说明

为充分发挥哲学社会科学优秀成果和优秀人才的示范引领作用，促进我国哲学社会科学繁荣发展，自 2010 年始设立《国家哲学社会科学成果文库》。入选成果经同行专家严格评审，反映新时代中国特色社会主义理论和实践创新，代表当前相关学科领域前沿水平。按照"统一标识、统一风格、统一版式、统一标准"的总体要求组织出版。

全国哲学社会科学工作办公室

2025 年 3 月

序

我年近古稀，从事敦煌学研究已经 40 多年，从事博士培养也近 30 年，培养的博士、博士后也近百人了，当看到博士中有好的消息传来，仍然非常高兴。大概是在去年国庆节前后，得知我的博士、博士后朱晓峰的专著《敦煌石窟乐舞图像研究》入选 2024 年度《国家哲学社会科学成果文库》，同时入选的还有我的博士沙武田的《敦煌石窟丝路图像研究》和博士后雷玉华的《中国南方石窟窟前建筑的考古学研究》。看到自己的学生在各自领域都有所建树，真心替他们感到高兴，我作为他们的导师也感到很荣耀。年底的时候，朱晓峰拿来了他的初稿，请我给他写序。我拿起这近 500 页的书稿，感受到了这些年他在敦煌的努力和付出。

朱晓峰是我 2013 级的博士生，是兰州大学敦煌学研究所第一个以音乐学背景考入的博士生。因为敦煌学研究的特殊性，从事敦煌学研究的人学术背景都比较复杂，几乎涵盖整个人文社会科学领域，但是对于学音乐出身的，这是首次招收。从事敦煌音乐研究主要有两方面的工作，一个是研究乐谱，一个是研究图像。研究乐谱的难度不亚于破译密电码，而且由于没有验证参照物，研究的成果也很难得到公认；而从事壁画乐舞图像的研究倒成为研究的热点，不断有新的成果出现。我虽然平常也涉猎一些古代音乐史的资料，对音乐史的脉络也略知皮毛，但是对指导从事敦煌音乐方面的博士还是有些发怵，心里一点儿底都没有。他学术功底长于音乐而弱于文史，在学术研究上的劣势是很明显的。敦煌学属于历史文献学，是历史学中最难的学科，能不能完成学业难以评估，但又不好打击他追求上进的积极性。第一次见面除了给他开了一批书单，我还是鼓励他："敦煌音乐图像还是有很多课题可以进行研究，你可以考，你只要考上我就带你。"当然，除了这个原因以外，从学科发展的角度看，敦煌音乐和舞蹈的研究自一批老先生相继退休后，已经面临青黄不接的局面，如果有学生能够继续从事这一方面的研究，就能在之前的基础上更进一步，这对于敦煌学的全面发展肯定是好事。而且我也知道，要做敦煌乐舞，还是要具备一定的音乐专业知识，否则壁画上的乐器、文献里的乐谱是很难搞清楚的，而恰好有一个学音乐的学生愿意做敦煌，那就应该支持和鼓励。同时，我还告诉他，如果准备考的话还是要下功夫准备，因为当时是要考历史和敦煌学两门课，敦煌学对他来说还是相对陌生的。我记得他当时还是比较自信和坚定，说回去好好准备。就这样到了第二年，他以一个令人满意的成绩顺利考进敦煌所攻读博士学位。

博士第一年我就明确告诉他，要想做好敦煌乐舞，除了壁画外，还要具备相对扎实的文献功底。因为敦煌文献里有一部分记载是直接与音乐和舞蹈相关的，如归义军时期的乐营、音声人，敦煌乐谱和敦煌舞谱，而且要多关注唐代的内容，因为唐代敦煌石窟开窟数量是最多的。当时，正好是我的《敦煌碑铭赞辑释》在做增订，我就让他包括他们同班的博士生开始校对书稿，然后再把校对出的问题拿到课堂上讨论，他敦煌文献的基础算是从这里起步的。现在回想起来，朱晓峰的手还是比较快的，第一学期就拿来一篇关于拉弦乐器的论文让我修改，尽管文章写得很一般，但还是提出了一些新的思考，比如拉弦乐器为什么只在榆林窟和东千佛洞出现，而莫高窟却没有绘制。能提出问题就证明他用心思考过，这是做学术的一个很重要的品质。之后，他用三年的时间完成了博士学位论文的撰写，并且发表了四篇南大核心论文，其中有一篇还发表在权威期刊上。这是当年所里按研究生院规定唯一一篇可以不匿名送审的博士论文。由于一些原因，最终走的还是匿名送审，成绩非常好。按研究所的规定，除了教育部三个匿名评审外，还要加送两个匿名同行专家评审。我清楚地记得他的送审成绩是5个优秀。就这样，顺理成章，他的博士论文被评为当年兰大优秀博士学位论文和甘肃省优秀博士学位论文。他终于完满地完成了博士学业，提交了一份好的答卷。

毕业之后，他告诉我想去敦煌，因为他的研究主要还是针对敦煌壁画，只有到了敦煌，才能更加全面、深入地研究敦煌乐舞。当时正好敦煌研究院博士后工作站刚刚建立，亟须招博士进站。我记得他当时做的是敦煌研究院和兰州大学联合培养的博士后，研究院的导师是王惠民，兰大这边还是我，这样，我和他就又做了四年的师生。可以说，到了博士后阶段，朱晓峰的研究才真正走上了"快车道"。那几年，我只要去敦煌开会或是参加他的中期考核、博士后出站答辩，就能听到他取得的一个又一个成绩。刚进站第一年，他就拿到了博士后科学基金面上一等资助，了解博士后的都知道，拿到一等资助很不容易，那是优中选优。第二年，他又连续获批博士后基金特别资助和国家社科基金青年项目，这些成果都见证和激励着他持续不断地进步。他博士后出站报告做的是榆林窟壁画乐舞图像的调查和研究。我拿到初稿就感觉做得很扎实，可以说对榆林窟现存乐舞图像做了"一网打尽"式的收集和研究。我又在此基础上给他提了一些具体建议，如调整总录部分的结构，把乐舞内容梳理和图像分类按洞窟呈现，这样既便于读者阅读、查找，也能更全面地展示乐舞的全貌。不出所料，他的博士后同样以优秀顺利出站。近几年，由于上了年纪，我去敦煌的次数少了，和他见面的机会也就少了。但每年春节他都会来我家坐坐，这样我也能及时了解到他的情况，比如再次获批国家社科基金项目，连续出版专著，破格晋升正高职称，成为博士后合作导师，获甘肃省哲学社会科学优秀成果奖，获甘肃省领军人才等多项人才称号。现在看来，他当初的选择是正确的，他的敦煌没有白去，这些年还是取得了一些成绩。

现在入选文库的《敦煌石窟乐舞图像研究》就是在他国家社科基金结项成果基础上做的，也算是他十余年研究的一个总结。书中以敦煌历史作为贯穿全局的线索，将敦煌乐舞按早期、隋代、唐前期、吐蕃、归义军和西夏等六个主要时期分章节进行研究，归纳了各时期乐舞图像的基本特征，分析了乐舞图像表现出的继承、发展和变化趋势，对各时期的乐舞图像在现实性和传播性方面进行了梳理，并将整个敦煌石窟乐舞以时代和特征划分为三个主要阶段：敦煌石窟早期和隋代的乐舞为中原和西域文化融合阶段，唐前期、吐蕃和归义军时期为继往开来阶段，西夏时期则为推陈出新阶段。我们知道，之前敦煌乐舞的研究以敦煌壁画为主，但他把敦煌文献、敦煌画稿中的乐舞内容和图像关联在一起，这样就能进一步揭示敦煌乐舞的内在规律。此外，他以从洞窟到壁画再到乐舞的方式进行研究，是对敦煌乐舞研究范式的一种尝试和探索。从取得的成果来看，这是成功的。由于书稿字数较多，我也只是草草通读了一遍，但字里行间，仍能感受到他成长了，现在已经完全成为能够独当一面的人才了。

从 2013 年到现在已经过去了十二年，时间过得很快，转眼间，朱晓峰已经完成从而立到不惑的蜕变。从唐代莫高窟到榆林窟再到敦煌石窟，他的研究视野越来越宽，研究也越来越深入。回想起他这一路走来，我觉得他取得的成绩和具备"三个有"是分不开的，即有想法、有目标和有坚持。我时常给学生讲，做学问一定要有问题意识，要能提问题、会提问题，因为这是解决问题的前提。在研究的过程中要确定好目标，做好计划。我记得朱晓峰刚读博士的时候，就跟我说一定要保证三年完成博士学业。他做到了，这说明他在读博期间对自己的小论文和大论文是有明确目标和清晰计划的。还有就是坚持，研究要沉下心来，坐得住。我们都知道，做敦煌的研究还是比较枯燥的，要么就是不厌其烦地查阅敦煌卷子，要么就是花大把的时间泡在洞窟里，但只要能够做到这些，那么你离成功也就不远了。写到这里，我还想告诉许多年轻的学者，如果能在有生之年选择一个目标并为之努力奋斗其实是一件幸福的事，这也就是人们常说的有志者，事竟成。

郑炳林

2025 年 4 月 19 日于兰州大学一分部衡山堂

目　录

CONTENTS

图表目录

绪　论

一　研究目的和意义

众所周知，与敦煌石窟相关的音乐、舞蹈内容包括两个大的部分，即敦煌石窟乐舞图像和敦煌文献中与乐舞相关的记载。由于之前已基本完成对敦煌文献、敦煌画稿中与乐舞相关内容的系统整理、考证与研究，因此本书确定的具体研究对象为敦煌石窟乐舞图像。应当理性地认识到，敦煌石窟中的乐舞图像数量极为庞大，内容极为丰富，而以本书的体量是不可能穷尽所有乐舞图像种类和涵盖不同时期乐舞图像全部特征的，所以选择了敦煌石窟中具有代表性的时代和典型的洞窟，以管中窥豹的方式展开研究，最大限度地归纳敦煌石窟乐舞图像的基本特征。

学界已基本完成现存敦煌石窟乐舞图像的调查、统计和以莫高窟乐舞图像为主的研究，但仍未对敦煌石窟乐舞图像做全面、深入、系统的研究，这是本书需要达成的首要目的，因此计划最大限度地抽取乐舞图像所蕴含的关于中国古代乐器、乐伎、舞伎发展和演变的信息，为古代乐舞相关问题研究提供证据。其次，本书以敦煌石窟乐舞图像为视角展开研究，厘清历史上佛教与乐舞之间的相互关联，并深刻认识石窟、壁画、乐舞三者之间存在的辩证关系就显得非常重要且必要。当然，敦煌乐舞研究最终还是要回归到历史叙事中，以乐舞图像为主体，以敦煌文献和敦煌以外乐舞图像为辅助，完成历史上以敦煌为中心辐射河西地区的区域乐舞史研究将是本书的最终目的。

在具体研究中，本书以前人调查统计为基础，以敦煌石窟营建史为脉络，对敦煌石窟乐舞图像进行分时代研究，形成了关于基本规律、主要特征和发展过程的梳理和归纳，形成敦煌乐舞研究的基本框架和理论基础。通过对乐舞中涉及的乐伎和舞伎类别、性质，乐器名称、形制、演奏方式，乐舞组合编制、形式以及舞姿、舞种进行详细考证，解决了中国乐舞史尤其是中古时期乐舞史中存在的部分悬而未决的问题，为中国乐舞史研究提供了部分证据。

通过对敦煌乐舞双重功能——佛教功能和现实功能的深入分析，进一步解释了石窟乐舞图像的来源、本质，并在佛教与乐舞、乐舞图像与现实乐舞的关系等方面有了全新的认识。从石窟乐舞图像中寻找现实乐舞发展的证据，以此认识中原地区—河西走廊—西域各地乐舞文化融合与交流的过程，为"一带一路"音乐文化变迁、传播和流布研究提供新的材料和观点。

二　基本内容提要

本书结合敦煌地区历史文化变迁选取早期、隋代、唐前期、吐蕃、归义军和西夏等六个敦煌石窟主要的时期分章节进行研究，每章在开始部分首先对该时期包括莫高窟、西千佛洞、榆林窟、东千佛洞以及五个庙石窟在内的敦煌石窟中绘有乐舞图像的洞窟做详细梳理，这是本书对前期调查、统计工作的呈现。需要说明的是，由于敦煌晚期洞窟的分期和排年在学术界仍未形成共识，因此西夏一章的开始部分未罗列绘有乐舞图像的洞窟，但这一部分的调查和统计工作已经完成，期待学界在敦煌晚期洞窟分期方面得出确定的结论，为这一部分洞窟乐舞图像的系统研究奠定学术基础。在洞窟选择上，本书主要基于两方面的考虑：首先，选择的应该是本时期在洞窟形制、壁画题材、绘制水平、艺术风格以及现存状况等方面具代表性的洞窟；其次，在具有代表性的基础上，再次选择壁画所绘乐舞图像具典型性的洞窟，这种典型性包括乐舞图像的内容、类型、数量、与现实乐舞的关联以及清晰程度等。在具体研究中，还引入西千佛洞、东千佛洞、炳灵寺石窟和麦积山石窟的部分壁画乐舞图像以及其他的乐舞图像，以保证研究结论的准确和扎实。每章小结作为本章研究的总结，归纳了各时期乐舞图像的基本特征，分析了乐舞图像表现出的继承、发展和变化趋势，并对各时期乐舞图像在现实性和传播性方面的实际表现进行了梳理。具体如下。

第一章，敦煌乐舞概述。本章为敦煌石窟乐舞基本问题的阐述。通过对敦煌乐舞学术史的简要回顾，梳理了"敦煌乐舞"这一概念的形成及内涵的演变过程，从乐舞史的不同维度归纳了敦煌乐舞的研究价值并分析了敦煌乐舞研究的难点。需要说明的是，由于敦煌乐舞中音乐的内容远多于舞蹈，音乐部分成了敦煌乐舞研究的重心，与之相关的理论构建也较为完善，反观舞蹈部分的研究则较为薄弱，但部分舞蹈图像在壁画语境中的重要性是高于音乐的，如经变画乐舞组合。基于此，本章单独对舞蹈部分涉及的基本问题做了论说，包括敦煌乐舞中舞蹈的概念、分类、内容以及音乐与舞蹈的关系等。

第二章，早期的敦煌乐舞。按照学界对莫高窟早期洞窟的分期，结合洞窟中乐舞图像的实际表现，选取五个洞窟按四个时期展开研究。其中第一期选择有乐舞图像绘入的第 272 窟和第 275 窟，第 272 窟主要研究主室窟顶的天宫伎乐，并通过《佛说观弥勒菩萨上生兜率天经》文本分析了天宫伎乐的功能。第 275 窟的研究围绕北壁的奏乐供养人和南壁中段佛传故事画中的菩萨伎乐展开，并通过音乐与文本的对应关系进一步确认该佛传故事画为《普曜经》卷三"四出观品"的内容。第二期选取乐舞图像较丰富的第257窟，依次梳理了中心柱东向面龛龛壁上部的飞天伎乐，龛楣内的化生伎乐，西壁、南壁和北壁的天宫伎乐和药叉伎乐，重点考证了化生乐伎所奏的担鼓，并对早期出现的化生伎乐和药叉伎乐的来源、功能做了深入分析。第三期以第249窟窟顶西披所绘雷神击鼓图像，龛壁上部的飞天伎乐，龛楣的化生伎乐，四壁上段的天宫伎乐以及南、北壁下段的药叉伎乐为研究内容，结合同期第285窟重点研究雷公击鼓图像的源流，考证由飞天乐伎所奏齐鼓的名称、形制及音乐史中的记载。第四期则以第301窟为例，依次梳理主室西壁龛壁上部的飞天伎乐、窟顶四披下部的飞天伎乐等，并结合第297窟主室西壁佛龛下方的世俗伎乐，考证了北周时期乐伎的服饰及乐舞组合形式。

第三章，隋代的敦煌乐舞。选择开窟时间较为确切的莫高窟第302窟和第390窟展开研究，除研究窟内所绘乐舞图像外，着重讨论相较于早期洞窟隋代乐舞图像在位置、类型和内容上出现的更替与变化。其中第302窟主要研究主室窟顶西披福田经变中的乐舞图像，并通过飞天乐伎所奏的角考察隋代鼓吹的真实用乐。第390窟重点研究主室南壁下段所绘的女性世俗伎乐，考证其中出现的方响的形制、演奏方式。此外，以世俗伎乐为基础进一步考察隋代宫廷女乐表演的实际状况。

第四章，唐前期的敦煌乐舞。唐代为敦煌石窟乐舞发展的重要时期，先前笔者已按"初唐、盛唐、中唐、晚唐"四个阶段对唐代莫高窟乐舞进行过系统研究。为了在研究中时刻保持与敦煌历史和石窟营建史的联系，更深层次地分析敦煌乐舞与敦煌石窟、敦煌周边地区、中原地区间的文化成因，本书以唐前期、吐蕃时期和归义军时期作为新的分期方式，选择在乐舞图像上具有一定特殊性的洞窟作为之前研究的补充，以完成对敦煌乐舞更全面、系统的研究。据此，本章选择莫高窟第321窟和第217窟作为代表性洞窟对唐前期乐舞图像进行了新的梳理和研究。第321窟的研究内容主要包括主室北壁阿弥陀经变和南壁十轮经变所绘乐舞图像，其中首先对阿弥陀经变中不鼓自鸣乐器、迦陵频伽、菩萨乐伎和菩萨舞伎进行了研究，此外通过对"净土三经"中乐舞记载的对比，进一步阐释乐舞在净土类经变画中的功能。十轮经变的定名与经变中的乐舞图像有一定关联，而且其中出现的乐舞组合形式也较为特殊，因此本章将乐舞的内容和《大方广十轮经》文本进行了详细的对照，从乐舞的角度进一步确定该经变画就是十轮经变。第217窟的研究同样围绕北壁观无量寿经变和南壁佛顶尊胜陀罗尼经变乐舞图像展开，在观无量寿经变的研究中，主要对比分析了乐舞组合与唐代燕乐的用乐编制，以此确定唐代经变画中的乐舞组合具有的真实性。此外，对日本学者提出的其中"未生怨"内容为唐代《小破阵乐》呈现的观点进行了论证，通过详细分析图像和文献记载，确定该内容并非《小破阵乐》的展现。在佛顶尊胜陀罗尼经变中，讨论了天女奏乐的佛经依据，确定其与《佛顶尊胜陀罗尼经》的记载更为接近。

第五章，吐蕃时期的敦煌乐舞。为得出更为全面的研究结论，本章选取榆林窟第15窟和第25窟作为个案进行研究。第15窟的乐舞图像主要绘于前室，包括前室甬道两侧壁的世俗伎乐、前室顶部的飞天伎乐以及北壁天王像中的迦陵频伽伎乐。本章主要讨论了分别着中原和吐蕃服饰世俗乐伎的身份、功能和出现位置具有的特殊意义，深入考证飞天乐伎所持具有特殊形制的横笛和凤首弯琴的源流，对比其与存世乐器之间的差异并进一步确定其名称的科学性。另外，对天王像中出现迦陵频伽乐伎的画面组合进行了梳理，并结合佛经记载分析了其在壁画中的功能。第25窟的乐舞图像主要出现在主室南壁的观无量寿经变中，包括不鼓自鸣乐器组成的天乐、钟楼、迦陵频伽伎乐和乐舞组合。通过经变画中出现的钟楼图像，讨论了经变画建筑与佛寺建筑之间的相关性。对于部分乐器结合文献记载和存世乐器进行了定名和重新认识，如尺八、腰鼓。此外，对比莫高窟、榆林窟相关经变画乐舞组合的乐器配置，证明了乐舞图像在唐代具有的传承关系，并得出吐蕃时期敦煌乐舞图像中中原文化占主流的观点。同时，对榆林窟经变画中乐舞组合配置缩减的原因进行了合理推测。

第六章，归义军时期的敦煌乐舞。本章分别选取张氏归义军和曹氏归义军主政时期营建的莫高窟第12窟和第61窟，以全面归纳归义军时期敦煌乐舞图像的

总体特征以及该时期不同阶段乐舞图像间的继承和发展关系。第12窟乐舞图像
内容较多，包括前室出行图中的鼓吹前导，主室窟顶四披的不鼓自鸣乐器、飞天
伎乐，西壁龛内佛床壸门处绘壸门伎乐，西壁龛外两侧文殊变和普贤变中绘菩萨
伎乐，北壁华严经变、药师经变和天请问经变中的不鼓自鸣乐器和乐舞组合，南
壁法华经变和观无量寿经变中的世俗伎乐、不鼓自鸣乐器和乐舞组合等，东壁
窟门两侧的维摩诘经变和报恩经变中的世俗伎乐和乐舞组合等。本章首先对第
12窟前室出行图中的鼓吹前导做了详细考证，以此探查归义军时期僧官出行仪
仗与乐营设乐制度之间的关系。然后讨论了文殊变和普贤变乐舞图像在归义军
时期出现的变化。此外，结合大量敦煌壁画、敦煌绢画、敦煌文献和佛教文献，
对华严经变中的华严海乐器、法华经变中的各种击鼓图像、维摩诘经变中乐舞
的程式化因素和报恩经变中善友太子所弹乐器的具体名称做了深入讨论。第61
窟乐舞图像同样集中出现了经变画，如北壁的密严经变、天请问经变、药师经
变和思益梵天请问经变，南壁的弥勒经变、阿弥陀经变和报恩经变。这些经变
画中的乐舞组合为讨论乐舞组合的继承和发展及其与现实乐舞的关系提供了大
量样本，因此本章进行了全面、系统的对比分析并得出了新的结论，如张氏归
义军时期乐舞图像以现实基础上的继承为主流，曹氏归义军时期则以现实基础
上的创新为趋势。

第七章，西夏时期的敦煌乐舞。本章选择西夏时期具有代表性的洞窟榆林窟
第3窟和第10窟乐舞图像作为研究对象。第3窟主室所绘乐舞图像种类和数量
较多，主要包括主室东壁南侧五十一面千手观音经变中的不鼓自鸣乐器和世俗舞
伎，东壁北侧绘十一面千手观音经变中的乐器类法器，南壁东侧曼荼罗中的密教
乐、舞伎，南壁中部观无量寿经变中的乐舞组合，北壁东、西两侧曼荼罗中的密
教舞伎，北壁中部净土变中的不鼓自鸣乐器和乐舞组合等。其中重新辨识和统计
了十一面千手观音经变中出现的不鼓自鸣乐器，对先前学界的结论做了修正和补
充，并对其中的竖箜篌、嵇琴、扁鼓等乐器进行了考证。通过对经变画中世俗舞
伎的研究，进一步确定了经变画与西夏时期乐舞文化的关联。引入西千佛洞和黑

水城唐卡等相关图像，辨识了南、北壁曼荼罗中的密教舞伎，并详细讨论了密教舞伎不同于显教的功能和密教舞伎研究的难点。分析了南、北壁中部经变画中迦陵频伽在西夏时期的主要特征，对新发现的一类乐舞图像进行了考证，并定名为"法众伎乐"。以上述两铺经变画乐舞组合为基础，对比分析了西夏时期乐舞图像与现实乐舞的关系，并进一步考证西夏两次制乐的实际状况，最终确定西夏乐舞与中原乐舞之间的传承关系。对于第10窟，主要从两方面展开，一是通过对不鼓自鸣乐器的考证，认为西夏音乐中具有明确的军乐成分；二是通过对特殊纹样手鼓的研究，确认其纹样直接取自窟内甬道顶，这就为乐舞图像的辨识提出新的思考，即不仅要关注乐舞图像本身，还要将乐舞图像放置在整个壁画、石窟中加以认识和考察。

通过研究，本书在敦煌石窟乐舞图像的整体特征、风格、功能等方面形成了一定的结论和观点，具体如下。

第一，本书通过六个时期、十五个洞窟对敦煌石窟乐舞图像进行了全面、深入的梳理与讨论，据此可以将整个敦煌石窟乐舞文化以时代和特征划分为三个主要阶段，即中原和西域文化融合阶段——早期和隋代；继往开来阶段——唐前期、吐蕃和归义军时期；推陈出新阶段——西夏时期。

第二，尽管不同时期的敦煌乐舞图像具有鲜明的时代风格，但不同时期乐舞图像基本是在各时期石窟整体风格之下发展变化的。如早期弥勒信仰的流行直接推动天宫伎乐的出现，唐代经变画的大规模绘制使经变画乐舞组合成为乐舞图像的主体内容，归义军时期壁画绘制的程式化也在乐舞图像中集中呈现，等等，证明乐舞、壁画与洞窟间是局部与整体的密切关系。

第三，通过对敦煌乐舞功能的梳理，可以发现石窟壁画中的乐舞，其首要功能依然是在佛教语境下实现的，如赞颂、宣法、供养等。具体而言，具有这些功能的乐舞主要指佛国世界和佛教仪轨中的乐舞，这与佛教戒律禁止的佛教以外的世俗乐舞有明显区别，但这一部分内容也同样出现在石窟壁画中，说明敦煌乐舞的功能具有多重性与复杂性。

第四，通过对敦煌乐舞现实性的研究，证明敦煌乐舞图像与敦煌地区现实乐舞之间存在直接关系。通过敦煌文献能够梳理出敦煌地区在历史上存在的乐舞机构、乐舞活动以及各类音声人，而部分乐舞图像可以与敦煌乐舞史直接对应，如乐营设乐对应出行图乐舞，队舞制度对应部分舞蹈图像，证明敦煌地区的现实乐舞为敦煌乐舞图像提供了蓝本。

第五，如果以乐舞在敦煌石窟中的图像式呈现作为结果，那么乐舞文化在"一带一路"背景下的传播和交流应该是以从西域到中原再到敦煌为基本路径的。尽管从地理位置上看，敦煌作为西域与中原之间的重要节点，应该承担文化枢纽和桥梁的作用，但就乐舞图像的真实反映而言，除早期乐舞图像具明显西域风格之外，敦煌乐舞在大部分时期内与中原乐舞文化保持着紧密的近缘关系。

三 学术创新和研究价值

不同于以往研究只重视莫高窟而忽视其他中小石窟，本书对敦煌石窟包括莫高窟、西千佛洞、榆林窟、东千佛洞以及五个庙石窟在内的所有绘有乐舞图像的洞窟做了详细梳理，首次系统地按敦煌石窟营建的不同时期对敦煌壁画乐舞进行研究，将榆林窟中具有代表性的乐舞图像纳入敦煌乐舞发展的时间线中。研究过程中，本书将洞窟到壁画再到乐舞图像作为基本的叙述逻辑，以学界通用的洞窟位置顺序依次梳理乐舞图像，特别注意了乐舞图像、壁画、洞窟三者在位置、内容上表现出的关系，突出了乐舞图像的整体性。

在使用材料方面，本书大量使用了各类文献和其他种类的图像材料，如敦煌文献、佛教文献、典章史志文献、敦煌绢画、敦煌纸画、唐卡、画像石以及敦煌以外的壁画图像等。根据笔者以往的研究经验来看，图像研究的基础是文献，只有通过梳理、对比和分析大量的文献材料，才能进一步确定和夯实图像研究的结论。与此同时，引入具相关性的其他图像材料，又能进一步拓宽研究视角，增强图像研究的深度和广度。

针对单个乐舞图像的研究，本书主要从三个方面入手。首先是对乐舞图像概念、内容和特征的基本表述；其次是对乐舞图像与现实乐舞之间关系的考量，即将乐舞图像置于乐舞史中加以研究，包括对乐器定名、形制、演奏方式的梳理，乐队用乐编制的分析，舞姿舞种的考证，等等；最后是对乐舞图像功能的归纳，这部分依然是从佛教和现实两个不同角度进行的。通过佛经文本与乐舞图像的对应，主要探讨乐舞图像被绘入洞窟壁画中具有的功能，即内容上的功能。同时，关注了乐舞图像作为洞窟组成部分具有的形式上的功能，这又是对乐舞图像、壁画和洞窟三者关系的呼应。

在考证具体的乐器、乐伎、乐舞组合的过程中，大量收集文献记载、敦煌以外的图像、考古发掘成果和新的研究成果作为对比、佐证材料，在研究中发现了部分学界未注意的新图像，在敦煌石窟乐舞内容上做到了更新，如莫高窟第 12 窟法华经变中的击鼓图像、榆林窟第 3 窟中的法众伎乐等。同时在研究中得出了一些新的结论，如担鼓、齐鼓、鞉鞞、特殊形制横笛在历史上的使用状况，隋代女乐的发展，唐代乐舞组合中的燕乐因素，第 217 窟观无量寿经变中乐舞内容的重新定名，密教乐舞图像与手印、仪轨的关系，以上结论均能为古代乐舞史研究提供相应的补充。

总体而言，本书为学界提供了较为全面、系统针对敦煌石窟乐舞图像进行分时代研究的成果，明确区分了敦煌乐舞中音乐与舞蹈的概念、内容、材料和分类，纠正了之前学界对个别乐舞图像在定名、性质、功能等方面的认知偏差，这些研究结论可以为敦煌乐舞史和中国乐舞史研究提供新的证据和支持。随着"一带一路"倡议的全面深化，以敦煌为主题的各类艺术作品不断涌现，本书在古代乐器、乐队编制、乐舞组合、乐舞机构、乐舞传播等方面的研究结论，可以为此提供相关理论支持，以保证优秀传统文化正向、正确地传播和普及。目前，全国有多家单位进行敦煌壁画乐器的仿制工作，但水平参差不齐。如果将本书对于古代乐器形制方面的研究结论与乐器的设计、制作相结合，有助于之后的乐器仿制更加接近历史上的真实形制，为之后研究古代乐器和丝绸之路乐舞文化提供理论基础和现实依据。此外，国内部分高校现已开设与敦煌乐舞相关的研究生专业课程，如"敦煌乐舞概论""敦煌乐舞文献导读"等，但仍缺乏按时代系统梳理和研究敦煌乐舞的教材，因此本书可作为相关课程的教材使用。

第一章　敦煌乐舞概述

　　敦煌石窟，其营建上迄十六国下至元代，敦煌石窟壁画中保存着内容丰富、数量庞大的乐舞图像，在莫高窟藏经洞出土的敦煌文献中也发现了一部分与古代乐舞相关的记载，这些图像和文字构成了敦煌乐舞的基本内容。敦煌乐舞不仅真实再现了古代乐器的形制、演奏方式、乐队编制以及乐舞组合形式，而且也将反映古代乐舞制度、机构、系统以及传播的信息记录了下来，为考证中国古代乐舞史提供了大量翔实的材料，同时也成为研究丝绸之路乐舞交流和交融不可或缺的部分。就"敦煌乐舞"这一概念而言，学界通常是将乐与舞并置叙述的，这是因为与敦煌乐舞相关的图像资料和文字记载多具有乐与舞结合呈现的特点，如敦煌石窟壁画所绘天宫乐、舞伎，化生乐、舞伎，世俗乐、舞伎以及经变画乐舞组合中的乐、舞伎，一般以奏乐和起舞的形式出现在同一场景之中。又如敦煌文献 P.3773V《凡节度使新受旌节仪》有"州府伎乐队舞，临时随州府现有，排比一切，像出军迎候"[1]的记载。当然，这与中国传统文化中诗、乐（歌）、舞三位一体的

1　上海古籍出版社、法国国家图书馆编《法藏敦煌西域文献》第28册，上海古籍出版社，2004，第9页。

观念也是一致的。[1] 但就内容而言，音乐和舞蹈毕竟存在区别，因此本章第二节将对敦煌乐舞中舞蹈的相关问题做简单讨论。

需要强调的是，本书主要是围绕敦煌石窟乐舞图像展开的，研究涉及莫高窟、榆林窟、东千佛洞、西千佛洞以及五个庙石窟等五处石窟，其中将莫高窟和榆林窟乐舞图像作为研究重点，以早期、隋代、唐前期、吐蕃、归义军和西夏六个主要的敦煌石窟分期作为章节进行研究，[2] 在归纳不同时期敦煌石窟乐舞基本特征的基础上，通过分析乐舞图像与壁画、石窟以及乐舞图像与佛教、现实之间的有机互动，关联敦煌地区的历史变迁和古代乐舞史中的共通点，来全面反映"一带一路"背景下敦煌乐舞的内容、特征和规律。

第一节　敦煌乐舞的基本问题

一　敦煌乐舞概念的形成

最早进行敦煌乐舞专题研究的是日本学者岸边成雄，其在 20 世纪 30 年代发表《从敦煌画中发现的音乐资料——尤其与河西地方音乐的关系》和《南北朝隋唐时代的河西音乐——关于西凉乐与胡部新声》[3] 等文首次对敦煌壁画音乐图像做了系统的调查和考证，以音乐图像和文献资料相互印证的方式对唐代河西地区的音乐展开研究。我国学者在这一领域的先驱当数阴法鲁，其于 1951 年撰写《从敦煌壁画论唐代的音乐和舞蹈》，[4] 利用敦煌壁画中的乐舞图像，从中原乐舞的起源、西域乐舞东传、唐代乐舞盛行和壁画乐器考证等几个方面对唐代乐舞做了系统研究。刊载于 1951 年中国民族音乐研究所油印本的蓝玉崧《敦煌壁画音乐资料提要》等，也属于该领域发轫阶段的研究成果。笔者注

1　《乐记》云："诗，言其志也；歌，咏其声也；舞，动其容也。三者本于〔乎〕心，然后乐气〔器〕从之。"吉联抗译注《乐记译注》，阴法鲁校订，音乐出版社，1958，第 29 页。

2　参见王惠民《敦煌早期洞窟分期及存在的问题》，《石河子大学学报》2015 年第 6 期，第 2 页。

3　岸边成雄「燉煌画に现われた音楽资料 -- ことに河西地方の音楽との关系について --」「南北朝隋唐における河西の音楽 -- 西凉乐と胡部新声とについて --」東洋音楽学会編『唐代の楽器』、日本音楽の友社、1968。

4　阴法鲁：《从敦煌壁画论唐代的音乐和舞蹈》，《文物参考资料》1951 年第 4 期。

意到此时研究对象的界定为"敦煌壁画音乐资料",即图像。也就是说,当时的研究并未完全将敦煌乐舞作为完整的研究对象,它仅仅是音乐史研究所借助的材料或证据,而且所用壁画音乐资料大多来自莫高窟,对其他洞窟鲜有涉及。

20世纪80年代至21世纪初,是敦煌乐舞研究成熟期,相继出现一批极具影响力的研究专著,这些专著至今仍然是研究者案头倚仗的重要工具。如庄壮所著《敦煌石窟音乐》,[1] 牛龙菲的《敦煌壁画乐史资料总录与研究》,[2] 高金荣的《敦煌石窟舞乐艺术》,[3] 郑汝中撰写的《敦煌壁画乐舞研究》,[4] 王克芬与柴剑虹合著的《箫管霓裳——敦煌乐舞》[5]以及高德祥所著《敦煌古代乐舞》。[6]诚如前文所述,各著对于研究对象界定依然不一,《敦煌石窟音乐》偏重敦煌乐舞"乐"的属性,《敦煌壁画乐史资料总录与研究》将其作为音乐史研究资料,《敦煌石窟舞乐艺术》、《敦煌壁画乐舞研究》、《箫管霓裳——敦煌乐舞》和《敦煌古代乐舞》尽管都兼顾"乐"与"舞",但在"乐舞"前所冠词汇也不尽相同——"石窟""壁画""古代",说明对乐舞的定位具有一定差异,而且上述著作均将莫高窟壁画乐舞图像作为主要研究内容,对敦煌文献和其他敦煌石窟中的乐舞信息提及不多。

那么,我们来分析这一研究领域具体涵盖的内容。首先,敦煌石窟是该研究的空间范围,而此处应该是包括莫高窟、西千佛洞、榆林窟、东千佛洞以及五个庙石窟在内的五处石窟。其次,时间范围等同于已成为学界共识的敦煌石窟营建的上限与下限,即十六国至元代。再来看具体研究内容,石窟壁画所绘乐舞图像当然在内,但敦煌文献中也有一定数量的记载与乐舞相关,如音乐机构的设立、官方或寺院音乐的设置、音乐从业人员的使用、乐器制作行业的运行以及敦煌乐

1 庄壮:《敦煌石窟音乐》,甘肃人民出版社,1984。

2 牛龙菲:《敦煌壁画乐史资料总录与研究》,敦煌文艺出版社,1991。

3 高金荣:《敦煌石窟舞乐艺术》,甘肃人民出版社,2000。

4 郑汝中:《敦煌壁画乐舞研究》,甘肃教育出版社,2002。

5 王克芬、柴剑虹:《箫管霓裳——敦煌乐舞》,甘肃教育出版社,2007。

6 高德祥:《敦煌古代乐舞》,人民音乐出版社,2008。

谱（见图 1-1）、敦煌舞谱（见图 1-2）、敦煌曲辞等，此外还包括藏经洞出土绢画（见图 1-3）和画稿（见图 1-4）所绘乐舞图像，这些内容同样需要研究者加以重视和关注。事实上，郑汝中在《敦煌学大辞典》中撰写"敦煌音乐"的词条时就曾梳理上述内容：

> 敦煌音乐
>
> 敦煌遗书和石窟壁画中的古代音乐资料及其研究。包括文献和图像两个方面。前者指：（1）莫高窟藏经洞所出之曲谱以及相关的材料。（2）藏经洞所出舞谱中与音乐有关的材料。（3）敦煌变文、经卷、曲子词以及唱赞等作品中的音乐材料。（4）敦煌文献中有关历代音乐材料的探索，如节庆日的音乐风俗，寺院中的佛事活动，其中有关乐工、乐僧、音声人的编制、供给、记事以及寺院与社会之间的音乐活动记载。（5）藏经洞所出绢画上的音乐形象资料。后者指敦煌壁画中的乐舞形象资料……此外，在敦煌地区出土之墓葬壁画、画像砖中也有一些音乐图像。对上述材料开展研究的范围包括：（1）壁画中各个历史时期的乐器研究。（2）壁画中乐伎的表现形式，其分类和布局。（3）反映宫廷、世俗音乐生活的音乐、舞蹈内容，以及古代百戏、军乐、仪仗乐队等研究。（4）敦煌壁画乐舞内容与中原地区石窟音乐造型，与西域地区石窟乐舞图像，以及与国外石窟艺术，在音乐发展上的比较研究。[1]

既然研究对象中明确包含敦煌文献、藏经洞绢画等相关内容，加之敦煌壁画、敦煌绢画所绘乐舞通常为"乐舞一体"形式，即菩萨乐伎在主尊前部平台两侧奏乐，菩萨舞伎在平台中间起舞（见图 1-5）。敦煌文献中也有单独记载舞谱的文献，如 P.3501《大曲舞谱》[2]、S.5643《上酒曲子蓦山溪、南歌子、双燕子等打

1　参见郑汝中撰"敦煌音乐"词条完整解释，引文有删节。季羡林主编《敦煌学大辞典》，上海辞书出版社，1998，第 245 页。

2　参见上海古籍出版社、法国国家图书馆编《法藏敦煌西域文献》第 24 册，上海古籍出版社，2002，第 362—364 页。

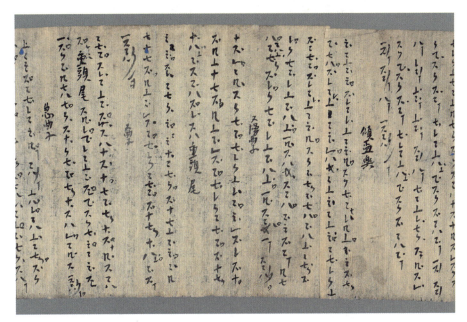

图 1-1　敦煌文献 P.3808VP2《琵琶谱》

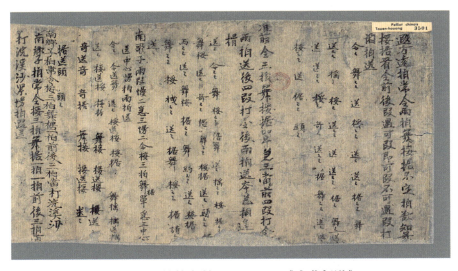

图 1-2　敦煌文献 P.3501P1《大曲舞谱》

图 1-3　敦煌绢画 MG. 17673

资料来源：ジャック・ジエス編『西域美術：ギメ美術館ペリオ・コレクショ
ン』第 1 巻、講談社、1994、图版 19-1。

图 1-4　敦煌文献 P. 2993V《白画草图》

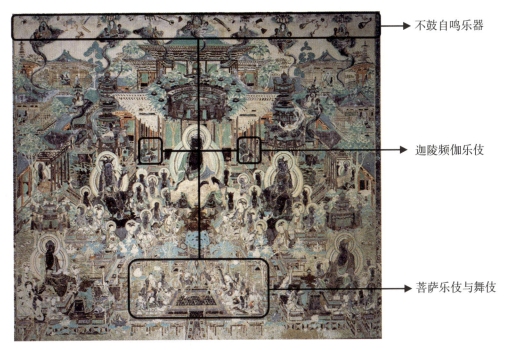

　　　　　　　　　　　　　　　　　　　　　　→ 不鼓自鸣乐器

　　　　　　　　　　　　　　　　　　　　　　→ 迦陵频伽乐伎

　　　　　　　　　　　　　　　　　　　　　　→ 菩萨乐伎与舞伎

图 1-5　莫高窟盛唐第 172 窟南壁观无量寿经变

令舞谱》[1] 等，因此单纯以音乐作为研究内容难以展示其全貌。综合以上，以"敦煌乐舞"作为研究对象之概括相对恰当和全面。一言以蔽之，敦煌乐舞应包括历史上与敦煌相关的所有乐舞图像和文献材料，而敦煌乐舞研究是围绕该对象的时间、内容和范围的全面展开。

二　敦煌乐舞的研究价值

　　既然明确了研究对象的时间、内容和范围，那就有必要探讨敦煌乐舞的研究价值。因为该研究的最终目的是解决中国古代乐舞史及丝绸之路乐舞文化交流史中悬而未决的问题，这是敦煌乐舞研究具有学术价值和历史价值的真实反映，也是近一个世纪以来敦煌乐舞研究者孜孜以求的目标。

　　第一，敦煌乐舞对中国古代乐舞史研究具有重要的补充和佐证作用。分析任何一部关于中国古代音乐或舞蹈史研究的著作就会发现，中国古代乐舞史的

1　参见中国社会科学院历史研究所等编《英藏敦煌文献》第 8 卷，四川人民出版社，1992，第 247—249 页。

构建无非基于三类材料：文字、实物和图像。文字主要是各类历史文献中对乐舞的记载；实物一般指与乐舞相关的考古出土或传世的乐器等实物；图像则包括各类建筑、器物、绘画作品对乐舞的记录和反映。通常，文字是乐舞史研究的主体，实物和图像是研究的重要证据。就乐舞史而言，在不同时期乐舞史研究中，文字、实物和图像所占的比重是不一样的，这与不同的社会、文化、政治背景密切相关。比如先秦时期主要依靠文献记载和考古发掘的各类青铜乐器，至两汉时期，除文献记载外画像石（砖）乐舞图像成为重要的信息来源，宋元明清时期，各类音乐文献和记载逐渐丰富，唯独汉以后至宋以前的这段时期，乐舞史研究基本依靠文献记载，这主要基于两方面的原因：其一，乐器等实物数量稀少；其二，已有研究成果对敦煌乐舞的重视度不够，但这一时期恰恰是中国古代乐舞发展的鼎盛阶段。事实上，敦煌乐舞正好可以弥补这一时期研究材料不足的缺陷。以唐代为例，根据《敦煌石窟内容总录》和《关于敦煌莫高窟内容总录》对唐代石窟数量的详细统计，莫高窟唐代石窟分初唐、盛唐、中唐和晚唐四个时期共计 228 个，[1] 这些洞窟中的壁画大部分绘有唐代的乐器、乐伎、舞伎图像，而且敦煌文献中关于乐舞的记载也多集中于晚唐五代时期，这在笔者《唐代莫高窟壁画音乐图像研究》一书中已专辟章节梳理。[2] 因此，对这些图像和文字进行全面整理和深入挖掘，将对该时期乐舞制度、编制和传播，乐器形制、组合和使用，乐人职业、身份和属性等研究大有裨益。本书也将在之前研究的基础上，对敦煌石窟各个时期的乐舞图像进行更加详细的调查与研究。

　　第二，敦煌壁画保存着全世界范围内数量最多、种类最全的石窟壁画乐舞图像。以下来看一组敦煌乐舞图像的调查统计数据。

　　庄壮《敦煌石窟音乐》："有伎乐组成的乐队达 246 组，有打击乐 14 种，管

1　参见敦煌研究院编《敦煌石窟内容总录》，文物出版社，1996，第 5—195 页；史苇湘《关于敦煌莫高窟内容总录》，《敦煌石窟内容总录》，第 230—233 页。

2　参见朱晓峰《唐代莫高窟壁画音乐图像研究》，甘肃教育出版社，2020，第 125—183 页。

乐 9 种，弹拨乐 12 种。"[1]

牛龙菲《敦煌壁画乐史资料总录与研究》中的统计结果是乐器约 54 种，乐器图像共有 4095 件。[2]

郑汝中《敦煌壁画乐舞研究》："敦煌莫高窟石窟壁画上共有各种乐伎 3000 余身，有大小不同的乐队约 500 组，共出现乐器 44 种，4549 件。"[3]

虽然以上三种著作的统计结果存在一定出入，这很可能是选用标准不一、图像辨识难度大和实际统计误差等因素造成的，但至少可以反映敦煌乐舞图像在数量和种类上的庞大和多样。

再以榆林窟为例，榆林窟现存洞窟 42 个，其中 31 个洞窟中的壁画均绘有一定数量的乐舞图像，其中第 16、19、33、34、35、36、38 窟中乐舞图像的规模堪比莫高窟乐舞图像较为丰富的洞窟，而且第 3 窟密教经变画乐舞图像形式（见图 1-6）和第 3、10 窟所绘拉弦乐器——稽琴图像（见图 1-7）也是莫高窟中未见的。此外，东千佛洞、西千佛洞以及五个庙石窟中也均有乐舞图像出现，而且各具特点，如东千佛洞第 7 窟所绘稽琴图像（见图 1-8）、西千佛洞第 7 窟的飞天伎乐白描图像（见图 1-9）等。如果将敦煌乐舞图像按照乐器进行分类，可以发现，中国音乐史上出现的大部分吹奏、拉弦、弹拨、打击乐器都可以在敦煌石窟壁画中找到相应的图像。[4]而且壁画所绘乐、舞伎的种类和数量非常可观，如天宫、菩萨、飞天、化生、迦陵频伽、药叉和世俗乐、舞伎，[5]以上所列均说明敦煌石窟壁画乐舞图像的丰富和多样。

第三，从区域乐舞史角度讲，敦煌乐舞可以做到同一区域、同一时期内文献与图像的互证。通常，历史研究中的某个观点需要依靠不同文献间的相互证明以形成完整且逻辑清晰的证据链，或者需要将文献研究的结论与现存图像信息、考

1　庄壮：《敦煌石窟音乐》，第 9 页。2008 年，庄壮将统计结果增加为"乐器图像达 6300 件，涉及不同乐器约 70 多种"。参见庄壮《敦煌壁画乐器组合艺术》，《交响——西安音乐学院学报》2008 年第 1 期，第 7 页。

2　牛龙菲：《敦煌壁画乐史资料总录与研究》，第 257 页。

3　郑汝中：《敦煌壁画乐舞研究》，第 201 页。

4　参见朱晓峰《唐代莫高窟壁画音乐图像研究》，第 52—57 页。

5　参见郑汝中《敦煌壁画乐舞研究》，第 34 页。

图 1-6　榆林窟西夏第 3 窟东壁南侧五十一面千手千眼观音经变

图 1-7　榆林窟西夏第 10 窟窟顶西披下沿所绘嵇琴

图 1-8　东千佛洞西夏第 7 窟东壁药师经变所绘嵇琴

图 1-9　西千佛洞西魏第 7 窟西壁南侧所绘飞天伎乐

古发掘成果相结合，但各类材料间也存在同一区域无法同一时期或同一时期无法同一区域的问题。而敦煌石窟（部分）与敦煌文献由于所处空间和时间的同一性，可以在研究中避免这一问题，使形成的结论更加确凿，符合史实。

莫高窟第 156 窟主室东壁门南至整个南壁下段三分之一位置绘有张议潮统军出行图（见图 1-10），画面反映的是时任河西节度使检校司空兼御史大夫张议潮于咸通二年（861）攻占凉州后率行军仪仗出行的场景。该图前部仪卫中绘有鼓吹前导、舞伎方队和乐伎方队（见图 1-11）。那么，出行图反映的内容是否为史实呢？如果借助敦煌文献以外的记载，当然也能证明其真实性，但很多细节的推定必须依靠敦煌文献。

骑射猎队　　　　张议潮坐骑及随从　　　　前部仪卫

图 1-10　莫高窟晚唐第 156 窟主室东壁门南至南壁下段张议潮统军出行图

乐伎方队　舞伎方队　　　　鼓吹前导

图 1-11　莫高窟晚唐第 156 窟张议潮统军出行图中的前部仪卫

首先，敦煌文献 P. 3773V 记有唐景云二年（711）所写《凡节度使新受旌节仪》，此为唐代节度使新受旌节出行仪制，现引文如下：

> 凡节度使新受旌节仪
>
> 天使押节到界，节度使出，先引五方旗，
>
> 后鼓、角、六纛，但有旗、幡，不得欠少弓箭，
>
> 衙官三十，银刀官三十，已上六十人，并须衣服
>
> 鲜净锦络缝褶子。卢帕头五十，大将
>
> 引马，主兵十将，并须袴袴、袜〔抹〕额、玲珑、缨
>
> 拂、金鞍镫，鲜净门枪、豹尾、
>
> 彭排、鼓架。马骑、射鹿子人，悉须〔袴〕奴〔袴〕、末〔抹〕〔额〕、
>
> 缨拂、玲珑、珂佩。州府伎乐队舞，临
>
> 时随州府现有，排比一切，像出军迎候。[1]

　　根据文意，唐廷为节度使授旌节时，节度使须以出行仪仗列队相迎。尽管出行图表现的是张议潮率行军仪仗出行的场景，但早在大中五年（851）张议潮已被唐廷授予"沙州归义军节度使"一职，[2] 所以出行图描述的仪仗配置与 P.3773V《凡节度使新受旌节仪》的记载应该是相近的。引文中与乐舞相关的内容分别为"先引五方旗，后鼓、角、六纛"和"州府伎乐队舞，临时随州府现有，排比一切，像出军迎候"，这两部分与出行图乐舞图像基本一致。首先"先引五方旗，后鼓、角、六纛"中鼓、角所对应的就是出行图中鼓吹前导部分，这一部分在图像中的编制为大鼓四面、大角四只，唯一不同的是图像与文献所述五方旗与鼓、角的前后次序颠倒。

　　再来看《唐六典》对唐代行军仪仗中鼓、角使用的规定：

> 诸道行军皆给鼓、角：三万人已上，给大角十四具、大鼓二十面；二万人已

1　根据《法藏敦煌西域文献》第 28 册原卷照片结合陈祚龙与暨远志的录文综合而来。参见《法藏敦煌西域文献》第 28 册，第 9 页；陈祚龙《敦煌古抄"凡节度使新受旌节仪"残卷校释》，郑学檬、郑炳林主编《中国敦煌学百年文库·文献卷》（一），甘肃文化出版社，1999，第 435—438 页；暨远志《张议潮出行图研究——兼论唐代节度使旌节制度》，《敦煌研究》1991 年第 3 期，第 30 页。

2　参见荣新江《归义军史研究——唐宋时代敦煌历史考索》，上海古籍出版社，1996，第 3 页。

上，大角八具、大鼓十四面；万人已上，大角六具、大鼓十面；万人已下，临事量给。其镇军则给三分之二。[1]

在张议潮统军出行图的榜题中，张议潮时任官职明确记载为"河西节度使检校司空兼御史大夫"，其被唐廷授予"检校司空"的时间距《唐六典》颁行已逾百年，而出行图鼓吹前导的鼓、角编制均为四，可见其编制大体与唐代仪仗制度相符。据此推测，晚唐时期节度使行军仪仗中鼓、角编制应同于出行图，即大鼓四面、大角四只。同时也证明张议潮所统治的河西地区尽管远离唐朝的统治中心，但其任节度使期间营建洞窟中壁画所示仪仗并没有僭越仪轨。

其次，出行图中的舞伎与乐伎方队应该是 P.3773V 中所言"州府伎乐队舞"，而且"队舞"一词在 P.4640V《归义军己未（899）至辛酉年（901）布纸破用历》中也有出现：

（二月）十四日，支与王建铎队儛［舞］额子粗纸壹帖。[2]

队舞为归义军乐营下设用于官府设乐活动的舞蹈方队，而且可以确定队舞表演时有乐伎为其伴奏，此乐伎同属乐营管辖。由于图像和记载的数量有限，无法进一步确定出行图中舞伎方队的舞种、所用乐曲以及乐队详细编制，但出行图中舞伎方队图像应该就是两件文书所言队舞参与归义军出行仪仗活动的真实再现。

第四，敦煌乐舞是研究古代丝绸之路乐舞传播与流布的重要材料。以敦煌为中心的河西地区与中原及西域周边各地历来就有千丝万缕的联系，通过敦煌乐舞研究可以梳理中原内地—河西走廊—西域各地乐舞文化融合与交流的过程，来实现"一带一路"乐舞文化变迁、传播和流布的研究。

以唐代敦煌乐舞为例，在所有种类乐舞图像中，只有经变画菩萨伎乐是以较

---

1 李林甫等：《唐六典》，陈仲夫点校，中华书局，1992，第463—464页。
2 上海古籍出版社、法国国家图书馆编《法藏敦煌西域文献》第32册，上海古籍出版社，2005，第266页。

规整的乐队形式出现的，因此乐队编制反映的信息就成为音乐图像与现实音乐间联系的枢纽。通过分析，唐代菩萨伎乐乐队自始至终呈现出对打击乐器的侧重，不论乐队规模为六身、八身一组或是十六身、二十八身一组，打击乐器始终占据乐队使用乐器的大多数（见图1-12）。这种特点与文献记载的唐代用乐编制是一致的，这至少可以证明文献中隋唐音乐包含大量龟兹乐、西凉乐成分的记载在壁画中得到如实反映，而且大多数菩萨伎乐体现出旋律快速、节奏鲜明的风格，这种风格与唐代用乐相似。舞伎图像亦如此，从具胡旋特点的舞蹈和持长巾起舞（见图1-13）到击腰鼓而舞以及反弹琵琶起舞，舞蹈形象总体保持唐代健舞的典型特征，这与菩萨伎乐乐队风格甚至唐代流行的乐舞相辅相成。可以说，敦煌乐舞图像将唐代音乐呈现多民族乐舞文化融合的总体趋势直观形象地展示在了壁面之上。据此可以梳理出一条中原乐舞文化传播至河西地区的路径，即西域地区乐

图 1-12　莫高窟初唐第 220 窟北壁药师经变中的菩萨伎乐乐队

图 1-13　莫高窟初唐第 220 窟北壁药师经变中的舞伎

舞由于政治变迁、文化交流等首先从发源地传播至中原地区，此后在中原与不同民族的乐舞历经长时间的交流与融合，并被重新整理与编配，之后再以政治、经济、文化交流的方式传入河西地区，可见文化的传播永远不是单向传递，而是双向互动。

三　敦煌乐舞研究的难点

客观地讲，任何领域的研究都有其难点，而难点往往又是研究中最核心和重要的部分，所以对难点的突破就意味着可以将研究提升到新的层次。具体到敦煌乐舞研究，如果可以找准其难点并加以重点观照，对于认识和掌握敦煌乐舞的本质会起到关键作用。

敦煌乐舞图像，不论其被绘制在石窟壁面还是绢帛纸本上，其首要功能一定是对佛教思想的表达。这一点可以从两个方面说明：第一，所有乐舞图像均来自佛教用于宣传或供养的经变画、说法图、佛传故事画、本生故事画和绢幡画等；第二，大多数乐舞图像的主体是佛教经典中的形象，比如菩萨、飞天、化生、迦陵频伽等，甚至还有一类不鼓自鸣的天乐图像，完全就是佛法的象征和净土的装饰。但作为乐舞图像本身来讲，其形式和内容又完全是世俗乐舞的翻版，因为我们看到了乐舞史中曾经出现的乐器、乐队编制和乐舞组合。所以，敦煌乐舞图像是佛教语境下中国古代乐舞的展现，我们无法也不能将其直接与乐舞史进行一一对应式的研究，因为在此之前需要将敦煌乐舞中的佛教因素剥离。当然，敦煌乐舞也不全是佛教属性的图像，其中有一部分为世俗性质的乐舞，那么这部分是否可以直接与古代现实音乐对应呢？答案依然是否定的，因为我们必须进一步考察这一部分乐舞在壁画中承担的功能。换言之，就是需要确定图像是否是对乐舞的直接表述，如出行图，通过文献记载可以确定其真实性，但法华经变譬喻品（见图1-14）和维摩诘经变方便品（见图1-15）中的乐舞其实只是经变画对于世俗生活的指代，楞伽经变中集一切法品出现乐队伴奏的幢伎喻只是用以表达"凡事皆幻"之意（见图1-16）。所以在对这一部分乐舞图像进行使用和研究的过程中，同样需要谨慎对待，这不仅是敦煌乐舞研究的难点，而且是必须首先明确和一以贯之的原则。

其次，前文提到敦煌石窟（部分）与敦煌文献所处空间和时间具有同一性，但敦煌石窟与敦煌文献的具体年代范围还是有差异的。敦煌石窟的年代范围应该在

图1-14　莫高窟五代第146窟南壁法华经变譬喻品

图 1-15　莫高窟五代第 61 窟东壁北侧维摩诘经变方便品

图 1-16　莫高窟晚唐第 156 窟主室窟顶西披楞伽经变橦伎喻

4—14 世纪。[1] 敦煌文献的年代范围约从 5 世纪初至 11 世纪初。[2] 同一时间范围内的乐舞图像与文字记载可以相互印证，这一部分主要集中在晚唐五代时期，那敦煌早期部分洞窟和西夏、回鹘、元代洞窟中的乐舞图像如何进行研究？也就是说，如果要保证文献与图像的并置研究，如何将历史背景、洞窟营建和乐器、乐舞的流行与传播等各个方面结合起来做共时性研究，是该领域面临的另一难点。

最后，对敦煌壁画乐舞图像来源问题的考察。这是围绕乐舞进行研究的基础，因为来源直接关系到乐舞的真实性。即使我们能够剥离壁画乐舞图像中的佛教因素，但依然无法确定其来源或真实性，即无法确定壁画所绘乐舞图像是不是对现实乐舞的记录或再现。根据已有研究来看，壁面所绘乐舞图像也是有画稿的，这一部分画稿包括各种类型的乐舞图像，[3] 但这仅能够说明壁画乐舞的绘制有其来源。结合敦煌地区出现的"画行""画院"等专业绘画机构以及"画师""绘画手""丹青上士"等绘画从业人员，[4] 敦煌当地应该是画稿产生的主要渠道，而敦煌壁画之中又有包括乐舞在内的大量社会生活描绘，[5] 那么敦煌当地工匠在绘制画稿和壁画中与此相关的图像时，极有可能以现实社会生活作为参照。从这个角度讲，壁画中的乐舞图像也必然有拟其原型的乐舞活动。当然，这只是通过壁画乐舞—画稿—画稿制作—真实乐舞的假设性逆向推导，关于壁画乐舞真实性的问题依然需要大量文献和实物证据加以证明，因此这也是该领域研究的难点之一。

四 敦煌乐舞研究的思考

从宏观的角度讲，敦煌乐舞研究面临图像与文献两部分的展开，其中图像是

---

1 参见王惠民《敦煌早期洞窟分期及存在的问题》，《石河子大学学报》2015 年第 6 期，第 2 页。

2 参见荣新江《敦煌学十八讲》，北京大学出版社，2001，第 192 页。

3 参见朱晓峰《敦煌画稿中的音乐图像研究》，《敦煌学辑刊》2017 年第 2 期，第 82—101 页。

4 参见姜伯勤《敦煌礼乐宗教与艺术文明——敦煌心史散论》"艺术篇"中"图像与解释"部分，中国社会科学出版社，1996，第 13—35 页。

5 在《敦煌学大辞典》中，与世俗生活有关的图像除"生产生活画"章节外，在"经变画"部分亦有涉及，包括伐木、治病、造船、耕地、教学、狩猎、制陶、锻铁、酿酒等图像。参见季羡林主编《敦煌学大辞典》，第 95—199 页。

研究有序进行的关键，文献是研究纵深度的保证。具体而言，图像包含两个重要范畴——乐与舞，其中乐包括壁画中的乐器、乐伎、乐队，舞则主要针对壁画中的舞伎、舞队、舞种。文献研究同样包含两个部分：一是对敦煌文献和敦煌画稿中与乐舞相关内容的整理和考证；二是对各类历史典籍文献中与乐舞相关记载的爬梳与研究。因此，该领域需要渐次完成对敦煌石窟不同时代乐舞图像的统计与整理，不同类型乐舞图像的归类和分析，乐舞与佛教二者关系的探究，结合敦煌文献和敦煌画稿对河西地区乐舞文化的考证，以及中原地区—河西走廊—西域各地乐舞文化传播和交流的全面研究。

　　从实践的角度讲，敦煌乐舞研究亟待从石窟考古、历史文献和音乐考古等角度进行深层次综合研究。如果仅停留在"以石窟说石窟"抑或"以图像说图像"的阶段，可能无法实现其真正的学术价值。"从石窟中来，到石窟中去"才是探寻敦煌乐舞最本质、最根本的方法论。乐舞图像作为壁画乃至石窟的有机组成部分，首先其内容是音乐或舞蹈的，这表明其乐舞的属性，这也就要求我们用音乐学、舞蹈学和图像学的方法加以研究；如果视其为局部，它是属于石窟这个整体的，而石窟形制、布局和内容安排直接关系到乐舞图像在石窟壁面的具体表现，这需要我们在研究中关注二者之间的辩证关系——"乐舞图像来自石窟，它是石窟功能的反映；石窟涵盖乐舞图像，它决定乐舞图像的性质。"如果将壁画乐舞图像简单地从石窟中剥离，忽略整体与局部的关系，很可能无法对乐舞图像的来源、价值和意义做出系统化的考量和判断，也就无法做到对历史语境的真正还原，这应该是敦煌乐舞研究需要时刻注意的。

第二节　敦煌乐舞中的舞蹈

　　就"敦煌乐舞"这一概念而言，其应包括历史上与敦煌相关的所有乐舞图像和文献材料，而敦煌乐舞研究是围绕该对象的时间、内容和范围的全面展开，这是第一节中已经讨论的问题。毫无疑问，此处的"与敦煌相关"主要指敦煌石窟壁画所绘乐舞的图像资料和藏经洞出土敦煌文献中反映乐舞的文字记载，正因如此，学术界沿用"敦煌乐舞"这一概念至今。但音乐和舞蹈是分属不同学科的，因此从专业研究角度出发，敦煌乐舞中音乐和舞蹈的部分需要分而论之。尽管二者之间有诸多的相关性和联系性，但二者的特殊性决定了在研究敦煌乐舞的过程中需要使用不同的方式和方法。在此之前，需要彻底厘清敦煌乐舞中舞的概念、内容、功能以及与音乐之间的关系，以便我们能够更加系统、全面、完整地研究敦煌乐舞文化。

一　敦煌乐舞中舞蹈的概念

尽管学界对敦煌乐舞中与舞蹈相关的内容做过大量研究，但究竟"什么是敦煌乐舞中的舞蹈"，大多未进行过全面、深入的解释和探讨。目前看到涉及这一问题的文字，往往是通过对敦煌乐舞进行分类继而引申或附带的，以下试举几例。

段文杰在《敦煌壁画和舞蹈》一文中指出：

> 敦煌壁画不仅是艺术，也是历史……敦煌壁画中的舞乐，上起十六国，下迄宋元，上下连绵千余年。由于地理历史环境的关系，所有舞乐，可分为三类：中原舞乐、西域舞乐和外国舞乐。[1]

王克芬、柴剑虹合著的《箫管霓裳——敦煌乐舞》中写道：

> 敦煌莫高窟南区存有壁画的 492 个洞窟，几乎每个洞窟都有舞蹈形象。这些舞蹈形象可以分为人们臆想与传说中神佛世界的天宫乐舞与人世间的民俗乐舞两大类。[2]

1　段文杰:《敦煌壁画和舞蹈》，董锡玖编《敦煌舞蹈》，新疆美术摄影出版社、霍兰德出版有限公司，1992，第 3 页。

2　王克芬、柴剑虹:《箫管霓裳——敦煌乐舞》，第 5 页。

高金荣在《敦煌石窟舞乐艺术》一书中提及：

> 敦煌舞乐分为天乐（又叫仙乐）和俗乐（即世俗舞乐）两大类。古代所谓"乐"均包含舞蹈在内。[1]

对敦煌乐舞中舞蹈进行过完整解释的，见于《敦煌学大辞典》中董锡玖所撰"敦煌舞蹈"词条：

> 敦煌遗书和石窟壁画中的古代舞蹈资料及其研究。包括文献和图像两个方面。前者指莫高窟藏经洞所出之舞谱以及相关材料，藏经洞所出绢画上的舞蹈形象资料。后者指敦煌壁画中的舞蹈形象资料。[2]

根据上述内容再结合目前所见的敦煌乐舞所包含的舞蹈材料，可以对董锡玖的解释进行补充，即敦煌乐舞中的舞是指敦煌石窟壁画和藏经洞出土各类材料中表现舞蹈形态的图像以及敦煌文献中与舞蹈相关的各类记载。

二 敦煌乐舞中舞蹈的分类及内容

前文对敦煌乐舞中舞蹈的概念进行了大致解读，事实上，其中已经涉及舞蹈内容和分类方面的问题。接下来将从不同角度对敦煌乐舞中与舞蹈相关的部分做一分类，以形成较为清晰、准确的认知。

1. 敦煌舞蹈的材料分类

如果将敦煌乐舞中所有涉及舞蹈内容的材料做一分类，一般包括与舞蹈相关的图像和文字。具体来说，前者指敦煌石窟壁画和藏经洞出土各类遗物中的图像，后者指敦煌文献中与舞蹈相关的记载和记录舞蹈内容的舞谱。可以看到，图像类不仅指向敦煌石窟壁画，还有来自藏经洞中的其他图像，文字类中除了学界

1　高金荣：《敦煌石窟舞乐艺术》，第1页。

2　董锡玖撰"敦煌舞蹈"词条，季羡林主编《敦煌学大辞典》，第262页。

熟知的敦煌舞谱外，还有一部分与舞蹈相关的记载。

（1）敦煌石窟壁画

在图像类中，敦煌石窟壁画中的舞蹈图像是最主要和重要的部分，具体包括莫高窟、西千佛洞、榆林窟、东千佛洞和五个庙石窟在内的五处石窟壁画中出现的舞蹈图像。这些图像既有对舞蹈直观反映和记录的近关系类图像，也有与舞蹈姿态相类的远关系类图像，这一部分将在舞蹈的内容分类中详细阐述。

（2）敦煌绢画

根据笔者调查的情况，藏经洞出土遗物中绘制的舞蹈类图像主要集中出现在绢画上。绢画主要分为斯坦因收集品、伯希和收集品、奥登堡收集品等，现散藏于英国、法国、印度、俄罗斯等国的博物馆中。[1]敦煌绢画中出现的舞蹈内容、构图与敦煌石窟经变画所绘乐舞组合基本一致，但总体数量不多，已公开刊布的有：大英博物馆藏斯坦因收集品敦煌绢画 Stein painting 12.Ch.liv.004 报恩经变、Stein painting 36.Ch.lii.003 药师经变（见图 1–17）、Stein painting 70.Ch.xxxiii.003 观无量寿经变和 Stein painting 1.Ch.xxxviii.004 报恩经变（见图 1–18），集美博物馆藏伯希和收集品敦煌绢画 EO.1128 观无量寿经变、MG.17672 观无量寿经变残件和 MG.17673 观无量寿经变（见图 1–19）。

Stein painting 36.Ch.lii.003 药师经变所绘乐舞组合位于主尊说法场景前的平台，乐舞组合形式为"4+1+4"，即两侧各有四身菩萨乐伎，中间一身舞伎持长巾起舞。此外，在舞伎左、右两侧各绘有一身化生童子，左侧化生童子腰间挂有腰鼓，童子呈击鼓起舞的姿态，右侧化生童子所在画面残损，动作不明。舞伎身前仅有一身迦陵频伽，其双臂上举，由于画面漫漶，具体动作不明。Stein painting 1.Ch.xxxviii.004 报恩经变乐舞组合位于主尊说法场景前的区域，乐舞组合形式为"3+1+3"，中间舞伎持长巾起舞。MG.17673 观无量寿经变乐舞组合同样位于主尊说法场景前的平台，乐舞组合形式为"2+1+2"，中间舞伎腰间挂腰鼓呈敲击起舞

1　关于敦煌绢画、纸画和画稿的编目和刊布情况，参见荣新江《敦煌学十八讲》中"敦煌宝藏的收藏与整理"部分（第96—123页）以及杨雄在《敦煌学大辞典》中所撰"敦煌遗画"词条（第230—231页）。

图 1-17　Stein painting 36. Ch. lii. 003 药师经变中的乐舞组合

资料来源：西ロデリック・ウィットフィールド編集解説『西域美術：大英博物館スタイン・コ
レクション』第 1 卷、講談社、1982、图版 9-3。

图 1-18　Stein painting 1. Ch. xxxviii. 004 报恩经变中的乐舞组合

资料来源：『西域美術：大英博物館スタイン・コレクション』第 1 卷、图版 11-1。

的姿态。前文罗列其余绢画所绘舞蹈图像与上述绢画基本一致，内容均以乐舞组合中的舞伎为主，限于篇幅，不再一一列举。

（3）敦煌文献中的图像

敦煌文献中的图像主要指纸画、版画和画稿类材料中的图像，由于其载体为纸本，因此大多被收录在敦煌文献中。根据调查，这一部分材料中所绘舞蹈极少，但在舞蹈图像来源方面具有重要的参考价值。这些图像主要集中在法藏敦煌文献和英藏敦煌文献中，包括 P.4514（16）2 伎乐天画稿、P.4514（16）2V 经变画画稿、S.4644V 木刻净土宫图和 P.4514（10）无量寿经变画。

P.4514 为纸本画集，共有 24 个子编号，其中编号 P.4514（16）2 残片正面在《法藏敦煌西域文献》中称为伎乐天画稿，背面 P.4514（16）2V 定名经变画画稿（见图 1-20）。P.4514（16）2 按现存状况，纸面下方绘一身持长巾起舞的舞伎，舞伎头部偏向右侧，上身同样右倾，以左腿立、右腿吸的姿态站立，整个身形呈 S 形曲线。纸面上方残存一长巾下摆和带有小臂的手，按下方舞伎推测，此处同样为一身舞伎，但具体姿态不明。

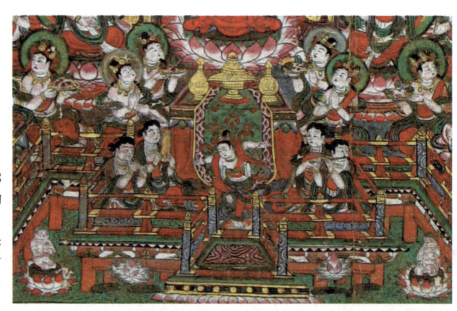

图 1-19　MG.17673
观无量寿经变中的
乐舞组合

资料来源：『西域美術：
ギメ美術館ペリオ・コレ
クション』第 1 卷、
图版 19-1。

图 1-20　P.4514（16）2 伎乐天画稿与 P.4514（16）2V 经变画画稿

P.4514（16）2V 是局部经变画的底稿，其中依然残存有舞伎图像，位于纸面右侧平台处，现在仅能辨别出呈左腿吸、右腿立姿态的下半身图像。P.4514（16）2 与 P.4514（16）2V，笔者进行过讨论，根据舞伎的姿态和下半身腰裙与袴帑的搭配，推测正面舞伎形象应该是背面经变画画稿中舞伎的放大和细化，[1]即残片正、背面相互对应且为同一经变画画稿，并据此以对称方式绘制了复原的经变画画稿及舞伎（见图 1-21）。通过复原后的图像，基本能够看到与敦煌经变画相近的构图以及经变画乐舞组合中舞伎所处的相同位置，这意味着敦煌石窟壁画中舞蹈类图像的绘制有细节方面的要求，同时也说明壁画中的舞蹈图像存在单独起稿的现象，这为我们研究敦煌舞蹈图像的来源提供了另一种思路。

1　参见朱晓峰《唐代莫高窟壁画音乐图像研究》，第 105—108 页。

图 1-21　敦煌文献 P.4514（16）复原图

资料来源：朱晓峰《唐代莫高窟壁画音乐图像研究》，第 106 页。

　　S.4644V 木刻净土宫图包括两件版画作品，分别是 S.4644V/2 和 S.4644V/3（见图 1-22）。P.4514（10）无量寿经变画共 3 页，编号分别为 P.4514（10）1、2、3，每页印有上、下两幅相同图像（见图 1-23）。通过对比观察，S.4644V 与 P.4514（10）系同一雕版印刷，区别在于两件版画的排版、纸张和墨迹不同。相对而言，S.4644V/3 印制较为清晰且下方有"净土宫"以及"师父守义""弟子明"的题记。

　　以 S.4644V/3 为例，版画构图与通常的敦煌经变画一致，画面中心为主尊说法场景，主尊身后为主体宫殿和配殿组成的建筑，建筑顶部绘有不鼓自鸣乐器。版画下部平台即通常经变画中的乐舞组合平台中间有两身舞伎持巾起舞，舞伎左右两侧似各有一身乐伎奏乐，舞伎同样呈现一腿吸、一腿立的 S 形姿态（见图 1-24）。这与经变画和前述绢画以及壁画中的舞伎形象接近，说明敦煌乐舞中舞蹈类形象具有相似性和普遍性。

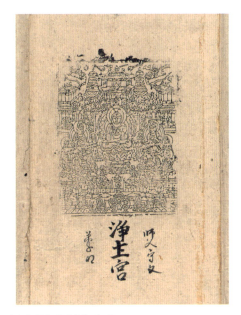

图 1-22　敦煌文献 S.4644V 木刻净土宫

图 1-23　敦煌文献 P.4514（10）无量寿经变画

图 1-24　敦煌文献 S.4644V/3 木刻净土宫图局部

资料来源：https://idp.bl.uk/collection/2199F3D6DE0042BE91451963F13AA1D9/?return=%2Fcollection%2F%3Fterm%3D4644。

（4）敦煌文献中的文字

敦煌文献中与舞蹈相关的文字主要包括两类。其一是以文字形式记录舞蹈曲名、节奏、节拍和动作的舞谱。根据已刊布的资料和已有研究，计有 P.3501、S.5643、S.5613、S.785、BD.10691、Дx.10264、羽.049，共计七个卷号。[1] 其中 S.5613 上有"开平己巳岁七月七日简题德深记之"的题记，开平己巳即后梁开平三年（909）。1925 年，刘复首次将 P.3501 中残抄出的十四谱以"舞谱"为名辑入《敦煌掇琐》，之后陆续有国内外学者围绕敦煌舞谱展开解译、考证和研究，但时至今日，我们依然无法彻底解决敦煌舞谱在曲调、谱字、结构、使用等方面的疑问。换言之，敦煌舞谱依然有很大的研究空间留待填补。

其二则是与舞蹈相关的文献记载，这一部分往往是被敦煌舞蹈研究所忽略的，故本书将进行逐一列举和说明。从时间来看，这些文献主要集中在唐五代时期。通过记载能够确定当时敦煌地区在不同场合均有舞蹈表演，而且也存在专门

1　其中 BD.10691 虽为残片，但在国图启用"北敦"（BD）编号之前，实为临字号即 L.0820 号，而非学界所称的"北残 820"。由于国图藏敦煌文献中亦有残字号（C）编号（仅有 79 个编号），故若以"北残 820"称之，极易引起混淆。参见方广锠主编《中国国家图书馆藏敦煌遗书总目录·新旧编号对照卷》，中国人民大学出版社，2013，序言第 10—11、752 页；蔡渊迪《杏雨书屋藏敦煌舞谱卷子校录并研究》，《敦煌研究》2012 年第 1 期；〔日〕水原渭江《释北京图书馆藏敦煌舞谱残卷（No.820）的舞辞"皇"》，贺小萍译，《敦煌研究》2000 年第 3 期；王小盾、高字星《敦煌舞谱：一个文化表象的生成与消亡》，《音乐艺术》2018 年第 2 期。

的管理机构。

前引敦煌文献 P. 3773V 记有唐代景云二年（711）所写《凡节度使新受旌节仪》：

> 凡节度使新受旌节仪
>
> 天使押节到界，节度使出，先引五方旗，
>
> 后鼓、角、六蠹，但有旗、幡……
>
> 州府伎乐队舞，临时随州府现有，排比一切，像出军迎候。[1]

结合莫高窟第 156 窟主室南、北所绘张议潮统军出行图和宋国河内郡夫人宋氏出行图出行仪仗中的乐、舞伎方队，可以确定敦煌地区在归义军时期已经存在官方设立的管理乐舞的机构——乐营，[2] 其中就包含文献记载的伎乐和队舞。这在敦煌文献 P.4640V《归义军己未（899）至辛酉年（901）布纸破用历》中同样可以得到印证：

> （八月）廿九日，又支与乐营使张怀惠助葬粗布两匹……九月七日，支与音声张保升造胡滕［腾］衣布贰丈四尺……（二月）十四日，支与王建铎队傩［舞］额子粗纸壹帖。[3]

该文献只是归义军某机构布、纸支出和使用的账目记录，故上引三条账目间并无明确的逻辑或时间关系，但其中反映的信息值得注意。首先音声是隶属乐营的人员，而音声支取用于胡腾衣的布料，也就意味着归义军中有胡腾舞表演，而表演胡腾舞的舞工既有可能是张保升一类的音声，也有可能是专门从事舞蹈的人员。另外，引文中同样出现"队傩［舞］"一词，说明队舞在当时已存在。

1　《法藏敦煌西域文献》第 28 册，第 9 页。

2　参见朱晓峰《唐代莫高窟壁画音乐图像研究》，第 440—456 页。

3　《法藏敦煌西域文献》第 32 册，第 260、266 页。

"队舞"一词，见于《宋史》，其曰：

> 队舞之制，其名各十。小儿队凡七十二人：一曰柘枝队……四曰醉胡腾队，衣
> 红锦襦，系银鞊鞢，戴毡帽……
>
> 女弟子队凡一百五十三人……十曰打球乐队，衣四色窄袖罗襦，系银带，裹顺
> 风脚簇花幞头，执球杖。大抵若此，而复从宜变易。[1]

结合记载，P.4640V 中所言胡腾舞的队舞应该属队舞之制而辖于归义军乐营。另外，《宋史》记载中的队舞还包含打球乐队，这在敦煌文献 P.2842P4《社司转帖》中亦有反映，而且与之相关的球乐中也有舞蹈表演，如：

> 廿九日球乐，切要音声……应来师子、水□、零剑、杂物等，不得阙少一事。
> 帖至今月廿九日平明，于球场门前取齐。如不到者，官有重罚。其帖立递相分付，
> 如违，准上罚……[2]

该文书为敦煌某官府于某年五月二十九日在某处球场举行球乐的通知，[3] 但需要注意的是《宋史》中所述"球乐"属宫廷宴乐之一，《社司转帖》所指为球场奏乐，二者使用场合明显不同。除"球乐"外，《社司转帖》中还提到"师子"，《通典》有云：

> 《太平乐》，亦谓之《五方师子舞》。师子挚兽，出于西南夷天竺、师子等国。
> 缀毛为衣，象其俯仰驯狎之容。二人持绳拂，为习弄之状。五师子各依其方色，
> 百四十人歌《太平乐》，舞抃以从之，服饰皆作昆仑象。[4]

1　《宋史》卷一四二，中华书局，1977，第3350页。

2　上海古籍出版社、法国国家图书馆编《法藏敦煌西域文献》第19册，上海古籍出版社，2001，第83页。

3　参见朱晓峰《唐代莫高窟壁画音乐图像研究》，第142—144页。

4　杜佑：《通典》卷一四六，王文锦等点校，中华书局，1988，第3718页。

结合以上敦煌文献，笔者归类出敦煌地区与舞蹈表演相关的三级体系，即乐舞管理机构为乐营，乐营下辖队舞，队舞之中至少包含胡腾舞。除此之外，还有球场奏乐时表演的狮子舞。

在敦煌文献如蒙书一类识字教材的写本中，也有与舞蹈相关的词汇。虽然这些写本中的舞蹈仅仅是作为识字内容和常识普及出现的，但它依然对敦煌地区乐舞文化的传播起到了一定作用。如 S.610/13《新集实用要字壹仟叁佰言——二仪音乐部第三》中就有"歌舞"一词出现，[1]P.2578《开蒙要训一卷》中有"喧笑歌舞，闹动音声"的记载，[2]Дx02822《蒙学字书》[3]中也罗列了如"柘枝、八佾、曲破、舞绾"等词语。

2. 敦煌舞蹈的内容分类

关于敦煌舞蹈的分类，事实上只是针对敦煌石窟壁画所绘舞蹈图像的分类。通常学界将舞蹈图像分为佛教和世俗两类，这在本书敦煌舞蹈概念部分已经提及，但对佛教和世俗两类图像做进一步细化分类时，笔者发现各种分类方式较为庞杂。有以舞蹈性质进行划分的，如董锡玖将敦煌壁画舞蹈图像分为表现人间社会生活、风俗习尚的，天宫伎乐、飞天、伎乐天等佛国世界的，礼佛、娱佛的三类；[4]有以舞蹈形象作为划分标准的，如高金荣在《敦煌石窟舞乐艺术》中分为天宫伎乐、金刚、飞天、伎乐菩萨、莲花伎乐、礼佛舞伎、出行舞伎、供养伎乐和民间舞蹈；[5]有以舞蹈内容进行分类的，如王克芬、柴剑虹将舞蹈图像分为巾舞、鼓舞、琵琶舞、出行舞、剑器舞、胡旋舞、胡腾舞、莲花童子舞

1　中国社会科学院历史研究所等编《英藏敦煌文献》第 2 卷，四川人民出版社，1992，第 70 页；郑阿财、朱凤玉：《敦煌蒙书研究》，甘肃教育出版社，2002，第 99 页。

2　《法藏敦煌西域文献》第 16 册，第 83 页；郑阿财、朱凤玉：《敦煌蒙书研究》，第 64 页。

3　此文献在最初编号时被编入敦煌所出文献，根据内容、字体以及装帧形式，其与黑水城文献更加接近，而且《俄藏黑水城文献》第 6 册也收入了该文献，定名为 Дx2822《杂字》，但由于莫高窟北区也曾出土与之相近的文献，马德倾向于该文献出自莫高窟北区。参见俄罗斯科学院东方研究所圣彼得堡分所等编《俄藏敦煌文献》第 10 册，上海古籍出版社，1998，第 62 页；俄罗斯科学院东方研究所圣彼得堡分所等编《俄藏黑水城文献》第 6 册，上海古籍出版社，2000，第 137—146 页；马德《敦煌新本 Дx02822〈杂集时用要字〉刍议》，《兰州学刊》2006 年第 1 期。

4　董锡玖：《敦煌壁画中的舞蹈艺术——"丝绸之路"上的乐舞之一》，董锡玖编《敦煌舞蹈》，第 6—17 页。

5　高金荣：《敦煌石窟舞乐艺术》，第 1—3 页。

等。[1] 分类方式的不一必然会带来调查、统计和研究的诸多不便，其中除了使用不同分类标准这个外在因素外，还隐含着关于敦煌壁画舞蹈图像的几个关键性问题。

第一，是非问题。在敦煌石窟壁画中，有一部分是明显持舞具起舞且可以被直接确定为舞蹈类的图像，如经变画乐舞组合中的舞伎，一般手持长巾、腰挂腰鼓或反弹琵琶起舞，笔者将这一类称为舞蹈的近关系类图像，该部分对于研究和考证中国古代舞蹈史有重要的价值。但是，还有一部分图像并不能完全确定为舞蹈图像，因为我们很难确定其中展示的姿态是不是在起舞，但又不能完全否认其与舞蹈之间的联系，如飞天、部分化生、天宫乐伎和密教类壁画中的形象，因此笔者依然将这一部分图像划入敦煌乐舞中舞的范畴，但只是将其视作舞蹈的远关系类图像。《箫管霓裳——敦煌乐舞》中将这一部分图像称为"具有舞蹈感的形象——在窟顶、龛楣飞舞翱翔的飞天，在天宫凭栏奏乐、舞动的伎乐天……"[2] 郑汝中则在《敦煌壁画乐舞研究》中对该类图像的定位进行了论说，他谈道："敦煌壁画的造像，除了千佛画得千篇一律比较呆板外，其他佛和菩萨的造像姿势和手势，都具有一定的艺术趣味，追求动势和变化，而且形式相当繁复。对于这些生动的造像，很多研究者根据不同的理解和欣赏角度，提出各种解释，说法纷纭，莫衷一是。比如：舞蹈家们说，这些壁画人物、造像，都是舞蹈的造型，并现身说法地意会这个是'山膀'那个是'云手'……笔者认为，这种望文生义、按图索骥的附会之说，是很值得深入商榷的。"[3] 理性地讲，这类图像作为创编敦煌舞蹈的原型和材料，甚至作为弘扬敦煌文化的元素和符号都是无可厚非的，但如果将其视作舞蹈类图像进行研究和考证，就必须结合文献、史料进行认真辨别和分析，以保证研究的科学性和准确性。

第二，性质问题。从严格意义上讲，敦煌壁画所绘舞蹈图像基本属于佛教类

1　王克芬、柴剑虹：《箫管霓裳——敦煌乐舞》，目录。

2　王克芬、柴剑虹：《箫管霓裳——敦煌乐舞》，第5页。

3　郑汝中：《敦煌壁画乐舞研究》，第72—73页。

图像范畴，其中所谓表现世俗的民族、民间舞蹈所在壁画的内容依然是佛教的。换言之，大量的图像并不是现实舞蹈的直接反映或记录，如前文所述法华经变譬喻品和维摩诘经变方便品，其中出现的舞蹈图像只是对世俗生活的表现或指代，虽然这一类舞蹈图像的原型很可能来自现实舞蹈，但毕竟经过了从现实到佛教语境的转化，因此在研究中不能直接将这一部分图像作为舞蹈史料看待。事实上，目前能够看到并确定的与历史上真实舞蹈有直接关系的，仅有莫高窟第156窟和第100窟主室所绘出行图中的舞蹈图像。

第三，舞种问题。敦煌乐舞中的舞蹈图像通常被绘制在经变画、佛教史迹画、佛传故事画以及绢画中，其功能以装饰、礼拜、供养等为主，而且舞蹈图像只是某一舞蹈动作的定格绘制，加上文献和其他佐证材料的缺乏，因此很难确定每种舞姿具体属于哪个舞种。就现存敦煌石窟壁画中的舞蹈而言，除一部分唐代经变画乐舞组合中所绘舞蹈与文献记载的胡旋舞"立毯上舞、急转如风"的特征相符外，[1] 其余舞蹈图像所示舞姿、舞种皆难以定论，这也是我们能且只能根据舞伎所着服饰或所持舞具对敦煌壁画舞蹈形象进行定名的原因，如长袖起舞、持巾起舞、反弹琵琶起舞、击腰鼓起舞等。

综上，在对敦煌舞蹈图像分类时，需要在保证特殊性的基础上规避上述问题与分类标准间的矛盾，既能够通过分类对敦煌舞蹈图像有一个全面、准确的认识，同时又能概括敦煌舞蹈图像的基本规律。舞蹈是以形体动作为主要表现手段的艺术门类，其中以动作、姿态、表情、节奏、音乐、服饰为要素。当我们将敦煌舞蹈图像与此做对照时，只有形体动作的主体也就是敦煌舞蹈图像中的各种形象是可以被明确区分的，除此之外的要素均由于图像本身具有的特征和各种客观条件的限制而难以区分。据此，以学界已有的敦煌舞蹈图像分类为基础，可以将敦煌舞蹈图像中出现的舞蹈形象分为：天宫舞伎、菩萨舞伎、化生舞伎、药叉舞伎、密教舞伎和世俗舞伎。

天宫舞伎，主要指敦煌早期石窟壁画中所绘的一类舞伎，大多被绘于洞窟主

1　参见朱晓峰《基于历史文献的胡旋舞考证》，《敦煌学辑刊》2019年第4期。

室两侧壁上段的天宫栏墙内。其以类似舞蹈的动作间隔出现在天宫乐伎之中。之所以称为舞伎，主要是由于其与乐伎均出现在天宫栏墙内，但未持乐器且身体动作多呈现类似起舞的姿态（见图1-25），因此属远关系类的舞蹈图像。

菩萨舞伎，主要指敦煌经变画和绢画上所绘佛说法场景前部乐舞组合中的舞伎，其通常出现在两侧乐伎之间。这一类是具有明显舞蹈特征的图像（见图1-26），目前对敦煌舞蹈图像的研究也多是围绕这一类图像展开。

化生舞伎，主要指在敦煌壁画中绘于莲花或莲座之上的舞伎，其一般被绘于石窟内的龛楣以及四壁的经变画、说法图或尊像画中。其形象包括孩童和菩萨两种（见图1-27）。

药叉舞伎，主要指敦煌早期石窟壁画中所绘的一类舞伎，大多被绘于洞窟主室两侧壁最下段，与天宫舞伎上下呼应，而且同样以类似舞蹈的动作间隔出现在药叉乐伎之间（见图1-28），属远关系类的舞蹈图像。

图1-25　莫高窟第249窟主室南壁
天宫舞伎

图1-26　莫高窟第112窟主室南壁
观无量寿经变中的菩萨舞伎

图1-27 榆林窟第40窟前室北壁
化生舞伎

图1-28 莫高窟第249窟主室南壁
药叉舞伎

密教舞伎，主要指出现在敦煌密教类壁画中的舞伎。密教类总体图像数量不及显教类图像，因此对这一类舞伎图像未做进一步细化，只是统称为密教舞伎，其主要出现在密教的尊像画、说法图、曼荼罗等壁画中（见图1-29）。由于密教仪轨中有手印和舞蹈相结合的表现方式，因此很难将密教舞伎做一准确的判定和划分，这也是敦煌舞蹈图像研究的难点之一。

世俗舞伎，主要指在敦煌壁画中反映或表现世俗场景时绘入的舞伎形象，这一类形象多出现

图1-29 榆林窟第3窟主室南壁东侧密教舞伎

图1-30　莫高窟第156窟主室北壁宋国河内郡夫人宋氏出行图中的世俗舞伎

在经变画、佛教史迹画、出行图或供养人图像中。其最明显的特征是以世俗人物的形象出现在壁画中（见图1-30），与上述佛教形象有明显区别。

三　敦煌乐舞中乐与舞的关系

通过对敦煌乐舞中舞蹈的概念、分类、内容方面的梳理，可以明显看到在"敦煌"这个大的概念下，乐与舞之间通常是相辅相成、相互依存的，这在敦煌石窟壁画、敦煌绢画和敦煌文献中皆有反映。也正是这个原因，加上敦煌乐舞中乐的内容、数量都远多于舞，使人产生乐应该处于绝对地位的"偏见"，但当我们理性地看待这个问题时就会发现，在某些情况下，这种"想当然"与事实不符。敦煌乐舞尽管材料丰富，但出现舞蹈图像最多的依然是经变画，恰恰在经变画乐舞组合中，居于主要位置的是舞而不是乐。从乐舞组合的构图方式上看，舞伎位于这一区域居中的位置，而乐伎分别位于舞伎两侧。这种构图方式是经变画语境下乐舞的呈现，是对真实乐舞表演场景的套用，即舞伎在中间起舞，两侧乐伎组成的乐队为其伴奏，只是在经变画中，乐、舞的主体从现实的人转化为了佛教的形象。正是基于这个认识，我们才能够在研究乐舞组合的风格时，通过舞伎的舞姿获取一些重要的佐证信息。如果我们考证某个经变画乐舞组合中的乐舞类型，能够依据的主要是乐队编制，因为作为静止的、无声的、体现佛教内容的图像，决定风格的首要因素——乐曲首先是未知的，其次也无法通过服饰等联系乐曲的地域信息，能够做的就是通过对不同门类乐器的使用来推测其音乐类型，如打击乐器数量较多或弹拨乐器数量较多等。这的确像是在盲人摸象，但也是面对敦煌乐舞特殊性能采取的有限的研究方法。如果此时能够捕捉到舞蹈包含的信息，就可以为进一步确定乐舞类型提供有效证据，因为按前文所述，乐舞组合中的乐队是为舞蹈伴奏的，那么二者风格必然是一致的，因此即便无法确定具体舞种，也可以通过静态的舞姿来判断乐舞的大致风格。如具有旋转特征的舞姿就意味着乐舞具有明快的节奏，击腰鼓起舞则说明乐舞是需要突出节奏和力度的，持长巾并舒缓起舞的舞姿主要是表现柔和、抒情的风格，所以对于乐、舞二者关系的准确把握，是认识和研究敦煌乐舞的基础和前提。事实上，本书的目的并不是将敦煌乐舞中乐与舞的关系割裂，而是想通过单独抽取舞蹈并对其内容、特征、属性做逐一分析，之后再将其置入敦煌乐舞以及中国古代乐舞发展史中，来进一步明确音乐与舞蹈相辅相成的关系。

小　结

　　本章对敦煌乐舞的概念、内容、特征等进行了简要概述，主要围绕敦煌乐舞的基本问题和敦煌乐舞中的舞蹈两个部分展开。其中基本问题部分从敦煌乐舞概念形成的学术史、敦煌乐舞对于古代乐舞史研究的价值、研究中存在的难点和关于研究方法的思考等几个方面进行了研究。首先，敦煌壁画乐舞图像具有丰富的种类和庞大的数量；其次，敦煌壁画乐舞图像反映了大量中古时期乐舞史的片段。另外，敦煌壁画乐舞图像能够与敦煌文献做到同一时期、同一地域内的互证，这些是其他乐舞图像不具备的。当然，从性质上讲，敦煌壁画乐舞图像作为佛教壁画的一部分，其中包含了佛教和艺术的因素，而敦煌文献中的乐舞记载往往与当时的社会经济紧密相关。因此，如何将这些因素剥离，把图像与文字统一纳入乐舞史研究中，是敦煌乐舞研究的难点和重点。

　　舞蹈部分则重点对敦煌乐舞中舞蹈的概念、舞蹈内容的分类和乐与舞的关系进行了讨论，对材料方面的分类重新进行了梳理和归纳，尤其对学界之前未给予足够重视的敦煌绢画、敦煌文献中的舞蹈类图像以及关于舞蹈的记载做了详细整理。同时，对敦煌舞蹈图像分类的方式和敦煌乐舞中乐与舞的关系分别展开了讨论。事实证明，敦煌乐舞中舞的部分内容丰富、形式多样，但同时也具有作为壁画图像和舞蹈史料的特殊性，这些都是在研究中需要注意的。

可以看到，本章基本问题部分侧重音乐内容的梳理，因此本章从内容上就将音乐和舞蹈进行了分别阐述，这符合文中提到的观点，即敦煌乐舞中的音乐和舞蹈在内容和形式上尽管是相互关联、相辅相成的，但在具体研究中需要清晰地认识到二者之间的区别，真正做到从辩证的角度去研究敦煌乐舞。接下来，将以本章梳理的基本问题为基础，以敦煌石窟分期为框架，选取不同时期颇具代表性的洞窟乐舞图像，对敦煌石窟乐舞进行深入、系统的研究。

第二章　早期的敦煌乐舞

关于早期的敦煌乐舞，本书拟选择莫高窟早期洞窟中的乐舞图像进行研究，主要是因为莫高窟是敦煌石窟的主体部分，而且莫高窟早期洞窟数量较多，对乐舞图像的研究可以形成相对体系化的结论。首先需要回顾关于莫高窟早期洞窟分期的相关研究成果，这是研究的基础。早期洞窟的分期研究，自20世纪50年代由夏鼐、宿白肇始，之后，樊锦诗、马世长、关友惠在80年代发表重要的分期结论，此外，李崇峰、赵青兰等亦有相关成果发表。[1]综合而言，由樊锦诗、马世长、关友惠所撰《敦煌莫高窟北朝洞窟的分期》一文将莫高窟现存洞窟中的36个洞窟划为早期洞窟，并将其分为四期的结论在敦煌石窟考古领域影响深远且意义重大。其中对于各洞窟的分类排布主要根据洞窟形制、塑像、壁画、装饰图案以及洞窟在崖面的位置关系等，分期时限的确定则以古代史朝代的划分为基础，依据敦煌地区的具体历史发展进行估定，具体划分

1　关于敦煌早期洞窟分期研究成果，王惠民《敦煌早期洞窟分期及存在的问题》一文中有系统梳理、分析和对比，此处不再赘述。参见王惠民《敦煌早期洞窟分期及存在的问题》，《石河子大学学报》2015年第6期。

如下：

　　第一期，第 268、272、275 窟。相当于北凉统治敦煌时期，即公元 421 年至 439 年左右。

　　第二期，第 259、254、251、257、263、260、487、265 窟。相当于北魏中期，大约在公元 465 年至 500 年左右。

　　第三期，第 437、435、431、248 窟和第 249、288、285、286、247、246 窟。相当于东阳王元荣一家统治敦煌时期，即北魏孝昌元年以前至西魏大统十一年，即公元 525 年以前至 545 年前后。

　　第四期，第 432、461、438、439、440、441、428、430、290、442、294、296、297、299、301 窟。相当于西魏大统十一年至隋开皇四年，即公元 545 年至 585 年，主要时代当在北周时期。[1]

通过以上分期可以看到，敦煌石窟现存早期洞窟即目前考古认定的隋代之前开凿的洞窟，这些洞窟所涉时代大致包括北凉、北魏、西魏和北周，本书也将沿用该结论对早期乐舞图像进行研究。此外，根据《敦煌石窟内容总录》中霍熙亮和王惠民的整理，西千佛洞第 7、8、9、11、12、13、21、22 窟，五个庙第 1、2、3、4、5、6 窟亦同属敦煌早期洞窟之列，其中西千佛洞第 7、22 窟开凿时间为北魏，第 9 窟为西魏，第 21 窟大致为北朝，其余洞窟均为北周时期开凿。[2]

对于早期洞窟中乐舞图像的初步调查和研究，学界从 20 世纪 80 年代就已经逐步开始，如庄壮的《敦煌石窟音乐》、牛龙菲的《敦煌壁画乐史资料总录与研究》、郑汝中的《敦煌壁画乐舞研究》、高德祥的《敦煌古代乐舞》、高金荣的《敦煌石窟舞乐艺术》以及王克芬与柴剑虹合著的《箫管霓裳——敦煌乐舞》等。总体来看，这些著作对于早期乐舞图像主要从两个不同维度展开：一是以洞

1　樊锦诗、马世长、关友惠：《敦煌莫高窟北朝洞窟的分期》，敦煌文物研究所编《中国石窟·敦煌莫高窟》第 1 卷，文物出版社，1981，第 197 页。此处将开皇四年标定为 585 年，实为 584 年。

2　参见《敦煌石窟内容总录》，第 195—203、225—226 页。

窟为单位对乐舞图像进行调查统计，二是从内容分类角度对乐舞图像加以考证研究。此外，万庚育的《敦煌早期壁画中的天宫伎乐》[1]和郑汝中的《新发现的莫高窟 275 窟音乐图像》[2]等文则是早期乐舞图像研究中较为重要的文章，其中如天宫伎乐多以佛教经典为依据，第 275 窟壁画乐舞图像的认定均为之后的研究奠定了理论基础。尽管上述成果对于早期洞窟的分期同样基于《敦煌莫高窟北朝洞窟的分期》一文，但缺乏乐舞图像在不同分期中特征的系统性梳理。笔者基于已有研究成果并结合自己的调查认为，早期敦煌石窟中绘有同时期乐舞图像的洞窟共计 33 个，其中莫高窟为 28 个，分别是：

第一期：第 272、275 窟；

第二期：第 259、254、251、257、263、260 窟；

第三期：第 437、435、431、248、249、288、285 窟；

第四期：第 432、461、438、439、428、430、290、442、294、296、297、299、301 窟。

西千佛洞共有 4 个洞窟，分别是第 7、8、9、12 窟。五个庙第 3 窟和第 4 窟乐舞图像为后代重修时绘入，因此不计算在内。早期乐舞图像内容和数量较多，而且极具特点和辨识度，主要包括天宫伎乐、飞天伎乐、化生伎乐、药叉伎乐和世俗伎乐，其中天宫伎乐、化生伎乐和药叉伎乐是早期洞窟中乐舞图像的基本内容。以下，将按照早期洞窟的四个分期对乐舞图像展开研究。

第一节　莫高窟第 272 窟和第 275 窟中的乐舞图像

根据前述分期，第一期洞窟包括第 268、272 和 275 窟，均位于南区中段崖面第三层，南北毗邻（见图 2-1）。其中第 268 窟为禅窟，纵长方形，平顶，西壁开浅龛，龛内塑交脚佛一身，窟内南、北壁各开两个禅室，南壁西起编号为第

---

[1] 万庚育：《敦煌早期壁画中的天宫伎乐》，《敦煌研究》1988 年第 2 期。

[2] 郑汝中：《新发现的莫高窟 275 窟音乐图像》，《敦煌研究》1992 年第 2 期。该文后被收入氏著《敦煌壁画乐舞研究》，第 53—59 页。

267、269窟，北壁东起编号为270、271窟。第268窟窟顶平棋内绘有飞天，西壁龛外南、北侧绘有飞天，南、北壁所绘飞天、力士与隋代绘千佛造成壁面重层，飞天未持乐器，力士身形类似起舞。

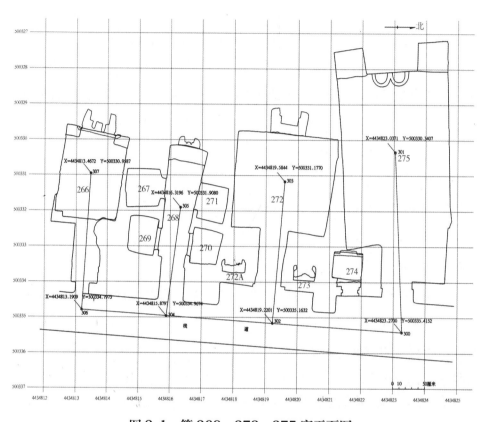

图2-1 第268、272、275窟平面图

资料来源：敦煌研究院编《莫高窟第266—275窟考古报告》第2册，文物出版社，2011，图版1。

第272窟平面为方形，窟顶近似穹隆形，西壁开穹隆形龛，龛内塑倚坐佛一身。现窟门外两侧（前室西壁门南北）各开一个小型佛龛，南侧龛编号第272A窟，北侧龛编号第273窟。第272窟窟顶藻井外侧一周绘天宫乐（舞）伎。此外，西壁龛内佛身光内所绘飞天和龛外两侧所绘供养菩萨动作极具舞蹈性。

第275窟平面为纵长方形，窟顶为南北两披的盝形。西壁前塑交脚菩萨一身，南壁绘有四组菩萨乐伎，北壁下部绘供养人，其中由西至东的前八身供养人演奏乐器。西壁、北壁和东壁由曹氏归义军时期补绘部分壁画中的垂幔下端有铃，窟顶南、北侧曹氏归义军时期绘飞天乐伎。第272窟和第275窟是第一期洞窟中有明确乐舞图像的洞窟，故本节将进行详细讨论。[1]

一　第272窟

如前所述，第272窟窟顶藻井外侧一周绘天宫乐（舞）伎。在敦煌壁画中，天宫乐（舞）伎具体是指"窟顶与四壁交界处、环窟四周，绘有带状之宫门栏墙，（其中）绘无数并列之方格，呈天宫圆券城门洞形，每个门洞之中，踞一奏乐或舞蹈之天人"。[2]第272窟所绘是现存敦煌石窟中最早的一组天宫乐（舞）伎。该窟为穹隆形顶，但壁画是按覆斗形顶布局的，因此在描述这组天宫乐（舞）伎时，不同著作的说法有一定出入，如《敦煌莫高窟北朝洞窟的分期》中为："侧壁壁画布局上中下分为三段：上绘天宫伎乐。"[3]《敦煌早期壁画中的天宫伎乐》一文描述为："天宫伎乐最早出现在北凉第272窟，略呈穹隆窟顶叠涩式藻井的周围。"[4]《敦煌石窟内容总录》称："主室窟顶四披画天宫乐伎。"[5]《莫高窟第266—275窟考古报告》第1册则表述为："方井之外四披绘一周天宫伎乐。"[6]事实上，只要通过窟顶的仰视图（见图2-2），天宫乐（舞）伎在整个洞窟的具体位置便一目了然，即窟顶下沿。当然，这与洞窟营建之初对于窟形、壁面的设计以及最终完工之后的效果有直接关系。通过对早期洞窟的调查可以发现，天宫乐伎出现的位置并非一成不变，有时绘于四壁上沿，有时则绘于窟顶下沿，尽管二者都大致位于壁面与窟顶的交接处，但鉴于研究的准确性，需要对其具体位置做出正确描述。为行文方便，以下按覆斗形顶洞窟西、北、南、东披的方式和顺序进行描述。

1　第一期洞窟窟形、塑像及壁画内容在《敦煌石窟内容总录》和《莫高窟第266—275窟考古报告》第1册中有详细、全面的介绍。参见《敦煌石窟内容总录》，第109—110页；敦煌研究院编《莫高窟第266—275窟考古报告》第1册，文物出版社，2011，第50、97、152页。

2　郑汝中：《敦煌壁画乐舞研究》，第34页。

3　参见樊锦诗、马世长、关友惠《敦煌莫高窟北朝洞窟的分期》，《中国石窟·敦煌莫高窟》第1卷，第186页。

4　万庚育：《敦煌早期壁画中的天宫伎乐》，《敦煌研究》1988年第2期，第25页。

5　参见《敦煌石窟内容总录》，第110页。

6　参见《莫高窟第266—275窟考古报告》第1册，第124页。

图 2-2 第 272 窟窟顶

第 272 窟窟顶主要由三部分组成，即藻井、天宫乐（舞）伎和飞天，但飞天未在窟顶西侧入画，取而代之的是供养菩萨直接延伸到西壁两侧，形成两组供养菩萨的对应。藻井四角绘四身飞天，飞天双臂伸展呈飞翔之姿。藻井四周则以不同纹样的图案作为间隔并外接天宫乐（舞）伎，天宫乐（舞）伎身前的栏墙及外侧的几何垂纹同时作为与飞天和供养菩萨的间隔。天宫乐（舞）伎绘于圆券形宫门即天宫之内，窟顶每披绘宫门六座，共计二十四座。宫门为圆券形，呈白、红两色交替排列，每座宫门两侧有"T"字形门柱，宫门前部绘凹凸式双层条砖凭台，台下绘托梁，这一部分即通常所说的天宫栏墙。宫门内天宫乐（舞）伎共计二十二身，此外在南披东侧宫门内绘莲花一朵，东披北侧宫门内绘牢度跋提一身。乐（舞）伎均有头光，袒露上身，肩搭帔巾，下身着土红、赭石、石绿等色的裙装，佩耳珰，戴腕钏。乐伎皆面部丰圆，体型健硕，展现出早期敦煌壁画西域式粗犷奔放的风格。

1. 窟顶西披

窟顶西披共绘六身天宫乐（舞）伎（见图2-3）。由北至南第一身乐伎整体身形呈"＞"形，双臂上屈与左肩平齐，双手持横笛，手势不明，口部微张作吹奏状。横笛刻画较为简略，仅以细长的白色线条表示。

图2-3 第272窟窟顶西披

第二身身形姿态呈"＜"形，与第一身相对。乐伎左臂屈于胸前，左手半握，右臂则向外侧伸展，在右小臂上部可以看到有类似琴颈的部件，乐伎胸前亦有弧形线条，似乎为音箱外侧边沿，乐伎双臂的姿态也与演奏琵琶的动作近似。《莫高窟第266—275窟考古报告》将此处乐器辨识为琵琶并做了说明："琵琶则只用细线、薄粉轻描淡写，若有若无，主要靠人物动态来表现。"[1]但《敦煌壁画乐史资料总录与研究》此处是按舞伎统计的，意即乐伎未持乐器。[2]通过反复辨识并结合其余披面所绘琵琶的画面特征和琵琶演奏姿态，此处的乐伎应该是在弹奏琵琶，只是最初绘制琵琶的线条或颜色过于浅淡，导致目前在壁面上很难辨别。

第三身乐伎侧身左向站立，双臂屈于身前，双手捧持乐器贝吹奏。贝通体白色，壳口向上，乐伎口部位于吹口（壳顶）处吹奏，左手握于壳身，右手位于壳

---

1 《莫高窟第266—275窟考古报告》第1册，第125页。

2 参见牛龙菲《敦煌壁画乐史资料总录与研究》，第4页。

口，似在控制音色和音量。

第四身身形姿态与第二身乐伎一致，呈"<"形。其左臂向上外张，手握一枝曲茎三瓣花朵，右臂自然下垂，手指内勾握帔巾一端。由于其未持乐器，身形动作似起舞之姿，加之其位于乐伎之列，因此大多数著作将其称为天宫舞伎。[1]

第五身乐伎身形呈">"形，胯部朝向其左后方，腰部向上位置斜挂腰鼓。乐伎左手向下，右手向上位于鼓面，作敲击状。腰鼓表面装饰有菱格纹，鼓面细节由于壁面漫漶已无从得知。该腰鼓棱角分明，体量较小，而且鼓身极细，与鼓面形成鲜明的对比，这种广首纤腹的程度要远胜于唐代壁画中的腰鼓，这是早期腰鼓图像的重要特征。

第六身为天宫舞伎，上身向右侧倾，胯部左出，手臂姿态与前述第四身基本一致，但手中未持花朵。

2. 窟顶北披

窟顶北披共绘六身天宫乐（舞）伎（见图2-4）。由西至东第一身体型较其他乐（舞）伎硕大健壮，正面站立，头部侧向左，深目、高鼻、厚唇的面部特征较明显。由于出现在北披最西侧与西披最北侧相接的位置，画面仅绘出向下张开的左臂，未见右臂。按姿态判断，右臂应同为向下张开的动作。如此，其动作应类似舞蹈，将其归入天宫舞伎。

图 2-4　第 272 窟窟顶北披

第二身应同为舞伎，其身形姿态呈">"形站立，头部向右下微倾，双臂均向右下方伸展，左手上勾，右手握拳。

1　参见郑汝中《敦煌壁画乐舞研究》，第 61—62 页；牛龙菲《敦煌壁画乐史资料总录与研究》，第 4 页。

第三身乐伎正面站立，头、胯部向左微倾，腰部斜向上挂一腰鼓。乐伎右手向上抬起，握拳似持鼓槌，左手向下伸展位于鼓面，作拍击状。腰鼓通体未着色，仅以白色线条勾勒大致外观，画面极其模糊，需仔细辨识。该腰鼓形制与西披所绘一致，只是体量稍大。

第四身乐伎头部向右下微倾，双手屈于胸前，口含一细长管乐器吹奏。乐器同样以细长的白色线条表示，具体细节不明，应为某种竖吹的管类乐器。

第五身乐伎稍向左侧身站立，头部向左微倾，双手屈于胸前持角吹奏，口部位于角的吹口端。角呈半圆弧形，通体土黄色，以黑色线条勾勒轮廓。

第六身为舞伎，其向右侧身站立，左臂向右下方伸展，左手回勾，其中拇指与食指相接，其余三指自然伸展，右臂平举，右手位于头前。

3. 窟顶南披

窟顶南披共绘五身天宫乐（舞）伎和一朵莲花（见图 2-5）。由西至东第一身以"＞"形姿态站立，头部向左侧作回望状，双手捧持一枝曲茎三瓣花朵于胸前。

图 2-5　第 272 窟窟顶南披

第二身同样以"＞"形姿态站立，头部朝向右侧俯视。左臂稍屈，左手位于腹部，右臂向右下方伸展，右手回勾，呈舞蹈之姿。

第三身乐伎正向站立，头部向左侧平视，横抱琵琶，其中左手位于琴颈处按弦，右手在面板上拨弹琴弦。可以明显看到琵琶为曲项，四根弦轴，有品柱，音箱外观呈梨形，但面板的具体细节不明。

第四身正向站立，头部朝向右侧，身体明显向右侧送胯。左臂微屈，左手位于腰部，右臂屈于身前，掌心向上，手中持一枝曲茎三瓣花朵。

第五身正向站立，胯部朝向左后方，左臂微屈，左手位于胯部，右臂向上屈起。如按之前西披和北披所绘天宫乐伎，其整体身形应该是拍击腰鼓的动作，但壁面上未见腰鼓图像。

最东侧宫门仅剩一三角形区域，可能是壁面布局受限所致，其中绘不完整的莲花一朵，但依然能够看到莲瓣、莲房和莲蕊。

4. 窟顶东披

窟顶东披共绘五身天宫乐（舞）伎和一身与乐（舞）伎不同的形象（见图2-6）。该形象为由北至南第一身，最北侧三角形的区域中仅绘其上半身，这是与天宫乐（舞）伎在画面上最明显的区别。该形象有头光，面部饱满，双目圆睁，口部大张，双耳垂肩，身着石绿通肩袈裟。根据形象判断，应该就是万庚育在《敦煌早期壁画中的天宫伎乐》中所说的牢度跋提。[1] 关于该形象的认定以及图像与佛教经典的对应，将在后文做进一步讨论。

图 2-6　第 272 窟窟顶东披

第二身正向站立，身着袒露左肩的袈裟，双臂向前屈起，与肩同高，掌心向上。其左手持一枝白色花朵，右手托一白色条状物，具体不明。

第三身为天宫乐伎，以"＞"形姿态站立，横抱琵琶弹奏。琴颈置于右手虎口上，手指作按弦状，左手在音箱位置拨弹。琵琶图像不甚明显，仅能分辨梨形的音箱和横直的琴颈。

1　参见万庚育《敦煌早期壁画中的天宫伎乐》，《敦煌研究》1988 年第 2 期，第 24 页。

第四身同为天宫乐伎，正向站立，头部朝向左侧，双手持一横笛置于口部吹奏。横笛同样以修长的白色线条表示，但具体细节不明。

第五身以"<"形姿态站立，头部朝向右侧平视，左臂向下伸展，左手半握，右臂屈于胸前，掌心朝向斜上方，其身形动作似起舞。

第六身为天宫乐伎，头部与整个身体呈">"形，左臂屈于胸前，右臂肘部上抬，双手持贝，口部位于吹口（壳顶）处吹奏。贝外观近似桃形，通体呈半透明的白色，壳口垂直向下。

综合四披所绘天宫乐（舞）伎及其他内容，演奏乐器的乐伎共计十一身，乐器包括琵琶三、笛三（其中一支为竖吹）、腰鼓二、贝二、角一，牢度跋提一身，舞伎十一身，其中有四身手持花朵。上述乐器中弹拨乐器三件，吹奏乐器六件，打击乐器两件。就乐器分类而言，天宫乐伎所奏乐器包含完整的莫高窟壁画乐器分类。[1]由于天宫乐伎是绘制在每个单独宫门中的，尽管在窟顶披面上是依次排列，但乐伎相互之间具有一定的独立性，不具备乐队或组合的性质，因此不适合对天宫乐伎做乐队编制角度的分析。

对于舞伎需要说明的是，目前仅凭图像难以完全确定其在洞窟营建之初是否按起舞形式设计的。之所以按舞伎定义，一般是由以下旁证支持：第一，舞伎与天宫乐伎被绘制于同一区域，加之乐与舞综合呈现的敦煌乐舞基本特征，将未持乐器且与乐伎处在相同位置的形象作为舞伎；第二，这些形象尽管在壁面上是静态的呈现，或者说是某一动作的定格绘制，但其动作的确与舞蹈姿态相近；第三，与天宫乐（舞）伎相关的佛教经典中有以舞礼佛的记载。据此，大部分著作是以天宫舞伎为其命名的，但正如笔者在之前的研究中提到的："在敦煌石窟壁画中，有一部分图像是明显持舞具起舞且可以被直接确定为舞蹈类的图像，如经变画乐舞组合中的舞伎，我们将这一类称为舞蹈的近关系类图像……还有一部分图像并不能完全确定为舞蹈图像，因为我们很难确定其中展示的姿

1　敦煌壁画乐器包含弹拨乐器、吹奏乐器、拉弦乐器和打击乐器四类，但由于拉弦乐器——稽琴仅在榆林窟和东千佛洞壁画中出现，因此莫高窟壁画乐器仅有弹拨乐器、吹奏乐器和打击乐器三类。参见朱晓峰《唐代莫高窟壁画音乐图像研究》，第52—54页。

态是不是在起舞，但又不能完全否认其与舞蹈之间的联系，如飞天、部分化生、天宫乐伎和密教类壁画中的形象，因此我们依然将这一部分图像划入敦煌乐舞中舞的范畴，但只是将其视作舞蹈的远关系类图像。"[1] 本书将统一按天宫舞伎对其进行描述和统计，但其性质属于舞蹈的远关系类图像，这是首先应该明确的。

此外，与远关系类图像类似的还有西壁龛内佛身光上所绘的两组飞天和龛外两侧的两组供养菩萨。西壁龛内佛身后龛壁绘五圈近圆形的头光叠置于五圈轮廓类尖拱形的身光前，飞天具体位于佛身光由内向外第四圈，呈弧线形布局于南、北两侧，每侧各绘五身。飞天均有圆形头光，冠式不明，佩项圈，戴腕钏，袒露上身，臂搭帔巾，下身着裙装。每身飞天双腿自然舒展，区别主要来自双臂的动作，飞天双臂或高举，或向下，或平举，或合掌（见图2-7）。如将一侧的飞天自上而下作整体观看，五身飞天似呈现出一段连贯的动作，具动画分帧的效果，给人以跃然壁上的动态感。

西壁佛龛外南、北两侧各绘两组供养菩萨。[2] 按壁面现存状况，南侧壁面基本完好，供养菩萨自上而下共分四排排列，每排为五身，共二十身。北侧下方壁面因北壁西侧穿洞破坏，只有上部两排各绘完整的五身供养菩萨，第三排有四身完整，第四排仅三身完整，[3] 共十七身。供养菩萨均有圆形头光，束发髻或戴头冠，额间绘白毫，饰耳珰、项圈、臂钏和腕钏，臂搭帔巾，大多数袒露上身，少部分身着袒露右肩的袈裟，下身均着裙装，跣足。供养菩萨大多结跏趺坐或偏向一侧跪坐，最明显的区别来自双臂的动作，如双臂张开、合掌于胸、双臂平举、上下伸展（见图2-8）。整个壁面的菩萨在整齐排列中又能突出姿态各异，尽管动态丰富却毫无杂乱之感，在形式和内容上营造出动静相宜的效果。

---

1 朱晓峰、刘致畅：《敦煌乐舞中的舞蹈：概念与分类》，《北京舞蹈学院学报》2021年第3期，第23页。

2 根据《敦煌石窟内容总录》和《莫高窟第266—275窟考古报告》第1册的定名，这两组形象为供养菩萨，但其尊格未完全确认。参见《敦煌石窟内容总录》，第110页；《莫高窟第266—275窟考古报告》第1册，第108页。

3 第四排除三身完整外，另有一身仅有右手残迹留于壁面。参见《莫高窟第266—275窟考古报告》第1册，第111页。

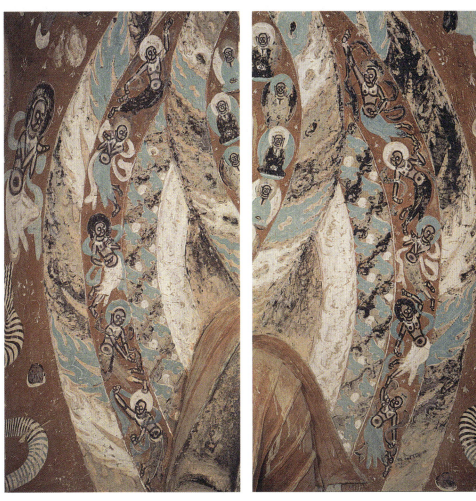

图 2-7　第 272 窟西壁龛内飞天

图 2-8　第 272 窟西壁龛外南、北侧供养菩萨

如果不考虑飞天和供养菩萨在佛教中的功能，只以前述壁画舞蹈的标准来衡量，这些形象也是难以被归入舞蹈图像的，甚至不能被视作舞蹈远关系类图像。首先，飞天和供养菩萨所在位置未见明确表现乐的内容，这些位置不属于本窟的乐舞区域，也就不能用乐舞结合的角度去理解；其次，供养菩萨排列组合的方式未在敦煌乐舞中出现，敦煌乐舞中的舞蹈图像一般是以横向并列排布或在乐舞组合中居中布局的。但由于以观者视角来看这些形象的确有舞蹈倾向，而且其他石窟在相同位置是有乐伎出现的，如炳灵寺西秦第 169 窟第 6 龛前无量寿佛背光上所绘飞天乐伎（见图 2-9），麦积山西魏第 127 窟北壁龛内阿弥陀佛头光上雕刻的飞天乐伎（见图 2-10），所以本书有意将这一部分做简单梳理，因为其中涉及了敦煌乐舞调查和研究过程中的难点，即在没有明确证据或壁画绘制依据的前提下，我们如何准确判定图像的性质。目前能够用到的手段主要包括以相关文献为基础进行分析或与敦煌以外相类的乐舞图像进行对比，即便如此，现阶段敦煌石窟中的个别图像也无法准确判断其性质，这在本书之后的部分中会有涉及。

图 2-9　炳灵寺西秦第 169 窟第 6 龛前无量寿佛背光上所绘飞天乐伎

资料来源：炳灵寺文物保护研究所供图。

图 2-10　麦积山西魏第 127 窟北壁龛内阿弥陀佛头光内雕刻的飞天乐伎

资料来源：麦积山石窟艺术研究所供图。

5. 天宫乐伎的功能

讨论第 272 窟天宫乐伎的功能，就需要通过与其相关的佛教经典进行分析，而经典的选择与第 272 窟西壁龛内主尊的认定有着直接关系。关于第 272 窟西壁龛内的主尊，学界历来有几种说法，如认为是下生成道或弥勒三会中的弥勒佛，[1]三世佛中的释迦牟尼佛[2]或法华三世中的释迦牟尼佛[3]。如果是弥勒佛，便与《佛说弥勒下生成佛经》有关；三世佛中的释迦牟尼佛则是以《佛说观弥勒菩萨上生兜率天经》为依据；而法华三世中的释迦牟尼佛与《妙法莲华经》譬喻品相关。通过经文比对，目前只有《佛说观弥勒菩萨上生兜率天经》中的内容可以与第 272 窟窟顶所绘的天宫、天宫乐（舞）伎、牢度跋提、莲花等内容对应，而且《敦煌

1　参见《中国石窟·敦煌莫高窟》第 1 卷，第 207 页；《莫高窟第 266—275 窟考古报告》第 1 册，第 140—141 页。

2　按贺世哲的说法，将第 272 窟西壁龛内主尊与南、北壁说法图中所绘主尊结合起来并按"三世佛"视之，此观点最早出自东山健吾。参见贺世哲《关于敦煌莫高窟的三世佛与三佛造像》，《敦煌研究》1994 年第 2 期，第 68—70 页；〔日〕东山健吾《敦煌莫高窟佛树下说法图形式的外来影响及其变迁》，贺小萍译，《敦煌研究》1991 年第 1 期，第 48—49 页。

3　参见袁德领《试释莫高窟第 272 窟的内容》，《敦煌研究》2002 年第 5 期。

早期壁画中的天宫伎乐》一文也是最早按此经解释窟顶内容的，因此本书将继续
以该经典为文本进行分析。

《佛说观弥勒菩萨上生兜率天经》记述的是释迦牟尼在舍卫国祇树给孤独园
为众弟子说法，通过向优波离解答阿逸多（弥勒）为何至今为凡夫身的疑惑，依
次讲述弥勒菩萨上生兜率天宫的盛景、弥勒菩萨上生的因缘以及教授众生在佛涅
槃后如何往生兜率净土等。其中与乐舞相关的内容在兜率天宫盛景的描述中先后
共出现四处。第一处讲述兜率天上的诸天子发愿为弥勒菩萨造兜率天宫，天宫内
化生出宝女持乐器奏出妙音。《佛说观弥勒菩萨上生兜率天经》载：

> 如是我闻：一时，佛在舍卫国祇树给孤独园。……尔时优波离亦从座起，头面
> 作礼而白佛言：世尊！世尊往昔于毗尼中及诸经藏说阿逸多次当作佛，此阿逸多具
> 凡夫身，未断诸漏，此人命终当生何处？其人今者虽复出家，不修禅定不断烦恼，
> 佛记此人成佛无疑，此人命终生何国土？
>
> 佛告优波离：谛听谛听，善思念之。如来应正遍知，今于此众说弥勒菩萨摩诃
> 萨阿耨多罗三藐三菩提记。此人从今十二年后命终，必得往生兜率陀天上。尔时兜
> 率陀天上，有五百万亿天子，一一天子皆修甚深檀波罗蜜，为供养一生补处菩萨故，
> 以天福力造作宫殿，各各脱身旃檀摩尼宝冠，长跪合掌发是愿言：我今持此无价宝
> 珠及以天冠，为供养大心众生故，此人来世不久当成阿耨多罗三藐三菩提，我于彼
> 佛庄严国界得受记者，令我宝冠化成供具。如是诸天子等各各长跪，发弘誓愿亦复
> 如是。时诸天子作是愿已，是诸宝冠化作五百万亿宝宫，一一宝宫有七重垣，一一
> 垣七宝所成，一一宝出五百亿光明，一一光明中有五百亿莲华，一一莲华化作五百
> 亿七宝行树，一一树叶有五百亿宝色，一一宝色有五百亿阎浮檀金光，一一阎浮檀
> 金光中出五百亿诸天宝女，一一宝女住立树下，执百亿宝〔器〕无数璎珞，出妙音
> 乐，时乐音中演说不退转地法轮之行。[1]

1　大藏经学术用语研究会编《大正新修大藏经》第14册，台北：新文丰出版公司影印，1992，第418—419页。

　　第二处描述天宫内的大神牢度跋提发愿为弥勒菩萨造善法堂，其额头自然出珠，宝珠化生出七宝莲花，不鼓自鸣乐器以及天女唱歌、起舞、演奏乐器的情景。这一部分除不鼓自鸣乐器和牢度跋提额头出珠的状态外，[1]基本能够与窟顶所绘内容对应。经文曰：

> 　　尔时此宫有一大神，名牢度跋提，即从座起遍礼十方佛，发弘誓愿：若我福德应为弥勒菩萨造善法堂，令我额上自然出珠。既发愿已，额上自然出五百亿宝珠，琉璃颇梨一切众色无不具足，如紫绀摩尼表里映彻。此摩尼光回旋空中，化为四十九重微妙宝宫，一一栏楯万亿梵摩尼宝所共合成。诸栏楯间自然化生九亿天子、五百亿天女，一一天子手中化生无量亿万七宝莲华，一一莲华上有无量亿光，其光明中具诸乐器。如是天乐不鼓自鸣，此声出时，诸女自然执众乐器，竞起歌舞；所咏歌音演说十善、四弘誓愿，诸天闻者皆发无上道心。[2]

　　第三处是在牢度跋提造善法堂后，天宫中又有另外五位大神，第一大神为宝幢，第五大神名正音声，其中宝幢身降宝雨化生不鼓自鸣乐器，正音声毛孔出水化生玉女出妙音。经文言：

> 　　时兜率天宫有五大神：第一大神名曰宝幢，身雨七宝散宫墙内，一一宝珠化成无量乐器，悬处空中不鼓自鸣，有无量音适众生意……第五大神名曰正音声，身诸毛孔流出众水，一一水上有五百亿花，一一华上有二十五玉女，一一玉女身诸毛孔出一切音，声胜天魔后所有音乐。[3]

1　如本书前述，最早将东披最北侧天宫内所绘形象定为牢度跋提的是万庚育，他在文中对比了早期洞窟中所绘的该形象，其中最明显有额上出珠的形象出现在第248窟。参见万庚育《敦煌早期壁画中的天宫伎乐》，《敦煌研究》1988年第2期，第24页。

2　《大正新修大藏经》第14册，第419页。

3　《大正新修大藏经》第14册，第419页。

第四处则在佛讲如何往生兜率天宫的部分出现。其中乐舞与之前三处一致，同样是描述兜率净土的盛景，即由百千天子于天宫作乐，经文载：

> 佛灭度后我诸弟子，若有精勤修诸功德、威仪不缺，扫塔涂地，以众名香、妙花供养，行众三昧深入正受，读诵经典，如是等人应当至心，虽不断结如得六通，应当系念念佛形像，称弥勒名。如是等辈，若一念顷受八戒斋，修诸净业发弘誓愿，命终之后，譬如壮士屈申臂顷，即得往生兜率陀天，于莲华上结加趺坐，百千天子作天伎乐，持天曼陀罗花、摩诃曼陀罗华。[1]

通过对经文的引述，可以发现《佛说观弥勒菩萨上生兜率天经》中四处与乐舞相关的内容在功能上是一致的。首先是表现兜率净土的美好，这一部分是通过"妙音"来实现的，但乐舞最终的功能依然指向佛教，因为妙音、歌、舞同时又是佛法的象征，如"演说不退转地法轮之行""演说十善、四弘誓愿"，闻者或观者能"发无上道心"。因此就天宫乐、舞伎而言，不论是在石窟壁画还是在佛经文本中，其功能就是对兜率净土美好的表现和佛法的象征，这应该是确定的。

二　第275窟

根据前述，第275窟中出现了两个不同时代所绘的乐舞图像，即洞窟营建时的原作和曹氏归义军时期重修时的补绘，也就是《莫高窟第266—275窟考古报告》第1册中所对应的第一层壁画和第三层壁画。[2] 按今之洞窟现状，第三层壁画中西壁上部主尊头光两侧补绘边饰及垂幔，垂幔下端绘有铃；北壁东侧上部，即隔墙西向面上段南铺说法图上部垂幔下端绘铃；东壁上段北侧及中部，即隔墙西向面上段北铺和中铺说法图上部垂幔下端绘铃；窟顶北侧绘飞天乐伎一身，演奏笙，南侧绘两身飞天乐伎，分别演奏排箫和笛。[3] 由于这一部分并非早期乐舞图像，

1　《大正新修大藏经》第14册，第420页。
2　参见《莫高窟第266—275窟考古报告》第1册，第237—238页。
3　关于第275窟第一、二、三层壁画的具体位置和内容，参见《莫高窟第266—275窟考古报告》第1册，第214—227页。

此处仅做简单梳理，以下将对早期乐舞图像进行逐一分析。

1. 北壁

北壁由上、中、下三段构成，其中上段由西至东依次开三个小型佛龛，中段绘五铺本生故事画，下段绘边饰及三角垂帐纹。中段本生故事画下方绘一排供养人，现存三十九身，男性，均侧身西向站立，其中前八身供养人演奏乐器，第九身为供养比丘，其余皆为合掌礼拜的供养人。除供养比丘外，供养人皆头裹巾帻，身着窄袖袴褶装，下穿宽腿裤，足上有履（见图 2–11）。

前八身供养人中，第一、二身吹奏角。角体量较大，通体土黄色，上有石绿色的装饰纹样，供养人双手握持的部位处有明显向上的弧度，上端为喇叭式开口且边缘系有穗状或叶状的装饰物。第七、八身双手持竖吹的管乐器，管乐器通体呈白色，吹口处细节不明，按演奏姿势和粗短的管体分析，乐器应该是筚篥。除以上四身外，其余四身演奏乐器因壁面漫漶无法确定，但这四身姿态同样为双手置于胸前，因此很可能也是在演奏吹奏乐器，而且根据此处每两身演奏同一乐器的排列方式，第三、四身演奏的应该是同一乐器，第五、六身演奏的亦是同一乐器（见图 2–12、图 2–13）。

在佛教中，以音乐作为供养不仅在诸多佛教经典中有记载，而且也是约定俗成的惯例，如《长阿含经》卷三载：

图 2-11 第 275 窟北壁中段本生故事画及供养人（部分）

图 2-12   第 275 窟北壁供养人（部分）

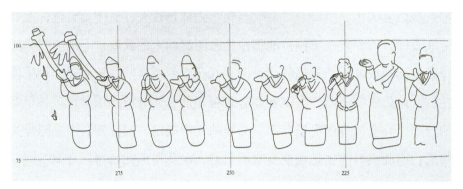

图 2-13   第 275 窟北壁供养人线描（部分）

资料来源：《莫高窟第 266—275 窟考古报告》第 2 册，图版 88。

> 佛告阿难：天下有四种人，应得起塔，香花缯盖，伎乐供养。何等为四？一者
> 如来应得起塔，二者辟支佛，三者声闻人，四者转轮王。阿难！此四种人应得起塔，
> 香华缯盖，伎乐供养。[1]

《妙法莲华经》之法师品规定音乐为十种佛供养之一，[2] 这在敦煌壁画中也有
大量的反映。如经变画乐舞组合大多有供养的功能，[3] 但这与本窟北壁供养人奏乐
在形式上略有区别：前者是指以音乐为供养，并不限定主体；后者则是供养人奏

---

1 《大正新修大藏经》第 1 册，第 20 页。

2 《大正新修大藏经》第 9 册，第 30、31 页。

3 参见朱晓峰《唐代莫高窟经变画乐舞图像述略》，《敦煌研究》2021 年第 6 期。

乐，明确了演奏音乐的主体身份——供养人。事实上，在敦煌壁画中如本窟以供养人身份演奏音乐的图像数量并不多，往往是具有供养功能的乐舞图像。正是由于这个原因，本书未将奏乐的供养人单独作为一类供养人乐伎，而是将其归入世俗乐伎的范畴。但不论是供养人奏乐还是以音乐为供养，以音乐为奉献的目的并未改变。

2. 南壁

南壁布局与北壁相同，上段为三个小型佛龛，中段绘四门出游的佛传故事画，由西至东依次排列四组画面对应出游四门的四个情节（见图 2-14），下段为边饰及三角垂帐纹。

图 2-14　第 275 窟南壁中段佛传故事画（部分）

中段四组佛传故事画的每一组画面中绘有乐伎三身，四组共计十二身，而且每组乐伎均位于所在画面的中心位置。由于南壁局部壁面较漫漶甚至剥落，加之中部有穿洞破坏，需要借助线描图结合壁画图像对其中乐伎及其演奏乐器进行逐一辨识。第一组画面中的乐伎位于骑马的王子与老人之间，呈"品"字形排列。上方一身乐伎绘石绿色头光，冠饰不明，身着窄袖交领上衣，下身被右下方乐伎遮挡。乐伎胸前斜向挂一腰鼓，左臂下屈，右臂抬起，双手展开分别位于腰鼓鼓面前作拍击动作。腰鼓通体土黄色，鼓身较短，鼓面凸起，基本符合早期敦煌壁画中腰鼓的特征。左下方乐伎目前仅余上半身，未见头光，有发髻，身着窄袖交领上衣。乐伎右臂屈于胸前，臂弯处固定一竖箜篌，左臂则屈于竖箜篌横肘上方，作拨弹琴弦的动作。竖箜篌仅以浅淡的白色勾勒大致轮廓，依稀能够分辨平直的横肘与弧形共鸣箱，未见琴弦。右下方乐伎由于位置在前，是本组乐伎中

图 2-15　第 275 窟南壁中段佛传故事画西起第一组乐伎

资料来源:《莫高窟第 266—275 窟考古报告》第 2 册，图版 221、89。

绘制较为清晰的一身。乐伎有头光，戴头冠，头冠两侧有条纹状缯带，下身着石绿色裙装，跣足站立于莲台之上。乐伎胸前横抱一曲项琵琶，左手位于琴颈处按弦，右手于面板处弹拨。琵琶具体细节不明，仅能分辨向上的琴头以及梨形音箱的基本外观（见图 2-15）。

　　第二组乐伎东、西两侧分别绘天人和比丘各一身，三身乐伎横向排列。左侧第一身乐伎有头光，戴头冠，头冠两侧绘条纹状缯带，乐伎佩项圈、腕钏，袒露上身，双臂搭帔巾，下身着石绿色裙装，跣足站立莲台之上。乐伎横抱曲项琵琶，左手握于琴颈处，右手在面板上作弹拨状。琵琶以土红色线条勾勒轮廓，琴头向下，外观与第一组中所绘琵琶一致。第二身乐伎除螺发外，其余配饰、装束与左侧第一身接近。乐伎头部偏向右侧，右臂屈于胸前，右手作按持状与口部平齐，左臂自然上屈。从乐伎呈现的姿态看应该是手持横笛吹奏，但由于早期壁画中横笛多以简单的线条指代，故今已不见。第三身乐伎外形同于前两身，乐伎右臂下屈固定竖箜篌共鸣箱下部，手指展开位于琴弦上，左臂上屈于胸前，手指同样作弹拨琴弦的动作。竖箜篌共鸣箱与横肘为土黄色，上绘白色竖直的线条表示琴弦（见图 2-16）。

图 2-16　第 275 窟南壁中段佛传故事画西起第二组乐伎

资料来源：《莫高窟第 266—275 窟考古报告》第 2 册，图版 222、89。

第三组画面所在壁面曾被后代隔墙遮蔽，后于 1991 年搬迁恢复，[1] 因此乐伎所在部分较为清晰。乐伎外形、配饰、姿态、排列形式基本与第二组画面中的乐伎近似，此处不再重复。本组乐伎所奏乐器也与第二组保持一致，只是乐器细节较为清楚，如曲项琵琶琴头向上，琴弦为四根，面板上下各开有一个圆形的音孔，乐伎似持槟拨奏。均以黑色线条绘制横笛的轮廓、竖箜篌弧形的共鸣箱及横肘（见图 2-17）。

图 2-17　第 275 窟南壁中段佛传故事画西起第三组乐伎

资料来源：《莫高窟第 266-275 窟考古报告》第 2 册，图版 223、89。

第四组画面所在壁面是南壁整组故事画中剥落与漫漶情况最为严重的，目前能明确辨识的乐伎有两身。最右侧一身横抱琵琶，左手按弦，右手弹拨，琵琶

1　参见《莫高窟第 266—275 窟考古报告》第 1 册，第 154 页。

为梨形音箱。中间一身乐伎仅能辨别其双臂屈于胸前，应该是在演奏某种吹奏乐器。按姿态分析，其所奏乐器不应该是横笛，如果是横笛，乐伎双臂应该位于头部同侧而非胸前，此应该是诸如筚篥、贝这类吹奏时乐伎双臂位于胸前的乐器，但具体无法确定。最左侧仅存局部的黑色头光，按故事画前三组画面中乐伎三身一组的形式，此处应该也是乐伎，但今已不存（见图2-18）。

图2-18　第275窟南壁中段佛传故事画西起第四组乐伎

资料来源：《莫高窟第266—275窟考古报告》第2册，图版224、89。

如果对以上四组故事画中现存乐伎所奏乐器进行分类（见表2-1），可以明显看到每组故事画中的乐器都是敦煌壁画中较为典型的，如弹拨乐器中的琵琶、吹奏乐器中的横笛以及打击乐器中的腰鼓。当然，每组乐伎所演奏乐器并未囊括莫高窟壁画乐器的三个种类，这也是一个值得关注的现象。因为按目前研究来看，出现在敦煌壁画同一位置或同一组合的乐器，通常是弹拨类、吹奏类和打击类齐备的，这在不鼓自鸣乐器、天宫伎乐、经变画乐舞组合中均有反映。

表2-1　第275窟南壁中段佛传故事画中的乐器分类

分组	弹拨乐器	吹奏乐器	打击乐器
第一组	竖箜篌、曲项琵琶		腰鼓
第二组	竖箜篌、曲项琵琶	横笛	
第三组	竖箜篌、曲项琵琶	横笛	
第四组	琵琶	竖吹管乐器	
总计	7件	3件	1件

接下来，我们需要对故事画所绘四组乐伎的身份进行简单探讨，因为乐伎身份直接关系其功能。除了乐伎的服饰、装束这些外显特征外，我们还要回到故事画题材这个关键问题上来，因为一旦确定了题材，乐伎身份的归属问题便可迎刃而解。对于故事画内容的考证，学界一般有以下几种观点。《莫高窟第266—275窟考古报告》依据佛经《普曜经》卷三"四出观品"的内容，认为南壁中段佛传故事画为四门出游的情节，[1] 这是目前的主流观点，本书也是按此进行描述的，但由于"四出观品"出游部分未见相关乐舞的描述，因此《莫高窟第266—275窟考古报告》只将乐伎泛称为"伎乐天"。李静杰在《敦煌莫高窟北朝隋代洞窟图像构成试论》中同持此观点，同时也注意到四门出游情节中无乐舞的现象，并以云冈石窟为例进行了举证，但只是一语带过："图像表现与布局符合太子出游情节，尤其太子出城遇见老人的场面，清晰可见。与云冈第6窟的出游四门场面比较，只是多了伎乐内容。"[2] 郑汝中和赖鹏举则以《佛说观弥勒菩萨上生兜率天经》为文本与图像进行对照，认为南壁中段壁画描绘的是兜率净土的场景，[3] 甚至是"兜率净土内民众日常生活的一个写照"。[4] 由于该经中有对天宫乐伎的详细描述，因此乐伎的身份也就自然被确定为天宫乐伎。

首先，分析上述两部经典与现存四组故事画内容间的对应关系可以发现，《普曜经》卷三"四出观品"中王子出东城门遇天人所化老人和出北城门遇比丘的内容基本能够与故事画第一组和第二组画面对应，尤其是老人形象在壁面上非常明确（见图2-15），比丘形象也基本可以确定（见图2-16）。《普曜经》卷三载：

> 尔时菩萨出东城门，菩萨威圣之所建立，于时诸天化作老人，头白齿落目冥耳聋，短气呻吟执杖偻步住于中路，菩萨知之故复问：："此为何人？头白齿落羸瘦乃尔。"御者答言："是名老人，诸貌已尽形变色衰，饮食不化气力虚微，命在西垂余

1　参见《莫高窟第266—275窟考古报告》第1册，第201—202页。

2　李静杰：《敦煌莫高窟北朝隋代洞窟图像构成试论》，云冈石窟研究院编《2005年云冈国际学术研讨会论文集·研究卷》，文物出版社，2006，第367页注释3。

3　参见郑汝中《新发现的莫高窟275窟音乐图像》，《敦煌研究》1992年第2期，第1页。

4　赖鹏举：《丝路佛教的图像与禅法》，圆光佛学研究所，2002，第202—203页。

寿无几，故曰老矣。"……复于异日，报王出游。出北城门，见一沙门，寂静安徐净修梵行，诸根寂定目不妄视，威仪礼节不失道法，衣服整齐手执法器。菩萨问之："此为何人？"御者答曰："此名比丘，以弃情欲，心意寂然犹如太山，不可倾动；难污如空，屈伸低仰不失仪则；心如莲华悉无所著，亦如明珠六通清彻，无一蔽碍，慈愍一切欲度十方。"[1]

　　除此之外，第三、四组画面残损过多，恰好缺失了经文所述的，也是对画面内容起决定性作用的病人和死人形象，[2]因此现存的这两组画面难以与经文具体内容对应。

　　再来看《佛说观弥勒菩萨上生兜率天经》与故事画的关系。按《丝路佛教的图像与禅法》中的说法，经文所言"诸女自然执众乐器，竞起歌舞"，"有百千天女，色妙无比，手执乐器，其乐音中演说苦、空、无常、无我诸波罗蜜"[3]与故事画中的乐伎和飞天符合，但这种对应是模糊和泛化的，因为在敦煌壁画中以乐伎和飞天来表现、装饰佛国世界的方式极其普遍且具有程式化，以此作为确定壁画内容的手段过于草率，难以与"老人"这种令人信服的图文对应证据相提并论。

　　其次，我们来分析故事画中乐伎的具体特征。每组故事画均出现一组乐伎且乐伎正好位于每组画面的中心位置，以第一组和第二组画面为例，王子、老人、比丘、飞天这些形象是围绕乐伎布局的，这是值得注意的现象。因为敦煌壁画中乐舞图像通常不会被安排在其所在壁画的中心位置，所以这种反常规的方式似乎表明乐舞成了故事画想要表达的主要内容。乐伎的服饰、装束与故事画下方所绘供养菩萨基本一致。除乐伎持乐器，供养菩萨持花枝，部分乐伎头部戴冠且有缯带，供养菩萨大多束发髻的区别外，其余如头光、项圈、腕钏、帔巾、长裙、跣足等元素以及立于莲台的姿态完全一致（见图2-19）。因此从图像的角度来看，故事画中的乐伎应该属于菩萨乐伎一类。

1　《大正新修大藏经》第3册，第502—503页。

2　关于故事画画面内容的详细描述，参见《莫高窟第266—275窟考古报告》第1册，第201—206页。

3　《大正新修大藏经》第14册，第419页。

图 2-19　第 275 窟南壁
中段乐伎与供养菩萨

在分析了上述文本和图像后，相对而言故事画现存画面能够与《普曜经》卷三"四出观品"部分内容对应，那么其中所绘四组菩萨乐伎是否有相关的文本依据呢？按前述，"四出观品"的出游部分的确无乐舞的叙述，甚至经文伊始还出现了白净王[1]意欲禁止乐舞的情节，郑汝中也认为王子四出观人生的老、病、生、死的确不适合乐舞的场面。[2]但通读"四出观品"的全部内容，发现在出游情节之外是有乐舞出现的，这一部分在前引著作中均未提及，以下试析之。

如前述，经文开始部分佛向弟子讲述白净王曾在梦境中看到太子出家的情景，梦醒后有一段心理活动的描写：

时白净王入太子宫……心自念言："太子将无欲行游观，当敕四衢严治道

1　即净饭王，释迦牟尼成佛前在迦毗罗卫国的父亲，也是迦毗罗卫国国王。参见任继愈主编《佛教大辞典》，江苏古籍出版社，2002，第 822 页。

2　参见郑汝中《新发现的莫高窟 275 窟音乐图像》，《敦煌研究》1992 年第 2 期，第 2—3 页。

路，学调伎乐普令清净，却后七日太子当出，使道平正莫令不净，勿使见非诸不可意。"[1]

经文中的确有下令严治道路并禁止娱乐普令清净的表述，但需要明确的是，该伎乐是四出语境下的世俗伎乐，即迦毗罗卫国王宫外的歌舞娱乐活动。这与故事画中出现的佛国世界的菩萨伎乐有明显区别，因此经文中即便有禁乐舞的说法，也与此处讨论的乐舞无关。

接下来，经文进入王子四出城门分别遇老人、病人、死人和比丘的主体情节，这一部分未见与乐舞相关的记载。之后佛继续讲述，此处又有乐舞出现，经文载：

> 父王白净观菩萨行，见闻如是，不慕世荣心如虚空，而怀怖懷畏之出家；宿夜将护，高其墙壁深掘诸壍；更立城门，门开闭声闻四十里；立诸宿卫勇猛之士，被铠执仗于四城门，皆敕众兵勿有遗漏，将无太子舍吾出家，于其宫里亦宿卫之；益众伎女婇女娱乐，令太子悦不怀忧感。[2]

此处情节为白净王下令在太子宫内增加乐舞娱乐活动，使太子心情愉悦，其最终目的依然是阻止太子出家成佛。包括之后白净王问计于宫内众人如何阻止太子出家，大爱道[3]也是要求侍从"悉共遮护勿得使去，作诸伎乐令心乐之"，[4]当然，这一部分乐舞依然是世俗性质的。

之后经文转入佛国世界，开始描述王子弃国捐家后法众如何作侍从供养，最后以佛向弟子讲述"四愿"作为本品内容的终结。其中有明确的乐舞出现，经文载：

1　《大正新修大藏经》第 3 册，第 502 页。

2　《大正新修大藏经》第 3 册，第 503 页。

3　释迦牟尼成佛前在迦毗罗卫国的姨母，也是其庶母，白净王的第二夫人。参见任继愈主编《佛教大辞典》，第 1326 页。

4　参见《大正新修大藏经》第 3 册，第 504 页。

　　是时二十五鬼神将军及般阇鬼将军、鬼子母五百子等，悉共集会各各议言："今日菩萨弃国捐家，我等咸共侍从供养。"……释、梵、炎天，兜术天、无慢天、化自在天，各敕官属，无数百千前后导从，华香伎乐香汁洒地侍从菩萨，释梵天王侍其左右。……伊罗末龙王言："我当化作三万八千里交露之车，使诸玉女皆坐其上，作众伎乐侍从菩萨，而供养之。"[1]

　　这一部分中出现了两处乐舞，第一处为诸法众以伎乐、香汁来迎奉王子出家，第二处为伊罗末龙王欲化现交露之车，车上有伎乐作为供养。从性质上讲，这一部分叙述与故事画所绘菩萨伎乐是一致的，而且其具有的迎奉、供养之功能与菩萨伎乐通常的功能也能够统一。如果将故事画中的菩萨伎乐解释为经文所述伎乐，似乎也说得通，这也能解释为何将菩萨乐伎作为每一组画面的中心内容，因为菩萨乐伎所在画面主要就是为表现经文的这一部分内容。但这一切的前提是将经文中"四出观品"整体内容与四组故事画联合起来解读，即每一组画面中既有王子出游的情节，又包含王子出家法众迎接的场景。以前两组故事画为例，画面中的王子、老人、比丘组成了出游的情节，同时王子、菩萨乐伎和飞天又是出家成佛的场景，而且此处有一个细节值得注意，按经文的说法，出游时的王子还是未成佛的世俗状态，但画面中却将王子处理为菩萨装造型，说明就单纯出游来讲，故事画表达也是跨越时间的，否则，此处就应该如其他佛传故事画一样，以世俗形象来表现王子。我们沿着这个逻辑继续推论，既然王子是按菩萨也就是即将成佛的形象刻画，那么画面中出现王子出家时为其迎奉与供养的菩萨乐伎和飞天也是合理的。因此，如果按四门出游来解读南壁中段故事画，画面中的形象基本能找到与经文之间的对应，但前提是承认故事画的绘制并未严格遵循经文中的时间线，并且是将出家前的出游和出家时的迎接整合进了每一组故事画中。与此相类的叙事方式在敦煌壁画中是有迹可循的，如莫高窟北魏第254窟南壁东侧所绘降魔成道佛传故事画和莫高窟北周第428窟东壁门南侧所绘萨埵太子本生故事

---

1 《大正新修大藏经》第3册，第504页。

画，其中部分画面同样未严格按照时间线绘制。前者中三身魔女年轻阶段和衰老状态的形象被同时安排进画面中（见图 2-20），后者中两位兄长围绕萨埵尸骨奔走哭号和起塔供养也是在同一画面中出现的（见图 2-21）。

图 2-20　莫高窟北魏第 254 窟南壁东侧所绘降魔成道佛传故事画

图 2-21　莫高窟北周第 428 窟东壁门南侧所绘萨埵太子本生故事画

以上是乐舞视角下对故事画内容的讨论，但本书之所以以四门出游来认识故事画，并不完全是基于上述原因。因为乐舞图像在敦煌壁画中具有程式化的特征，事实上该故事画中的菩萨乐伎也是如此，我们无法也不能直接以乐舞图像来确定所在壁画的内容。客观地讲，乐舞图像可以作为认识壁画内容的旁证或辅助证据，但不能成为主要或直接证据，加上乐舞图像与所在壁画间局部与整体的关系，更多的还是应该以整体的图像作为判断壁画内容的主要依据。由于《普曜经》卷三"四出观品"的内容可以与故事画部分画面对应，笔者按经文内容将其中的乐伎确定为迎奉、供养王子出家的菩萨乐伎，而以上部分就是在此基础上的补充和延伸。

本节内容主要围绕第一期洞窟中第 272 窟和第 275 窟壁画乐舞图像展开研究，两个洞窟中所绘乐舞图像数量较多，如第 272 窟中有天宫乐伎十一身、天宫舞伎十一身、牢度跋提一身、乐器十一件，此外还有远关系类舞蹈图像包括飞天十身、供养菩萨三十七身。第 275 窟有世俗乐伎八身、菩萨乐伎十二身、乐器十四件，另外六件乐器因壁画剥落或漫漶无法统计。乐（舞）伎类型以天宫乐伎、菩萨乐伎和天宫舞伎为主，乐器包含弹拨、吹奏和打击三类，这些特征与敦煌乐舞的基本特征是一致的。除此之外，第一期洞窟乐舞图像也有值得注意的特征，其中最明显的是乐舞图像所在位置和乐伎类型，这与之后各期乐舞图像存在明显差别。如第 272 窟天宫乐伎出现在穹隆形窟顶的下沿，当然这与洞窟窟形的设计有直接关系；第 275 窟的菩萨乐伎被绘于南壁的四组佛传故事画之中，而且菩萨乐伎这种类型在早期洞窟中也是鲜见的。这些特征均说明第一期洞窟中的乐舞图像作为敦煌乐舞最早的内容，还未完全固定，其中涉及的石窟风格及乐舞的源流问题，本书将在全部完成第一期石窟乐舞图像研究后做详细交代。

第二节　莫高窟第 257 窟中的乐舞图像

第二期洞窟包括第 259、254、251、257、263、260、487、265 窟，共计八个洞窟，

时限大致在 465 年至 500 年，相当于北魏中期。本期洞窟除第 487 窟位于南区中段崖面第一层第 467 窟下方外，其余洞窟均位于中段崖面第二层，南北次第排列，最南侧为第 251 窟，最北侧为第 265 窟（见图 2-22）。第二期洞窟窟形以前部人字披形顶、后部平棋顶的中心塔柱式为主，中心塔柱四面开龛造像。根据调查，上述洞窟中除第 265 窟和第 487 窟经后代重修和重绘未见乐舞图像外，其余六个洞窟中均绘有乐舞图像，主要包括绘于龛楣的化生伎乐，南、北壁上部的天宫伎乐以及下部的药叉伎乐。以下，本节将以第 257 窟为例，对第二期洞窟所绘乐舞图像的内容、具体位置、特征和功能进行研究。

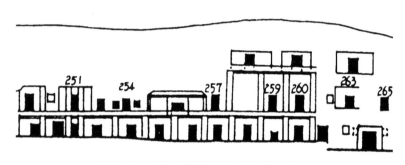

图 2-22　第二期洞窟崖面位置示意图

资料来源：季羡林主编《敦煌学大辞典》，附录《莫高窟石窟位置图》。

第 257 窟为第二期典型的中心塔柱式洞窟，前部人字披形顶，后部平棋顶。由于东壁已塌毁，人字披东披仅存少量壁画，西披壁画则大多完整。中心塔柱四面开龛，龛内塑像，其中东向面开一圆券形龛，龛内塑倚坐佛，其余三面均开上、下两层龛，龛内塑禅定佛或思惟、交脚菩萨像（见图 2-23）。乐舞图像包括绘于中心柱东向面龛龛壁上部的飞天伎乐和龛楣内的化生伎乐，西壁、南壁和北壁的天宫伎乐和药叉伎乐。

一　中心柱东向面龛

如前述，第 257 窟中心柱东向面龛为圆券形龛。龛上方为浮塑龙首龛梁，两侧有"T"字形柱头的龛柱，龛内塑倚坐佛一身，佛身后龛壁绘叠置的五圈尖

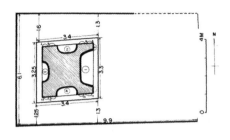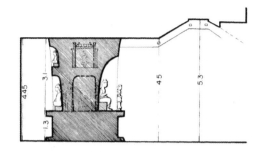

图 2-23　第 257 窟平面及剖面图

资料来源：石璋如《莫高窟形（二）》，台北："中研院"历史语言研究所，1996，图版 203。

拱形头光与六圈尖拱形身光，最外圈身光与佛龛外沿之间即龛壁左、右两侧各绘两身飞天，对称式布局。飞天有头光，冠式不明，佩项圈，戴腕钏，袒露上身，臂搭帔巾，下身着裙装。上方两身飞天均一臂上屈，另一臂伸展，身形呈"L"形对称；下方两身飞天乐伎则持琵琶弹奏，身形呈"V"形对称。从整体上看，上、下的飞天和飞天乐伎于龛内一侧构成三角形构图，以充分利用佛身光外圈与佛龛外沿间形成的空间，使龛内壁上方画面在稳定中突出了飞天的动感。左下方飞天乐伎持曲项琵琶，右下方飞天乐伎持直颈琵琶，乐伎皆左手按弦于琴颈处，右手在面板上作弹弦状。两件琵琶均为梨形音箱，外观呈土黄色，其他细节不明（见图 2-24）。壁画在此处将敦煌乐舞中同时也是中国乐器史上最典型的两类琵琶作对称式布局，在形式和内容上均体现出对立统一的美学原则。如果将壁画绘制对应到乐器史中，说明大致在北魏中期就已经存在将曲项琵琶与直颈琵琶同时运用在音乐实践中的可能。另外，关于飞天乐伎源流的考证和功能分析，笔者在《唐代莫高窟壁画音乐图像研究》中已有涉及，此处不再展开。[1]

1　参见朱晓峰《唐代莫高窟壁画音乐图像研究》，第 33—35 页。

图 2-24　第 257 窟中心柱东向面龛

　　此外，在佛头光由内向外第四圈内绘有十九身化生形象，每一身化生仅绘出头部、头光及莲花，未见乐器。佛身光由内向外第五圈内绘有十六身飞天，左右对称式布局，与前述第 272 窟佛身光内的飞天类似，但不及第 272 窟所绘灵动。

　　东向面龛的龛楣、龛面及龛梁均为泥质浮塑再施彩绘的方式制作。[1]龛楣呈尖拱形，与龛内的佛身光和头光呼应，龛楣上沿绘火焰纹带。龛梁为凸起的半圆形结构，上绘五彩斜方格，格内绘鳞甲纹，梁体两端各绘一龙首。龛楣及龛柱的制作融合了西域与中原的风格，成为第二期洞窟中较为典型的特征。龛楣内绘五身化生和莲花、忍冬图像。五身化生中一身居中，左、右各两身间隔布局。化生均有头光，冠饰不明，佩戴项圈、腕钏，上身袒露，下身没于从龛楣底部生出的莲花之中，以表现自莲花化生之相。化生肩搭帔巾，双臂横向平举，双手各握一莲枝。莲枝以 S 形弧线向两侧延伸至龛楣两侧，每侧形成三个椭圆形区域，内部

1　参见关友惠《敦煌石窟全集·图案卷（上）》，香港：商务印书馆，2003，第 75 页。

则以莲枝和忍冬作为填充，其间又分别绘四身化生乐伎从莲花中化生而出奏乐。

化生乐伎除头光颜色外，其余配饰同于龛楣居中的化生。左侧第一身乐伎双臂上屈于头部一侧，双手持横笛吹奏，横笛绘制方式同于前述第272窟和第275窟，以白色线条表示。左侧第二身乐伎持琵琶演奏，左手于琴颈处按弦，右手在面板上弹弦，琵琶为直颈，梨形音箱，其他细节不明。右侧第一身双臂上屈于胸前，双手持一管乐器吹奏（见图2-25）。从图像分析，乐器仅能确定有细长的管身，以白色线条绘制，吹奏形式为竖吹，但与前述第275窟北壁供养人吹奏的竽篥在管体长度和直径上有明显的差异。由于缺乏乐器细节，具体名称无法确定。

右侧第二身乐伎左臂上举，手指展开，右臂自然下垂，手指同样展开，作敲击状。乐伎胸前有左高右低斜向固定的鼓，固定方式不明。从外观上看，该鼓最大的特征在于鼓身与鼓面直径基本相等，这与早期壁画中常见的广首纤腹式腰鼓截然不同，若仔细观察，此鼓鼓身甚至稍阔于鼓面（见图2-26）。

图2-25　第257窟中心柱东向面龛楣

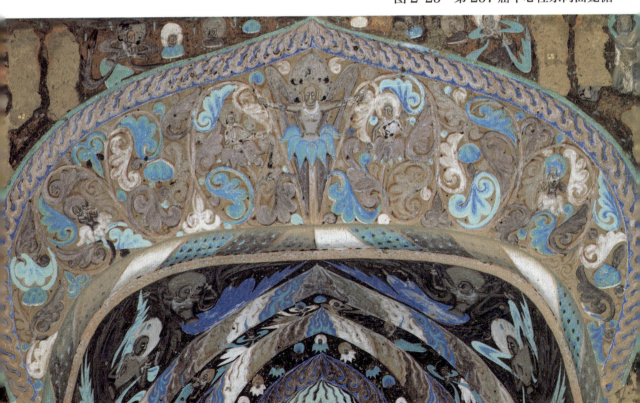

图 2-26　第 257 窟中心柱东向面
龛楣中右侧第二身化生乐伎

由于缺乏第 257 窟所在北魏前后的相关文献资料，本书暂时按郑汝中在《敦煌学大辞典》中的解释将"担（擔）鼓"作为该鼓的名称。[1] 需要说明的是，《旧唐书》实际记载的是"檐鼓"而非"担鼓"，但《通典》《唐六典》中均作"担鼓"。

《旧唐书》卷二九《音乐志》记载：

> 檐鼓，如小瓮，先冒以革而漆之。[2]

《通典》卷一四四《乐四·八音·革四》的担鼓条载：

> 担鼓，如小瓮，先冒以革而漆之。[3]

《唐六典》卷一四《太常寺》太乐署条记载：

> 凡大燕会，则设十部之伎于庭，以备华夷：一曰燕乐伎……三曰西凉伎（编钟、编磬各一架，歌二人，弹筝、挡筝、卧箜篌、竖箜篌、琵琶、五弦、笙、长笛、短笛、大筚篥、小筚篥、箫、腰鼓、齐鼓、担鼓各一，铜钹二，贝一，白舞一人，方舞四人）……五曰高丽伎（弹筝、卧箜篌、竖箜篌、琵琶、五弦、笙、横笛、小

1　参见《敦煌学大辞典》郑汝中撰"担（擔）鼓"词条完整解释。与该词条相近的文字同样出现在《敦煌壁画乐舞研究》中，其中该鼓被命名为"檐鼓"。参见季羡林主编《敦煌学大辞典》，第 259 页；郑汝中《敦煌壁画乐舞研究》，第 110 页。

2　《旧唐书》，中华书局，1975，第 1079 页。

3　杜佑：《通典》，第 3676 页。

竽箫、箫、桃皮竽箫、腰鼓、齐鼓、担鼓、贝各一，舞四人）。[1]

通过比对以上文献，可以确定此鼓名称为"担鼓"，"檐鼓"应该是误写。本书此处使用的《旧唐书》为中华书局点校本，但"檐"字未做校勘。记载中对担鼓的描述较简略，仅言外观如小瓮，制作过程为先蒙皮后漆之。

《汉书》卷九六《西域传》载：

> 乌戈山离国，王去长安万二千二百里……有大鸟，卵如瓮。（师古曰：瓮，汲水瓶也。）[2]

可见瓮的器形与记载中的鸟卵接近，为腹大口小。如将该特征对应在担鼓外观上，就是鼓身大于鼓面。将此与化生乐伎所演奏的鼓对比，外观难言完全相合，只是大致相仿。此外，该鼓出现在壁画中的时间应与洞窟营建的北魏中期一致，目前所见"担鼓"皆出自唐代及之后的文献，但根据记载，担鼓倒是有北魏前后出现在河西地区的可能。

《通典》卷一四六《乐六·前代杂乐》之西凉乐条记载：

> 《西凉乐》者，起符氏之末，吕光、沮渠蒙逊等据有凉州，变龟兹声为之，号为《秦汉伎》。后魏太武既平河西，得之，谓之《西凉乐》。至魏、周之际，遂谓之《国伎》。魏代至隋咸重之。其曲项琵琶、竖头箜篌之徒，并出自西域，非华夏旧器……其乐器用：钟一架，磬一架，弹筝一，抅筝一，卧箜篌一，竖箜篌一，琵琶一，五弦琵琶一，笙一，箫一，大竽箫一，小竽箫一，长笛一，横笛一，腰鼓一，齐鼓一，担鼓一，贝一，铜钹二。[3]

1　李林甫等：《唐六典》，第404页。

2　《汉书》，中华书局，1962，第3888页。

3　杜佑：《通典》，第3731页。

《通典》卷一四六《乐六·四方乐》之东夷二国记载：

> 《高丽乐》……乐用弹筝一，挡筝一，卧箜篌一，竖箜篌一，琵琶一，五弦琵琶一，义觜笛一，笙一，横笛一，箫一，小筚篥一，大筚篥一，桃皮筚篥一，腰鼓一，齐鼓一，担鼓一，贝一。[1]

《旧唐书》与上引《通典》记载基本一致。[2] 根据记载，担鼓在唐代燕乐的《西凉乐》和《高丽乐》中使用，其中《西凉乐》最早源自十六国时期以凉州为中心的河西地区，之后在北魏、北周、隋和唐代都曾流行，是宫廷音乐中重要的乐部之一。据此，担鼓所在的关键时间、空间节点——北魏、河西与莫高窟北魏第 257 窟是吻合的。但即便如此，目前囿于资料匮乏，无法完全确定第 257 窟中化生乐伎所演奏的就是担鼓，只能暂时以担鼓作为该鼓的名称，期待之后出现新的材料以佐证之。

综上，此处化生乐伎演奏乐器依次为横笛、直颈琵琶、竖吹管类乐器、担鼓。可以看到，尽管龛楣内只出现了四件乐器，而且每身乐伎在画面中具有一定的独立性，乐伎之间未构成明显的乐队或组合关系，但龛楣内乐器反映的特征与敦煌壁画乐器的总体特征一致，即在分类上囊括了吹奏、弹拨和打击乐器，说明洞窟在营建时对于选择龛楣化生乐伎演奏的乐器可能是有考虑的。因为这种现象除了在本窟龛楣内乐器上有所体现，前述第 272 窟天宫乐伎和第 275 窟菩萨乐伎所奏乐器亦如此。

从乐伎的角度讲，龛楣内共绘一身化生和四身化生乐伎，这种组合形式在

---

1 杜佑：《通典》，第 3722—3723 页。

2 《旧唐书》卷二九《音乐志》记载："《西凉乐》者，后魏平沮渠氏所得也。晋、宋末，中原丧乱，张轨据有河西，苻秦通凉州，旋复隔绝。其乐具有钟磬，盖凉人所传中国旧乐，而杂以羌胡之声也。魏世共隋咸重之……乐用钟一架，磬一架，弹筝一，挡筝一，卧箜篌一，竖箜篌一，琵琶一，五弦琵琶一，笙一，箫一，筚篥一，小筚篥一，笛一，横笛一，腰鼓一，齐鼓一，檐鼓一，铜拔［钹］一，贝一。编钟今亡……《高丽乐》……乐用弹筝一，挡筝一，卧箜篌一，竖箜篌一，琵琶一，义觜笛一，笙一，箫一，小筚篥一，大筚篥一，桃皮筚篥一，腰鼓一，齐鼓一，檐鼓一，贝一。"（第 1068—1070 页）

第二期洞窟中较常见，如第 259、254、251、260 窟。通常，学界是将龛楣内的此部分全部按化生伎乐看待的，如《敦煌石窟内容总录》的表述为"（第 257 窟）浮塑龛楣画化生伎乐"；[1] 或者视中间的化生为起舞状态，如《敦煌石窟全集·音乐画卷》将西魏第 249 窟西壁龛楣居中双手持莲枝的化生写作"持花舞蹈"。[2] 但严格地讲，龛楣内只有位于两侧演奏乐器的是化生乐伎，居中双手持莲枝的化生是不能视作乐伎或舞伎的。首先，此化生并未持乐器演奏；其次，早期化生均是上半身与莲花的组合形态，仅按上半身的姿态很难将其视作在舞蹈，这与晚唐、五代直接在莲花上起舞作为童子形象的化生舞伎有一定区别（见图 2-27）。此处，本书套用《榆林窟壁画乐舞图像研究》中提出的经变画乐舞组合形式进行表示，[3]即第 257 窟中心柱东向面龛楣内化生组合形式为"2+1+2"，其中两侧分别为两身化生乐伎，居中为手持莲枝的化生。

图 2-27　榆林窟五代第 40 窟前室北壁中的化生乐、舞伎

1　《敦煌石窟内容总录》，第 103 页。

2　第 249 窟尽管不在第二期洞窟之列，但西壁龛楣与第二期洞窟中心柱东向面龛楣的绘制基本一致。参见郑汝中《敦煌石窟全集·音乐画卷》，香港：商务印书馆，2002，第 130 页。

3　参见朱晓峰《榆林窟壁画乐舞图像研究》，文物出版社，2023，第 197—198 页。

最后，我们进一步讨论化生伎乐的具体功能。在此之前需要通过文本从化生的来源进行分析。化生，是佛教中较为常见的概念，通常指六道众生产生时的四种形态之一，其中将无所依托、借业力而出现者称为化生。[1] 通过查阅佛经可知，"化生"一词在不同语境下词性是有变化的，当然多数情况下是名词性质，如《增一阿含经》卷一七《四谛品》载：

> 闻如是：一时，佛在舍卫国祇树给孤独园。尔时，世尊告诸比丘："有此四生。云何为四？所谓卵生、胎生、湿生、化生……彼云何名为化生？所谓诸天、大地狱、饿鬼、若人、若畜生，是谓名为化生。是谓，比丘！有此四生。诸比丘舍离此四生，当求方便，成四谛法。如是，诸比丘！当作是学。"尔时，诸比丘闻佛所说，欢喜奉行。[2]

此外，在描述佛国世界中某些景象或事物的出现时，化生是作动词讲的，意指化生时无所依托而自然产生的状态，其中就有伎乐、乐器、歌、舞等。如《佛说无量寿经》载：

> 佛语阿难："彼国菩萨承佛威神，一食之顷往诣十方无量世界，恭敬供养诸佛世尊，随心所念，华香、伎乐、缯盖、幢幡，无数无量供养之具自然化生，应念即至，珍妙殊特非世所有。转以奉散诸佛、菩萨、声闻大众，在虚空中化成华盖，光色晃耀，香气普熏。其华周圆四百里者，如是转倍，乃覆三千大千世界，随其前后以次化没。其诸菩萨佥然欣悦，于虚空中共奏天乐，以微妙音歌叹佛德，听受经法欢喜无量。供养佛已、未食之前，忽然轻举还其本国。"
>
> …………
>
> 佛告慈氏："……若有众生明信佛智乃至胜智，作诸功德信心回向，此诸众生于七宝华中自然化生，加趺而坐，须臾之顷，身相光明，智慧功德如诸菩萨具足

1　参见任继愈主编《佛教大辞典》，第401页。

2　《大正新修大藏经》第2册，第632页。

成就。"[1]

《佛说观弥勒菩萨上生兜率天经》载：

> 诸栏楯间自然化生九亿天子、五百亿天女，一一天子手中化生无量亿万七宝莲华，一一莲华上有无量亿光，其光明中具诸乐器。如是天乐不鼓自鸣，此声出时，诸女自然执众乐器，竞起歌舞；所咏歌音演说十善、四弘誓愿，诸天闻者皆发无上道心。[2]

结合以上经文，敦煌壁画所绘的化生伎乐与《佛说无量寿经》和《佛说观弥勒菩萨上生兜率天经》的说法一致，意在描绘乐舞自莲花中自然生出的状态。至于由何种形象来完成乐或舞的产生，事实上并不是关键因素，因为其侧重点在乐舞本身，这可能也是敦煌壁画中化生乐伎从早期的类菩萨形象改变为唐以后童子形象的原因之一。反过来看，敦煌乐舞各类乐伎中也只有化生乐伎是以完全不同的两种形象先后出现在壁画中的。至于发生变化的原因，应该与唐代出现童子形象的化生塑像有关系，这在敦煌文献里有反映。如 P.3111《庚申年（960）七月十五日于阗公主舍施纸布花树台子等历》中有敦煌寺院使用摩睺罗的记载，[3]《佛说阿弥陀经讲经文》中也有《化生童子赞文》，[4] 这些都为化生形象的演变提供了

1　《大正新修大藏经》第 12 册，第 273、278 页。

2　《大正新修大藏经》第 14 册，第 419 页。

3　摩睺罗即童子形象的化生塑像。参见朱晓峰《唐代莫高窟壁画音乐图像研究》，第 52—54 页。

4　化生童子赞文由任半塘从 P.2212、P.3210 以及北殷 62 文书中辑出整理并编入《敦煌歌辞总编》卷四《杂曲·重句连章》，共十首，定调名为"化生子"。现引如下：化生童子佛宫生，便俏真珠网里行。耳边惟闻念三宝，时时更听树相撑。/ 化生童子上金桥，五色云擎宝座遥。合掌惟称无量寿，八十亿劫罪根消。/ 化生童子拂金床，天雨天花动地香。更有诸方共献果，委花桄被鸟衔将。/ 化生童子食天厨，百味馨香各自殊。无限天人持宝器，琉璃钵饭似真珠。/ 化生童子见飞仙，花落空中左右旋。微妙歌音云外听，尽言极乐胜诸天。/ 化生童子问冬春，自到西方未见分。极乐国中无昼夜，花开花合辨朝昏。/ 化生童子道心强，衣裓盛花供十方。恰到斋时还本国，听经念佛亦无妨。/ 化生童子舞金钿，鼓瑟箫韶半在天。舍利鸟吟常乐韵，迦陵齐唱离攀缘。/ 化生童子本无情，尽向莲花朵里生。七宝池中洗尘垢，自然清净是修行。/ 化生童子自相夸，为得如来许出家。短发天然宜剃度，空披荷叶作袈裟。参见任半塘编著《敦煌歌辞总编》，上海古籍出版社，1987，第 1099 页。

图 2-28　第 257 窟西壁上段（由南至北）

依据。在明确了这一点后，就可以将化生伎乐的功能转化为佛教中乐舞的普遍功能——装饰、供养、赞颂和宣法，即佛经原文中的"以微妙音歌叹佛德，听受经法欢喜无量"，"所咏歌音演说十善、四弘誓愿，诸天闻者皆发无上道心"。

二　西壁

西壁壁画自上而下由三段相互独立的内容组成，各段内容间以三角、方格、忍冬等纹样作为边饰间隔。最上段为一组天宫乐伎，该位置壁面有较严重的烟熏痕迹，尤其是上段中部及南侧，导致内容辨识有一定难度。中段绘千佛八排，千佛内部下方居中绘佛一身，化生（仅绘头部）和胁侍菩萨各两身的说法图一铺，千佛以下南侧绘九色鹿王本生故事画一铺，北侧绘须摩提女因缘故事画前半部分，与北壁的后半部分相接为完整的一铺。最下段绘药叉一组。经查，西壁上段共绘宫门十八座，其中两座宫门内绘莲花，分别为由北至南第十座和第十八座，其中第十八座宫门及宫门内莲花绘于和南壁最西侧相接的壁角位置，一半内容绘于西壁最南侧，另一半内容绘于南壁最西侧。本书将该宫门统计入西壁，南壁中不再另行统计。整个宫门造型相较第一期有明显变化，已从全部为西域式的圆券形宫门变为圆券形与中原式悬山顶宫门交替出现，悬山顶正脊两端绘有明显的鸱尾。由于两种类型的宫门相邻绘制，圆券形宫门两侧的"T"字形门柱仅绘出一半，呈"一"字形，所有宫门前依然为凹凸式双层天宫栏墙。

如前述，天宫乐伎所在壁面受烟熏影响，导致目前能够准确分辨演奏乐器的乐伎仅有三身，其余双手或捧或持一枝曲茎三瓣花朵作供养姿态，此类形象共计

十三身（见图 2-28）。值得注意的是，这些形象不仅未持乐器演奏，而且也不同于前述第 272 窟窟顶下沿所绘呈舞蹈姿态的天宫舞伎，因此严格来讲是不能视作天宫乐伎或天宫舞伎的。但在敦煌石窟工具类著作中，通常是将壁面上段的这一组形象全部按天宫乐（舞）伎描述或统计的，如《敦煌石窟内容总录》的表述即为"（第 257 窟）西壁上画天宫伎乐十六身"，[1] 这与前述本窟中心柱东向面龛楣内所绘化生与化生乐伎的含混界定如出一辙。当然，考虑到《敦煌石窟内容总录》作为整个敦煌石窟内容的记录与陈述，对局部的乐舞图像未做准确描述可以理解，而且如此行文也不乏指事便利的因素，但本书是针对乐舞图像的专门研究，因此首先需要对乐舞图像的界定和数据做清晰、准确的交代，这是任何研究的基础。鉴于此，对于与天宫乐伎绘于同一位置但明显未演奏乐器、身形姿态不具备舞蹈特征且部分手持供养物的形象，本书不再按天宫乐伎或天宫舞伎进行统计和研究，而是按其形象将其暂时归入天宫菩萨类。

据此，本窟西壁上段所绘天宫乐伎为三身，未见天宫舞伎。三身乐伎的具体位置分别是由北至南第二、三、十七身（见图 2-29）。其中第二身乐伎朝左侧向站立于悬山顶宫门内，头部有头光，发式、冠式不明，头部两侧绘有白色缯带，胸前佩项圈，腕部戴腕钏，上身着袒露右臂的袈裟，下身着裙装，身体两侧共绘四朵曲茎三瓣花朵作为装饰。乐伎双臂屈于胸前持一白色竖吹管乐器于口部吹

---

1 《敦煌石窟内容总录》，第 103 页。

图 2-29   第 257 窟西壁上段的天宫乐伎

奏，根据乐器管体的直径和长度判断，应为筚篥。

第三身乐伎身形呈 S 形曲线站立于圆券形宫门内，头部有头光，发式、冠式同样不明，无缯带，佩戴项圈和腕钏，袒露上身，肩搭帔巾，下身着裙装，身体两侧各绘一朵曲茎三瓣花朵作为装饰。乐伎双臂上屈于头部左侧，双手持横笛于口部吹奏。横笛通体黑色，相较于第一期洞窟中仅以细长线条绘制的方式，此处横笛管身较粗，更符合横笛的实际特征。

第十七身乐伎身体朝左侧向站立于圆券形宫门内，头部有头光，束发髻，头部左侧可见白色缯带，腕部戴腕钏，袒露上身，肩搭帔巾，下身着裙装，身体两侧各绘一朵曲茎三瓣花朵作为装饰。乐伎同样持横笛演奏，演奏姿态、横笛外观均同于第三身。

西壁最下段绘药叉一组。此处壁面漫漶、剥落较严重，最底部已裸露地仗层，南、北两侧亦有烟熏痕迹，南侧尤甚，为辨识带来一定难度。经查，此处药叉共计十七身（见图 2-30），均为类人形，头部有头光，面带狰狞状，上身裸露，肩搭帔巾，下身着裤，肤色以石绿、赭石和灰白色为主。药叉均为立姿，但身体形态各异，或单臂上举，或双臂上举，或单臂前伸，或双臂屈于胸前。除由北至南第三身药叉双臂屈于胸前，疑似吹奏某种管乐器外，其余药叉均未演奏乐器。本窟中药叉乐伎多绘于南壁下段，本书将在后文中做详细梳理和考证。

图 2-30　第 257 窟西壁下段所绘药叉

三　北壁

北壁壁画自上而下同样为三段式布局，各段内容间以或横或纵的三角、方格、菱格、卷草等纹样作为边饰间隔。由于窟形为前部人字披形顶，后部为平棋顶，因此中段内容按纵向又分为前、后两个部分。最上段为一组天宫乐伎和天宫菩萨，按窟形走向以前部"人"字形、后部"一"字形布局。中段前部即人字披下方的北壁东侧纵向绘说法图一铺，此处壁面下部全毁，现仅存约三分之一的内容，包括佛头部、头光、部分身光、华盖、化生两身（仅绘头部）及佛右侧的飞天八身和供养菩萨十三身。中段后部内容布局与前述西壁一致，绘千佛八排，千佛内部下方居中绘阙形塔内立佛一身及化生两身（仅绘头部）、胁侍菩萨两身，千佛以下绘与西壁北侧相接的须摩提女因缘故事画后半部分的佛与弟子赴会十一组。最下段绘一组横向贯穿北壁的药叉，但如前所述，北壁东侧下部的药叉所在壁面全毁。

北壁最上段共绘宫门二十八座（见图 2-31）。宫门前为双层式天宫栏墙，其中最东侧人字披形顶下部壁面部分崩毁，仅存天宫栏墙。宫门的形制与排列同西壁，为圆券形宫门与悬山顶宫门交替出现，圆券形宫门两侧绘"一"字形门柱，悬山顶正脊两端绘鸱尾。除由西至东第十八座，也就是人字披形顶与平棋顶相接位置处的宫门内绘莲花外，其余宫门内绘天宫乐伎和供养菩萨，现存二十一身，未见天宫舞伎。这二十一身头部均有头光，部分戴冠或束发髻，凡戴冠者，头冠两侧均绘有白色缯带，佩戴项圈与腕钏，部分上身袒露，可见臂钏并肩搭帔巾，部分着袒露右臂或通肩式袈裟，下身均着裙装，身体两侧均绘曲茎三瓣花朵作为装饰。

上述二十一身形象中，可以确定演奏乐器的天宫乐伎共有十身，分别是由西至东第二、三、四、九、十二、十四、十五、十七、十九和二十一身，演奏乐器依次为担鼓、横笛、曲项琵琶、贝、竽箫、曲项琵琶、腰鼓、横笛、担鼓和排箫。第六、十六和二十身根据姿态判断，应该是在演奏乐器，但由于壁面漫漶，无法确定具体的名称，只能按照所持器物的外观和动作作疑似性推测，依次为横笛、排箫和贝。其余八身菩萨中，第一、五、七、八和二十二身双手屈于胸前作供养状，第十三身则双手上举于头部左侧。此外，第十身双手所在壁面剥落，无法判断，第十一身双手持一"U"形绳带。天宫乐伎所持乐器在本书前述部分中均有类似描述，此处不再重复。

同前述西壁，北壁最下段绘药叉一组（见图 2-32），两侧及底部壁面剥落严重，其余部分壁面较漫漶。由于整个北壁东侧下部壁面全毁，因此现存部分为北壁西侧即平棋顶下部壁面。此处共绘药叉十九身，皆为类人形，外形、姿态与西壁所绘类同，此处不再重复描述。其中由西至东第十三身与第十四身呈相互搂抱状，第五身和第九身分别演奏横笛和腰鼓，其余药叉因壁面漫漶无法判断是否演奏乐器。

图 2-31　第 257 窟北壁上段（由西至东）

图 2-32　第 257 窟北壁下段所绘药叉

四　南壁

　　南壁壁画布局同于北壁，由自上而下的三段内容组成，各段内容由或横或纵的边饰作为间隔。最上段绘一组天宫乐伎和天宫菩萨，按前部"人"字形、后部"一"字形布局。中段前部即南壁东侧绘毗卢舍那佛一铺，其中最东侧一部分壁面已裸露出地仗层，佛左侧绘化生两身（仅绘头部）、飞天六身、供养菩萨九身及天王一身，右侧仅见化生一身（仅绘头部）、飞天四身及供养菩萨四身。中段后部绘千佛八排，千佛内部下方居中绘阙形塔内立佛一身及化生两

身（仅绘头部）、胁侍菩萨两身，千佛以下东侧绘沙弥守戒自杀因缘故事画一铺，西侧绘弊狗因缘故事画一铺。最下段绘一组横向贯穿南壁的药叉，其中东侧下部的大部分壁面已毁。

南壁上段现存宫门二十五座（见图2-33）。与前述西壁、北壁一致，宫门同样为带鸱尾的悬山式宫门与"一"字形门柱的圆券形宫门间隔排列，宫门前为双层式天宫栏墙。人字披形顶最东侧壁面已崩毁，现不见任何内容。二十五座宫门内，由西至东第十七座即人字披形顶与平棋顶相接处的宫门，中绘莲花，此处有圆形穿孔导致壁面不全。第二十四座宫门壁面同样有圆形穿孔，所绘内容不明，推测应同为莲花。其余宫门内绘天宫乐伎和天宫菩萨共计二十三身，这部分形象均有头光，佩戴项圈与腕钏，或戴有白色缯带的头冠或束发髻。上身穿着包括全袒露、着袒露右臂的袈裟、着通肩式袈裟，下身均为裙装。上身全袒露者均肩搭帔巾，上臂戴臂钏。每一身的两侧均绘曲茎三瓣花朵作为装饰。在相继梳理本窟西壁、北壁和南壁上段内容后，发现有两个细节问题值得关注：第一，宫门内未见牢度跋提，当然该形象有可能是被绘于现已不存的东壁上段宫门内；第二，宫门形制与宫门内所绘乐伎或菩萨衣着基本保持了固定搭配，即圆券形宫门内多为上身袒露、肩搭帔巾的乐伎或菩萨，而悬山顶宫门内多为着通肩式或袒露右臂袈裟的乐伎或菩萨，这在北壁和南壁上尤为明显，两壁上段基本上是按此形式绘制排列的。但也有例外的情况出现，如南壁由西至东第四座和第五座宫门被绘制成同样的悬山顶式，但其中分别绘入上身袒露和着通肩式袈裟的菩萨，与固定搭配不符。根据两种形制宫门间隔出现的规律判断，此处应该是壁画绘制出现了误差，但由于不能确定宫门最初绘制的顺序是从西侧开始还是从东侧开始，因此也就无法确定两座宫门中到底哪一座被误绘。

上述二十三身形象中，可以确定为天宫乐伎的有七身，分别是由

图2-33　第257窟南壁上段（由东至西

西至东第一、六、十、十二、十三、十四和十六身，演奏乐器依次为直颈琵琶、竖吹管乐器、腰鼓、横笛、曲项琵琶、竿篥和担鼓。其中第一身乐伎横抱琵琶，左手在靠近音箱的位置作按弦状，右手作弹奏动作，但此处壁面受烟熏和剥落双重破坏，琴头处细节损失较多，由于未见明显类似曲项式的造型，故应为直颈琵琶。第六身乐伎持一管体较粗且较长的乐器吹奏，管体通体呈现墨黑色，可能是烟熏导致的颜料变质。可以较为明显地看到乐伎将头部偏向一侧以斜吹方式演奏，但该乐器管口处壁画同样有烟熏和剥落的现象，很难确定乐器的具体名称，故暂以竖吹管乐器称之。除这两件乐器外，此处出现的其他乐器外观、形制和演奏方式均在前文所涉相同乐器中做过梳理，不再赘述。

图 2-34　第 257 窟南壁下段

南壁最下段绘药叉一组（见图 2-34）。药叉所在壁面西侧有烟熏痕迹，东侧一部分崩毁，其余位置亦有剥落或漫漶的现象。现可以辨识的药叉共计二十二身，其中六身为手持乐器演奏的乐伎，其余十六身的外形、姿态与前述西壁下段、北壁下段所绘药叉近似。药叉乐伎分别为由西至东第九、十、十五、十七、十八和二十身，演奏乐器依次为琵琶、横笛、担鼓、竿篥、腰鼓和排箫（见图 2-35）。药叉乐伎是早期洞窟中常见的乐舞形象，多出现于如本窟所绘的四壁下段。伴随石窟营建风格的变化，至唐代，洞窟四壁下段的药叉乐伎形象逐渐消

图2-35　第257窟南壁下段所绘药叉乐伎

失，此处对其概念和功能做一简要探讨。

药叉即梵文Yaksa的音译，因此又被音译为夜叉、悦叉、野叉，意译为能啖鬼、捷疾鬼、祠祭鬼等。任继愈主编《佛教大辞典》中有"夜叉"词条：

> 夜叉，原为印度神话中一种半人半神的生类。其父或说是补罗娑底耶，或说是迦叶波，或说是补罗诃，或说是从梵天脚中生出；其母或说是财神俱毗罗的随从，或说是毗湿奴的随从。佛教以夜叉为鬼类，作为北方天王毗沙门的眷属，列为"天龙八部"之一。住在地上或空中。其职责是护持正法，护卫诸天，但有时也为害众生。[1]

《舍利弗问经》中载有对"天龙八部"各部的介绍以及八部作为鬼神却依然能够"常闻正法"的缘由，其中就包括夜叉，经文云：

> 舍利弗复白佛言："世尊！八部鬼神以何因缘生于恶道而常闻正法？"
> 佛言："以二种业：一以恶故生于恶道，二以善故多受快乐。"
> 又问："善恶二异，可得同耶？"
> 佛言："亦可得耳。是以八部鬼神皆曰人非人也……夜叉神者，好大布施，或先损害，后加饶益，随功胜负，故在天上、空中、地下……人非人等，皆由依附邪

1　任继愈主编《佛教大辞典》，第811页。

师，行谄恶道，以邪乱正俱谓是道，以自建立。夫出世道者，不杂魔邪谄悦之语，谄悦之语非出生死，是入恶道。谄悦邪人所可言说，大观似道，细则睒铄。当依正法及行正法者，当得佛法僧力解脱无为。若依相似法，依行邪导师，系缚生死永沦恶趣。"[1]

《大吉义神咒经》卷三中，则详细罗列了夜叉的各种形象，经文载曰：

> 有诸夜叉、罗刹鬼等作种种形，师子、象、虎、鹿、马、牛、驴、驼、羊等形，或作大头，其身瘦小，或作青形，或时腹赤。一头两面，或有三面，或时四面。粗毛竖发如师子毛，或复二头，或复剪头。或时一目，锯齿，长出粗唇下垂。或复嶕鼻，或复耽耳，或复耸项。以此异形为世作畏，或持矛戟并三奇叉，或时捉剑，或捉铁椎，或捉刀杖。扬声大叫，甚可怖惧。力能动地，旷野鬼神如是之等百千种形。阿罗迦、夜叉在彼国住为彼国王，是故名为旷野之主。于彼旷野国中有善化处，凡有二十夜叉、鬼母，彼诸子夜叉等身形姝大，甚有大力，能令见者生大惊惧，普皆怖畏。又复能使见者错乱迷醉失守，猖狂放逸，饮人精气，为诸人民作此患者，今当说彼鬼母名字。[2]

此外，《大智度论》卷一二中列举了几种夜叉的分类，如：

> 又知多瞋很戾、嗜好酒肉之人而行布施，堕地夜叉鬼中，常得种种欢乐、音乐、饮食。又知有人刚愎强梁而能布施，车马代步，堕虚空夜叉中而有大力，所至如风。又知有人妒心好诤而能以好房舍、卧具、衣服、饮食布施，故生宫观飞行夜叉中，有种种娱乐便身之物。[3]

---

1 《大正新修大藏经》第 24 册，第 901—902 页。

2 《大正新修大藏经》第 21 册，第 575 页。

3 《大正新修大藏经》第 25 册，第 152 页。

综合以上与药叉相关的记载，首先，药叉属于"天龙八部"之一，其形象突出"异"字，故经文表述如多类动物、头大身小、一头多面、身形高大、身体呈青色或腹部为红色、毛发粗直、锯齿、厚唇、高鼻、耽耳、耸项等。这些特征与壁画所绘的药叉形象是能够对应的，或者说壁画能够忠实地反映佛经对于药叉的描述。其次，《舍利弗问经》所言药叉或在天上或在空中或在地下，与《大智度论》卷一二举例的堕地药叉、堕虚空药叉和宫观飞行药叉大致相类。以早期洞窟而言，药叉多绘于四壁下段，即洞窟空间中的下部位置，与经文所言"在地下""堕地"也是吻合的。

前引《佛教大辞典》概括药叉既能护持正法亦会为害众生，这在《大吉义神咒经》卷三中有详细解释：药叉通常手持各种兵器又力能动地，这使其具备护持正法的条件；同时其身形巨大，扬声大叫令人恐惧，又能使见者错乱失守，饮人精气，这是其祸乱人间的具体表现。选择将药叉作为内容绘于洞窟壁面上，一方面是因药叉作为"天龙八部"部众可以达到护持佛法、护卫诸天的目的，另一方面以药叉作为鬼神而具有的异形、大力、大叫等特征增添洞窟威严、神秘的气氛，使礼拜者或观者产生敬畏之心。此外，李翎曾在《早期金刚手图像考》中提到："一般地讲，夜叉是半神。有着天神一样的超常能力，用这种能力它们可以影响人，部分有益、部分有害……传统的印度人，对夜叉鬼既怕又爱，即使他们作恶，人们也并不想真的摆脱他们，因为夜叉鬼是典型的与人相关的多产的神。"[1]与人关系最为紧密的半神是印度文化对药叉的定位，这也从侧面给出药叉即便有种种恶行，但依然被绘于洞窟内的原因。

具体到药叉乐伎，按照《大智度论》卷一二的说法属于药叉之一的堕地药叉，这点非常关键，将有助于我们准确认识药叉乐伎的属性及功能。也就是说，壁画中的药叉乐伎就是佛经中所说的堕地药叉，其本身就是药叉的一种，手持乐器是其不同于其他药叉的重要特征，这也是本书未将出现在洞窟壁画中的药叉全部归入药叉乐伎的主要原因。而且药叉、药叉乐伎与其他的敦煌乐舞形象如飞

天、飞天乐伎是有区别的，飞天手持鲜花、供养物或乐器，是壁画绘制的不同形式所致，我们只是将手持乐器的飞天称为飞天乐伎；但药叉与药叉乐伎不同，与其说二者是壁画绘制的不同形式，不如将其看作对经文的准确反映。因此药叉乐伎的功能除了供养、赞颂这类敦煌乐舞具有的普遍功能外，更多地应该与前述药叉护持正法和使人敬畏的功能一致，只不过药叉乐伎在壁画中是持乐器出现而已，当然这是其属性所致。

本节内容主要针对第二期洞窟中的乐舞图像，本期绘有乐舞图像的洞窟共计六个，每个洞窟乐舞图像出现的位置及内容基本相近，因此选择以第257窟为例进行研究。通过研究可以发现，第二期洞窟中的乐舞图像大致包括四类，即中心柱龛壁上部的飞天伎乐、龛楣上的化生伎乐、四壁上段的天宫伎乐以及四壁下段的药叉伎乐。总体来看，本期洞窟中的乐舞图像具有以下特征。

第一，洞窟内的乐舞图像内容和数量较第一期有明显增加。以第257窟为例，窟内现存飞天乐伎共计两身、化生乐伎四身、天宫乐伎二十身、药叉乐伎九身，这是目前部分壁面漫漶以及东壁不存情况下的统计结果，最初该洞窟内所绘天宫乐伎和药叉乐伎数量应该大于该结果。与此同时，乐器数量与乐伎同步增加，上述乐伎所演奏乐器共计三十五件，其中弹拨乐器琵琶共计八件；吹奏乐器共计十八件，包括横笛八、筚篥四、排箫二、贝一、竖吹管类乐器三；打击乐器共计九件，包括担鼓五、腰鼓四，可见吹奏乐器在洞窟内的数量明显多于其他两类。

第二，洞窟内未见舞蹈类图像，包括类似舞蹈的远关系图像。对比第一期第272窟，具明显舞蹈形态的天宫舞伎在第257窟的宫门内几乎看不到，而且诸如第272窟西壁龛内佛身光内所绘飞天和龛外南、北两侧供养菩萨这类舞蹈远关系图像也未在第257窟中出现，尽管第257窟中心柱东向面龛内也绘有与前者类似的飞天，但已不具备舞蹈特征。

第三，从第二期开始，早期洞窟乐舞图像的类型、位置已逐渐趋于固定，包括接下来需要梳理的第三期和第四期洞窟，基本延续了第二期洞窟以龛壁上部的飞天伎乐、龛楣上的化生伎乐、四壁上段的天宫伎乐以及四壁下段的药叉伎乐为主要内容的趋势。这与第一期洞窟以天宫乐伎、菩萨乐伎和天宫舞伎为主要内容的特征是有明显区别的，这主要是因为第一期与第二期洞窟在营建时间上并不是接续的，导致在洞窟窟形、内容布局、壁画题材、绘制风格等方面出现差异。正如《敦煌莫高窟北朝洞窟的分期》所指出的："北魏占领敦煌到和平年间（460—465 年），很少有可能在敦煌开窟造像。所以，莫高窟北朝第二期洞窟的修建，大体只能是在和平年间之后。这样，莫高窟第二期洞窟与北魏灭凉之前的第一期洞窟之间，相距二十多年。因而，第一期洞窟和第二期洞窟存在着比较显著的差异，是不难理解的。"[1]那么，乐舞图像作为石窟的组成部分，出现与此同步的变化也是可以理解的。

第三节　莫高窟第 249 窟中的乐舞图像

第三期洞窟包括第 437、435、431、248、249、288、285、286、247、246 窟，共计十个洞窟，时间从北魏孝昌元年（525）以前至西魏大统十一年（545）。此时限划定依据宿白以圣历元年（698）《沙州效谷府校尉李君莫高窟佛龛碑并序》中"复有刺史建平公、东阳王等，各修一大窟……建平、东阳弘其迹"的记载为发端，结合前人的研究以及敦煌文献中部分写经的尾题信息，推定东阳王元荣于孝昌元年出任沙州刺史，元荣死后其子元康接任刺史一职，之后元荣婿邓彦（邓季彦）杀元康篡据刺史，时间大致在大统十一年。[2]由于这一部分是目前有限的且能够与敦煌石窟早期营建史有直接关系的史实，故在此处略做交代。此外，《敦煌莫高窟北朝洞窟的分期》通过对窟形、塑像、供养人服饰、故事画和说法图的题材和表现形式的对比研究，将第三期洞窟分为两种类型（第 246 窟全窟经西夏时期重修，已无早期内容）。第一类为第 437、435、431、248 窟，这些洞窟主要是对第二期洞窟特征的沿袭；第二类为第 249、288、285、286、247 窟，这些

1　樊锦诗、马世长、关友惠：《敦煌莫高窟北朝洞窟的分期》，《中国石窟·敦煌莫高窟》第 1 卷，第 190—191 页。

2　参见宿白《东阳王与建平公（二稿）》，氏著《中国石窟寺研究》，文物出版社，1996，第 244—259 页。

洞窟的塑像、壁画都出现了新题材和新的表现形式。[1] 从崖面位置看，第二期洞窟也是基本按照上述两种类型分布的，其中除第 248 窟外，第 437、435、431 窟作为第一类位于南区中段崖面北侧第三层，其余洞窟均位于第 437 窟南侧（见图 2-36）。

图 2-36　第三期洞窟崖面位置示意图
资料来源：季羡林主编《敦煌学大辞典》，附录《莫高窟石窟位置图》。

第三期大部分洞窟除第 286、247 和 246 窟外均绘有乐舞图像，内容基本与第二期保持一致，即以龛壁上部的飞天伎乐、龛楣上的化生伎乐、四壁上段的天宫伎乐以及四壁下段的药叉伎乐为主要内容。当然乐舞图像也表现出与洞窟整体特征相协调的趋势，因此在本期洞窟中出现一部分新的乐舞图像，如第 437 窟中心柱东向面龛楣上部影塑的飞天伎乐，第 249 窟窟顶西披出现的雷神击鼓图像，第 285 窟窟顶西披出现的雷神击鼓图像、南壁上段所绘的飞天伎乐等。相较而言，第 249 窟中的乐舞图像内容较多，壁面较为清晰，其中既有与前期洞窟相类的乐舞图像，同时也有全新乐舞图像绘入，因此本节以第 249 窟为例对第三期洞窟所绘乐舞图像展开研究，并按类型穿插讨论其他洞窟出现的新的乐舞图像。

第 249 窟为单室覆斗形顶洞窟，西壁圆券形龛内塑倚坐佛一身，龛外南、北两壁西侧前各塑一身胁侍菩萨（见图 2-37）。该窟东壁现已塌毁，壁面仅存上部北侧两身天宫乐伎，与东壁相接的窟顶东披下部以及北壁东侧壁面也有不同程度

1　参见樊锦诗、马世长、关友惠《敦煌莫高窟北朝洞窟的分期》，《中国石窟·敦煌莫高窟》第 1 卷，第 192—194 页。

的缺失。乐舞图像主要包括窟顶西披所绘雷神击鼓图像，龛壁上部的飞天伎乐，龛楣上的化生伎乐，四壁上段的天宫伎乐以及南、北壁下段的药叉伎乐。

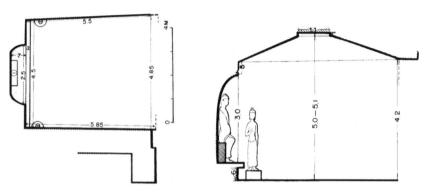

图 2-37　第 249 窟平面及剖面图
资料来源:《莫高窟形》(二)，图版 210。

一　窟顶西披

此窟为覆斗形顶，窟顶为莲花、忍冬等纹样组成的藻井。整个西披内容在呈梯形的披面内布局，其中在正中位置绘一身立姿的阿修罗形象，阿修罗上部即壁面上段绘忉利天宫和须弥山，阿修罗下部即壁面下段横向绘海水和山峦，并与西壁上段壁面及龛楣相互交接，这一部分内容在整个披面上呈"工"字形构图。在阿修罗两侧的区域自上而下分别绘不同形象左右对应，如雷公对应雨师，电神对应风神，迦楼罗对应飞天，羽人对应猿猴，此外在该区域下部左、右各绘一座歇山顶式楼阁，楼阁内各绘一身呈坐姿的形象，同样相互对应。[1]由于本书重点讨论的雷神击鼓图像就出现在西披，因此以上对西披壁画内容做一简单概述。事实上，围绕本窟窟顶南、北披的主尊形象以及窟顶四披壁画内容学术界多有讨论，如认为南、北披主尊分别为西王母、东王公或帝释天妃、帝释天，西披壁画依据《观佛三昧海经》绘制，西披所绘为维摩诘经变，窟顶壁画内容为上士登仙图，

1　参见《敦煌石窟内容总录》，第 99 页；樊锦诗撰 "第 249 窟" 词条，季羡林主编《敦煌学大辞典》，第 47 页；张元林《净土思想与仙界思想的合流——关于莫高窟第 249 窟窟顶西披壁画定名的再思考》，《敦煌研究》2003年第 4 期，第 2 页。

窟顶壁画源自汉代上林苑的仙境图样。[1]通过对比各家言论，对于西披所绘阿修罗和风、雨、雷、电等形象的定名基本无争议，因为这些形象在壁画中有明确的身份标识，如阿修罗手障日月、立大海水中、踞须弥顶的姿态，雷公周身环绕的鼓，电神双手所持的锥形器，风神举于头顶的风袋，雨师叶雾行雨的姿态（见图2-38）。

图 2-38　第 249 窟
窟顶西披

　　具体来看雷公击鼓图像（见图 2-39）。该图像位于西披壁面中部靠左侧的位置，整个构图以围绕雷公的鼓形成圆形轮廓，与右侧风神所持呈弧形外观的风袋相呼应，在画面中具有动感和张力。雷公躯干类人形，上身裸露，下身着裈，其余身体部位均呈现兽形的特征，如头部为兽首，有尖耳、环眼、厚唇、阔嘴，这

1　参见段文杰《道教题材是如何进入佛教石窟的——莫高窟 249 窟窟顶壁画内容探讨》，敦煌文物研究所编《1983 年全国敦煌学术讨论会文集　石窟·艺术编》上册，甘肃人民出版社，1985，第 1—16 页；史苇湘《敦煌佛教艺术产生的历史依据》，《敦煌研究》1982 年第 1 期；宿白《东阳王与建平公（二稿）》，氏著《中国石窟寺研究》，第 244—259 页；张元林《净土思想与仙界思想的合流——关于莫高窟第 249 窟窟顶西披壁画定名的再思考》，《敦煌研究》2003 年第 4 期；宁强《上士登仙图与维摩诘经变——莫高窟第 249 窟窟顶壁画再探》，《敦煌研究》1990 年第 1 期；赵晓星《从人间仙境到佛教天堂——莫高窟第 249 窟窟顶图像溯源》，陈声柏主编《宗教对话与和谐社会（第三辑）——第三届"宗教对话与和谐社会"学术研讨会论文集》，宗教文化出版社，2012，第 322—335 页。

图 2-39　第 249 窟窟顶西披雷公击鼓图像

类兽首形象也被称作"畏兽"。[1] 雷公肩部到上臂处绘双翼，翼分四羽。四足有趾爪，前端有趾甲。其周身共绘十二面鼓，其中右侧两面被阿修罗一侧龙的躯干遮挡。每面鼓均以鼓身相对且朝向观者，鼓面向心式排列，鼓身之间绘点状纹样。鼓的外观为广腹纤首，与前文提到的担鼓类似。雷公四足张开，击鼓布雷，同时又似悬处虚空，翔于天际。

雷公在古代文献中也被称作雷神，《山海经》卷一三《海内东经》载：

> 雷泽中有雷神，龙身而人头，鼓其腹。在吴西。

卷一四《大荒东经》又载：

> 东海中有流波山，入海七千里。其上有兽，状如牛，苍身而无角，一足，出入水则必风雨，其光如日月，其声如雷，其名曰夔。黄帝得之，以其皮为鼓，橛以雷兽之骨，声闻五百里，以威天下。
>
> 注曰：雷兽即雷神也，人面龙身，鼓其腹者，橛犹击也。[2]

根据记载，可以发现早期雷公在外形上与壁画所处北魏至西魏时期的图像有明显差别。《山海经》的描述可以简单归纳为"人面兽（龙）身"，但壁画中却是

1　参见姜伯勤《中国祆教艺术史研究》，生活·读书·新知三联书店，2004，第 219 页。

2　郭璞传《山海经》，郝懿行笺疏，中华书局编印《四部备要》第 47 册，1989，第 93、101 页。

"兽面人身"，二者恰恰相反。不过在《山海经》中，雷公已经与鼓有了联系，夔声如雷，黄帝以夔之皮蒙鼓，以雷兽之骨击鼓，这与壁画将雷公刻画为击鼓的形象一致。如果将雷公抽象为雷声，就已暗含以鼓声指代雷声的线索。

再来看《周礼·冬官考工记第六》的记载：

> 凡冒鼓，必以启蛰之日。
>
> 注曰：启蛰，孟春之中也，蛰虫始闻雷声而动。鼓，所取象也。冒，蒙鼓以革。[1]

其中同样以鼓声作为雷声之象，即以鼓声譬喻雷声，以击鼓作为一年中万物复苏的标志。

《论衡》卷六《雷虚篇》是讨论雷公形象时必参考的一条史料，此处再来分析之：

> 图画之工，图雷之状，累累如连鼓之形。又图一人，若力士之容，谓之雷公，使之左手引连鼓，右手推椎，若击之状。其意以为雷声隆隆者，连鼓相扣击之意也。其魄然若敝裂者，椎所击之声也。其杀人也，引连鼓相椎并击之矣。世又信之，莫谓不然。如复原之，虚妄之象也。夫雷，非声则气也。声与气，安可推引而为连鼓之形乎？如审可推引，则是物也，相扣而音鸣者，非鼓即钟也。夫隆隆之声，鼓与钟邪？如审是也，钟鼓而不空悬，须有簨虡，然后能安，然后能鸣。今钟鼓无所悬着，雷公之足无所蹈履，安得而为雷？[2]

《雷虚篇》对于雷这种自然现象的论说较多，此处仅摘引部分以说明问题。按引文所述，雷公形象同样与鼓有关，"累累如连鼓之形"正好可以对应壁画中若干鼓相连为一圈的形式，但文中雷公是持槌击鼓的，这一部分未在壁画中显示。此外需要明确的是，《论衡》作为具唯物主义思想的哲学著作，对雷公形象

---

[1] 郑玄注，贾公彦疏《周礼注疏》，中华书局编印《四部备要》第4册，1989，第399页。

[2] 王充：《论衡》，中华书局编印《四部备要》第54册，1989，第59页。

是持批判和否定态度的，因此该篇大部分内容是针对雷公乃"虚妄之象"的论述，故名《雷虚篇》。如文中认为雷应该是声或气形成的，如果是如鼓、钟一类实际存在的乐器发出的声音，就必须悬挂敲击才能发声，但鼓、钟是无法空悬的，自然也就无法形成雷。当然，这是将自然现象中的雷和神话传说中的雷视作同一客体进而产生的推论，与本书此处的梳理无太大关联，我们能够确定的是王充首先客观陈述了其所在时代的雷公形象，进而对其进行驳斥，那么至少说明汉代出现的雷公形象无论真伪正如壁画所绘，是和鼓结合在一起的，这在汉代画像石中也能找到明确的例子。如图2-40所示，两处画像石分别以阳刻和阴刻的方式展现雷公形象，其中左图中的雷公体型类人，身着汉代典型的交领右衽袍服；右图则更接近兽形，全身裸露，肩部有翼。两身雷公均双手持槌作敲击状，周身有一圈鼓围绕，左图的十面鼓以鼓身相对、鼓面朝向观者的方式排列，右图十面鼓以鼓面相对、鼓身朝向观者的方式排列。相对而言，除雷公持槌以及鼓的排列方式不同外，右图与第249窟窟顶西披的雷公形象更加接近。

与第249窟同为第三期的第285窟窟顶西披也绘有两身对称的雷公击鼓图像（见图2-41），其表现形式与以上图像基本一致，均为雷公于周身围绕的鼓内作敲击状。其中左侧共绘十一面鼓，右侧为十二面鼓，鼓的排列方式与图2-40中左侧图相同，即

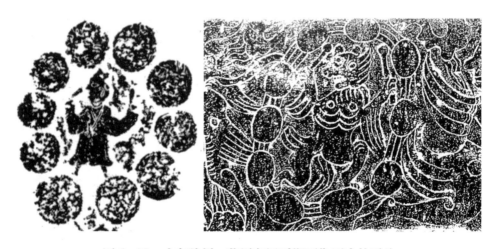

图2-40　山东滕州、临沂东汉时期画像石中的雷公

资料来源：傅惜华、陈志农编《山东画像石汇编》，山东画报出版社，2012，第377页；焦德森主编《中国画像石全集·山东汉画像石》，山东美术出版社，2000，图版69。

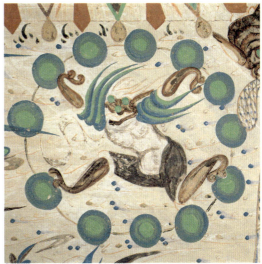

图 2-41　第 285 窟窟顶西披雷公击鼓图像

鼓身相对、鼓面朝向观者，因此鼓的形制不明，但可以明显看到鼓面以石绿和石青套色绘制。雷公均为兽面人身，头部长角，上身裸露，肩生双翼，下身着裈，四足有趾爪。

图 2-42　第 329 窟西壁龛顶佛传故事画中的雷公击鼓图像

在初唐第 329 窟西壁龛顶佛传故事画中同样出现了雷公击鼓的图像（见图 2-42）。相较第 249 窟和第 285 窟的雷公形象，除头部依然为兽形、肩部有双翼外，其形象更加类人，最明显的是趾爪已变为手足。围绕雷公的九面鼓以鼓面相对、鼓身朝向观者的方式排列，鼓的外观与第 249 窟所绘一致，鼓与鼓之间以类似闪电的纹样相连，以表现雷鸣电闪之情景。现藏大英博物馆编号为 Stein painting 100.Ch.xxvii.001 的晚唐时期绢本佛传故事画（见图 2-43），其最上部也绘有雷公击鼓图像。其中雷公头部戴冠，上身裸露，下身着裈，左手持槌，右手扶于鼓身，已完全按照人的形象绘制。图像中共绘十二面鼓，同样以鼓面相对、鼓

图 2-43　敦煌绢画 Stein painting 100. Ch. xxvii. 001 佛传故事画中的雷公击鼓图像

资料来源:『西域美術：大英博物館スタイン・コレクション』第1卷、图版 39。

图 2-44　第 61 窟西壁五台山图中的雷公击鼓图像

身朝向观者的方式排列，鼓与鼓之间以绳索串联，鼓的形制与腰鼓类似。五代第 61 窟西壁五台山图中也有雷公击鼓图像出现（见图 2-44）。该图像位于五台山图的左上侧，以化现形式出现，一侧有清晰的榜题"雷電云中现"，雷公处在化现的祥云上，周身围绕七面鼓，以鼓身相对且朝向观者的方式排列，其余鼓隐于云层。每面鼓均绘出鼓钉，鼓身绘有装饰纹样，雷公外观形象与第 329 窟西壁龛顶所绘较为接近。

除上述外，山西忻州市九原岗北朝壁画墓墓道西壁第一层壁画[1]、山西太原市北齐娄叡墓墓室东壁中栏[2]、山西芮城县元代永乐宫三清殿壁画朝元图[3]中均绘有类似的雷公击鼓图像，限于篇幅，不再一一罗列。通过分析以第 249 窟窟顶西披所绘雷公击鼓为主的一系列图像可知，敦煌石窟中均以雷公和围绕其周身的鼓作为主要表现形式，时间大致从北魏一直延续至五代时期。雷公形象从早期兽面人身逐渐向类人的外形过渡，到晚唐、五代时期雷公形象已完全人格化。鼓的排列方式包括鼓身相对且朝向观

1　山西省考古研究所、忻州市文物管理处：《山西忻州市九原岗北朝壁画墓》，《考古》2015 年第 7 期。

2　山西省考古研究所、太原市文物管理委员会：《太原市北齐娄叡墓发掘简报》，《文物》1983 年第 10 期。

3　陆鸿年：《永乐宫壁画艺术》，《美术研究》1959 年第 3 期；傅熹年：《永乐宫壁画》，《文物参考资料》1957 年第 3 期。

者，鼓身相对、鼓面朝向观者，鼓面相对、鼓身朝向观者等三种方式，鼓的数量从九面到十二面不等，单个形制以类似担鼓的广腹纤首为主。事实上，这种连作一圈且悬于虚空的鼓在现实中是找不到原型的，这是该图像与其他敦煌壁画乐器图像间最大的区别，正如前引《论衡》卷六《雷虚篇》中的说法："今钟鼓无所悬着……安得而为雷？"就其名称而言，《雷虚篇》所谓"累累如连鼓之形"中的"连鼓"应该只是其特征的表述，并非乐器名称，因此本书从壁画角度将这类鼓称作雷公鼓。总之，雷公作为传统神话题材中的形象出现在石窟壁画中，是传统文化与外来佛教文化间的融合，同时雷公以击鼓作为表现形式，使其在壁画中具有音乐的性质。但需要明确的是，该图像的本质依然是以鼓引申出鼓声，再以鼓声来象征雷声。

二　西壁

西壁共有三处位置出现乐舞图像，分别为龛壁上部所绘飞天伎乐、龛楣上所绘化生伎乐和西壁上段龛楣两侧所绘天宫伎乐，以下将按此顺序分别进行梳理。按前述，西壁开圆券形佛龛，龛内塑倚坐佛一身，佛身后龛壁绘五圈类尖拱形的火焰纹头光与六圈类尖拱形的火焰纹身光叠置，在身光外圈与龛壁外沿之间形成的三角形区域即龛壁左、右两侧各绘有两身飞天乐伎，对称式布局。从纵向看，上方两身飞天乐伎身形呈"L"形对称，下方两身飞天乐伎身形呈"V"形对称，这一部分的内容与构图同前述第257窟中心柱东向面龛。飞天乐伎均绘头光，头冠两侧有缯带，颈部戴项圈，腕部佩腕钏，上身裸露，肩搭帔巾，下身着裙装（见图2-45）。

上方左侧乐伎演奏筚篥，筚篥管体较短，乐伎以竖吹方式演奏。右侧乐伎演奏横笛，横笛管身较长，乐伎以横吹方式演奏。下方右侧乐伎演奏腰鼓，乐伎以双手拍击鼓面，腰鼓外观特征与早期壁画中的腰鼓图像一致，呈明显的广首纤腹状，此外腰鼓外观线条平直，鼓身中部有一球形隆起。下方左侧乐伎同样演奏鼓，此鼓两侧鼓面非等大，与腰鼓外观有明显区别。总体来看，龛壁该位置对于乐器的选择是有明确考虑的，通常是将同一类但形制有区别的乐器以左、右对应的方式呈现，比如筚篥与横笛的对应，两种不同形制鼓的对应，以及前述第257

图 2-45　第 249 窟西壁佛龛龛壁

窟中心柱东向面龛龛壁曲项琵琶与直颈琵琶的对应。可见，尽管乐器或乐伎图像在整个洞窟壁画中并不是主要内容，但其中包含着对立统一的美学原则，这也从乐舞图像的角度说明了早期石窟营建对细节的注意。

　　具体来看左侧下方飞天乐伎所奏的鼓。如前述，此类鼓最明显的特征为一侧鼓面较大、一侧鼓面较小，从而使鼓身呈现一侧较粗、一侧较细，类似横置的桶形外观。乐伎两只手分别位于两侧鼓面之上作拍击鼓面的动作。以此判断，该鼓大小不一的鼓面主要是为在同一面鼓上实现不同的音高效果。此类鼓的图像多出现在本期洞窟壁画中，如本窟南壁上段天宫乐伎所奏（见图 2-46）、南壁下段药叉乐伎所奏、第 248 窟南壁下段药叉乐伎所奏以及第 288 窟东壁上段天宫乐伎所奏（见图 2-47）。此外，第 285 窟南壁上部飞天乐伎所奏的鼓也与此类鼓在外观上相似（见图 2-48），但略有区别。

　　关于此鼓的名称，学界有两种不同的观点。如牛龙菲《敦煌壁画乐史资料总录与研究》称此类鼓为"行鼓"，[1] 其依据主要是清《钦定皇朝通典》卷六六和《钦定皇朝文献通考》卷一六二中的记载，两处行文基本一致，以下摘引《钦定皇朝通典》卷六六《乐典·革四》中的记载：

---

[1]　该书将第 437 窟中心柱东向面龛楣上部右侧浮塑飞天乐伎所奏的鼓也辨识为行鼓，但经笔者仔细观察，此鼓应为腰鼓，之所以误认主要是因为腰鼓一侧浮塑蒙皮脱落。参见牛龙菲《敦煌壁画乐史资料总录与研究》，第 16、17、479—482 页。

图 2-46　第 249 窟西壁佛龛龛壁左侧下方飞天乐伎和南壁上段天宫乐伎

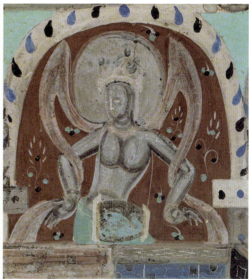

图 2-47　第 248 窟南壁下段药叉乐伎和第 288 窟东壁上段天宫乐伎

图 2-48　第 285 窟南壁上部飞天乐伎

行鼓，一名陀罗鼓，上大下小，匡贴金铜钉，铍环系以黄绒绦，跨于马上，下马陈乐则悬之于架。按：唐有三面鼓，形如缸，首广下锐，冒以虺皮，类此。

……那噶喇，回乐，状类行鼓，铁匡，上大下小，冒以革，以二木杖击之。[1]

按语提到唐代三面鼓与行鼓相类，三面鼓见于《新唐书》卷二二二《南蛮传·骠》：

贞元中……（王）雍羌亦遣弟悉利移城主舒难陀献其国乐，至成都，韦皋复谱次其声。以其舞容、乐器异常，乃图画以献……有三面鼓二，形如酒缸，高二尺，首广下锐，上博七寸，底博四寸，腹广不过首，冒以虺皮，束三为一，碧绦约之，下当地则不冒，四面画骠国工伎执笙鼓以为饰。[2]

按以上记载推之，行鼓在文献中出现的时间在《钦定皇朝通典》和《钦定皇朝文献通考》成书的乾隆时期，但壁画中鼓所在的时代约为北魏至西魏时期，二者相距上千年，因此即便文献记载中出现的"上大下小"与壁画中鼓的外观相符，也很难将二者联系起来。再来看"三面鼓"，此鼓是在贞元年间由骠国进献入唐的，也就是说贞元之前中原不大可能有此鼓，另外此鼓由三面"首广下锐"的鼓组成且单面蒙皮，这些特征与壁画中的鼓明显不符。当然，牛著也承认三面鼓与壁画中的鼓存在明显区别，因此依然以"行鼓"称呼壁画中的鼓。

1　《钦定皇朝通典》，《景印文渊阁四库全书》第 642 册，台北：台湾商务印书馆，2008，第 410 页。

2　《新唐书》，第 6308、6312—6313 页。

另一种观点出自高德祥《敦煌石窟壁画中的各种鼓》一文，其中将此类鼓称为"齐鼓"。[1]高文依据的记载出自《旧唐书》和《乐书》，其中《旧唐书》卷二九《音乐志》载：

> 齐鼓，如漆桶，大一头，设齐于鼓面如麝脐，故曰齐鼓。[2]

《乐书》卷一二七《乐图论·胡部·八音·革之属》载：

> 齐鼓，状如漆桶，一头差大，设齐于鼓面如（缺），高丽之器也。[3]

此外，《通典》卷一四四《乐四·革四》中同样出现"齐鼓"，[4]与《旧唐书》文字完全一致，此处不再赘引。根据记载，齐鼓外观如桶形，鼓面一头大、一头小，这是与壁画一致的地方，但齐鼓之所以以"齐"为名，主要是因为其鼓面有类似麝脐的装置，推测该装置主要是通过调节蒙皮松紧来获取不同音高。而壁画中的鼓除第285窟南壁上部和第249窟西壁佛龛龛壁左侧下方飞天乐伎所奏的鼓有类似设计可以确定为齐鼓外，其他如本窟以及第248窟、第288窟中的鼓均未见此装置，这也是牛著中多次提及不能将无脐的鼓称为齐鼓的原因。因为按牛著的说法，若以齐鼓定名，属于"置主要特征于不顾"。[5]

首先，笔者毫不怀疑脐之于齐鼓的重要性，按记载这是齐鼓之本，但同时也要承认第285窟中齐鼓与上述其他洞窟中的鼓在外观上的确具有一致性，而且壁画是否能够完全将现实乐器复刻在壁面上，这是值得怀疑的。依笔者观点，本书列举的以上四个洞窟壁画中的鼓应该都是齐鼓，其中无脐与有脐的区别很可能是壁画绘制所致。以第285窟为例，鼓面的脐只是齐鼓的局部细节，如果画工不详

1　参见高德祥《敦煌石窟壁画中的各种鼓》，《乐器》1988年第2期，第2页图版7。

2　《旧唐书》，第1079页。

3　陈旸:《乐书》，《文渊阁四库全书》第211册，上海古籍出版社，2012，第559页。

4　参见杜佑《通典》，第3676页。

5　参见牛龙菲《敦煌壁画乐史资料总录与研究》，第480页。

细了解该鼓的结构与性能，就存在将脐忽略的可能，这与通常在壁画中看到部分琵琶的琴弦被省略、大部分横笛不见音孔的绘制方式如出一辙。

再来看壁画中鼓与"行鼓""齐鼓"记载之间的时间对比。如前述，壁画中鼓与行鼓记载之间相距时间过长，而且其间缺乏能够接续的记载，但齐鼓按文献记载能够与壁画所在的北魏至西魏时期关联。与本书先前考证的担鼓一致，齐鼓主要被使用于唐代燕乐中的《西凉乐》和《高丽乐》，此外《婆罗门乐》中亦使用齐鼓，以下以《旧唐书》为例说明。

《旧唐书》卷二九《音乐志》记载：

> 《西凉乐》者，后魏平沮渠氏所得也。晋、宋末，中原丧乱，张轨据有河西，符秦通凉州，旋复隔绝。其乐具有钟磬，盖凉人所传中国旧乐，而杂以羌胡之声也。魏世共隋咸重之……乐用钟一架，磬一架，弹筝一，挏筝一，卧箜篌一，竖箜篌一，琵琶一，五弦琵琶一，笙一，箫一，筚篥一，小筚篥一，笛一，横笛一，腰鼓一，齐鼓一，檐鼓一，铜拔［钹］一，贝一。编钟今亡。……宋世有高丽、百济伎乐。魏平冯跋，亦得之而未具。周师灭齐，二国献其乐……《高丽乐》……乐用弹筝一，挏筝一，卧箜篌一，竖箜篌一，琵琶一，义觜笛一，笙一，箫一，小筚篥一，大筚篥一，桃皮筚篥一，腰鼓一，齐鼓一，檐鼓一，贝一。……睿宗时，婆罗门献乐……《婆罗门乐》，与四夷同列。《婆罗门乐》用漆筚篥二，齐鼓一。[1]

《通典》中有与此相类的记载，本章第二节中有详细引文。比较《旧唐书》所述唐代使用齐鼓的《西凉乐》、《高丽乐》和《婆罗门乐》的历史，《西凉乐》出现的上限应该在十六国时期，《高丽乐》为刘宋时期，《婆罗门乐》则在唐睿宗朝，其中《西凉乐》的历史最早。假设引文所列就是最初三个乐部的用乐编制，那么齐鼓图像出现在北魏至西魏时期的敦煌石窟中似乎不难理解，因为《西凉

---

1 《旧唐书》，第 1068—1070、1073 页。

乐》最初就是从凉州地区发迹的，可见宏观视角下文献记载与壁画图像是能够吻合的。

综合以上两方面的原因，本书将第 249、248、288、285 窟所绘鼓面非等大的鼓称为齐鼓。至于齐鼓图像在敦煌石窟中的具体传播方式及路径，目前已无法获知。

本窟西壁龛楣整体结构、绘制方式与前述第 257 窟中心柱东向面龛楣一致，外观呈尖拱形，与龛内佛头光、身光的外沿轮廓相呼应，以泥质浮塑再施彩绘的方式制作。龛楣上沿以火焰纹装饰，龛梁绘五彩斜方格，两端为龙首造型，现已不存。龛楣内绘一身化生与四身化生乐伎，其中化生居中，两侧各有两身化生乐伎，组合形式为"2+1+2"，其间以莲花、忍冬图案填充。化生与化生乐伎均绘头光，佩戴项圈与腕钏，上身袒露，肩搭帔巾，腰部以下为盛开的莲花，以表现莲花化生之相。居中的化生双臂上举，双手各握一莲枝，莲枝以 S 形向龛楣两侧延伸。左侧第一身化生乐伎双臂前屈，双手持角吹奏，其中右手握角的吹口位置，左手托于管体底部；左侧第二身化生乐伎持横笛作吹奏状。右侧第一身化生乐伎演奏竖吹管乐器，右侧第二身乐伎持排箫吹奏（见图 2-49）。以上四件吹奏乐器外观均不甚清晰，目前仅能分辨乐器的大致轮廓。对于龛楣所绘化生、化生乐伎的性质及功能，本书已在前文中论及，此处不再重复。

西壁龛楣两侧位置绘宫门和天宫乐伎，宫门顶部及龛楣上沿与西披下部的山峦形成自然过渡，两侧与南、北壁上段天宫乐伎的宫门横向相接。北侧三座宫门排列为悬山顶居中，圆拱形顶位于两侧；南侧则是圆拱形顶居中，悬山顶位于两侧。根据洞窟壁面的布局来看，本窟所绘宫门及天宫乐伎应该是分别从龛楣两侧一直延伸至南、北壁直至东壁上段，以达到天宫乐伎围绕洞窟四壁上段一周的效果（见图 2-50）。

事实上，按照前文所述天宫乐伎的严格定义，西壁上段可以确定为天宫乐伎的仅有三身，分别是北侧向外的两身和南侧居中的一身，其余三身均未持乐器。包括天宫乐伎在内的六身均绘有头光，部分戴有缯带的头冠，上身袒露，肩搭帔巾，下身着裙装。北侧由北至南第一身持横笛吹奏。第二身乐伎所持乐器管身平

图 2-49　第 249 窟西壁佛龛龛楣

图 2-50　第 249 窟西壁上段（由南至北）

图 2-51　第 249 窟西壁上段（由南至北）

直，乐伎双手持于管身中部及向下位置作竖吹姿态，乐器具体细节如吹口、开孔等均不明，因此同前述龛楣化生乐伎所持乐器以竖吹管乐器概称之。第三身仅在壁面绘出头部及身体左侧部分，其左臂上举，手持一细长幡杆，或为莲枝，具体不明。按之前本书的分析，宫门内出现的形象大致有三类，包括天宫乐伎、天宫舞伎和天宫菩萨。由于该形象既未演奏乐器，身形姿态亦非舞蹈动作，因此将其称为天宫菩萨。南侧由南至北第一身身体前倾，左臂上抬至头部，右臂位于胸前，两臂相互交叠，似呈起舞之姿。第二身双臂前伸，双手捧持笙吹奏，可以明显看到乐伎口含吹管，但笙管、笙斗不清，壁面仅余轮廓。第三身仅绘出胸部以上及双臂部分，其右臂自然下垂，左臂抬起位于头前作远眺状，同样具舞蹈之动态，因此本书将南侧未演奏乐器的两身归入天宫舞伎之列（见图 2-51）。

三 北壁

北壁壁画自上而下为四段式布局，分别为天宫乐伎，千佛、说法图，供养人、药叉各一组，其中除天宫乐伎与千佛之间绘边饰作为间隔外，其余千佛、供养人、药叉之间无边饰。具体而言，最上段绘天宫乐伎一组，按窟形呈横向布局。天宫乐伎以下绘十排千佛，其中最西侧壁面现存莲花及化生、药叉各一身，由于西侧壁面前部塑胁侍菩萨一身，该位置未绘千佛，东侧第二排以下部分壁面已毁，同样不见千佛。千佛内部居中靠下位置绘说法图一铺，包括立佛一身、飞天四身、胁侍菩萨四身，说法图东侧纵向绘制莲花及五身化生。千佛以下的壁面西侧绘一组忍冬图案，中部绘男性供养人一排，共计二十身，供养人以东、西各十身分两组相对站立，每组向内四身为比丘形象，向外的六身为居士形象。供养人下方绘药叉一组，现存八身。

北壁最上段共绘宫门二十座（见图 2-52），带鸱尾的悬山顶形与圆券形宫门交替排列，宫门前绘双层式天宫栏墙，未见第一期、第二期洞窟宫门间"T"字形或"一"字形门柱，只是在悬山顶形宫门门柱的位置绘有方格纹的装饰带，似表示悬山顶形宫门为双层。天宫内所绘形象中明确演奏乐器的天宫乐伎共七身，其余十三身的身形姿态具有舞蹈的特征，同时未见其中有明显的供养特征，如手

图 2-52　第 249 窟北壁上段（由西至东）

持供养物或呈礼拜动作，因此将这十三身归为天宫舞伎。天宫乐伎和天宫舞伎均绘有头光，部分戴有缯带的头冠，部分是否戴冠，不明。除由西至东第五身身着袒露右肩的袈裟外，其余袒露上身，下身着裙装。二十身均佩戴项圈与腕钏，肩搭帔巾，未见臂钏。除此之外，每座宫门内均绘有若干曲茎三瓣花朵作为装饰，这是从第一期一直延续至本期的特征之一。

　　七身天宫乐伎由西至东分别为第二、三、四、六、七、十和十二身，演奏乐器依次为腰鼓、琵琶、排箫、竖箜篌、贝、筚篥、阮咸（或为弦鼗）。其中第三身天宫乐伎侧身朝向观者，壁面仅见乐伎左手持类似琴颈的部件，琵琶音箱仅有大致轮廓。第十身乐伎双手持乐器吹奏，乐器管身仅有前端部分可见，由于乐伎双手距离口部较近，因此推断该乐器为筚篥。第十二身乐伎手持一弹拨乐器演奏，由于壁画该处较漫漶，目前只有"盘圆柄直"的外观特征较为明显，其余如是否有柱，柱、弦的数量，面板细节等均无法确认。由于音乐史中阮咸和弦鼗均为"盘圆柄直"的乐器，二者最明显的区别在于是否有柱，[1]因此在无法获知乐器关键信息的情况下，只能将其称为阮咸或弦鼗。除上述乐器外，此处由天宫乐伎所奏的其他乐器在前文中均有涉及，由于乐器的形制、外观、绘制方式未出现变化，此处不再重复描述。

　　北壁下段绘药叉一组（见图 2-53）。由于北壁西侧塑胁侍菩萨一身，东侧壁面部分已毁，现存药叉共八身。其中最东侧一身仅余部分头光，其余药叉同样有头光，上身裸露，下身着裈，肩搭帔巾，立于壁面底部所绘连绵起伏的山峦上。

1　参见朱晓峰《弹拨乐器流变考——以敦煌莫高窟壁画弦鼗图像为依据》，《中央音乐学院学报》2015 年第 4 期。

其中由西至东第四身和第七身外形类兽，其余皆为人形。药叉乐伎共出现三身，分别为由西至东第二身、第三身和第四身，演奏乐器依次为琵琶、筚篥和腰鼓。

图 2-53　第 249 窟北壁下段所绘药叉（由西至东）

四　南壁

南壁采用与北壁相同的自上而下四段式布局，即天宫乐伎，千佛、说法图，供养人与药叉各一组，其中天宫乐伎与千佛之间绘边饰间隔，其余内容之间无边饰。最上方横向绘制天宫乐伎一组，天宫乐伎下方绘十排千佛，其中西侧壁面即胁侍菩萨塑像身后两侧位置绘莲花及化生、胁侍菩萨各一身，此位置与北壁稍有不同。千佛内部居中靠下位置绘说法图一铺，包括立佛一身、飞天四身、胁侍菩萨四身，说法图东侧纵向绘制莲花及五身化生。千佛以下的壁面两侧分别绘一组莲花、忍冬图案，中部绘男性供养人一排，共计二十身，供养人以东、西各十身分两组相对站立，西侧一组向内四身为比丘形象，向外的六身为居士形象，东侧一组壁面漫漶，推测与西侧呈对称式布局。供养人下方绘药叉一组，现存九身。

南壁上段共绘天宫十九座（见图 2-54）。宫门形制与北壁一致，宫门内所绘形象为牢度跋提、天宫乐伎与天宫舞伎，此外每座宫门内均绘有若干曲茎三瓣花朵作为装饰。牢度跋提位于最东侧圆券形宫门内，其硕大的头部几乎占据整个宫门，牢度跋提无头光、浓眉、耽耳、高鼻、深目、嘴唇前凸，额头前部有一球形突出物，与前引《佛说观弥勒菩萨上生兜率天经》中牢度跋提"额上自然出珠"的描述对应。其余十八身与北壁所绘一致，为十二身天宫乐伎与六身天宫舞伎。这一部分形象均绘有头光，部分戴有缯带的头冠，袒露上身，肩搭帔巾，佩戴项圈与腕钏，下身着裙装。十二身天宫乐伎由西至东依次为第一、二、三、五、六、七、八、九、十三、十五、十六、十七身，演奏乐器依次为琵琶、腰鼓、竖吹管乐器、琵琶、角、贝、横笛、琵琶、齐鼓、竖箜篌、筚篥、贝。

琵琶在南壁上段共出现三件，北壁两件则分别由天宫乐伎和药叉乐伎所奏，这五件琵琶在外观上与之前洞窟壁画所绘琵琶具有一定的差异。其中最为明显的特征是音箱呈修长的梨形外观，使音箱与琴颈间的过渡显得更加流畅，与之前琵琶饱满的梨形音箱不同（见图 2-55）。其中除南壁上段由西至东第五身天宫乐伎所奏琵琶可以明显看到是直颈外，其余琵琶琴头处细节不明。乐伎大多以手弹奏，未见类似品柱的装置，面板上绘有从琴颈正面一直延伸至音箱面板的长条色块，暂时不清楚这一部分是琵琶原有的如捍拨一类还是壁画绘制所导致的。但以同期第 285 窟南壁上部由相邻的两身飞天乐伎所奏琵琶作为参照来

图 2-54　第 249 窟南壁上段（由东至西）

看（见图 2-56），这一时期的琵琶既有直颈又有曲项，直颈琵琶由乐伎手弹，曲项则由乐伎持椴拨奏。音箱均为细长外观，而且未见类似捍拨出现在音箱面板上。

图 2-55　第 272 窟窟顶南披、第 257 窟南壁上段、第 249 窟南壁上段天宫乐伎

南壁下段绘药叉一组（见图 2-57）。药叉所在东侧及中部壁面脱落较为严重，目前仅有西侧三身及东侧两身较为明显，其余均已漫漶。药叉均绘有头光，上身裸露，下身着裤，肩搭帔巾，脚踏山峦。最西侧一身呈兽形，其余均为类人形。药叉乐伎为由西至东第二身和第三身，分别演奏横笛与齐鼓。

图 2-56　第 285 窟南壁上部飞天乐伎

图 2-57　第 249 窟南壁下段所绘药叉（由东至西）

综合以上，第 249 窟现存乐舞图像包括飞天乐伎四身、化生乐伎四身、天宫乐伎二十二身、天宫舞伎二十一身、药叉乐伎五身、雷公一身。其中乐伎演奏乐器共三十六件，具体分类如下：

弹拨乐器：琵琶五、竖箜篌二、阮咸（或为弦鼗）一；

吹奏乐器：竽篥四、横笛五、角二、排箫二、笙一、贝三、竖吹管乐器三；

打击乐器：雷公鼓一、齐鼓三、腰鼓四。

本节对第三期洞窟中第249窟乐舞图像进行了讨论，第三期洞窟中绘有乐舞图像的洞窟共计七个，如果以前引《敦煌莫高窟北朝洞窟的分期》中第三期洞窟以继承第二期和出现新题材分为两类再进行划分，这七个洞窟分别是第437、435、431、248窟和第249、288、285窟。根据笔者调查，上述洞窟中的乐舞图像基本遵循了继承与创新的总体特征。当然从继承第二期洞窟的角度来看，以上七个洞窟基本上延续了自第二期就已趋于固定的乐舞图像绘制模式，主要包括龛壁上部的飞天伎乐、龛楣上的化生伎乐、四壁上段的天宫伎乐以及四壁下段的药叉伎乐。此外，如第437窟中心柱东向面龛楣上部影塑的飞天乐伎事实上也是承袭了第二期如第251、254和257窟的制作方式，只是这些洞窟龛楣上部影塑的多为供养菩萨且脱落较为严重，而明确以飞天乐伎为内容则出现在本期第437窟中。由图2-58可见，最上方内侧有三身影塑飞天乐伎，乐器同样为泥塑敷彩方式制作，分别为直颈琵琶、竖箜篌和腰鼓，这是敦煌石窟中较为稀见的乐舞图

图2-58 第437窟中心柱东向面龛楣上部影塑飞天乐伎

像。龛壁内绘制由飞天乐伎所奏同类而不同形制乐器的方式也在本期洞窟中被进一步明确。按本书之前的分析，该形式在第二期第 257 窟中心柱东向面龛龛壁中就已出现，其中仅有直颈琵琶与曲项琵琶的对应，而到了本期第 249 窟，西壁佛龛龛壁出现笙箫与横笛、齐鼓与腰鼓四件乐器的相互对应。只是由于第三期部分洞窟龛壁已被后代重修或重绘，这一趋势表现得不是很明显，但龛壁这种对应式乐器排布依然会在第四期洞窟中出现。

从创新的角度来看，本期洞窟壁画中同样有新的乐舞题材出现，其中最明显的就是第 249 窟和第 285 窟所绘雷公击鼓图像，第 249、248、288、285 窟所绘齐鼓图像以及第 285 窟南壁上部取代天宫乐伎的飞天乐伎图像，其中雷公击鼓和齐鼓图像已在前文中详细讨论，此处不再重复。就第 285 窟而言，该窟南壁上部所绘飞天乐伎已明显具有秀骨清像、褒衣博带的风格，这应该与东阳王元荣自洛阳来到敦煌，带来中原地区的文化影响有关。[1]而且天宫和天宫栏墙也已消失不见，尽管之后的第四期洞窟中依然有天宫栏墙出现，但自第三期第 285 窟开始，天宫乐伎已经开始向飞天乐伎转变，这也为第四期洞窟和隋代洞窟中飞天乐伎的大量出现埋下了伏笔。

第四节　莫高窟第 301 窟中的乐舞图像

第四期洞窟包括第 432、461、438、439、440、441、428、430、290、442、294、296、297、299、301 窟，共计十五个洞窟，相当于西魏大统十一年至隋开皇四年，即 545—584 年，[2]时代主要集中在北周时期。按《敦煌莫高窟北朝洞窟的分期》的划分方式，第四期洞窟应该是通过石窟营建风格的时代进行判定，将晚于第三期且早于隋代的洞窟统归入第四期之列，因此本期洞窟在总体上表现出上承第三期遗风，下启隋代先河的趋势，这也是第四期洞窟主体时代——北周的主要特征。正如《敦煌莫高窟北朝洞窟的分期》所言："在第四期洞窟中，诸

1　参见樊锦诗、马世长、关友惠《敦煌莫高窟北朝洞窟的分期》，《中国石窟·敦煌莫高窟》第 1 卷，第 194 页。

2　参见樊锦诗、马世长、关友惠《敦煌莫高窟北朝洞窟的分期》，《中国石窟·敦煌莫高窟》第 1 卷，第 197 页。

如洞窟形制，塑像组合，人物的比例，面相、服饰、衣纹和面部晕染，以及图案
纹样、色彩等各方面，都出现了第三期所没有的新形式，而且一些方面接近隋初
的风格。这清楚地表明了第四期是晚于第三期，并与隋初洞窟有前后承接的关
系……《李君莫高窟佛龛碑》中所说'建平、东阳弘其迹'，'建平'即北周时
期曾任瓜州刺史的建平公于义。莫高窟北朝第四期，建窟数量增多，艺术上也有
所发展，这或许是建平公于义在敦煌地区弘扬佛教业绩的一种反映。"[1]从第四期
洞窟的崖面分布来看，除第461窟位于北区外，其余洞窟皆位于南区中段崖面第
二、三层，其中南区的十四个洞窟最北侧为第428窟，最南侧为第442窟（见图
2-59），这些洞窟位置相对集中且与第三期洞窟如第288窟和第437窟南北毗邻。

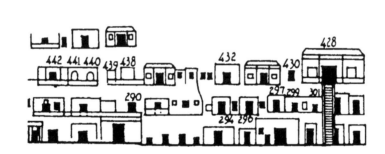

图 2-59　第四期洞窟崖面位置示意图
资料来源：季羡林主编《敦煌学大辞典》，附录《莫高窟石窟位置图》。

　　第四期洞窟中除第440窟和第441窟由后代重修且壁画所剩无几外，其余
十三个洞窟中均有乐舞图像绘入。总体上看，乐舞图像表现的特征与第四期洞窟
的整体风格一致，其中既有与前期洞窟相同的乐舞图像，如第438窟、第442窟
南北壁上段的天宫伎乐，第290窟、第294窟四壁下段的药叉伎乐，第299窟、
第430窟西壁龛楣上的化生伎乐以及第301窟西壁龛壁的飞天伎乐，同时又出现
新的乐舞图像，其中最明显的是第290、294、296、297、299、301、430、439

1　樊锦诗、马世长、关友惠：《敦煌莫高窟北朝洞窟的分期》，《中国石窟·敦煌莫高窟》第1卷，第196—
197页。

和461窟中所绘位于天宫栏墙之上的飞天伎乐，以及第297窟西壁佛龛下方所绘世俗乐舞组合。值得注意的是，即便上述洞窟中有新的乐舞图像出现，但如果以一个完整的洞窟来看，前期和全新的乐舞图像是同时存在于壁面上的，这恰好记录了乐舞图像在第四期洞窟中历经继承和发展的全过程，本节接下来所要讨论的个案——第301窟的乐舞图像正是如此。

第301窟现存前室、甬道和主室，其中前室西壁、甬道顶及甬道南北壁绘有五代时期菩萨、说法图等，此处从略。主室形制为覆斗形顶洞窟，西壁圆券形龛内塑倚坐佛一身（见图2-60），龛外南、北两侧各塑胁侍菩萨一身，现仅存双足及莲座。该窟壁画中与乐舞相关的图像主要包括主室西壁佛龛龛楣上的化生、龛壁上部的飞天伎乐、窟顶四披下部的飞天伎乐等，以下将按顺序进行梳理。

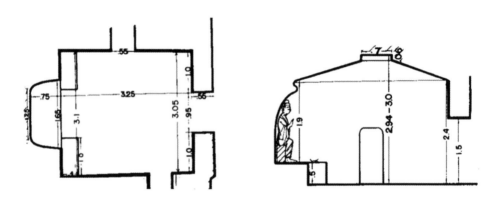

图2-60　第301窟主室平面及剖面图
资料来源：《莫高窟形》（二），图版76。

一　主室西壁佛龛

由于主室空间较小，西壁圆券形龛的主体、龛柱、龛梁以及龛楣部分被上提至窟顶西披下部，通过图2-61可以明显看到，龛梁部分是与西壁上沿保持齐平的。考虑到佛龛的整体性，位于西披的龛楣部分也在此处与龛壁一并讨论。如前所述，圆券形龛内塑倚坐佛一身，佛的面部饱满，头部较大且下身较粗短。佛身后龛壁绘三圈圆形头光与五圈尖拱形身光，头光与身光内的图案以千佛与火焰纹

图 2-61 第 301 窟主室西壁

交替绘制，身光外沿即上方龛壁两侧各绘两身飞天乐伎，下方龛壁两侧绘莲花，呈对称式布局。龛下壁面分上、下两层绘莲花和供养物。

飞天乐伎无头光，束发髻，戴冠，冠两侧有缯带。上身裸露，肩搭帔巾，下身着腰部翻折下垂的裙装，未见如项圈、臂钏、腕钏一类的配饰（见图 2-62）。可以明显看到，乐伎整体身形呈"V"字造型，帔巾与裙摆表现出飘逸之动态，在整体风格上与第二期、第三期龛壁的飞天乐伎具有一定差别。左侧上方飞天乐伎横抱阮咸弹奏，可以明显看到该乐器外观为典型的"盘圆柄直"，琴颈处绘有清晰的柱。此外，该乐器琴头为直颈，五弦，面板处有弯月形的音孔，而且与琴弦平行的上、下处分别绘有点状纹。下方乐伎持竖箜篌演奏，竖箜篌由共鸣箱、横肘和琴弦组成，横肘处未见绦轸。共鸣箱位置绘"×"形纹样，弦数大致为十二。右侧上方飞天乐伎捧持笙吹奏，笙管上绘有竹节纹，吹管、笙斗皆难以辨认。下方乐伎横抱琵琶弹奏，琵琶为曲项，四弦，梨形音箱，其余细节不明。综合来看，此处共出现四件乐器，分别是三件弹拨乐器和一件吹管乐器，但不论做横向或是纵向的对比，此处乐器已不具备前述第二期、第三期同类异器的对比式排布。

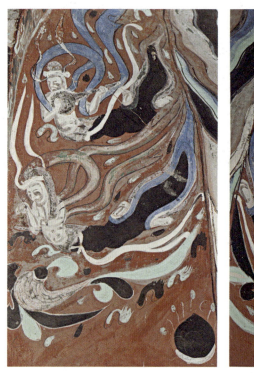

图 2-62　第 301 窟主室西壁佛龛龛壁

西壁龛楣外观呈圆拱形，上沿绘火焰纹，龛梁绘五彩斜方格，两端现已缺失，龛楣内绘三身化生，其中一身居中，两侧各绘一身，其间绘莲花。居中的化生绘头光，上身裸露，双臂上举，双手所持莲枝向两侧延伸，两侧的化生仅绘出有头光的头部，此处未见化生乐伎，这也是该窟与前述洞窟不同的地方。

二　主室窟顶西披

主室窟顶藻井绘莲花斗四井心，藻井外沿绘莲瓣状垂幔。西披披面自上而下由三部分内容组成，最上段为垂幔，中段绘飞天，下段为前述的龛楣、天宫栏墙及垂幔。飞天共计十二身，分布在由龛楣外沿顶端莲花、摩尼宝珠分割的披面中部区域内。这部分区域尽管不规则，但飞天零散的排列并未使整体画面产生凌乱之感，这主要是由于每身飞天的身形姿态是根据所在区域轮廓来设计的，而且左、右两侧飞天呈对称式布局（见图 2-63）。十二身飞天中位于最右侧一身，即与北披相接位置处所绘为飞天乐伎，乐伎持竖箜篌呈拨奏状，竖箜篌的共鸣箱、横肘及琴弦均清晰可见。其余十一身均为飞天，大多双手捧持莲花作飞翔姿态。至于为何会在十二身飞天中仅绘一身飞天乐伎，通过主室整体设计布局就能看出端倪。西披最下部两侧绘天宫栏墙，事实上这一部分一直延伸到了南、北披直至东披形成封闭结构，所以天宫栏墙上方最右侧飞天乐伎应该与北披飞天乐伎同为一组，或者说这是北披飞天乐伎溢至西披的一身，因为可以明显看到该乐伎有一部分是绘在北披上的。这种布局方式与前述第 249 窟完全一致，只是本窟这一部分内容在四披上，第 249 窟则是在四壁上，而且是天宫乐伎与天宫栏墙的组合。

三　主室窟顶北披

接前述，北披壁画内容自上而下由三部分组成。上段为藻井外沿的垂幔；中段的梯形区域内绘睒子本生故事，故事情节自西向东分别为睒子在山中侍奉盲父母和迦夷国国王进山狩猎；下段绘飞天、飞天乐伎、天宫栏墙及垂幔。飞天和飞天乐伎共计八身，由西至东横向排列于天宫栏墙上方，其中前六身为飞天乐伎，后两身为持供养物的飞天（见图 2-64）。相较于前三期洞窟，由于宫门消失，此处依托宫门绘制的形象如天宫乐伎、天宫舞伎、天宫菩萨变为飞天和飞天乐伎，与此同时，天宫栏墙也从凹凸条砖凭台转变为凹凸方形花砖凭台。可以看到，飞天和飞天乐伎束发髻，部分戴有缯带的头冠，均佩戴项圈和腕钏。飞天乐伎上身袒露，飞天上身则有斜搭的披帛，此外均肩搭帔巾，下身着腰部翻折下垂的裙装。飞天和飞天乐伎身形与帔巾、裙摆呈"V"字造型，展现出飘逸的动感。

由西至东第一身飞天乐伎横抱琵琶弹奏，琴头为曲项，琴弦和弦轴数量同为四，音箱呈梨形，面板上有凤眼和覆手。第二身乐伎同样以横抱姿态弹奏琵

图 2-63 第 301 窟主室窟顶丙披

图 2-64 第 301 窟主室窟顶北披下段

琶，琴头为直颈，琴弦和弦轴数量同为五，琴颈处绘有相，音箱同样呈梨形，面板处可见凤眼和覆手。第三身乐伎手持横笛置于口部吹奏，壁画同样以平直的线条来表示横笛外观，其余如吹孔、按音孔均未见。第四身乐伎手持筚篥吹奏，乐伎双手距离口部较近，筚篥管身粗短，吹口处细节不明。第五身乐伎双手捧持笙吹奏，参差的笙管上绘有清晰的竹节纹，壁面可见的管数为四，笙斗、吹管均依稀可见。第六身乐伎的吹奏乐器为排箫，排箫管身同样绘竹节纹，中上部有固定管体的腰带，但具体管数不明。第七身飞天左手托花盘，右手握莲枝，第八身飞天则双手各托一花盘。上述飞天乐伎中，前四身演奏乐器分别为曲项琵琶、直颈琵琶、横笛和筚篥，与第二期和第三期洞窟龛壁飞天乐伎所持乐器同类异器的排布方式一致，但窟顶披面处的横向排列往往缺乏龛壁两侧对称排列产生的对比效果。此外，上述乐器按相同顺序排列的方式在本期第299窟窟顶北披亦有出现。

四　主室窟顶南披

南披壁画内容同样由自上而下的三部分组成。上段为藻井外沿的垂幔；中段的梯形区域内绘萨埵太子本生故事，故事情节自西向东分别为萨埵三兄弟辞宫、进山狩猎和憩息；下段绘飞天、天宫栏墙及垂幔，飞天造型、装束以及天宫栏墙形制与北披所绘一致。飞天共计七身，每身双手持花盘、莲花或绳带（见图2-65），具明显的供养和装饰功能，此处未见持乐器演奏的飞天乐伎。

五　主室窟顶东披

东披壁画内容布局与前述北披和南披一致：上段为藻井外沿的垂幔；中段的梯形区域内绘萨埵太子本生故事，故事情节由南向北分别为萨埵舍身饲虎、二兄弟策马回宫和起塔供养；下段绘飞天、天宫栏墙及垂幔。飞天共计七身，每身双手持花盘、莲花或绳带（见图2-66），同样未见持乐器演奏的飞天乐伎。

图 2-65 第 301 窟主室窟顶南披下段

图 2-66 第 301 窟主室窟顶东披下段

六　主室北壁与南壁

由于主室天宫伎乐上移至窟顶四披的下段，四壁绘制的内容较前述第三期第249窟出现一定的变化，这在北壁和南壁上表现得更加明显，即所绘内容从之前的四段式布局变为三段式布局。以北壁为例，三段式布局自上而下分别为千佛、说法图，供养人以及药叉，未见乐舞图像。最上段绘十一排千佛，千佛内部居中靠下位置绘说法图一铺，按目前壁面构图应包括立佛一身、飞天两身、胁侍菩萨两身，但说法图及其下部所在壁面被穿道损毁，现仅存三分之一的内容。千佛以下绘两排供养人及药叉的组合（见图2-67），以说法图为界相向排列，第一排西侧为九身男性供养人和现存的三身比丘，东侧方形区域内绘十三身比丘，此部分内容相对完整。第二排最西侧绘药叉一身，其相邻位置现存五身男性供养人形象，穿道东侧说法图正下方绘药叉一身，已漫漶。药叉相邻位置为五身比丘和八身供养人形象，这一部分壁面较漫漶，最东侧一身供养人似为女性。

图2-67　第301窟主室北壁下段

南壁布局与北壁一致，同样自上而下分别绘十一排千佛、一铺说法图、男性供养人十七身、女性供养人十二身、供养比丘一身和药叉三身（见图2-68）。可以看到，北壁和南壁上述内容完全按照对称方式绘制，如两壁的药叉，均有一身出现在西侧方形区域内，其余药叉则绘制在说法图正下方，而且每身药叉动作呈明显托举状，以契合其所在的壁面位置，只是北壁和南壁包括药叉在内的图像均未见乐舞内容，因此不再详述。

图 2-68　第 301 窟主室南壁下段

七　主室东壁

主室东壁壁画布局除下段未绘药叉外，其余内容与北壁、南壁接近。最上段绘十一排千佛，北壁和南壁绘说法图的位置开主室窟门。下段窟门北侧壁面上层绘比丘两身，男性供养人存七身，南侧绘女性供养人三身、供养牛车一架、侍从两身；下层北侧存男性供养人七身，南侧绘女性供养人三身、鞍马一匹（见图2-69）。从整体上看，这一部分内容以窟门为界排列，使之与北壁、南壁说法图东侧下段的供养人相互接续，这与窟顶下段自西披经北披、南披延续至东披的飞天和天宫栏墙的排列一致。

图 2-69　第 301 窟主室东壁下段

通过以上梳理可以发现，东壁依然无乐舞相关图像出现，但之所以在此处提及，主要是因为第四期其他洞窟中所绘类似供养性质的图像中是有乐舞出现的，而且同样绘制了供养车具等图像，如第 297 窟。该窟主室西壁佛龛下方壁画分为两排，上排中部为发愿文，现已无法辨认，发愿文两侧绘供养人。下排由北至南依次绘侍从、马匹、乐舞组合、牛车及侍从等图像，其中乐舞组合为两身起舞、三身持乐器伴奏的形式，五身皆着窄袖、圆领的土红色袴褶，这是第三期、第四期洞窟中供养人常见的服饰，为北朝时期文武官员、庶民百姓的常服，[1]其余发式、衣饰细节因壁面漫漶无法确认。两身舞者立于树下，双手高举于头部，扭腰送胯，呈起舞之姿。三身乐人同样立于树下，分别持笙、曲项琵琶和竖箜篌演奏，乐器仅能分辨基本轮廓（见图 2-70）。据此，与前述第 275 窟北壁演奏乐器的供养人一致，该乐舞组合应属于具供养性质的世俗乐舞组合。

图 2-70　第 297 窟主室西壁佛龛下方

综上所述，第 301 窟所绘早期乐舞图像主要包括主室龛壁、西披、北披所绘的飞天乐伎，共计十一身，飞天乐伎所演奏乐器十一件，具体分类如下：

弹拨乐器：阮咸一、竖箜篌二、曲项琵琶二、直颈琵琶一；

吹奏乐器：笙二、横笛一、筚篥一、排箫一。

此外，龛楣内绘有三身化生，尽管此处化生未持乐器演奏，但按本书之前结合经文的分析，化生本身就包含乐舞从莲花中自然产生的含义，因此即便壁画所见的化生未奏乐或起舞，也不能完全割断其与乐舞之间的联系。

以本窟为例，第四期洞窟所绘乐舞图像具有的特征包括以下几种。首先，主室四壁上段或四披下段的飞天乐伎开始逐渐替代前三期相同位置的天宫乐伎。当然本期中也有绘天宫乐伎的洞窟，而且天宫栏墙并未伴随飞天乐伎的出现而消失，只是结构开始简化，但这种趋势已经在第四期洞窟中形成并将在之后的洞窟中完全成熟并定型。其次，前期洞窟龛壁内飞天乐伎所奏乐器同类异器的对比

1　参见段文杰撰"袴褶"词条完整解释，季羡林主编《敦煌学大辞典》，第 216 页。

式排列在本期中开始减少，本期龛壁内相同位置多绘持供养物的飞天，或者如本窟，飞天乐伎所持乐器并不具备形制上的对比关系。当然，这种对比式排列也并未完全消失，只是转而出现在如四壁上段或四披下段位置，而且部分洞窟中出现了重复的乐器排列方式，如第 296 窟和第 299 窟。此外，在第 290 窟直接出现了乐器重复绘制的现象，如主室东壁上段连续绘制飞天乐伎演奏笙、筝、竖箜篌、直颈琵琶和曲项琵琶等乐器，这些似乎说明第四期乐舞图像的绘制中包含了模式化的成分。最后，本期洞窟中依然绘有与前期洞窟相同的乐舞图像，如龛楣上的化生伎乐、四壁下段的药叉伎乐，尽管这一部分在第 301 窟中不甚明显，但在第 290、294、296、299、428 和 430 窟中依然有绘制，这是本期洞窟对前期乐舞图像继承的主要表现。

小　结

本章以敦煌石窟早期洞窟乐舞图像为主要内容，依据《敦煌莫高窟北朝洞窟的分期》划分的四个时期，每期选择莫高窟一至两个洞窟作为个案进行研究，选择标准遵循每期具代表性风格的洞窟、现存乐舞图像内容较丰富的洞窟以及乐舞图像容易辨识的洞窟等原则。据此，第一期选择莫高窟第 272 窟和第 275 窟，第二期选择第 257 窟，第三期为第 249 窟，第四期为第 301 窟。通过对以上洞窟乐舞图像的系统梳理和讨论，基本形成了关于敦煌石窟早期洞窟乐舞图像的研究结论，以下将通过乐伎、乐器、乐舞图像总体特征等几个方面做简要陈述。

首先，以总体洞窟数量来看，莫高窟早期洞窟中出现乐舞图像的洞窟共计28 个，分别为第一期 2 个，第二期 6 个，第三期 7 个，第四期 13 个，约占早期洞窟总数的 78%，具体洞窟编号参见前文，可见乐舞图像在整个早期洞窟营建特别是壁画绘制中占一定比重，可以说乐舞图像是壁画绘制中较为主要的内容。单个洞窟中出现乐舞图像的数量同样较多，从分类来看，早期乐舞图像主要包括天宫伎乐、飞天伎乐、化生伎乐、药叉伎乐、菩萨伎乐和世俗伎乐等，其中数量最多的为天宫伎乐和飞天伎乐，基本占一个洞窟乐舞图像数量的一半以上。与之相应，乐伎、舞伎和乐器的数量同样较多，如第249窟中绘有天宫乐伎二十二身，第301窟中绘有飞天乐伎十一身，第257窟中绘有药叉乐伎九身，第275窟中绘有菩萨乐伎十二身、世俗乐伎八身。舞伎在早期洞窟中以天宫舞伎为主，如在第249窟中就出现了二十一身，在第272窟中还出现了一部分远关系类舞蹈图像，如飞天和供养菩萨，这在前文中已有详细讨论。此外，早期洞窟中还绘有具特殊性质的乐舞图像，尽管数量不多，但值得持续和深入研究，如牢度跋提图像、雷公击鼓图像以及影塑的飞天乐伎。

其次，各期乐舞图像出现在洞窟内的位置基本是固定的，如天宫乐伎或舞伎一般出现在洞窟窟顶四披下段或四壁上段，化生乐伎通常被绘于龛楣，药叉乐伎、世俗乐伎多出现在四壁下段。飞天乐伎出现位置则较为多样，第二期和第三期主要出现在龛壁上部，以二至四身居多。自第三期开始，飞天乐伎开始逐渐替代天宫乐伎或舞伎，因此在龛壁上部、窟顶四披下段和四壁上段均有绘入，这在第301窟中体现得较为明显。菩萨乐伎由于不是早期洞窟中主要的乐舞图像，因此在洞窟中的出现较为零散，本书仅对第275窟南壁中段四门出游佛传故事中出现的菩萨乐伎进行了研究。

再次，早期洞窟中出现的乐器图像基本以乐伎演奏的形式出现，未见不鼓自鸣形式的乐器图像，说明早期洞窟营建还未引入佛教经典中"不鼓自鸣"的概念。乐器图像的分类主要包括弹拨、吹奏和打击乐器，这与敦煌石窟乐器图像的总体分类是一致的。如果将三类乐器数量进行对比，可以发现吹奏乐器在一个洞窟中的数量是最多的，弹拨乐器次之，打击乐器数量最少，这与之后侧重打击乐器的特征不同。究其原因，一方面可能与乐器的流行程度和壁画绘制时对乐器的选择有关；另一方面，也就是笔者反复提到的，早期洞窟中的乐伎具有相互独立的特点，而且乐伎排列以具有展示意味的横向单排方式居多，因此无法以乐队编制的形式去考察乐器间具有的声部关系。也就是说，早期洞窟中的乐伎并不是以乐队演奏形式绘制的，因此即便现实音乐有类似早期以后侧重打击乐器的特征也不一定能够反映在壁画上。

　　早期洞窟中出现的乐器基本是敦煌石窟和古代乐器史中常见的乐器，尽管早期洞窟的营建如窟形、壁画题材、绘制风格均受到西域风格的一定影响，但单纯从乐器上似乎看不出这种趋势。因为根据笔者之前以及本书对乐器的考证就能够发现，早期洞窟中出现的非本土乐器，典型的如琵琶、竖箜篌、筚篥等乐器传入中国的时间要远早于早期石窟的时间上限，而且本土乐器如阮咸、笙也在早期洞窟中出现，同时这些乐器均能在典籍中找到对应的记载。这些说明早期洞窟中的乐器图像与中原的关系更加紧密，因此，早期洞窟乐舞图像与中原现实乐舞之间的互动是一个值得关注的问题。此外，早期洞窟中还出现了部分之后洞窟中逐渐消失的乐器，如担鼓和齐鼓，本书对其也进行了相关考证。

　　最后，如果横向串联四个时期乐舞图像的主要特征可以发现，第一期洞窟中的乐舞图像作为敦煌乐舞最早的内容，应该是西域因素和中原文化共同作用的结果。以最具代表性的天宫伎乐而言，首先其所在的圆拱形宫门和凹凸式天宫栏墙是印度、巴基斯坦古老的建筑形式，而且天宫伎乐也出现在巴米扬和龟兹石窟壁画中。此外天宫伎乐又与盛行于犍陀罗、巴米扬、龟兹、于阗的弥勒信仰有着紧密联系，[1] 这些都证明早期的乐舞图像深受西来风格的影响，而天宫乐伎所奏乐器图像大多来自中原，这又使乐舞图像具有传统文化的特征。因此早期乐舞图像更像是起自西域文化基底之上中原乐舞的展现，而且这种西域的底色在之后的发展中会逐渐褪色并被替代。另外就乐舞图像的形式而言，初创阶段的石窟乐舞图像在第一期中并未固定下来，这恰恰也是其具有旺盛生命力的体现。至第二期，乐舞图像在类型上与第一期具有较大差异，可以说，真正贯穿早期洞窟的乐舞图像如天宫伎乐、飞天伎乐、化生伎乐和药叉伎乐是从第二期逐渐成形并趋于模式化的，这与第一期、第二期石窟营建史有密切关系。此外，乐舞图像中原和西域文化融合的特征在第二期中被保持了下来。第三期依然延续了第二期乐舞图像的基本特征，如乐舞类型、绘制位置等，与此同时，伴随以东阳王元荣为代表的中原文化的进入，乐舞图像具有的汉式特征也更加明显，而天宫乐

---

[1]　参见《莫高窟第 266—275 窟考古报告》第 1 册，第 249—253 页。

伎向飞天乐伎渐次转变的萌芽也源自第三期。第四期的时代主体北周作为上接西魏下启隋代的阶段，其乐舞图像以继承第三期为主要特征，因此其模式化的程度更甚，飞天乐伎开始更多地替代天宫乐伎，但天宫栏墙未完全消失，只是在形制上有了一定的改变，而且飞天乐伎与天宫栏墙的组合被一直延续至隋代洞窟。

第三章　隋代的敦煌乐舞

本章以莫高窟隋代洞窟乐舞图像为研究内容，因此首先需要对莫高窟隋代洞窟的调查和分期做一概述。关于莫高窟隋代洞窟的分期和断代研究，迄今最为全面、系统的成果是樊锦诗、关友惠、刘玉权的《莫高窟隋代石窟分期》，其中划定的莫高窟隋代洞窟共计101个，但考虑到有21个洞窟因后代改建或残破太甚而面目不清，因此分期工作主要是针对剩余80个洞窟进行的。通过对洞窟窟形、塑像、壁画和图案纹样的对比分析，将上述80个洞窟分为三期，具体如下。

第一期，共计7个洞窟，包括第250、266、304、309、305、302、303窟，时代大致相当于隋灭陈以前的这段时期，其下限应为开皇九年（589）或略晚。如果结合莫高窟早期洞窟第四期的下限开皇四年，[1] 可以推出第一期洞窟的时限应在开皇四年至九年。

1　参见樊锦诗、马世长、关友惠《敦煌莫高窟北朝洞窟的分期》，《中国石窟·敦煌莫高窟》第1卷，第197页。

第二期，共计 34 个洞窟，[1] 包括第 436、433、425、423、422、419、418、417、416、404、402、253、262、434、421、414、413、412、411、410、407、406、405、403、315、293、295、312、274、429、420、427、292 窟。时代大致应在开皇九年至大业九年（613）。

第三期，共计 39 个洞窟，包括第 391、255、278、314、58、59、63、64、276、277、283、284、400、399、398、397、396、394、392、390、389、388、379、317、318、395、362、56、401、383、279、244、280、281、282、313、393、429、298 窟。时代大致在大业九年以后至唐初武德年间。[2]

另外，《莫高窟隋代石窟分期》又以窟形如窟内开龛数量、是否有中心柱等为标准对以上三期洞窟做了进一步划分，此处不再重复。需要明确的是，以上划分采取的方式是先根据大致特征和崖面关系划定出早期与唐代之间的洞窟，再以现存有明确纪年的洞窟确定出第一期和第三期的标准窟及断代，如第 302 窟发愿文中的"开皇四年六月十一日"，第 305 窟发愿文中的"开皇五年正月"，第 390 窟"幽州总管府长史"的题名以及第 282 窟发愿文中的"大业（九）年七月十一日造讫"，[3] 并以相似特征归类出第一期和第三期的洞窟，最后将剩余的洞窟划入作为第一期下限和第三期上限之间的第二期。

关于莫高窟隋代洞窟中的乐舞图像，先后有庄壮、牛龙菲和郑汝中进行过调查和统计（见表 3-1）。其中庄壮的《敦煌石窟音乐》统计有乐舞图像的隋代洞窟数为 30 个，并对每个洞窟中的乐舞做了简要描述；[4] 牛龙菲在《敦煌壁画乐史资料总录与研究》中统计的洞窟数量为 39 个，而且详细梳理了各窟中乐舞图像的内容；[5] 郑汝中在《敦煌壁画乐舞研究》中以表格形式列出了绘有乐舞图像的隋代洞窟 52 个。[6]

1　经核对，在具体洞窟梳理部分，实际数量是 33 个。

2　参见樊锦诗、关友惠、刘玉权《莫高窟隋代石窟分期》，《中国石窟·敦煌莫高窟》第 2 卷，文物出版社，1984，第 171—186 页。经核对，《莫高窟隋代石窟分期》中第 429 窟在第二期和第三期洞窟中均出现，但未交待原因，此处予以保留。

3　参见敦煌研究院编《敦煌莫高窟供养人题记》，文物出版社，1986，第 125、127、114、149 页。

4　参见庄壮《敦煌石窟音乐》，第 70—72 页。

5　参见牛龙菲《敦煌壁画乐史资料总录与研究》，第 35—52 页。

6　参见郑汝中《敦煌壁画乐舞研究》，第 212—215 页。

表 3-1　莫高窟隋代洞窟乐舞图像统计对比

著作名称	洞窟数量	洞窟编号
《敦煌石窟音乐》	30 个	第 244、262、266、276、277、278、279、302、303、304、305、313、314、315、379、390、394、396、397、398、401、404、407、417、421、423、425、427、429、433 窟
《敦煌壁画乐史资料总录与研究》	39 个	第 56、62、64、262、266、276、277、278、279、292、302、303、304、313、314、375、379、380、389、390、392、394、396、397、398、401、402、404、407、412、416、417、418、420、421、423、425、427、433 窟
《敦煌壁画乐舞研究》	52 个	第 56、62、64、243、244、262、266、276、277、278、279、280、282、292、302、303、304、305、307、311、313、314、315、379、380、383、389、390、392、394、396、397、398、400、401、402、404、405、406、407、412、413、416、417、418、419、420、421、423、425、427、433 窟

　　笔者以《莫高窟隋代石窟分期》和《敦煌石窟内容总录》中划定的隋代洞窟为基础，结合上述著作的统计结果，对绘有乐舞图像的隋代洞窟重新进行了调查，主要是增补了个别之前调查时未被统计的隋代洞窟，如第 436 窟，同时剔除了部分未见乐舞图像或仅有后代重修时绘入乐舞图像的洞窟，如第 307、315、405、406、412、413 窟，最终统计的莫高窟隋代洞窟共计 46 个，具体包括第 56、62、64、244、262、266、276、277、278、279、280、282、292、302、303、304、305、311、313、314、379、380、383、389、390、392、394、396、397、398、400、401、402、404、407、416、417、418、419、420、421、423、425、427、433 和 436 窟。另外需要说明的是，在西千佛洞、榆林窟等其他敦煌石窟中未见到确定的隋代所绘乐舞图像。

　　如果以前述莫高窟隋代洞窟有 101 个的总量来衡量，其中接近一半的洞窟中绘有乐舞图像，说明隋代洞窟中乐舞图像依然较为丰富。总体来看，隋代洞窟基本延续了早期洞窟乐舞图像的内容，如飞天伎乐、化生伎乐、世俗伎乐等，其中飞天伎乐数量极大，而且尽管隋代洞窟中已出现各类经变画，如药师经变、阿弥陀经变等，但敦煌乐舞最典型和主要的经变画乐舞组合在隋代洞窟中并未出现，即便隋代宫廷乐舞已颇具规模和成熟度。目前学界对隋代洞窟乐舞图像的研究，大多只是在研究乐伎、乐器、舞伎的过程中提及隋代洞窟中的部分乐舞，未进行过系统、深入的研究。鉴于此，本章选择有准确纪年的第一期第302窟和能够通过窟内题名考证出具体营建时间的第三期第390窟进行研究，以尽可能反映隋代洞窟所绘乐舞图像的基本特征，与早期、唐代洞窟乐舞图像间的异同以及与隋代现实乐舞间的联系。

第一节　莫高窟第302窟中的乐舞图像

按《莫高窟隋代石窟分期》的考证和梳理，莫高窟隋代第一期洞窟共计七个，包括第250、266、304、309、305、302、303窟，时限从开皇四年至开皇九年。以上洞窟除第250窟与前述早期第249窟毗邻、第266窟与早期第268窟毗邻外，其余洞窟均在南区中段第二层的崖面上南北次第排列（见图3-1）。第一期洞窟主室窟形与早期洞窟有一定差别，主要包括覆斗形顶和前部人字披、后部平棋顶的中心塔柱式，其中覆斗形顶的洞窟有西壁开一龛的洞窟和西、南、北壁均开龛的洞窟，这在《莫高窟隋代石窟分期》中被分别为一龛窟和三龛窟。第一期洞窟中的塑像大多被后代重修，现存仅有少部分原作，其造型特征与早期洞窟第四期即北周时期塑像接近。壁画同样与早期洞窟自上而下三段式的布局类似，只是故事画被上移至窟顶四披。[1] 就洞窟内隋代所绘乐舞图像而言，其内容、位置也与早期洞窟相差无几，除少量零散图像外，基本是以位于窟顶四壁下段或四壁上段的飞天伎乐为主，本节接下来讨论的第302窟即如此。

第302窟由前室、甬道和主室组成，其中前室、甬道现存壁画均为宋代重修时绘入。主室形制为前部人字披，后部平棋顶，窟内有须弥山形中心柱。中心柱上部为七级倒塔，下部作方形两层台座，台座上层四面各开一龛，窟内西、南、北壁各开一龛（见图3-2）。中心柱和三壁龛内均塑佛、弟子、菩萨的组合，部分有残损。

1　参见樊锦诗、关友惠、刘玉权《莫高窟隋代石窟分期》，《中国石窟·敦煌莫高窟》第2卷，第172—174页。

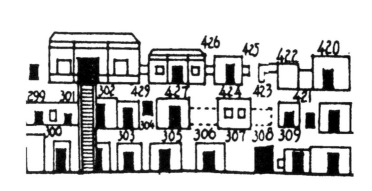

图 3-1 隋代第一期洞窟崖面位置示意图

资料来源：季羡林主编《敦煌学大辞典》，附录《莫高窟石窟位置图》。

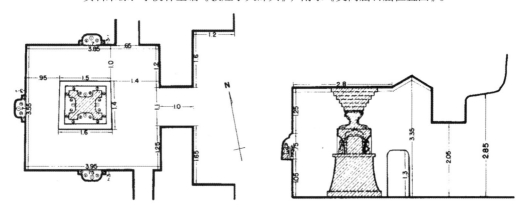

图 3-2 第 302 窟平面及剖面图

资料来源：《莫高窟形》（二），图版 77。

一 主室中心柱及窟顶

第 302 窟中心柱四面均开有圆券形龛，龛上均有浮塑的龛楣、龛梁及龛柱，其造型与早期洞窟相类。通常在龛壁内绘入的飞天乐伎未在窟中呈现，而且龛内外也未见其他隋代乐舞图像。之所以在此处提及中心柱，主要是因为北向面墨书发愿文中出现了明确的隋代纪年，这对于我们进一步考察隋代乐舞图像与现实乐舞间的关系具有至关重要的作用。按《敦煌莫高窟供养人题记》中的辨识和记

录，该纪年出自主室中心柱北向面下部座身底层中央墨书发愿文中（见图 3-3），
此处发愿文有表里两层，表层录文如下：

　　　　……供……□（中）□（窟）

　　　　……内心……□（造）□（窟）

　　　　□□（割）□□（财）□（敬）……一躯及诸……

　　　　萨圣□（僧）……□（愿）□□□（及）□（所）□（生）□（父）

　　　　母亲知识含生之类普登正觉

　　　　开皇四年六月十一日[1]

　　《莫高窟隋代石窟分期》一文认为发愿文落款的开皇四年（584）就是第 302 窟
的开凿时间。[2] 按现存发愿文内容，其中有疑似"造窟"的字样，所以该观点应该
是可信的，开皇四年又是现存隋代洞窟中最早出现的纪年，因此本书以开皇四年作
为时间节点，以此前后的中原现实乐舞记载作为研究的文本依据。

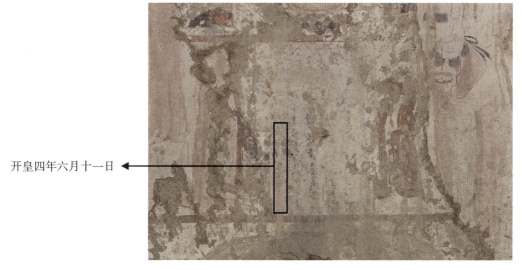

开皇四年六月十一日 ←

图 3-3　第 302 窟主室中心柱北向面下部座身底层中央墨书发愿文

---

1 《敦煌莫高窟供养人题记》，第 125 页。

2 《莫高窟隋代石窟分期》中将此处纪年录为"开皇四年六月六日"。参见樊锦诗、关友惠、刘玉权《莫高窟
隋代石窟分期》，《中国石窟·敦煌莫高窟》第 2 卷，第 181 页。

第 302 窟主室窟顶前部人字披东披上段绘尸毗王本生故事画、毗楞竭梨王本生故事画等，下段绘睒子本生故事画。西披上段绘萨埵太子本生故事画，下段绘福田经变（见图 3-4）。

图 3-4　第 302 窟主室窟顶西披

福田经变为横幅式构图，由北至南依次绘制"伐木""建塔""筑堂阁""设园池""施医药""置船桥""作井""建精舍"等内容，其中最南侧位置的画面中出现一组乐舞图像。史苇湘认为该画面表现的正是福田经变所依据西晋法立、法炬译《佛说诸德福田经》中"建精舍"的情节，并且将经变画中的此内容称为"道旁小精舍"[1]或"道傍精舍"[2]。殷光明《敦煌石窟全集·报恩经画卷》"福田经变"章节称为"道旁精舍"，[3]大同小异。

画面主体部分为一座平顶方形帐，帐外栏杆环绕，两侧绘树木。帐内绘有四身世俗形象，正中为一身男性，着深褐色圆领袍衫，跪坐于方形茵褥之上，左手持杯呈饮用状。其左侧绘一身跪坐的女性乐伎，上穿短襦，下着腰裙，根据演奏姿态看，似在吹奏横笛。跪坐男性右侧身后，绘两身女性乐伎，乐伎均着短襦和腰裙，其中一身持拨拨奏琵琶，另一身持竖箜篌演奏。琵琶仅见音箱部分，竖箜篌则能辨识共鸣箱和横肘。在帐正前方栏杆外侧，另绘有一身同样着深褐色圆领袍衫的男性形象，其双手似持壶作侍奉姿态（见图 3-5）。从整体来看，该画面表现的应该是宴饮娱乐的世俗生活场景。

1　参见史苇湘《敦煌莫高窟中的〈福田经变〉壁画》，《文物》1980 年第 9 期，第 45 页。

2　参见史苇湘撰"道傍精舍"词条完整解释，季羡林主编《敦煌学大辞典》，第 105 页。

3　参见殷光明《敦煌石窟全集·报恩经画卷》，香港：商务印书馆，2001，第 94 页。

图 3-5　第 302 窟主室窟顶西披下段福田经变中的乐舞图像

此画面对应的佛经情节是一个名听聪的比丘，述说其前世为波罗奈国长者子，曾因在路边修建精舍接待僧众的食宿而得果报。以下来看《佛说诸德福田经》的记载：

> 于时座中有一比丘，名曰听聪，闻法欣悦，即从坐起，为佛作礼，长跪叉手，白世尊曰："佛教真谛，洪润无量。所以者何？我念宿命无数世时，生波罗奈国，为长者子。于大道边，作小精舍，床、卧、浆、粮，供给众僧，行路顿乏，亦得止息。缘此功德，命终生天，为天帝释，下生世间，为转轮圣王，各三十六反，典领天、人，足下生毛，蹑虚而游，九十一劫，食福自然。今值世尊，顾临众生，矖我愚浊，安以净慧，生死栽枯，号曰真人，福报诚谛，其为然矣。"[1]

可见，经文所述与画面内容大致能够对应，只是经文中并无乐舞的任何描述，即便通读全部经文同样如此。因此，经变画中所绘女性乐伎奏乐的画面只能如前文所述理解为对世俗生活场景的指代。当然，此类从文字到图像的"转换"在敦煌经变画中较为普遍，此在本书第一章已有论说。但就此处所述而言，仅

---

1 《大正新修大藏经》第 16 册，第 777 页。

以"指代"二字概括似乎过于草率，其中还涉及一些细节问题需要简单交代。前引史文和殷文都无一例外地将画面识读为"饮酒、奏乐及持奉酒浆"，[1]通过画面来看，经变画所绘也的确如此，至少女性乐伎演奏乐器是非常明确的。但这与经文记载有出入："作小精舍，床、卧、浆、粮，供给众僧，行路顿乏，亦得止息。"即长者子建精舍仅仅是为了避免僧人风餐露宿而提供基本的生活需求，而不是为了娱乐。况且，饮酒、歌舞本就是佛教戒律明令禁止的。如唐玄奘译《阿毗达磨俱舍论》卷一四《分别业品第四》载：

> 论曰：应知此中如数次第，依四远离立四律仪。谓受离五所应远离，安立第一近事律仪。何等名为五所应离？一者杀生，二不与取，三欲邪行，四虚诳语，五饮诸酒。若受离八所应远离，安立第二近住律仪。何等名为八所应离？一者杀生，二不与取，三非梵行，四虚诳语，五饮诸酒，六涂饰香鬘舞歌观听，七眠坐高广严丽床座，八食非时食。若受离十所应远离，安立第三勤策律仪。何等名为十所应离？谓于前八涂饰香鬘舞歌观听开为二种，复加受畜金银等宝以为第十。若受离一切应离身语业，安立第四苾刍律仪。[2]

可见，不论是佛教的"五所应离""八所应离"还是"十所应离"，即戒律中的"五戒"、"八戒"和"十戒"都将禁止饮酒和歌舞视为律仪。值得注意的是，此处所谓歌舞在上引经文中表述为"舞歌观听"，意指世俗歌舞。也就是说，佛教并不是禁止一切乐舞，其中包含佛教语境下对不同性质乐舞的区分，可以将其大致分为三类——佛国世界中的乐舞、佛教仪轨中的乐舞和佛教以外的世俗乐舞。以上乐舞在佛教中的内涵、功能和相互关系较为复杂，笔者将另辟专文讨论。但就此处所述而言，佛教戒律禁止的正是第三类。既然如此，为何世俗乐舞被绘制在了经变画中？其中的原因很可能是此处所绘乐舞并不是为了直接表现乐

---

1 参见史苇湘《敦煌莫高窟中的〈福田经变〉壁画》，《文物》1980年第9期，第45页；殷光明《敦煌石窟全集·报恩经画卷》，第94页。

2 《大正新修大藏经》第29册，第72—73页。

舞，因为经文中并无记载，乐舞只是作为现实生活场景的符号出现。也就是说，在从经文到图像的"转换"过程中突出了"变"，把经文中较为抽象的"床、卧、浆、粮"改换为辨识度更高、更容易理解的饮酒奏乐。此现象同样出现在敦煌现存的另一铺福田经变中，即早期洞窟第四期北周第296窟中。

第296窟的福田经变绘于主室窟顶北披东侧，由上下两段画面组成，每一段均为横幅式构图，分别绘"立佛图、画堂阁""植果园、施清凉""施医药""旷路作井""架设桥梁""建精舍"等内容。[1]其中乐舞场景同样出现在经变画下段的"建精舍"画面中。较之第302窟，此处的画面有些许不同，如主体建筑为庑殿顶式的二层楼，楼后以院墙围挡，楼内共绘有三身着圆领袍衫的男性形象，其中两人同向跪坐，其中一人呈饮用状，与之相对而坐的一身持直颈琵琶作弹奏之姿（见图3-6）。可见，该画面同样是通过宴饮奏乐来表现经文中修建精舍供众僧休息的内容。正因如此，上述两铺福田经变乐舞图像就本体而言，只是一种经变画绘制的手法，并不具备与现实音乐对应考证的条件。即便有，也仅限于证明经变画所绘琵琶、竖箜篌、横笛等乐器在当时的存在以及这些乐器在现实生活中组合演奏的可能性。

图3-6　第296窟主室窟顶北披东侧福田经变中的乐舞图像

1　参见史苇湘《敦煌莫高窟中的〈福田经变〉壁画》，《文物》1980年第9期，第44页。

　　窟顶后部平棋顶部分壁面已崩毁，现存隋代所绘说法图一铺、平棋图案一方，西夏绘平棋式说法图四方，其中一方仅余部分。其中东侧所绘隋代说法图右侧大部分已不存，画面左侧所绘四身菩萨下方即说法图与中心柱倒塔顶相接位置绘有飞天乐伎一身。该乐伎上身祖露，冠式、发式均不明，肩搭帔巾，下半身所在壁面崩毁，横抱琵琶，左手于琴颈处按弦，右手持拨呈拨奏状。琵琶为直颈，音箱外观为梨形，其余细节不明（见图 3-7）。以敦煌壁画通常的对称原则推断，该说法图右侧应同样绘有飞天乐伎，但由于壁面不存，目前仅见一身。关于飞天乐伎的考证，笔者在《唐代莫高窟壁画音乐图像研究》中已有涉及。[1] 作为敦煌壁画中特殊的一类飞天形象，其以演奏乐器为主要表现形式，这是飞天乐伎与其他飞天最明显的区别，因此飞天乐伎的功能就可以被细化为通过身形、姿态以及所奏的佛国妙音来达到洞窟装饰、氛围营造和音乐供养的目的。

图 3-7　第 302 窟主室窟顶东侧说法图

1　参见朱晓峰《唐代莫高窟壁画音乐图像研究》，第 32—35 页。

图 3-8　第 302 窟主室西壁上段

二　主室西壁

　　主室西壁壁画为自上而下三段式布局，上段为飞天与天宫栏墙，中段绘十三排千佛并开双层龛，内层为圆券形龛，塑一佛二弟子，外层为敞口龛，塑二菩萨，下段为八身比丘尼。其中上段天宫栏墙与中段千佛之间以垂幔作为间隔，最下段表层为宋代所绘比丘尼，底层仅露出部分隋代壁画，而且已残缺不全，因此中段与下段间未见间隔。该布局方式与前述北周时期洞窟基本一致，只是此处为千佛与双层龛，北周时期则多绘说法图。具体而言，西壁最上段绘飞天一排，共计十身，南、北各五身沿中间所绘莲花对称布局，南侧五身身体朝向南侧，北侧五身身体朝向北侧。飞天部分束发髻，部分戴有缯带的头冠，皆袒露上身，下身着腰部翻折下垂的裙装，佩戴项圈、腕钏，手持绳带、莲花或花盘，未见演奏乐器的飞天乐伎。飞天下方的天宫栏墙为凹凸方形花砖凭台，凭台凹面、凸面及侧面均绘有卷丝团花、莲花、忍冬等纹样（见图 3-8）。自北周开始，凭台上就开始出现各种纹样，至隋代纹样类型逐渐丰富，部分洞窟的凭台上方还绘有栏杆，因此这一部分被关友惠专称为"平［凭］台栏墙纹"，[1] 如本窟主室西壁上段由南至北第五方凹面上甚至出现了通常绘于藻井处的"三兔共耳"纹样。

1　参见关友惠《敦煌石窟全集·图案卷（上）》，第 225—235 页。

三 主室北壁

主室北壁壁画为上、中、下三段式布局。上段绘飞天、飞天乐伎及天宫栏墙，按主室前部人字披、后部平棋顶的走势前后排列，上段与中段间以垂幔作为间隔。中段绘十三排千佛，千佛内中部开内圆券形、外敞口的双层龛，内层塑一佛二弟子，外层塑二菩萨，弟子和菩萨的头部均已缺失。东侧绘释迦、多宝佛一铺，[1]因修复穿道现壁面仅存两身胁侍菩萨及飞天，西侧绘一佛二菩萨组合的说法图一铺。中段与下段间同样未见边饰间隔，下段为宋代所绘比丘尼及女性供养人九身，局部可见隋代残存壁画。

上段绘飞天和飞天乐伎共计十二身，其装束以及天宫栏墙形制与西壁一致，此处不再赘述。其中飞天乐伎为八身，分别为由西至东第一、二、三、四、六、七、八、十身，其余四身未持乐器，姿态多呈双臂张开的飞翔姿态，故按飞天进行统计。第一、二、六、七、八、十身飞天乐伎演奏乐器依次为铜钹、横笛、筝、琵琶、竖箜篌、竖吹管乐器（见图3-9）。这一部分乐器绘制较为清晰，而且其外观、形制以及飞天演奏姿态等在前文中多有描述，故不再重复，此处需要重点讨论第三身和第四身乐伎所奏乐器。

第三身乐伎双手各持一物，由于其与通常飞天所持的莲花、花盘、绳带等供养物有异，因此推测其为乐器，这样第三身就应该是飞天乐伎。来看所持物的具体外观，乐伎左手所持为一板状物，左手位于板体中部，板体一端位于乐伎腰部

---

1 参见《敦煌石窟内容总录》，第 111 页。

图 3-9　第 302 窟主室北壁上段

位置，乐伎以腰部、左臂及左手承接此物。该板状物外观呈窄长的方形，略有厚度，应为木质，朝上的一面较为光滑，似绘有花纹。板体另一端表面绘有两处月牙形的凹坑，但壁画局部有漫漶，具体不明。总体来看，此物外观与筝类似，但板体未见任何类似琴弦的装置，而且乐伎所持动作也与筝的演奏方式完全不同，以乐伎姿态判断，其左手也只能是固定而无法完成其他诸如演奏的动作。乐伎的右手则持握一锤状物，该物通体黑色，上部呈球形，下接一手柄。其外观与通常壁画所见的鼗鼓类似，但壁面上未见用于击打鼓面发声的小型球体，而且若是鼗鼓，其形制应为一柄叠一鼓。以乐伎右臂的姿态判断，既有可能是在做拨奏的动作，也有可能是在做敲击的动作（见图 3-10）。

关于对该乐伎所持物的认识，目前仅牛龙菲在《敦煌壁画乐史资料总录与研究》中有提及，庄壮《敦煌石窟音乐》、郑汝中《敦煌壁画乐舞研究》等著作中均未见相关文字。牛著将该乐伎右手所持物辨识为鼗鼓，未对左手的板状物做任何说明，只是在备注中说明此处鼗鼓未与鸡娄鼓一起兼奏。[1]看来，其在调查过程中是将乐伎左手所持物忽略了，因此直接将右手所持物认作鼗鼓。当然，认作鼗鼓有其合理性，因为其外观的确与鼗鼓非常近似，而且如果在辨识过程中不考虑乐伎左手所持的板状物，那么其右手所持就是鼗鼓，这应该是大多数人做出的判断，但问题的关键在于乐伎左手还持有一物，因此就不得不面对乐伎是否有兼奏的可能以及两物之间的关系问题。

1　参见牛龙菲《敦煌壁画乐史资料总录与研究》，第 39 页。

图 3-10　第 302 窟主室北壁上段第三身飞天乐伎

假设乐伎右手所持为一柄叠一鼓形制的鼗鼓，那就意味着该乐伎是兼奏鼗鼓和某种乐器。此类兼奏形式大致有三种，如鼗鼓与鸡娄鼓兼奏，这是敦煌唐代乐舞图像中常见的兼奏形式，此外在汉画像石中，能够见到如鼗鼓与排箫、鼗鼓与小鼓兼奏的形式（见图 3-11）。但乐伎左手所持器物显然不是以上这三种乐器，而且以上三种乐器均能单手演奏，如一手拨奏鼗鼓，另一手拍击置于臂弯、腋下或地面上的鼓，或一手拨奏鼗鼓，另一手持排箫吹奏。反观壁画中的乐伎，如前文所言，其左手也只能持握板状物，却无法单手演奏。退一步讲，即便能够演奏，该物也只有可能是某种摇响器才能实现单手演奏，但从外观看，其与现存的任何摇响器都有显著的差异。如果乐伎右手所持不是鼗鼓，那只有可能是某种类似鼓槌的敲击器，这样一来，乐伎就不是兼奏，而是以右手的敲击器击打左手所持板状物发声，但截至目前，依然没有现存的任何打击乐器与之相类。鉴于以上原因，本书只能对北壁上段第三身飞天乐伎所持器物存疑，期待以后能够出现新的证据或材料来进一步辨别此器。

图 3-11　河南南阳王庄击鼓吹箫画像石和河南南阳阮堂东汉墓出土画像石

资料来源：《中国音乐文物大系·河南卷》，大象出版社，1996，第 169、172 页。

第四身乐伎左臂下垂，左手持一盘状乐器，右臂下垂并向一侧打开，五指微张，呈拍击状。该乐器除外观盘状、通体黑色外，无其他明显的细部特征（见图 3-12）。与此相类的乐器在莫高窟盛唐第 172 窟东壁门上经变画、榆林窟五代第 19 窟南壁东侧天请问经变、榆林窟五代第 34 窟南壁东侧药师经变画中均有绘制，以菩萨乐伎手持演奏的形式出现（见图 3-13）。而且笔者也已在《唐代莫高窟壁画音乐图像研究》中进行过考证，[1]确定该乐器就是隋代"七部乐"中《文康伎》即《礼毕伎》中使用的桨鞞，也就是以单手持握并以另一手敲击演奏的鼓。只是本窟中的桨鞞是以手击之，而上述其他壁画中的桨鞞则是以鼓杖击之。

图 3-12　第 302 窟主室北壁上段第四身飞天乐伎

图 3-13　莫高窟第 172 窟东壁门上经变画和榆林窟
第 34 窟南壁东侧药师经变中的菩萨乐伎

1　参见朱晓峰《唐代莫高窟壁画音乐图像研究》，第 316—320 页。

《隋书》卷一五《音乐志》载：

　　始开皇初定令，置《七部乐》：一曰《国伎》，二曰《清商伎》，三曰《高丽伎》，四曰《天竺伎》，五曰《安国伎》，六曰《龟兹伎》，七曰《文康伎》。

　　…………

　　《礼毕》者，本出自晋太尉庾亮家。亮卒，其伎追思亮，因假为其面，执翳以舞，象其容，取其谥以号之，谓之为《文康乐》。每奏《九部乐》终则陈之，故以礼毕为名。其行曲有《单交路》，舞曲有《散花》。乐器有笛、笙、箫、篪、铃、槃鞞、腰鼓等七种，三悬为一部。工二十二人。[1]

四　主室南壁

　　主室南壁壁画同样为上、中、下三段式布局。上段绘飞天、飞天乐伎及天宫栏墙，按主室前部人字披、后部平棋顶的走势前后排列，上段与中段间以垂幔作为间隔。中段绘十三排千佛，千佛内中部开内圆券形、外敞口的双层龛，内层现存佛与一身弟子，头部均已缺失，外层现存一身菩萨，头部同样缺失。东侧绘药师佛一铺，[2] 因修复穿道现壁面存药师佛及右侧胁侍菩萨、飞天，西侧绘一佛二菩萨组合的说法图一铺。中段与下段间同样未见边饰间隔，下段为宋代所绘比丘及男性供养人九身，局部可见隋代残存壁画。

1　《隋书》，中华书局，1973，第376—377、380页。

2　参见《敦煌石窟内容总录》，第111页。

图 3-14　第 302 窟主室南壁上段

上段与北壁一致，绘飞天和飞天乐伎共计十二身，但南壁该位置部分壁面漫漶较北壁严重，因此难以确定部分飞天是否持乐器。能够确定的飞天乐伎共计七身，分别为由西至东第一、三、五、六、八、十、十二身，演奏乐器依次为横笛、竖箜篌、琵琶、担鼓、排箫、竖吹管乐器和腰鼓。其余五身中，由西至东第二身持花盘、第九身持长柄香炉，其余第四、七和十一身情况不明（见图 3-14）。

五　主室东壁

主室东壁壁画布局与前述西、北和南壁基本一致，均为三段式内容的布局，但由于东壁上开有窟门，布局稍显不同。首先，窟门顶部外观呈梯形，因此为追求壁面协调，最上段所绘飞天、飞天乐伎、天宫栏墙以及垂幄同样沿梯形外沿排列，使最上段内容与窟门顶部之间的外沿线条平行。中段绘制有五排千佛，同样为适应这种变化，千佛内部一佛四胁侍菩萨的说法图被安排在了壁面正中窟门的上方，说法图又将上段内容与窟门顶部连通了起来，既使整个壁面布局具有平衡和稳定感，同时又使内容更加丰富、立体。下段即窟门两侧是宋代重绘的比丘和女性供养人，分上、下两排，共计两身比丘和十二身女性供养人。

最上段绘飞天和飞天乐伎共计八身，中间部分的天宫栏墙恰好是梯形外沿突出的部分，直接与窟顶人字披东披下段睒子本生故事画相接，故此处未绘飞天或飞天乐伎。北侧所绘四身均为飞天，可以明显看到双手或托花盘，或持绳带。南侧四身中，除由南至北第三身一手持莲花、一手托花盘外，其余三身均为飞天乐伎。其中由南至北第一身腰部有腰鼓，乐伎右臂抬起，右手位于头部，左臂内收

于胸前，按乐伎双手持握的姿态，应该是持鼓桴或鼓杖敲击，但壁面上未见。腰鼓依然呈广首纤腹的外观，只是可能壁画绘制的缘故，导致鼓身向两头翘起，与通常腰鼓规则的鼓身线条有差别。第二身吹奏竖吹管乐器，该乐器管身较粗，管体较长，乐伎两手距离较远说明管身上两组音孔间距较大，吹口处细节不清，因此与本书前述的竖吹管乐器同样，依然无法准确为其定名。第四身乐伎双手持一竖长的管体，左手托于管体下部，右手则握持于管体前部，因乐伎右手与口部之间的壁面较为漫漶，缺乏吹口部分的细节，但按乐伎所持姿势以及乐器外观判断，该乐器应为角（见图3-15），具体可能是隋代鼓吹中使用的角。

隋代鼓吹使用的角根据等级、规模和场合有不同名称和形制，如《隋书》卷一五《音乐志》载：

故事，天子有事于太庙，备法驾，陈羽葆，以入于次。礼毕升车，而鼓吹并作。开皇十七年诏曰："昔五帝异乐，三王殊礼，皆随事而有损益，因情而立节文。仰惟祭享宗庙，瞻敬如在，罔极之感，情深兹日。而礼毕升路，鼓吹发音，还入宫门，金石振响。斯则哀乐同日，心事相违，情所不安，理实未允。宜改兹往式，用弘礼教。自今以后，享庙日不须设鼓吹，殿庭勿设乐悬。在庙内及诸祭，并依旧。其王公已下，祭私庙日，不得作音乐。"

至大业中，炀帝制宴飨设鼓吹，依梁为十二案。

....

图 3-15　第 302 窟主室东壁上段

长鸣色角，一百二十具供大驾，三十六具供皇太子，十八具供王公等。

次鸣色角，一百二十具供大驾，十二具供皇太子，一十具供王公等。

大角，第一曲起捉马，第二曲被马，第三曲骑马，第四曲行，第五曲入阵，第六曲收军，第七曲下营。皆以三通为一曲。其辞并本之鲜卑。

…………

大横吹，二十九曲供大驾，九曲供皇太子，七曲供王公。其乐器有角、节鼓、笛、箫、筚篥、笳、桃皮筚篥。

小横吹，十二曲供大驾，夜警则十二曲俱用。其乐器有角、笛、箫、筚篥、笳、桃皮筚篥。[1]

根据记载，从隋开皇十七年（597）之前至大业（605—618）中，鼓吹使用的角出现了长鸣色角、次鸣色角、大角和角等四种。按引文中角的使用场合，推测壁画中所绘角可能就是小横吹使用的角。

综合以上梳理，本窟主室壁画中的隋代乐舞图像均为飞天伎乐，共绘有十九身飞天乐伎，乐伎演奏乐器除一件存疑外，共计十八件，具体分类如下：

弹拨乐器：琵琶三、竖箜篌二、筝一；

吹奏乐器：横笛二、竖吹管乐器三、排箫一、角一；

打击乐器：铜钹一、担鼓一、腰鼓二、鼗鞞一。

---

1 《隋书》，第 382—383 页。

第二节　莫高窟第 390 窟中的乐舞图像

第 390 窟位于莫高窟南区南段崖面第三层（见图 3-16），根据《莫高窟隋代石窟分期》一文的调查分析，"（第 390 窟）以南有四十一个隋窟，以北仅五个隋窟。这批隋代风格的洞窟是紧接同层北朝诸窟由南而北成组成批地依次开凿的，一般来说，愈靠北时间愈晚。第 390 窟在诸隋窟中离开北朝石窟较远，无疑其开窟时间也是较晚的"。[1] 故此，将第 390 窟列入隋代第三期洞窟中，另外根据该窟所绘乐舞图像的总体特征，笔者也倾向于将该窟列入隋代洞窟，具体原因将在后文陈述。隋代第三期洞窟共计三十九个，时代大致在大业九年以后至唐初武德年间。由于隋代石窟开凿的时间跨度仅有三十余年，因此笔者结合对隋代洞窟的调查，发现其中所绘乐舞图像在三个分期内并未出现大的变化，基本以飞天伎乐作为主要内容，以下将以第 390 窟为例说明。

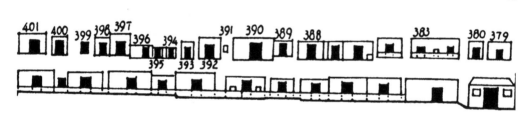

图 3-16　隋代第三期部分洞窟崖面位置示意图

资料来源：季羡林主编《敦煌学大辞典》，附录《莫高窟石窟位置图》。

第 390 窟由前室、甬道和主室组成，其中前室、甬道现存壁画均为五代时期重修时所绘，如甬道北壁和南壁分别绘文殊变和普贤变，其中各有一组菩萨伎乐乐队，但由于是五代所绘，不在本节的讨论范围之内。主室形制为覆斗形顶，窟顶藻井绘莲花井心，藻井四周绘联珠纹垂幔，四披绘千佛。西壁开一内外双层圆角方口龛，内层龛主尊为清代重修的一身倚坐菩萨，两侧各存一身

1　参见樊锦诗、关友惠、刘玉权《莫高窟隋代石窟分期》，《中国石窟·敦煌莫高窟》第 2 卷，第 183 页。

胁侍菩萨，同样为清代重修。外层龛口两侧各塑一身胁侍菩萨，亦清代重修
（见图3-17）。

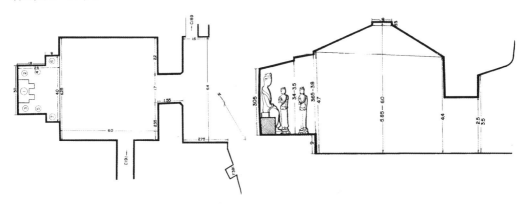

图3-17　第390窟平面及剖面图

资料来源：《莫高窟形》（二），图版155。

一　主室西壁

第390窟主室西壁开双层方口龛，该龛体量较大，占据西壁壁面的大部分位
置。内层龛主尊身后龛壁绘相互叠置的圆形头光与尖拱形身光，头光内绘宝相团
花和千佛，身光则主要绘忍冬火焰纹，这是隋代洞窟较为常见的身光绘制方式。
在身光外圈与龛壁外沿之间的区域内左、右各绘六身飞天和飞天乐伎，以"上三
身、中二身、下一身"的方式排列布局，既合理利用空间，又以飘逸的飞天形成
稳定构图，形成动静皆宜、张弛有度的画面效果。飞天均佩戴有缯带的头冠，颈
部戴项圈，腕部佩腕钏，上身裸露，肩搭帔巾，下身着裙装。其中左侧六身中有
两身为持乐器的飞天乐伎，分别为上方中间持横笛吹奏的一身和中部左侧横抱曲
项琵琶弹奏的一身，其余四身飞天则持花盘或鲜花。右侧六身中仅有一身为飞天
乐伎，位于上方中间，抱持竖箜篌作弹奏状。由于壁画颜料变质，此处所绘飞天、
飞天乐伎的身体和乐器整体均呈深褐色，乐器结构、形制的具体细节已无从判断。

此龛形为内小龛、外大龛的层叠方式，因此内层龛的龛柱、龛梁及龛楣部分
被绘制在了外层龛的龛壁上，外层龛则未见这部分内容。龛柱为莲花龛柱，以五
彩斜方格绘龛梁，龛楣纹饰则分为上下两层，中间以联珠纹作为间隔，其中上层
绘摩尼宝火焰纹，下层两侧绘S形缠枝莲花，中间绘一身菩萨结跏趺坐于莲花之

上（见图 3-18）。关友惠称此类龛楣为"缠枝莲荷火焰纹龛楣"，而且认为这是隋唐交替之际龛楣纹饰的一个重要特征，同时提出对火焰纹的重视和凸显是隋代洞窟重要的时代风格的观点。[1]以本窟为例，龛楣未见化生乐伎，但第三期部分洞窟在西壁龛楣处是绘有化生乐伎的，如第 314、389、396、398 窟，从中也能窥见隋代对早期洞窟壁画绘制的继承。此外，外层龛龛壁上部与内层龛相对应的位置同样绘有飞天，以左、右各三身横向布局，飞天手持花盘、莲花或飘带，未见持乐器演奏的飞天乐伎。

图 3-18　第 390 窟主室西壁双层龛龛壁上段

　　除主室西壁所开的双层龛外，西壁所绘壁画依然可以自上而下分为三段，各部分内容间以联珠纹作为边饰间隔。其中最上段为飞天、飞天乐伎、天宫栏墙及垂幔，其中天宫栏墙仅绘制在外层龛口两侧位置，与龛沿联珠纹基本保持齐平。天宫栏墙形制为凹凸方形花砖凭台，凭台凹面、凸面绘旋转忍冬纹，侧面绘忍冬纹，底面则为网状纹，在前述第 302 窟凭台上方绘栏杆的位置绘联珠纹。中段自上而下分三排各绘七铺说法图，以"上三铺、中二铺、下二铺"的方式排列，其中除上排三身跌坐佛共用中间两身胁侍菩萨外，其余均为一佛二菩萨的形式。下段第一排双层龛左侧现存女性供养人六身及侍从五身，右侧现存男性供养人六身及侍从十身，第二排即龛下和龛两侧位置为五代时期重绘的供养器、供养菩萨、比丘、比丘尼和男性供养人。以洞窟整体视角观察，以上三段内容的绘制均延伸至东壁，可见本窟所呈现的就是自早期洞窟就已存在的壁面所绘内容绕窟内一周的视觉效果。

1　参见关友惠《敦煌石窟全集·图案卷（上）》，第 196、181 页。

西壁上段的飞天和飞天乐伎共计十身，南、北各五身沿中间所绘莲花摩尼宝珠对称排列，南侧五身身体朝向北侧，北侧五身身体朝向南侧。南、北侧靠近莲花摩尼宝珠的两身飞天均着交领宽袖袍服，手持长柄香炉，具有明显的供养属性。其余八身则上身袒露，下身着腰部翻折下垂的裙装，其中南侧四身飞天或手持莲花或手捧花盘，北侧四身由南至北依次持曲项琵琶、竖箜篌、竖吹笛类乐器和灯台，持曲项琵琶的飞天乐伎在画面中背向观者，姿态较为特殊（见图3-19）。

图 3-19　第 390 窟主室西壁上段

二　主室北壁

主室北壁的壁画同样可视作自上而下的三段式布局，各部分内容间以联珠纹作为边饰间隔。最上段依然为飞天、飞天乐伎、天宫栏墙及垂幔部分，天宫栏墙形制、纹饰与西壁相同。中段绘各种说法图共计三排三十四铺，整体构图呈现"三横夹一纵"的布局形式，除纵向构图的菩萨说法图外，其余说法图的绘制与西壁相同位置均保持一致。其中第一排为横向贯通北壁的十五铺跌坐佛，同样采用共用胁侍菩萨的方式，第二排为一佛二胁侍菩萨组合的说法图九铺，第三排同样为一佛二胁侍菩萨组合的说法图九铺，在第二排与第三排内部纵向绘菩萨说法图一铺，主尊为戴化佛冠倚坐的菩萨，两侧各绘一身胁侍菩萨和一身飞天。下段绘两排供养人，其中第一排为隋代所绘男性供养人四十七身及侍从三十九身，第二排为五代时期补绘的男性供养人二十八身。[1] 第一排供养人中北壁由西至东第三身着宽袖袍服，似戴幞头，双手捧持花盘，身后绘四身侍从。该供养人题名部分已漫漶不清（见图3-20），《敦煌莫高窟供养人题记》录文如下：

> □（大）□（觉）□（修）□（明）幽州总管府长史……供养[2]

《莫高窟隋代石窟分期》根据题名中出现的"幽州总管府"并结合《隋书》《旧唐书》的记载，认为此处的总管府应该是隋文帝设置，后经隋炀帝废止再由唐高祖复置后出现在题名中的，因此该题名书写的时间应以复置的武德元年（618）至武德五年（622）之间为上限。[3] 也就是说，虽然该窟的营建时间在唐初，但依然具有典型的隋代第三期洞窟特征，这也是《莫高窟隋代石窟分期》一文将第390窟划入隋代洞窟的原因。那么，题名

图3-20　第390窟主室北壁下段隋代供养人

中的"幽州总管府长史"究竟是谁，这是接踵而至的问题。关于此，王惠民曾撰文进行考证，认为此长史为北周瓜州刺史李贤之子李崇（536—583），其任长史

1　参见《敦煌石窟内容总录》，第159页。

2　《敦煌莫高窟供养人题记》，第149页。

3　参见樊锦诗、关友惠、刘玉权《莫高窟隋代石窟分期》，《中国石窟·敦煌莫高窟》第2卷，第183页。

的时间大致在隋初，而通常洞窟内排在最前的供养人为窟主的亡故祖先，因此，第390窟的窟主有可能是《圣历碑》中记载曾在敦煌任"隋大黄府上大都督"的李操。照此推论，第390窟应该是在隋末开凿的洞窟。[1]

北壁上段所绘飞天和飞天乐伎共计十身，其身体一律朝向西侧作飞翔姿态，以呼应西壁北侧的五身飞天和飞天乐伎。装束、配饰与前述龛壁及西壁上段的飞天和飞天乐伎一致，此处不再重复。飞天乐伎此处共计五身，分别为由西至东第一、二、三、五和七身，演奏乐器依次为笙、横笛、直颈琵琶、排箫和曲项琵琶，其余五身飞天分别持花盘、长柄香炉、莲花等。同样由于壁画颜料变质加上边角处壁面漫漶，上述乐器中的笙、横笛和排箫只能通过大致轮廓和乐伎姿态进行判断，但即便如此，两件琵琶的部分局部细节如琴头、琴弦、弦轴、捍拨、覆手等依然能够辨识（见图3-21）。

图 3-21　第 390 窟主室北壁上段

三　主室南壁

主室南壁的壁画布局与北壁一致，最上段为飞天、飞天乐伎、天宫栏墙及垂

1　参见王惠民《敦煌莫高窟第390窟"幽州总管府长史"题记考》，敦煌研究院编《2014敦煌论坛：敦煌石窟研究国际学术研讨会论文集》，甘肃教育出版社，2016；王惠民《敦煌莫高窟第390窟绘塑题材初探》，《敦煌研究》2017年第1期。

幔部分。中段绘各种说法图共计三排三十三铺，整体构图呈现"三横夹一纵"的布局形式，除纵向构图的菩萨说法图外，其余说法图的绘制与西壁相同位置均保持一致。其中第一排为横向贯通南壁的十五铺趺坐佛，第二排为一佛二胁侍菩萨组合的说法图九铺，第三排同样为一佛二胁侍菩萨组合的说法图九铺，在第二排与第三排内部纵向绘观音菩萨说法图一铺，主尊为戴化佛冠、手持杨柳枝倚坐的观音，两侧各绘一身胁侍菩萨和一身飞天乐伎。下段绘两排供养人，第一排为隋代所绘女性供养人二十六身及侍从三十一身，其中最东侧为一组由八身女性乐伎组成的乐队，第二排为五代时期补绘的女性供养人九身及侍从八身。[1]中段第三排说法图、菩萨说法图及下段第一排、第二排中部靠东侧部分壁面均遭穿洞破坏。南壁上、中、下段壁画内容中均出现了乐舞图像，这是南壁与本窟主室其他壁面的区别，以下将依次进行梳理。

南壁上段所绘飞天和飞天乐伎共计十身，其身体一律朝向西侧作飞翔姿态。飞天乐伎共计四身，分别为由西至东第二、三、五和六身，演奏乐器依次为方响、直颈琵琶、腰鼓和横笛；其余六身飞天则分别持鲜花、莲花、灯台、帔巾等（见图 3-22）。方响置于第二身飞天乐伎身前，乐伎双手持小槌作敲击状，方响的铁片以"上三下四"两排悬于框形木架之上，每块铁片均呈上圆下方的外观。

图 3-22　第 390 窟主室南壁上段

1　参见《敦煌石窟内容总录》，第 159 页。

南壁中段菩萨说法图中同样绘有两身飞天乐伎，其位于主尊观音华盖两侧胁侍菩萨的正上方。两身乐伎均头戴山形冠，头冠两侧有缯带，颈部、腕部分别佩戴项圈和腕钏，上身袒露，肩搭帔巾，下身着腰部翻折下垂的裙装，缯带、帔巾及腰部的飘带均体现出飞天乐伎的灵动与飘逸。两身乐伎分别横抱曲项琵琶和直颈琵琶持槟拨奏（见图 3-23），这种以不同形制琵琶对应式排布的方式在前述第257、249、301 窟等洞窟中均有绘制，说明这种早期就已固定的乐舞绘制方式被一直沿用到了隋代洞窟中。

如前所述，南壁下段第一排为隋代所绘女性供养人二十六身及侍从三十一身，供养人及侍从皆面朝西站立，其中最后一身供养人身后即南壁东侧位置绘有一组由八身女性乐伎组成的乐队。按壁面所绘结合透视关系，乐伎应该是以前、后两排纵向排列，其中前排四身，后排四身。乐伎皆体形修长，举止端庄，头部似束发髻，上身着小袖窄衫，腰部系长裙，肩部搭披帛，带有明显的隋代世俗风格。前排乐伎由内而外分别演奏方响、竖箜篌、曲项琵琶、曲项琵琶。后排由内而外分别演奏排箫、横笛、横笛，其中第四身由于壁面漫漶，无法辨识其所奏乐器（见图 3-24）。

以上大部分乐器在前文中多有提及，此处不再赘述，值得一提的是方响。根据壁画所绘，八块铁片分上下两排悬于方响架上，每块铁片均上圆下方，这些特征与同壁上段飞天乐伎所奏方响一致，区别在于飞天乐伎所奏方响铁片为

图 3-23　第 390 窟主室南壁中段菩萨说法图

图 3-24　第 390 窟主室南壁下段女性世俗乐伎

七，此处所绘为八，这应该是壁画绘制时遗漏所致。此外，两处所绘方响的固定方式也有区别，前者为置于身前敲击，后者明显是一手持握，另一手持槌敲击。来看文献记载中对方响的描述，《通典》卷一四四《乐四·八音·金一》方响条载：

> 方响，梁有铜磬，盖今方响之类也。方响，以铁为之，修九寸，广二寸，圆上方下。架如磬而不设业，倚于架上以代钟磬。人间所用者，才三四寸。[1]

根据记载，方响在唐代应该是宫廷和民间共同使用的打击乐器，敦煌石窟所绘方响图像同样集中出现在唐代，这说明方响已广泛使用在唐代的音乐活动中。

1　杜佑：《通典》，第 3673 页。

而本窟所绘图像说明,至早在隋代,方响的使用已经成熟,因为只有这样才有可能被绘制在洞窟壁画上。此外,文献记载和两处图像说明方响既可以置于地面演奏,也能够持握敲击。当然,由于壁面所绘乐器不具备真实乐器的准确比例,无法推定隋代不同固定方式的方响在体量上是否有区别,但这类方响应该就是引文中所言"人间所用"的方响。

这组女性乐伎属供养人之列,以壁画中侍从通常位于供养人身后且体形绘制较小来推断,这组乐队很可能隶属其身前的供养人,但由于该供养人题名已完全漫漶,无法获知更多的信息。另外,以本窟各壁面壁画之间的连续性判断,该组乐伎应该与东壁南侧所绘牛车、侍从属前后相连的同一队列。由于该乐队是由女性乐伎组成的女乐又兼具世俗性质,因此需要通过文献进一步了解。根据记载,隋代宫廷是有设置女乐的,但也仅仅是只言片语的叙述,如《隋书》卷七五《房晖远传》载:

> 高祖尝谓群臣曰:"自古天子有女乐乎?"杨素以下莫知所出,遂言无女乐。晖远进曰:"臣闻'窈窕淑女,钟鼓乐之',此即王者房中之乐,著于《雅颂》,不得言无。"高祖大悦。[1]

此处高祖即隋文帝杨坚,照此看来,杨坚在"大悦"也就是征询朝臣意见并得到支持后,很可能下令设置了宫廷女乐。按房晖远的说法,女乐即房中之乐,而房中之乐或房内之乐在《隋书·音乐志》中有较为详细的记载:

> (开皇九年)……(牛)弘又修皇后房内之乐,据毛苌、侯苞、孙毓故事,皆有钟声,而王肃之意,乃言不可。又陈统云:"妇人无外事,而阴教尚柔,柔以静为体,不宜用于钟。"弘等采肃、统以取正焉。高祖龙潜时,颇好音乐,常倚琵琶,作歌二首,名曰《地厚》《天高》,托言夫妻之义。因即取之为房内曲。命妇人并登歌

---

1 《隋书》,第 1717 页。

上寿并用之。职在宫内，女人教习之。

…………

（大业六年）……（柳）顾言又增房内乐，益其钟磬，奏议曰："房内乐者，主为王后弦歌讽诵而事君子，故以房室为名。燕礼缥饮酒礼，亦取而用也。故云：'用之乡人焉，用之邦国焉。'文王之风，由近及远，乡乐以感人，须存雅正。既不设钟鼓，义无四悬，何以取正于妇道也。《磬师职》云：'燕乐之钟磬。'郑玄曰：'燕乐，房内乐也，所谓阴声，金石备矣。'以此而论，房内之乐，非独弦歌，必有钟磬也。《内宰职》云：'正后服位，诏其礼乐之仪。'郑玄云：'荐撤之礼，当与乐相应。'荐撤之言，虽施祭祀，其入出宾客，理亦宜同。请以歌钟歌磬，各设二虞，土革丝竹并副之，并升歌下管，总名房内之乐。女奴肄习，朝燕用之。"制曰："可。"于是内宫悬二十虞。其镈钟十二，皆以大磬充。去建鼓，余饰并与殿庭同。[1]

以上两处记载均未说明具体时间，结合《隋书·音乐志》的完整记载，文帝设置房中之乐应该在开皇九年（589）之后，由牛弘等人奏请修定，最初不设钟磬。至炀帝时期，又由柳拚即柳顾言奏请增益钟磬，具体时间应在大业六年（610）。需要注意的是，以上均是针对"皇后房内之乐"的记载，也就是说这是隋代最高等级的房内之乐，而且是以皇后名义设置由宫女、奴婢修习演奏的，至于其他低等级王公官员的夫人是否有以及如何设置，现无明确记载，但按礼仪制度理解，其他等级应该也设有女乐。照此推论，假设第390窟窟主如前文所言为时任大黄府上大都督的李操，那他应该是有女乐即房中之乐的，而演奏自然由其豢养的女性侍从承担。从壁画中的用乐配置看，不仅有丝竹，还出现了"以代钟磬"的方响，但数量仅有八件，与引文中"悬二十虞"[2]的规模无法相提并论。此外壁画所绘时间也晚于大业六年，这至少说明，壁画内容与文献记载是吻合的，

---

1 《隋书》，第354、374—375页。

2 《通典》卷一四四《乐四·乐悬》载曰："凡簨虞，饰以崇牙、旒苏、树羽。宫悬每架则金五博山，轩悬则金三博山。鼓承以花跌，覆以华盖（乐悬横曰簨，竖曰虞，饰簨以飞龙，饰跌以飞廉，钟簨以鸷兽，磬虞以鸷鸟。上列树羽，旁悬旒苏，周制也。悬以崇牙，殷制也。饰以博山，后代所加也）。"（第3687页）

其展示的应该是隋末敦煌地方官员府内的房中之乐。至于壁画所绘这一类乐伎的分类，与本书第二章所述第 275 窟北壁下段和第 297 窟主室西壁佛龛下方奏乐供养人一致，属世俗乐伎范畴，只是此处以乐队形式出现的女性世俗伎乐不仅具有音乐供养的功能，同时也是隋代现实音乐使用情况的反映。

四　主室东壁

主室东壁壁面除开有方形窟门外，其余壁画布局与前述三壁一致，即最上段绘飞天、飞天乐伎、天宫栏墙及垂幔。中段为三排说法图共计三十三铺，其中第一排为横向贯通东壁的十七铺跌坐佛，第二排为窟门南、北侧各绘四铺一佛二胁侍菩萨组合的说法图，窟门上部绘一组七佛说法图，第三排同样为窟门南、北侧各绘四铺一佛二胁侍菩萨组合的说法图。下段南侧绘牛车、车夫、侍从以及五代重修时所绘男性供养人两身，北侧绘马匹、马夫、卫队以及五代重修时所绘男性供养人三身。

东壁上段所绘飞天和飞天乐伎共计八身，南、北各四身沿中间所绘莲花摩尼宝珠对称排列，南侧四身除由南至北第四身外均朝向南侧，北侧四身身体均朝向北侧，其装束、配饰与前述三壁上段所绘一致。八身中仅有一身为飞天乐伎，也就是上文南侧由南至北第四身。其姿态为背向观者横抱曲项琵琶，由于琵琶的结构决定了其演奏方式通常为左手按弦取音，右手拨弹琴弦，因此如果需要绘制乐伎背向观者演奏的姿态，以本窟主室东壁而言，其身体就需要朝向北侧，这应该就是其与南侧三身飞天身体朝向不一致的原因。除飞天乐伎外，其余飞天分别持帔巾、鲜花、佛像、莲花、长柄香炉和花盘供养物（见图 3-25）。

综合以上对本窟所绘隋代乐舞图像的梳理，乐舞图像主要包括飞天伎乐和世俗伎乐，其中绘有飞天乐伎十八身，世俗乐伎八身，乐器除南壁下段一身世俗乐伎所奏乐器不明外，共计二十五件，具体分类如下：

弹拨乐器：曲项琵琶七、直颈琵琶三、竖箜篌三；

吹奏乐器：横笛五、竖吹管乐器一、排箫二、笙一；

打击乐器：方响二、腰鼓一。

图 3-25　第 390 窟主室东壁上段

小　结

　　本章以敦煌石窟隋代洞窟为主要研究内容，选择莫高窟第 302 窟和第 390 窟分别进行个案研究，选择标准既考虑了隋代洞窟乐舞图像的代表性，同时兼顾洞窟是否有明确的开凿时间，以保证研究乐舞图像与乐舞记载关系的准确性。通过研究，发现隋代洞窟乐舞图像的总体特征如下：一方面表现出对早期乐舞图像的全面继承和发展，这是隋代乐舞图像具有的承前启后特征；另一方面，乐器使用和乐队组合反映出乐舞图像与隋代现实乐舞间存在较为紧密的联系，这又是其真实性的重要体现。

　　首先，隋代洞窟乐舞图像的总体数量相较于早期洞窟明显增多，这当然与隋代开凿洞窟数量有直接关系，目前统计的隋代绘有乐舞图像的洞窟共计 46 个，具体窟号可参见前文，但即便如此，乐舞图像的类型以继承早期洞窟为主且相对单一，主要包括飞天伎乐、化生伎乐和世俗伎乐三类。从已有研究来看，造成这一结果的原因主要有：第一，飞天乐伎在隋代已完成对早期天宫乐伎的全面替代；第二，龛楣上绘化生乐伎的方式在早期和隋代未出现明显的变化；第三，早期通常绘药叉乐伎的四壁下段在隋代开始绘入供养人及少量的世俗乐伎；第四，乐舞组合在隋代经变画中还没有完全呈现。因此，就乐舞图像的类型来看，隋代主要表现出对早期洞窟的持续继承。

其次，从乐器角度分析，隋代洞窟所绘乐器图像大多与早期洞窟一致，同样未见不鼓自鸣类乐器图像出现。从一个洞窟所绘乐器的分类而言，基本以弹拨和吹奏乐器为主，打击乐器数量则相对较少，这很可能与隋代洞窟所绘乐伎依然以单个横向排列的方式为主，缺乏乐队式、组合式的乐伎有直接关系。因为这样很难将真实的乐队编制反映在壁画上，导致无法将某个洞窟中出现的乐器与真实的用乐编制进行对应。同时，隋代洞窟中出现了个别早期洞窟中未见的乐器图像，通过与文献记载的对照，可以确定这些乐器就是隋代历史上使用过的乐器，如《礼毕伎》中使用的槃鞞、手持演奏的方响，这也进一步证实了隋代乐舞图像具有的真实性。此外，第 390 窟主室南壁下段所绘世俗性的、由女性乐伎组成的乐队，也是隋代真实女乐或房中之乐的反映，这些都可以证明当时的乐舞文化在中原与敦煌之间是存在联系的。

最后，以本书的研究来看，早期敦煌石窟乐舞图像从西域风格和中原风格的融合开始，逐渐向全面化的中原风格转变，其中既包含外部文化、环境等因素的影响，又有自身艺术风格转化的内在需求，而具体到隋代洞窟，可以明显看到这种转变正在进一步加强，最典型的就是天宫乐伎到飞天乐伎的转化。可以说，飞天乐伎是隋代洞窟乐舞图像的关键词，如第 302 窟乐舞图像均为飞天乐伎，第 390 窟中除世俗乐伎外同样都是飞天乐伎，而且这种以飞天乐伎为主体内容的特征要一直保持到唐初的部分洞窟之中。之后，伴随经变画在洞窟中的蓬勃兴起，乐舞图像在敦煌石窟中真正迎来了它的高光时刻。

第四章　唐前期的敦煌乐舞

　　从本章开始，本书将通过三章内容对唐代敦煌乐舞进行系统梳理和研究。事实上，笔者之前的专著《唐代莫高窟壁画音乐图像研究》已经对该部分内容进行了较为全面和深入的研究，通过选择第 220、172、112 和 156 窟作为唐代乐舞具有代表性的洞窟个案，分别梳理了初唐、盛唐、中唐和晚唐以莫高窟为中心的敦煌石窟乐舞图像具有的基本特征及其与现实乐舞间的关系。尽管以上四个洞窟兼具唐代乐舞的普遍性和特殊性，但以整个敦煌石窟中由唐代营建的洞窟数量衡量，仅通过四个洞窟考察唐代敦煌乐舞的整体风貌显然是不够的，而且之前研究是以"初、盛、中、晚"四个阶段对敦煌的唐代进行划分，这样就将整个归义军时代分割成了前后两部分，即张氏归义军所处的晚唐和曹氏归义军所处的五代、宋。如果以敦煌历史为坐标，这两个部分不仅在政权更迭上存在关联性，而且在石窟开凿、壁画绘制等方面都具有相似性，同时曹氏归义军执政的五代和宋同样具有以上特征，正如史苇湘在《关于敦煌莫高窟内容总录》一文中提到的："（曹氏）一些大窟的修建……都是跨越了五代、宋两个时代。五代、宋不但政治上有不可分割的连续性，而且石窟艺术也是一脉相承，中原艺术的影响在莫高窟仍起着主导作用。"[1] 因此，为了在研究中时刻保持与敦煌历史和石窟营建史的联系，更深层次地分析敦煌乐舞与敦煌石窟、敦煌周边地区、中原地区间的文化成因，本书以唐前期、吐蕃时期和归义军时期作为划分，选择在乐舞图像上具有一定特殊性的洞窟作为之前研究的补充，以完成对敦煌乐舞更加全面、系统的研究。

就敦煌石窟唐前期的划分，学界通常是将隋代以后至吐蕃统治敦煌之前的这段时期作为唐前期，如段文杰在《唐代前期的莫高窟艺术》一文中将唐代敦煌地区的历史划分为三个时期：唐朝中央政府直接控制时期（武德初至建中二年，618—781）、吐蕃占领时期（建中二年至大中二年，781—848）、张议潮统治时期（大中二年至唐末，848—907）。[2] 史苇湘在《关于敦煌莫高窟内容总录》中则是将唐前期分为初唐与盛唐两个时期，但基本的时限范围是一致的，即初唐——武德元年（618）至长安四年（704），盛唐——神龙元年（705）至建中元年（780）。[3] 樊锦诗和刘玉权在《敦煌莫高窟唐前期洞窟分期》中同样是以建中二年沙州陷蕃作为唐代洞窟前后分期的界限。[4]

关于唐前期绘有乐舞图像的莫高窟洞窟，庄壮的《敦煌石窟音乐》、[5] 郑汝中的《敦煌壁画乐舞研究》[6] 和牛龙菲的《敦煌壁画乐史资料总录与研究》[7] 等专著均进行了调查和统计，对于三种著作的统计结果，笔者在《唐代莫高窟壁画音乐图像研究》的绪论部分进行了对比分析，此处不再重复。[8] 以上述统计结果为基础，

1　史苇湘：《关于敦煌莫高窟内容总录》，《敦煌石窟内容总录》，第 234 页。

2　参见段文杰《唐代前期的莫高窟艺术》，敦煌文物研究所编《中国石窟·敦煌莫高窟》第 3 卷，文物出版社，1987，第 161 页。

3　参见史苇湘《关于敦煌莫高窟内容总录》，《敦煌石窟内容总录》，第 227 页。

4　参见樊锦诗、刘玉权《敦煌莫高窟唐前期洞窟分期》，敦煌研究院编《敦煌研究文集·敦煌石窟考古篇》，甘肃民族出版社，2000，第 143 页。

5　参见庄壮《敦煌石窟音乐》，第 72—73 页。

6　参见郑汝中《敦煌壁画乐舞研究》，第 20、212—215 页。

7　参见牛龙菲《敦煌壁画乐史资料总录与研究》，第 55—190 页。

8　参见朱晓峰《唐代莫高窟壁画音乐图像研究》，第 12—13 页。

笔者结合近年来的调查，认为唐前期绘有乐舞图像的莫高窟洞窟共计 50 个，其中初唐洞窟 22 个，盛唐洞窟 28 个，具体如下：

初唐：第 57、68、71、204、205、209、211、220、283、321、322、323、329、331、334、335、340、341、371、372、373、375 窟；

盛唐：第 23、44、45、66、103、113、116、120、121、122、124、148、164、170、171、172、176、194、208、215、217、218、223、225、320、374、445、446 窟。

需要说明的是，由于敦煌石窟历史上的重修现象较为普遍，一窟之内经常出现不同时期乐舞图像绘于同一壁面的情况，因此在统计中未将均为后代重修时绘入乐舞图像的唐前期洞窟统计在内。这部分洞窟共计 25 个，包括初唐第 70、202、203、207、338、339、386 窟，盛唐第 39、65、83、91、117、118、126、130、180、188、199、216、345、353、384、387、444、450 窟。

将《敦煌石窟内容总录》中唐前期洞窟共计 124 个作为基数，[1] 其中绘有同时期乐舞图像的洞窟要占到总数的约 40%，而如果将重绘乐舞图像的洞窟也包括在内的话，其占比已超洞窟总数的一半，这足以说明乐舞图像在唐前期洞窟中的丰富程度。同时，敦煌乐舞中各种类型的乐舞图像也在唐前期洞窟中悉数亮相，尤其是不鼓自鸣乐器和经变画乐舞组合，这是系统了解敦煌乐舞编制规律以及与现实乐舞联系的重要内容，因此本书在之前研究的基础上，重新选取莫高窟唐前期乐舞图像具代表性的第 321 窟和第 217 窟进行研究，以期更加全面、系统地展现唐前期敦煌乐舞的面貌。

第一节　莫高窟第 321 窟中的乐舞图像

第 321 窟位于莫高窟南区北段崖面第一层，第二层大多为隋代洞窟，与第 321 窟南北相邻的第 319、320、322、323 窟以及图 4-1 未标示的位于更北侧第一

1　按《敦煌石窟内容总录》和《关于敦煌莫高窟内容总录》的统计，莫高窟初唐时期开凿的洞窟共计 44 个，盛唐时期开凿的洞窟共计 80 个，总计 124 个。参见史苇湘《关于敦煌莫高窟内容总录》，《敦煌石窟内容总录》，第 230—231 页；《敦煌石窟内容总录》，第 5—194 页。

层的第 328、329、331、332、333、334、335、338、339、340、341 和 342 窟均
为唐前期开凿的洞窟。第 321 窟在《敦煌莫高窟唐前期洞窟分期》中被列入唐前
期第二期洞窟之中，第二期洞窟形制多以覆斗形顶洞窟、中心塔柱式洞窟、大像
窟为主，窟内塑像以五身一铺、七身一铺居多，个别洞窟除佛、弟子、菩萨外，
还增加力士、天兽塑像，本窟塑像即是如此。窟顶壁画多为千佛，四壁壁画则以
上、下两段或通壁的方式布局，西壁龛内壁面在本期出现多种复杂题材，如配合
龛内塑像的经变画内容，南、北壁多为对称形式的千佛、说法图和经变画，东壁
以不同主题的说法图为主。[1]

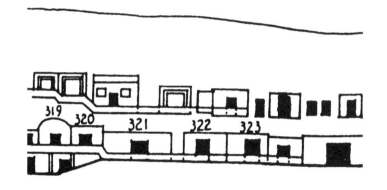

图 4-1　唐前期部分洞窟崖面位置示意图

资料来源：季羡林主编《敦煌学大辞典》，附录《莫高窟石窟位置图》。

　　第 321 窟由前室、甬道和主室组成，前室门北除有唐代残存的壁画外，其余
前室和甬道壁画均为五代、宋重修时补绘。主室形制为覆斗形顶洞窟，西壁开一
平顶敞口形龛，龛内塑一佛、二弟子、二菩萨、二力士七身一铺的塑像，其中佛
和力士为唐代原作，经清代重绘，弟子和菩萨均为清代重塑，此外龛外南、北侧
力士台上有清代塑天兽各一身（见图 4-2）。窟顶绘莲花纹藻井，四披绘千佛。
主室北壁通壁绘阿弥陀经变一铺，南壁通壁绘十轮经变一铺，东壁门上绘说法图

1 《敦煌莫高窟唐前期洞窟分期》主要通过洞窟形制、塑像、壁画及供养人特征将唐前期洞窟分为四期，参见
樊锦诗、刘玉权《敦煌莫高窟唐前期洞窟分期》，《敦煌研究文集·敦煌石窟考古篇》，第 143—181 页。

三铺，门北绘十一面观世音一铺，门南绘立佛一铺。本窟乐舞图像集中出现在四壁上，包括西壁的龛壁和东壁说法图所绘迦陵频伽伎乐，南、北壁经变画中出现的不鼓自鸣乐器和乐舞组合等。

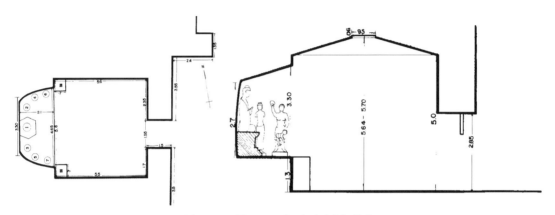

图 4-2　第 321 窟平面及剖面图

资料来源:《莫高窟形》(二)，图版 102。

　　第 321 窟内未见能够证明其营建时间的题记或题名信息，《敦煌石窟内容总录》将其划入初唐洞窟，即营建时间大体在武德元年（618）至长安四年（704）之间，该时限在史苇湘《敦煌莫高窟的〈宝雨经变〉》一文中被进一步确定至武周证圣（695）到圣历（699）之间；[1] 前述《敦煌莫高窟唐前期洞窟分期》将第 321 窟归入唐前期第二期洞窟之列，但未给出具体的时限范围，按文中的表述，第二期洞窟应开凿于唐高宗至武则天时期；[2] 王惠民在《敦煌 321 窟、74 窟十轮经变考释》一文中将此窟营建时间推定在武则天之后的中宗时期或稍后（约 705—720）；[3] 张景峰则在马德、张清涛等第 321 窟为"阴家窟"观点的基础上提出此窟由敦煌大族阴守忠、阴修己父子于开元九年至十一年（721—723）主持营建

1　参见《敦煌石窟内容总录》，第 131 页；史苇湘《敦煌莫高窟的〈宝雨经变〉》，《1983 年全国敦煌学术讨论会文集　石窟·艺术编》上册，第 75 页。

2　参见樊锦诗、刘玉权《敦煌莫高窟唐前期洞窟分期》，《敦煌研究文集·敦煌石窟考古篇》，第 150—158 页。

3　参见王惠民《敦煌 321 窟、74 窟十轮经变考释》，中山大学艺术史研究中心编《艺术史研究》第 6 辑，中山大学出版社，2004，第 309—336 页。该文后被收入《敦煌佛教图像研究》"十轮经变"部分，参见王惠民《敦煌佛教图像研究》，浙江大学出版社，2016，第 371—426 页。

之观点。[1] 以上，就是关于此窟具体营建年代的相关考证结论。[2] 可以看到，不论是营建于初唐还是盛唐的观点，此窟为唐前期开凿的洞窟是没有疑问的，因此本书将以陷蕃之前即建中二年之前为时间节点来考察本窟乐舞图像与现实乐舞间的关系。

一　主室西壁

如前所述，第 321 窟主室西壁开一平顶敞口形龛，龛内塑七身一铺的塑像。龛沿绘联珠纹与缠枝莲花纹边饰，龛上方的壁面横向绘七佛一组，佛与佛之间绘菩萨，共计九身，龛两侧壁面绘千佛。龛顶绘赴会佛三铺，龛壁中部为浮塑的佛身光和头光，身光和头光表面经清代以平涂方式重绘，不见纹样，身光两侧各绘飞天两身及菩提树。龛壁两侧分别绘弟子、菩萨及力士头光，头光之间绘菩提树，头光呈卷草团花纹样，与早期、隋代所绘的火焰纹不同。在菩提树两侧，即弟子和力士头光上方，各绘有一身迦陵频伽，两侧共计四身。迦陵频伽上身均为菩萨造型，下身为鸟身，头戴宝冠，佩臂钏和腕钏，双翅展开，尾羽上翘。其中南侧向外明显为迦陵频伽乐伎，其横抱曲项琵琶作弹奏状，向内迦陵频伽则双手合十呈礼拜状。北侧向外迦陵频伽同样双手合十呈礼拜状，向内一身则由于壁面漫漶，无法确定是否持乐器（见图 4-3，黑色框线标示即为迦陵频伽）。

此外，在龛顶边沿赴会佛的两侧位置，分别绘有一组姿态各异、凭栏散花的菩萨。菩萨位于天宫栏墙和栏板之后，天宫栏墙表面绘缠枝莲花纹，栏板绘龙凤纹样，在栏墙与栏板交接处的栏柱顶端绘有口衔珠链的鹦鹉（见图 4-4）。[3] 此部分内容在龛壁南侧相对清晰，北侧壁面漫漶，但依然能够大致辨别。如果将龛顶与龛壁视作整体，可以看到龛顶的鹦鹉与龛壁的迦陵频伽呈上下呼应的状态，这

1　参见张景峰《敦煌莫高窟第 321 窟营建年代初探》，《敦煌学辑刊》2016 年第 4 期。

2　关于第 321 窟营建年代的学术史综述，参见王惠民《敦煌佛教图像研究》，第 416 页；张景峰《敦煌莫高窟第 321 窟营建年代初探》，《敦煌学辑刊》2016 年第 4 期。

3　此处口衔珠链的形象在《敦煌石窟内容总录》中称鹦鹉，在《敦煌石窟全集·图案卷（下）》中则为白鸽，参见《敦煌石窟内容总录》，第 131 页；关友惠《敦煌石窟全集·图案卷（下）》，第 30 页。本书以《敦煌石窟内容总录》为准。

图 4-3　第 321 窟主室西壁平顶敞口龛

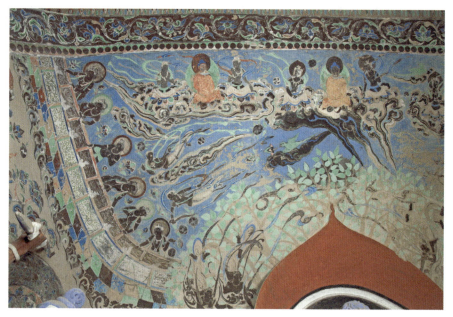

图 4-4　第 321 窟主室南侧龛顶及龛壁

似乎是对佛国世界"种种奇妙杂色之鸟"的展现，这样也能与主室北壁所绘阿弥陀经变相呼应，《佛说阿弥陀经》载：

> 彼国常有种种奇妙杂色之鸟：白鹄、孔雀、鹦鹉、舍利、迦陵频伽、共命之鸟。是诸众鸟，昼夜六时出和雅音，其音演畅五根、五力、七菩提分、八圣道分如是等法。其土众生闻是音已，皆悉念佛、念法、念僧。[1]

---

1 《大正新修大藏经》第 12 册，第 347 页。

结合经文记载，就迦陵频伽和鹦鹉所在位置而言，其一方面具装饰功能，即作为图像是对窟内绘制佛国世界的装饰；另一方面，作为形象本身，其在经文语境中具有"法音宣流"的功能，而且在壁画中这两种功能应该是相互叠加的。

二　主室北壁

主室北壁壁画为上下两段式布局，上段通壁绘经变画一铺，下段为五代重修时绘入的男性供养人一排，现大部分已剥落，仅存供养人头部。关于该经变画，分别以"净土三经"为依据的无量寿经变、观无量寿经变和阿弥陀经变以及统称式的西方净土变等四种定名被不同学者提出，代表性观点如《敦煌石窟内容总录》称为阿弥陀经变；[1]松本荣一《敦煌画研究》将此类经变画称为"包含九品往生的净土变形式的观经变相"，并推断其为"阿弥陀净土变相"；[2]施萍婷则称该经变画是有九品往生的无量寿经变，[3]张景峰同持此观点；[4]王惠民认为应该是无"未生怨"的观无量寿经变；[5]李玉珉提出该经变画为杂糅"九品往生"及"宝树观"的西方净土变。[6]综合以上，[7]本书以《敦煌石窟内容总录》为准，称该经变画为阿弥陀经变，并在下文中从乐舞图像的角度对经变画定名进行分析和解释。

整铺经变画自上而下由三部分内容组成，其中构图类似双"凹"字叠置方式，将说法场景和乐舞组合分别置于"凹"字区域内，从视觉上拓展了景深，给观者以尽可能的立体式体验。经变画上部约三分之一的空间，以群青为底色绘出净土天际，其中主体内容为三处楼阁，中间为双层歇山顶式，左侧楼阁同样为双层歇山顶式，右侧则为横向相连的三座双层歇山顶楼阁。三处楼阁之间，各

1　参见《敦煌石窟内容总录》，第 131 页。

2　参见〔日〕松本荣一《敦煌画研究》上册，林保尧、赵声良、李梅译，浙江大学出版社，2019，第 6 页。

3　参见施萍婷《敦煌经变画略论》，敦煌研究院编《敦煌研究文集·敦煌石窟经变篇》，甘肃民族出版社，2000，第 3 页。

4　参见张景峰《佛教两种末法观的对抗与阐释——敦煌莫高窟第 321 窟研究》，《敦煌学辑刊》2014 年第 3 期。

5　王惠民：《敦煌净土图像研究》，《法藏文库》81，台北：佛光山文教基金会，2003，第 267—268 页。

6　李玉珉：《敦煌莫高窟第三二一窟壁画初探》，《美术史研究集刊》第 16 期，2004 年。

7　关于经变画不同定名观点的对比分析，参见张景峰《佛教两种末法观的对抗与阐释——敦煌莫高窟第 321 窟研究》，《敦煌学辑刊》2014 年第 3 期，第 66—67 页。

绘一五层宝幢，宝幢外绘罗网、内绘楼阁。楼阁和宝幢之间分别绘不鼓自鸣乐器、飞天及七宝树，以此构成净土世界的功德庄严之相。经变画中部为阿弥陀佛说法场景，这部分区域在画面中以八功德水之上的平台呈现，阿弥陀佛呈跏趺坐，结转法轮印，观世音菩萨和大势至菩萨以游戏坐坐于两侧，周围簇拥听法菩萨。平台两侧以平桥延伸出又一平台，此平台上绘立佛与听法部众。说法场景前部为七宝莲池，莲池内绘莲花、化生和"种种奇妙杂色之鸟"。莲池两侧水面各绘一双层歇山顶式配殿，配殿以仰视视角绘制，同样增加画面的纵深感，左侧配殿一层内绘有一身菩萨乐伎。莲池前部为乐舞组合所在区域，乐舞组合形式为"5+2+5"，即两侧各有五身菩萨乐伎奏乐，中间为两身舞伎起舞。乐舞组合两侧同样绘听法菩萨和迦陵频伽，其中各有三身菩萨手持长幡站立，此部分壁面剥落和漫漶较为严重（见图4-5）。

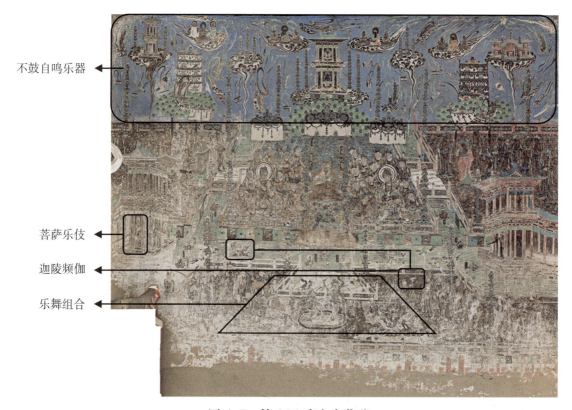

图 4-5 第 321 窟主室北壁

该经变画中所绘乐舞图像具体包括净土天际部分的不鼓自鸣乐器和楼阁檐角的铃，七宝莲池栏杆处的迦陵频伽以及乐舞场景中的乐舞组合和迦陵频伽。由于经变画净土天际部分面积较大，因此绘制了数量庞大的不鼓自鸣乐器。每件乐器器身均绘有飘带，正好契合其"悬处虚空，如天宝幢，不鼓自鸣"的特征。此外每件乐器的绘制都极为细致，加之这一部分壁面保存较为完好，为我们考证唐代乐器形制提供了重要的图像资料（见图4-6）。不鼓自鸣乐器共计三十八件，按照壁面从上到下、从左至右的顺序依次进行罗列，具体如下：

答腊鼓、答腊鼓、竖吹笛类乐器、琴、答腊鼓、鸡娄鼓、曲项琵琶、横笛、鼗鼓、答腊鼓、横笛、鼗鼓、筚篥、竖吹笛类乐器、排箫、竖箜篌、排箫、鼗鼓、排箫、横笛、腰鼓、鸡娄鼓、笙、答腊鼓、鼗鼓、琴、答腊鼓、腰鼓、竖吹笛类乐器、笙、筚篥、直颈琵琶、横笛、排箫、铜钹、答腊鼓、琴、铜钹。

图4-6　第321窟主室北壁阿弥陀经变中的不鼓自鸣乐器

以上乐器按分类统计，分别是弹拨乐器六件、吹奏乐器十五件、打击乐器十七件，具体如下：

弹拨乐器：琴三、曲项琵琶一、竖箜篌一、直颈琵琶一；

吹奏乐器：竖吹笛类乐器三、横笛四、筚篥二、排箫四、笙二；

打击乐器：答腊鼓七、鸡娄鼓二、鼗鼓四、腰鼓二、铜钹二。

在实际勘察中，由于窟内空间和光线条件受限，个别乐器未统计在内，如经变画左上角壁面局部剥落处。借助"数字敦煌"网站高清图像，此处应该绘有答腊鼓，如图4-7所示，残存的壁面上依然能够看到向上的鼓面和缠绕在鼓身上的飘带。

图 4-7　第 321 窟主室北壁
阿弥陀经变左上角壁面

　　此外，在天际部分位于中间和左侧楼阁的檐角处悬挂有铃，其中中间楼阁上、下层檐角均有铃，左侧楼阁仅上层檐角有铃（见图 4-8）。作为装饰类响器的铃在敦煌壁画和敦煌文献中均有出现。壁画主要包括洞窟内装饰性图案，如四壁上沿、四披下沿垂幔下端的铃，以及部分经变画中所绘楼阁檐角的铃，该经变画即为此例。敦煌文献中记载的铃主要出现在寺院什物历一类的社会经济类文书中，时间集中在晚唐至五代，用途包括作为寺院供养具，装于幡杆或挂于佛殿四角，或在舍利塔相轮上与火珠并用，等等。该问题笔者已在《榆林窟壁画乐舞图像研究》一书中详细考证。[1]就该经变画而言，铃应该是经变画参照唐代寺院建筑实际而绘入的。因此如果按现实的寺院檐角悬挂的铃来理解经变画中的铃，其应该具有装饰、现实和象征三重功能。装饰功能显而易见，现实功能涉及这类铃的

1　参见朱晓峰《榆林窟壁画乐舞图像研究》，第 252—257 页。

来源——占风，故在文献中也被称作
"占风铎"，[1]至于象征，也可以认为是
以铃声来比喻佛声。这样，铃与不鼓
自鸣乐器在佛教语境下的本质是类同
的，即清风吹动，出微妙音。因此，
本书将此处的铃计入经变画所绘乐器
中，但为了与不鼓自鸣乐器相区分，
将其作为装饰类响器。

以上乐器的部件和装饰纹样绘制
极为细致，如琴、琵琶、竖箜篌的琴
弦，腰鼓、答腊鼓的鼓绳，排箫的腰
带，竽篥的管哨，鼓类乐器鼓身、琵
琶捍拨、竖箜篌共鸣箱和笙的笙斗表
面卷草、团花纹样等内容在壁面上均
清晰可见，而且以《通典》卷一四四
《乐四·八音》所列乐器为例，[2]除装
饰性的铃外，其余乐器均能够与记载
对应，这足以说明这些乐器即便在经
变画中具有不鼓自鸣的性质，但依然
是以唐代现实乐器为原型绘制的。此
外，同为初唐的莫高窟第 341 窟主室
南壁阿弥陀经变中，也绘有同样规模
的不鼓自鸣乐器，根据笔者调查，其

图 4-8　第 321 窟主室北壁阿弥陀经变中的
楼阁

1　参见朱晓峰《唐代莫高窟壁画音乐图像研究》，第 51 页。

2　《通典》卷一四四《乐四·八音》载：金一：钟、栈钟、镈、錞于、铙、镯、铎、方响、铜钹、铜鼓；石二：磬、馨；土三：埙、缶；革四：鼓、齐鼓、担鼓、羯鼓、都昙鼓、毛员鼓、答腊鼓、鸡娄鼓、正鼓、节鼓、抚拍、雅；丝五：琴、瑟、筑、筝、琵琶、阮咸、箜篌；木六：柷、敔、舂牍、拍板；匏七：笙、竽；竹八：箫、管、篪、七星、籥、笛、竽篥、笳、角；八音之外又有三：桃皮（竽篥）、贝、叶（第 3671—3683 页）。

中不鼓自鸣乐器数量约为40件，但壁面清晰程度不如本窟，在此作为资料一并提出。

如前述，该经变画中现存迦陵频伽共计两身，其中一身立于七宝莲池左侧栏杆之上，与之对应立于右侧栏杆上的则是孔雀。孔雀前方乐舞组合所在的平台右侧绘有另一身迦陵频伽，与其对应的平台左侧处壁面已脱落，因此无法确定是否绘有迦陵频伽或其他"奇妙杂色之鸟"（见图4-9）。由于在壁面上未见两身迦陵频伽持乐器演奏或呈明显的演奏姿态，故此处按迦陵频伽予以记录和表述。

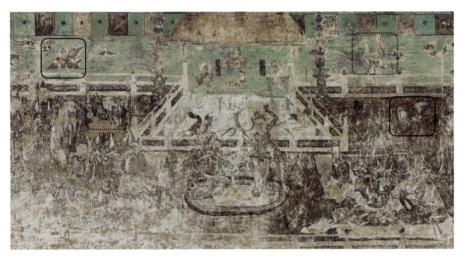

图4-9　第321窟主室北壁阿弥陀经变中的迦陵频伽

经变画乐舞组合位于七宝莲池前部的平台上，此处壁面漫漶、脱色情况严重，甚至局部壁面还有脱落和刮擦，因此能够确定的内容包括组合形式为"5+2+5"以及部分菩萨乐伎所奏乐器和舞伎舞姿，但部分菩萨乐伎所奏乐器已无法辨认。菩萨乐伎均呈半跏趺坐于方毯之上，两侧均以内二身、外三身排列，乐伎头部戴冠，颈部佩项圈，上臂和手腕均有臂钏和腕钏，身着天衣，具体款式不明。其中能够通过姿态和乐器轮廓辨别左侧三身乐伎所奏乐器，分别是内侧两身演奏筝和琵琶，外侧最前部一身演奏横笛。右侧仅能辨别两身乐伎所奏乐器，分别是外侧前部两身演奏排箫和琵琶。两件琵琶均由乐伎持槟拨奏，排箫的音管和腰带较清晰，其余乐器细节均不明（见图4-10）。此外，在乐舞平台左侧配殿一层内，绘有一身菩萨乐伎以立姿横抱琵琶弹奏，旁边另有一身菩萨倚柱俯视前方，左臂抬起，手指指向七宝莲池（见图4-11）。对应的右侧配殿同样绘有菩萨，但均未演奏乐器。

图 4-10　第 321 窟主室北壁阿弥陀经变中的乐舞组合

图 4-11　第 321 窟主室北壁阿弥
陀经变左侧配殿一层

相对而言，两身舞伎配饰、姿态较明显，舞伎立于椭圆形的舞筵上，舞筵外侧饰联珠纹，未见流苏，内部图案现已不存。舞伎头戴山形冠，头冠两侧有缯带，颈部戴项圈，上身似着修身上衣，腰部有腰裙，下身着裙装。右侧舞伎正面朝向观者，左臂抬于头部，右臂则横于身前，双腿交叉站立，周身以修长的帔巾缠绕，按舞伎姿态和帔巾表现的动势判断，画面展现的正是舞伎旋转起舞的瞬间定格。左侧舞伎所在位置壁面漫漶，从身形姿态和帔巾状态来看，应该同样为旋转起舞。由于乐舞组合中半数菩萨乐伎所奏乐器不明，也就无法通过乐器编制结合舞伎舞姿对乐舞组合做进一步考证，故对该乐舞组合的研究只能停留在描述阶段。但如果试做现实角度的分析，按照舞伎旋转的舞姿，此处菩萨伎乐乐队所奏音乐应该是速度较快、节奏鲜明的音乐，所以现已无法辨识的乐器中必然包含一定数量的打击乐器，只有这样，乐舞组合中乐器、音乐和舞蹈三者才能在画面中形成统一。

按前述，不同学者根据经变画所绘内容结合"净土三经"，对定名提出不同观点，如无量寿经变、观无量寿经变、阿弥陀经变以及西方净土变等。之前笔者也曾在研究中提到，如果除去模式化的因素，经变画乐舞图像与佛经文本间存在一定的对应关系。[1]因此，本书以乐舞为视角，对比"净土三经"中乐舞记载与经变画的相关性。

根据前文梳理，本铺经变画中绘制的乐舞图像共计三类，自上而下排布于经变画营造的净土世界中，包括不鼓自鸣乐器组成的天乐、迦陵频伽等"奇妙杂色之鸟"、菩萨乐伎和舞伎组成的乐舞组合。值得注意的是，不鼓自鸣乐器在经变画乐舞图像中占有较大比重，这是与通常净土类经变画最明显的区别。那么，我们来逐个梳理"净土三经"中与乐舞相关的记载。

《佛说无量寿经》载：

　　佛语阿难：法藏比丘说此颂已，应时普地六种震动，天雨妙华以散其上，自然

1　参见朱晓峰《唐代莫高窟经变画乐舞图像述略》，《敦煌研究》2021 年第 6 期。

音乐空中赞言：决定必成无上正觉。于是法藏比丘具足修满如是大愿，诚谛不虚，超出世间深乐寂灭。

……………

佛告阿难：世间帝王有百千音乐，自转轮圣王乃至第六天上，伎乐音声展转相胜千亿万倍；第六天上万种乐音，不如无量寿国诸七宝树一种音声千亿倍也。亦有自然万种伎乐，又其乐声无非法音，清畅哀亮，微妙和雅，十方世界音声之中最为第一。

……………

佛语阿难：彼国菩萨承佛威神，一食之顷往诣十方无量世界，恭敬供养诸佛世尊，随心所念，华香、伎乐、缯盖、幢幡，无数无量供养之具自然化生，应念即至，珍妙殊特非世所有。转以奉散诸佛、菩萨、声闻大众，在虚空中化成华盖，光色晃耀，香气普熏。其华周圆四百里者，如是转倍，乃覆三千大千世界，随其前后以次化没。其诸菩萨佥然欣悦，于虚空中共奏天乐，以微妙音歌叹佛德，听受经法欢喜无量。供养佛已、未食之前，忽然轻举还其本国。

……………

佛语阿难：无量寿佛为诸声闻、菩萨大众颂宣法时，都悉集会七宝讲堂，广宣道教，演畅妙法，莫不欢喜，心解得道。实时四方自然风起，普吹宝树出五音声，雨无量妙华随风周遍，自然供养如是不绝。一切诸天皆赍天上百千华香、万种伎乐供养其佛及诸菩萨、声闻大众，普散华香，奏诸音乐，前后来往更相开避。当斯之时，熙然快乐不可胜言。

……………

尔时，世尊说此经法，无量众生皆发无上正觉之心，万二千那由他人得清净法眼，二十二亿诸天人民得阿那含，八十万比丘漏尽意解，四十亿菩萨得不退转，以弘誓功德而自庄严，于将来世当成正觉。尔时，三千大千世界六种震动，大光普照十方国土，百千音乐自然而作，无量妙华芬芬而降。[1]

---

1 《大正新修大藏经》第 12 册，第 269、271、273、279 页。

以上就是《佛说无量寿经》中与乐舞相关部分的辑录，可以看到，《佛说无量寿经》中多次出现"自然音乐"和"伎乐"的表述，如"自然音乐空中赞言""百千音乐自然而作"和"自然万种伎乐""万种伎乐供养其佛及诸菩萨"等，将其对应到经变画中，应该就是不鼓自鸣的天乐和菩萨伎乐图像。此外需要注意的是，经文中也出现了"天乐"一词，但按文意，应该是指菩萨在净土虚空演奏音乐，因此不能与经变画中的不鼓自鸣乐器相关联。

再来看《佛说观无量寿佛经》，经文曰：

佛告阿难及韦提希：初观成已，次作水想，想见西方一切皆是大水……见水映彻，作琉璃想。此想成已，见琉璃地，内外映彻……琉璃地上，以黄金绳，杂厕间错，以七宝界，分齐分明，一一宝中，有五百色光。其光如花，又似星月，悬处虚空，成光明台。楼阁千万，百宝合成，于台两边，各有百亿花幢，无量乐器，以为庄严。八种清风，从光明出，鼓此乐器，演说苦、空、无常、无我之音。是为水想，名第二观。

…………

佛告阿难及韦提希：树想成已，次当想水。欲想水者，极乐国土有八池水。一一池水七宝所成，其宝柔软从如意珠王生，分为十四支……从如意珠王踊出金色微妙光明，其光化为百宝色鸟，和鸣哀雅，常赞念佛、念法、念僧。是为八功德水想，名第五观。

…………

佛告阿难及韦提希：众宝国土，一一界上，有五百亿宝楼。其楼阁中，有无量诸天，作天伎乐。又有乐器，悬处虚空，如天宝幢，不鼓自鸣。此众音中，皆说念佛、念法、念比丘僧。此想成已，名为粗见极乐世界宝树、宝地、宝池。是为总观想，名第六观。[1]

---

1 《大正新修大藏经》第 12 册，第 342 页。

《佛说观无量寿佛经》中与乐舞相关的记载分别出自"十六观"的第二观水想、第五观八功德水想和第六观总观想，其中第二观通过水想次第生成种种景象，以无量乐器作为结束，无量乐器位于悬处虚空的楼阁之间，正可以与经变画中不鼓自鸣乐器对应。第五观从八池水逐渐递进到百宝色鸟，即八池水—七宝池—如意珠王—微妙光明—百宝色鸟，因此这一部分能够完全与经变画所绘说法场景前部的池水、迦陵频伽和孔雀对应。第六观则明确出现了不鼓自鸣乐器和伎乐的内容，这与经变画同样可以对应，而且需要强调的是，除平台之上的菩萨乐伎外，配殿内所绘菩萨乐伎能够与经文中所言"其楼阁中，有无量诸天，作天伎乐"准确对应。

《佛说阿弥陀经》载：

> 尔时，佛告长老舍利弗……
> 又舍利弗，彼佛国土，常作天乐，黄金为地，昼夜六时，天雨曼陀罗华。
> …………
> 复次舍利弗，彼国常有种种奇妙杂色之鸟：白鹄、孔雀、鹦鹉、舍利、迦陵频伽、共命之鸟。是诸众鸟，昼夜六时出和雅音，其音演畅五根、五力、七菩提分、八圣道分如是等法。其土众生闻是音已，皆悉念佛、念法、念僧。舍利弗，汝勿谓此鸟实是罪报所生。所以者何？彼佛国土无三恶趣。舍利弗，其佛国土尚无三恶道之名，何况有实？是诸众鸟，皆是阿弥陀佛欲令法音宣流，变化所作。舍利弗，彼佛国土微风吹动，诸宝行树及宝罗网出微妙音，譬如百千种乐同时俱作，闻是音者，皆自然生念佛、念法、念僧之心。舍利弗，其佛国土成就如是功德庄严。[1]

该经与乐舞相关的内容集中出现在对西方极乐世界的描述中，主要涉及"天乐"和"奇妙杂色之鸟"。按经文描述，天乐后紧接着就是如天雨而降的曼陀罗

---

[1] 《大正新修大藏经》第 12 册，第 346—347 页。

华，因此此处天乐很可能就是指不鼓自鸣乐器。之后对迦陵频伽在内的众鸟进行了具体描述，包括对种类、特征、源流和功能的解释。这在"净土三经"中是最系统和全面的，因此，我们通常能够在阿弥陀经变中见到数量较多的奇妙杂色之鸟，这应该与佛经文本有直接关系。

通过以上分析和对比，《佛说无量寿经》主要涉及天乐和伎乐，《佛说观无量寿佛经》中出现了不鼓自鸣乐器、百宝色鸟和伎乐，而《佛说阿弥陀经》中出现了天乐和奇妙杂色之鸟的描述，因此就经变画而言，《佛说观无量寿佛经》的内容与乐舞图像的对应最为完整和贴切。也就是说，从乐舞角度看，如果将该经变画称为观无量寿经变可能更恰当，但考虑到净土类经变画和其中乐舞图像具有的模式化因素，我们依然不能机械地将文本与图像的对应作为简单判定经变画名称的手段，同时也应当理性地认识到，乐舞图像作为经变画的局部内容，很难对定名起关键性作用，因此以上考证只能作为定名的旁证或者视作从乐舞文本角度对经变画的进一步认识。

三　主室南壁

主室南壁通壁绘经变画一铺，该经变画在《敦煌石窟内容总录》和史苇湘所撰《敦煌莫高窟的〈宝雨经变〉》中均称宝雨经变，[1] 此说一直被学界沿用。[2] 之后，王惠民根据《敦煌莫高窟的〈宝雨经变〉》一文对壁面榜题中辨识出的"尔时灌顶……"文字重新进行考察，确认其出自《大方广十轮经》中的《发问断业本结品》，由此以《大方广十轮经》为基础重新解读了经变画画面，并最终确定该经变画名称为十轮经变，[3] 此说基本成为学界共识。值得一提的是，根据王惠民的研

1　参见《敦煌石窟内容总录》，第 132 页；史苇湘《敦煌莫高窟的〈宝雨经变〉》，《1983 年全国敦煌学术讨论会文集　石窟·艺术编》上册，第 61—83 页。

2　关于学界对宝雨经变这一名称的沿用，参见王惠民《敦煌佛教图像研究》，第 372—373 页。

3　王惠民：《敦煌莫高窟若干经变画辨识》，《敦煌研究》2010 年第 2 期，第 5 页。除第 321 窟外，莫高窟盛唐第 74 窟主室北壁同样绘十轮经变，此窟笔者调查时未见乐舞图像。参见王惠民《敦煌 321 窟、74 窟十轮经变考释》，《艺术史研究》第 6 辑，第 309—336 页；该文后被收入氏著《敦煌佛教图像研究》"十轮经变"部分，第 371—426 页。

究，"尔时灌顶……"文字对应的经变画内容为"十轮"之"第四轮"，而这一部分在经变画中正是以乐舞组合形式表现的。这样看来，十轮经变定名的由来恰好印证了笔者提出的乐舞图像可以作为经变画定名旁证之观点。此外，在经变画佛说法场景中还绘有不鼓自鸣乐器。这些就是该经变画中出现的全部乐舞图像，可见在该经变画中乐舞图像并未遵循通常沿纵向轴线自上而下布局的方式，以下将详细对其进行分析。

尽管整铺经变画中心画面依然为佛说法场景（见图4-12），但其与通常所见以佛说法场景为主体内容的经变画具有明显差异，这主要体现在说法场景的周边安排了不同的画面内容。按照王文的解读，经变画整体画面大致包括五部分内容，分别为：（1）主体说法会及其周围画面；（2）称地藏名、获诸功德；（3）变化诸身、方便说法；（4）象王本生；（5）十轮。[1] 内容布局如图4-13所示。

经变画上部绘十铺说法图，以象征十方诸佛，说法图以下绘横向贯通画面的一组云纹，其中伸出托如意珠的双手。云纹正中下方为近似菱形构图的佛说法场景部分，其中佛华盖上部、两侧绘雨宝供养，佛正前部绘渴仰菩萨请问，左前部绘三天女请问，右前部绘地藏赴会。佛说法场景左前部绘十轮内容，此部分所在的经变画下方壁面漫漶、剥落较严重，右侧主要绘地藏化现和象王本生等内容。乐舞图像出现在佛说法场景的雨宝供养和左前部十轮部分，其中雨宝供养部分绘六件不鼓自鸣乐器，十轮部分绘有"4+1"形式的乐舞组合。

六件不鼓自鸣乐器被分别绘制在雨宝供养部分两个不同的区域内，这是与通常经变画不鼓自鸣乐器绘制于上部天际部分的区别。在横向贯通经变画的云纹正中下方，绘有一件答腊鼓，答腊鼓与鲜花、璎珞、花盘、摩尼珠、观音尊等供养物共同组成缤纷下坠的画面，以象征无量宝物如雨的净土圣境。答腊鼓鼓身处绘有飘带，鼓面向上，鼓身绘有团花状纹样，现已漫漶，此鼓未见连接上下鼓面的鼓绳。该部分画面的下方绘主尊华盖，华盖两侧共出现五件不鼓自鸣乐器，其中左侧绘羯鼓与排箫，右侧绘横笛、羯鼓和排箫（见图4-14）。两侧的羯鼓和

---

1 王惠民：《敦煌佛教图像研究》，第385—386页。

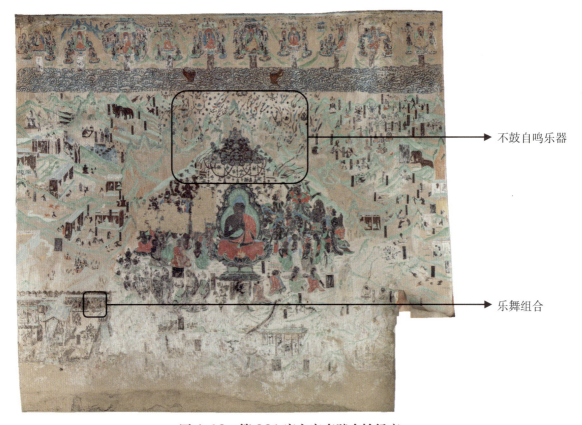

不鼓自鸣乐器

乐舞组合

图 4-12　第 321 窟主室南壁十轮经变

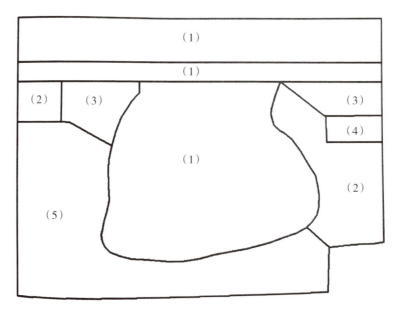

图 4-13　第 321 窟主室南壁十轮经变内容布局示意

资料来源：王惠民《敦煌佛教图像研究》，第 385 页。

排箫在外观、形制上保持一致。羯鼓外观呈桶形，鼓身处绘有固定装置且以绳带连接，需要注意的是，此处的绳带为封闭结构，故其应该是悬挂于身方便敲击之用，而用于表示其为不鼓自鸣乐器的飘带也同样绘于鼓身和鼓面处，但该飘带为非封闭结构，这在壁面上有明确表示。之前笔者曾结合文献记载对敦煌石窟中的羯鼓图像进行考证，并确定鼓床并不是羯鼓所必需的部件，[1]而该羯鼓图像进一步说明羯鼓除承于鼓床演奏外，也可以悬挂在身上演奏。只是此处的羯鼓为不鼓自鸣状态，但位于鼓身两侧封闭状的绳带已说明问题。同时，该羯鼓图像也再次证明敦煌石窟所绘乐器图像大多是直接照搬现实乐器，而且乐器图像不同于乐伎图像经过佛教的转化，否则，按照不鼓自鸣乐器的性质，羯鼓之上大可不必绘用于悬挂的绳带。两侧排箫图像较为清晰，管数约为二十一，排箫两侧的加固装置和腰带均能在壁面上分辨。右侧羯鼓下方绘一横置的管状物，但管身未见飘带，按其与羯鼓之间的比例推断，其管身过粗，故排除其为羯鼓鼓杖的可能。通过进一步查看"数字敦煌"网站高清图像，发现其管身上似绘有吹孔与指孔，因此此器应该是横笛，至于器身未见飘带的原因，不明。

图4-14　第321窟主室南壁十轮经变中的不鼓自鸣乐器

1　参见朱晓峰《榆林窟壁画乐舞图像研究》，第272—274页。

乐舞组合出现在经变画左前部，此处所绘为一方形城邑，四周为城墙，右侧绘城楼，城内有宫殿。在城内上方回廊内，绘一组乐舞组合，四身乐伎沿回廊横向排开，乐伎左前方有一身舞伎起舞。此处壁面脱色、漫漶较严重，现大致能确定乐伎和舞伎束发髻，颈部有项圈，上身着偏袒式上衣，下身着裤装，赤足，其余细节不明。可以明显看到舞伎左前臂抬于头顶，右前臂横置于身前，双腿交叉，双足以前脚掌着地，呈明显的起舞姿态。其身后四身乐伎中，从左至右第一身乐伎以一腿直、一腿屈的姿态站立，颈部悬挂腰鼓，腰鼓广首纤腹的外观较清晰。第二身稍靠后排列，头部偏向右侧，右臂同样向右侧伸出，未见乐器。第三身乐伎双腿分开站立，双手捧持一乐器于口部呈吹奏状，具体是何种乐器无法确定。第四身头部同样偏向右侧站立，双手似在胸前，其余不明（见图4-15）。综合以上，目前能够确定此处有一身舞伎起舞，一身乐伎演奏腰鼓，另一身演奏某种吹奏类乐器，按通常敦煌石窟壁画中乐舞图像的排列组合方式，现无法准确辨认的两身很可能也是在演奏乐器，因此此处按"4+1"的乐舞组合形式对其进行表述。

图4-15　第321窟主室南壁十轮经变中的乐舞组合

该乐舞组合的左侧为一方榜题，王惠民结合史苇湘先前的辨识做了释读，现引全文如下：

尔时灌顶刹利大王常与国人同

其饮食而共戏乐不相疑猜心相

体信共行王法是名第四轮也。[1]

通过核对，王惠民确认此榜题出自《大方广十轮经》[2]卷二《发问断业本结品》，进而推定该经变画就是依据《大方广十轮经》内容绘制的，当是。以下摘引该经相关内容：

> 尔时，灌顶刹利大王常与国人同其饮食而共戏乐，不相疑猜心相体信共行王法，是名灌顶大王第四轮也。[3]

可见，经变画所绘乐舞组合是对经文刹利[4]大王常与国人共戏乐的对应，即通过乐舞展现与民同乐的场景，因此该乐舞组合带有明显的世俗意味。据此将乐舞组合中的乐、舞伎以世俗乐伎、世俗舞伎称之。另外根据前述对乐、舞伎的大致辨识可知，其服饰具有一定的西域风格，这应该是经变画绘制时所做的特别交代。

在确定了该经变画绘制参照的佛经为《大方广十轮经》后，我们来看经变画中不鼓自鸣乐器与佛经文本之间的关系，其卷一《序品》曰：

> 如是我闻，一时佛在佉罗堤耶山牟尼仙所住之处，与大比丘众俱，无量无数声闻大众，菩萨摩诃萨无量无边不可称计说《月藏》讫。
>
> 尔时，南方有大香云雨大香雨，大华云雨大华雨，无量璎珞云雨种种璎珞雨，

1　王惠民：《敦煌佛教图像研究》，第402页。

2　《大方广十轮经》现已失译者名，玄奘亦重译此经，名为《大乘大集地藏十轮经》。在敦煌文献中，也有关于《十轮经》的写本，共计26个卷号。参见王惠民《敦煌佛教图像研究》，第371—379页。

3　《大正新修大藏经》第13册，第689页。

4　《大唐西域记》卷二《印度总述之族姓》记载："若夫族姓殊者，有四流焉：一曰婆罗门，净行也，守道居贞，洁白其操。二曰刹帝利，王种也。旧曰刹利，略也。奕世君临，仁恕为志。"玄奘、辩机著，季羡林等校注《大唐西域记校注》，中华书局，1985，第197页。

大衣云雨大衣雨。于佉罗堤耶山牟尼仙所住处，是诸大雨皆悉遍满。大阴云雨而雨
香华、衣服、璎珞，亦说种种无量法音。[1]

这一部分主要是对佛说法场景的描绘，即南方有"大雨"布满佉罗堤耶山，
这对应经变画中的主体说法会。经文中仅提到香华（花）、衣服和璎珞如雨，其
中未涉及乐器，但紧接着又说香华（花）、衣服和璎珞发出种种法音，因此经变
画除绘入鲜花、璎珞等供养物之外，又加入了不鼓自鸣乐器，使画面表现更加直
观生动，也能与法音相契合。可见，不鼓自鸣乐器的入画不是与经文的直接对
应，而是对法音在画面中的补充性解释和延伸，即便如此，不鼓自鸣乐器在经变
画中依然具有装饰、渲染和供养的功能。

四　主室东壁

东壁壁画自上而下为三段式布局。上段以窟门上沿为界横向绘三铺说法图，
两侧为跌坐佛说法图，其中北侧为一佛二弟子二菩萨组合，南侧为一佛二菩萨组
合。上段中间则绘倚坐佛说法图一铺，为一佛四菩萨组合。东壁中段窟门北侧绘
十一面观世音一铺，门南绘立佛一铺，均为一主尊二菩萨组合。下段窟门两侧为
五代重修时绘入的男性供养人，现存三十余身，此处壁面剥落、漫漶较为严重。

十一面观世音为十一面六臂造型，立于莲台之上，两侧菩萨同样以站姿立于
莲台之上，三身菩萨顶部绘华盖和双树。在三身菩萨前部的区域绘两身迦陵频伽
乐伎，由于壁画漫漶，目前能够大致辨识两身乐伎相对而立，双翅展开。其中左
侧迦陵频伽乐伎横抱琵琶，琵琶具体细节不明，右侧则双臂屈于胸前，双手似捧
持某种吹奏乐器于口部吹奏，但乐器已无法确定（见图4-16）。

与十一面观世音图像相关的佛教经典在《大正新修大藏经》中包括耶舍崛多
译《佛说十一面观世音神咒经》、阿地瞿多译《十一面观世音神咒经》、玄奘译
《十一面神咒心经》及不空译《十一面观自在菩萨心密言念诵仪轨经》等，其中

---

1 《大正新修大藏经》第13册，第681页。

图 4-16 第 321 窟主室东壁十一面观世音

均未查阅到与迦陵频伽相关的记载，但在阿地瞿多译《十一面观世音神咒经》之后的《画观世音菩萨像法》中出现了与迦陵频伽等众鸟相关的记载。需要说明的是，《十一面观世音神咒经》出自阿地瞿多译《佛说陀罗尼集经》卷四，《画观世音菩萨像法》出自卷五，其曰：

> 一切观世音菩萨像，通身白色，结加趺坐百宝庄严莲华座上，头戴七宝庄严华冠而有重光。其华冠中有立化佛，其华冠后作簸箕光，其光之内总作赤色。其像背倚七宝绣机。其像左手屈臂当心，又屈中指向上直竖。右手屈臂向左手上，屈头指与大指相捻，而拄左手中指之上……其像左右厢各有一菩萨以为侍者，其二菩萨通身黄色，俱头戴华冠……又，华光两边各有四鸟而助供养，左边有二频伽鸟并行而

立，次后有二鹦鹉并行，右边有二孔雀并行，次后有二白鹤并行。[1]

根据经文，在主尊观世音头光周边绘众鸟作为供养，其中包括迦陵频伽二、鹦鹉二、孔雀二和白鹤二，共计八身，这很可能就是本铺十一面观世音中绘迦陵频伽乐伎的出处或依据。只是该经文中说观世音为两臂，但本铺十一面观世音为六臂，该问题张景峰在《敦煌莫高窟第 321 窟营建年代初探》一文中进行过考证，推测其绘制可能受到菩提流志译《不空羂索神变真言经》中"变化观世音"的影响。[2] 就迦陵频伽乐伎在壁画中的功能而言，其除了经文所说的供养之外，还应如本窟西壁龛壁和北壁经变画所绘迦陵频伽一样具有"法音宣流"和装饰的功能。

本节主要是对莫高窟第 321 窟主室乐舞图像进行研究。根据调查，第 321 窟主室所绘乐舞图像主要包括西壁龛壁所绘迦陵频伽，北壁经变画中的不鼓自鸣乐器、铃、迦陵频伽、配殿内的菩萨乐伎、乐舞组合，南壁十轮经变中的不鼓自鸣乐器、世俗乐舞组合以及东壁十一面观世音中的迦陵频伽。如将上述内容做一简单统计，迦陵频伽共计八身，其中三身为迦陵频伽乐伎，菩萨乐伎十一身，菩萨舞伎两身，世俗乐伎四身，世俗舞伎一身，不鼓自鸣乐器共计四十四件，由乐伎演奏的乐器共计十一件，其余七件乐器因壁面漫漶无法辨识或壁面剥落现已不存。总体来看，该窟作为唐前期敦煌乐舞的代表性洞窟之一，具有如下特征。

首先，乐舞图像的种类和数量较为丰富，尤其是不鼓自鸣乐器、迦陵频伽乐伎和乐舞组合，自唐代开始逐渐出现在经变画中，而且伴随洞窟之内经变画数量的增多，上述乐舞图像也呈现出与之相适应的数量和规模，这也是本书接下来需要持续关注的内容。其次，经变画及乐舞图像的出现，使我们能够以确定的佛教经典作为文本来深入分析乐舞图像绘制的依据、功能，甚至基于文本从乐舞的角度来进一步认识经变画，这在本窟研究中体现得较为明显。如主室北壁经变画所绘配殿内菩萨乐伎与《佛说观无量寿佛经》的对应，南壁十轮经变中不鼓自鸣乐器、世俗乐舞组合与《大方广十轮经》的对应，东壁十一面观世音所绘迦陵频伽

1　《大正新修大藏经》第 18 册，第 828 页。

2　参见张景峰《敦煌莫高窟第 321 窟营建年代初探》，《敦煌学辑刊》2016 年第 4 期，第 84—87 页。

与《画观世音菩萨像法》的对应。这应该是深入探寻敦煌乐舞内在规律的方法，也是研究敦煌乐舞新的思路。最后，除了以佛经文本作为敦煌乐舞研究的手段之外，以历史文献为基础来全面分析敦煌乐舞与现实乐舞之间的关系也是研究重要的目的之一，这对于我们进一步认识历史上不同地域间乐舞文化的传播和融合具有重要的现实意义。但由于本窟所绘乐舞组合信息缺失较严重，这一部分的研究将在之后的章节中展开。

第二节　莫高窟第217窟中的乐舞图像

第217窟位于莫高窟南区南段崖面第二层，与其南北毗邻及第三层的洞窟大多为唐前期开凿的洞窟，如第211、212、213、214、215、216、218、219、220、225窟及第202、203、204、205、208、209、210窟（见图4-17）。第217窟在《敦煌莫高窟唐前期洞窟分期》中被列入唐前期第三期洞窟，第三期洞窟在形制、窟内塑像、壁画布局及供养人形象等方面与前述第二期基本一致。在壁画题材的内容和形式上，第三期洞窟主要包括说法图、阿弥陀经变、观无量寿经变、弥勒经变、法华经变和观音经变等。[1]

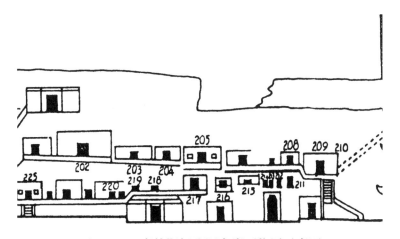

图4-17　唐前期部分洞窟崖面位置示意图

资料来源：季羡林主编《敦煌学大辞典》，附录《莫高窟石窟位置图》。

1　参见樊锦诗、刘玉权《敦煌莫高窟唐前期洞窟分期》，《敦煌研究文集·敦煌石窟考古篇》，第159—171页。

第 217 窟由前室、甬道和主室组成。前室西壁门上除有盛唐所绘供养人外，其余西壁门南、北，北壁，南壁及甬道顶，南、北壁的壁画均为晚唐重修时所绘。主室形制为覆斗形顶洞窟，西壁开一平顶敞口形龛，龛内现仅存趺坐佛一身，经清代重修（见图 4-18）。龛内西、南、北壁绘弟子八身、菩萨两身及残存六具头光，龛顶绘说法图一铺，南侧已崩毁。龛外南侧绘大势至菩萨一身，北侧绘观世音菩萨一身。龛下中部绘供养器，南侧绘女性供养人六身，北侧绘男性供养人六身。龛外南北两侧各有一坛，坛上现无塑像，北侧坛南、东向面和南侧坛北、东向面绘供养人及供养车马，部分已漫漶。窟顶绘团花纹藻井，四披绘千佛，其中西披大部及南、北披局部已崩毁。根据《敦煌石窟内容总录》的描述，主室北壁通壁绘观无量寿经变一铺，南壁通壁绘法华经变一铺，东壁窟门两侧绘法华经变观世音普门品一铺，[1] 不过目前学界对南壁经变画定名提出了新观点，本书将在后文中进行讨论。本窟所绘乐舞图像主要集中出现在北壁和南壁经变画之中，包括不鼓自鸣乐器、迦陵频伽伎乐和乐舞组合等。

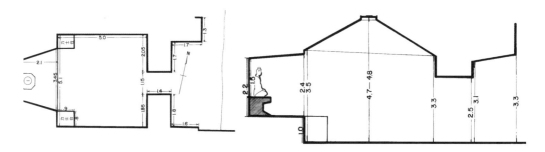

图 4-18　第 217 窟平面及剖面图

资料来源：《莫高窟形》（二），图版 224。

本窟西壁龛外北侧坛南向面供养人像中西向第三身和第四身有题名，在《敦煌莫高窟供养人题记》中分别录作：

　　　　□男□戎校尉守左毅卫翊前右郎

1　参见《敦煌石窟内容总录》，第 86 页。

将员外置同正员外□（郎）紫金鱼袋

上柱国嗣琼

……品子嗣玉

……男嗣玉[1]

贺世哲根据敦煌文献 P.2625《敦煌名族志》中"嗣王"的记载，推测题名中的"嗣玉"为"嗣王"的笔误，也就是认为题名供养人为阴氏家族成员，因此按《敦煌名族志》的写作年代——八世纪初作为第 217 窟营建的上限，即此窟建成时间约在唐中宗神龙（705—707）之前。[2]该观点在学界影响很大，大部分针对第 217 窟的研究以此作为立论基础，如《敦煌石窟内容总录》就将该窟称作"阴家窟"。[3]日本学者秋山光和和菊地淑子对此持怀疑态度，究其原因，主要还是上述题名及窟内现存题记中未见"阴"姓的文字导致无法证明《敦煌名族志》中的阴氏家族与"嗣琼""嗣玉"间具有直系亲缘关系。[4]陈菊霞等以至德三载（758）至永泰二年（766）敦煌文献 S.11287K（11）中人名"刘嗣珊"为缘起，根据本窟前室西壁门上和主室西壁龛下盛唐时期题名为"刘承化"和"刘怀念"的供养人像，再结合五代时期以都僧政洪认为首的刘氏家族对第 217 窟进行重修的事迹，[5]提出该窟为刘氏家族主持营建的洞窟，始建时间大致在初唐末至盛唐初期，"嗣琼""嗣玉"的题名则书写于刘氏家族于八世纪中期重修洞窟时。[6]

1　《敦煌莫高窟供养人题记》，第 100 页。

2　参见贺世哲《从供养人题记看莫高窟部分洞窟的营建年代》，《敦煌莫高窟供养人题记》，第 203—204 页。

3　参见《敦煌石窟内容总录》，第 86 页。

4　参见〔日〕秋山光和《唐代壁画中的山水表现》，敦煌文物研究所编《中国石窟·敦煌莫高窟》第 5 卷，文物出版社，1987，第 201—202 页；〔日〕菊地淑子《围绕敦煌莫高窟第 217 窟的开凿与重修之历史——汉语史料中的供养人》，颜菊馨译，《形象史学》2018 年第 2 期。

5　参见陈菊霞、曾俊琴《莫高窟第 217 窟东壁供养人洪认生平考》，《敦煌研究》2018 年第 4 期。

6　参见陈菊霞《敦煌莫高窟第 217 窟营建家族新探》，《故宫博物院院刊》2020 年第 8 期。

一 主室北壁

主室北壁通壁绘观无量寿经变一铺。画面主体为净土庄严相，左侧上部绘灵鹫山说法场景，下接"未生怨"内容并从左侧一直连续贯通经变画下部直至右侧下部，此部分所在壁面漫漶且部分有剥落，右侧绘"十六观"内容。每部分画面内容间以卷草纹、半团花纹及琉璃地作为间隔。画面主体的净土庄严相主要表现阿弥陀佛说法场景，其中最上部的净土天际部分绘不鼓自鸣乐器和飞天，紧接着是一组横贯画面的建筑群，其中最中间（最后部）为歇山顶式的主宫殿，该宫殿有回廊环绕，两侧绘双层歇山顶配殿。在主宫殿与两侧配殿之间，以倒"八"字形依次错落排列两组高台，每组三座，其中两座木台上有歇山顶亭，一座方砖台上有攒尖顶亭。左侧方砖攒尖顶亭内悬一钟，一侧的比丘手持钟杵，对应的右侧亭内则为经藏。飞天颀长的飘带穿亭而过，流动的曲线与建筑方正的线条形成鲜明对比。建筑群前部绘主尊说法场景，阿弥陀佛结说法印，跏趺坐于莲台之上，与两侧呈游戏坐的大势至、观世音菩萨和周围的胁侍、听法、供养菩萨以及迦陵频伽乐伎共同组成说法群像。说法场景部分被安排在三座平台之上，平台之间以横向的平桥连通。说法场景前部绘七宝莲池，莲池前部为纵长的琉璃地，其上中间绘"6+2+6"形式的乐舞组合，两侧绘佛、菩萨及化生（见图 4-19）。该经变画向来被称作唐前期经变画绘制的杰作，这点毋庸置疑，萧默曾评价该经变画"好像是画家把许多本来不是同一场合出现的美丽建筑形象搬到一起来了……尤其是台的平面位置，使人感到偶然……所以，虽然就纯粹的绘画构图而言，它或者不应该受到这样的挑剔，但从对建筑美的真实表现这一角度来说，应该指出，它仍不免带有拼凑的痕迹"。[1]

不鼓自鸣乐器被绘制在经变画上沿与建筑群形成的天际线之间区域，也就是通常所说的净土天际的位置。此处共绘有不鼓自鸣乐器十六件，基本沿经变画中轴线对称布局，从左至右依次为：笙、阮咸（有椵）、羯鼓、腰鼓、花边阮、铜

---

1 萧默：《敦煌建筑研究》，机械工业出版社，2003，第 264 页。

不鼓自鸣乐器

钟楼

迦陵频伽乐伎

乐舞组合

图 4-19　第 217 窟主室北壁观无量寿经变

钹、铜钹（无飘带）、方响、排箫、竽篥、腰鼓、竖箜篌、羯鼓、曲项琵琶、鼗
鼓与鸡娄鼓（见图 4-20）。

图 4-20　第 217 窟主室北壁观无量寿经变中的不鼓自鸣乐器

由于经变画中上部壁面保存完好，因此可以看到每件乐器的清晰外观和准确
结构，如笙的笙管、用于固定笙管的笙箍、细长的吹嘴，方响的音板，竽篥的管
哨，竖箜篌的琴弦等均在壁面中有展示，而且鼗鼓与鸡娄鼓在经变画中是邻近绘
制的，这也表明二者为兼奏的组合形式。绘于笙右下侧的为阮咸，其外观呈典型

的盘圆柄直状，音箱面板可见凤眼、捍拨及覆手装置，弦轴和琴弦同为六根，琴颈上绘有两两相邻的柱共计六根。在阮咸的下方壁面上还绘有用以拨奏阮咸的拨子，即椵。以往在壁画上，由于椵均以乐伎手持的形式出现，因而无法准确窥其全貌，但在本铺经变画中，我们看到了唐代椵的完整图像。其一端为平头方形，两侧以流线型收缩至呈如意头的另一端（见图 4-21），我们以现藏正仓院的实物做一简单对比。

图 4-21　第 217 窟主室北壁观无量寿经变中的阮咸与椵

　　正仓院所藏的椵编号为北仓 28，为北仓编号 27 的螺钿紫檀琵琶[1] 所用。其在正仓院网站的名称为"红牙拨镂拨"，长度为 20 厘米，方形端宽 5.7 厘米，厚度约为 0.1—0.4 厘米。材质为象牙，以拨镂工艺制作并进行染色处理，表面以黄绿点彩绘制莲花、鸟兽图案（见图 4-22）。[2] 可以发现，尽管椵为阮咸和曲项琵琶的附属配件，但二者在外观上非常接近，经变画中椵的大小尺寸应该与红牙拨镂拨相近，而且椵的外侧出现深色斑痕，如果排除壁面颜料变质的原因，这可能也

1　该琵琶具体形制为曲项，四弦，四柱。正仓院网站展示的该琵琶图片中无琴弦。

2　参见正仓院网站中的解说词，https://shosoin.kunaicho.go.jp/treasures/?id=0000010075&index=69。

是对使用痕迹的摹写。另外经变画中的槚以稍深于壁画底色的土黄绘制，可能也是为了表示其材质为象牙。红牙拨镂拨的侧边有明显凹痕，前端有掉色现象，这都是长时间持握和拨奏造成的。图像与实物的对比，再次将壁画所绘乐器的真实性展露无遗，这正是我们能够以敦煌壁画乐器图像考证唐代乐器史的前提。

图 4-22　正仓院所藏红牙拨镂拨（A 面）与螺钿紫檀琵琶

资料来源：https://shosoin.kunaicho.go.jp/treasures?id=0000010075&index=69；https://shosoin.kunaicho.go.jp/treasures?id=0000010074。

　　钟楼顶相轮的右侧绘花边阮，这是敦煌现存壁画中仅有的两处花边阮图像中的一处，另一处出现在莫高窟第 220 窟主室北壁药师经变右侧，由菩萨乐伎手持（见图 4-23）。两件乐器的形制和外观基本一致，但部分细节依然有差别，如第 217 窟的花边阮弦数为六，琴颈处的柱绘制较随意，现能分辨的大致为八柱，音箱外沿由五段圆弧相连组成，面板处的捍拨为横长的方形并横跨音箱。第 220 窟的花边阮弦数为五，柱数为五，音箱外沿由七段圆弧相连组成。关于花边阮的考证，笔者在《唐代莫高窟壁画音乐图像研究》中已有涉及。通过对比文献记载和现存弹拨乐器实物，以上两件乐器与阮咸相对较为接近，这也是将其称作花边阮的主要原因。以该乐器图像反映的结构特征和敦煌壁画所绘乐器的真实性判断，此器在唐代真实存在的可能性较大，只是还没有找到直接的文字或图像证据。[1]另外，以第 217 窟和第 220 窟的营建时间和崖面位置关系分析，花边阮图像应该是先被绘制在第 220 窟中，之后被作为参照在第 217 窟中进行了绘制，因此也不排除两窟乐器图像存在的区别是在二次绘制过程中出现的。也就是说，花边阮最初的形制和外观应该如第 220 窟所绘。

图 4-23　第 217 窟主室北壁观无量寿经变和第 220 窟主室北壁药师经变中的花边阮

　　如前所述，在主宫殿两侧分别绘三座高台，其中方砖台上为四角攒尖式亭，亭内悬一钟。钟外观呈圆筒形，表面绘有纹饰，顶部可见半环形钟钮，底口呈波形，这就是通常所说的梵钟。[2]钟的一侧有一比丘，手持类似钟杆的器物。此钟台对应的右侧，绘有类似形制的一座经台，只是通常在敦煌壁画中所见呈堆叠状的经帙包裹未在经台内出现（见图 4-24）。

1　参见朱晓峰《唐代莫高窟壁画音乐图像研究》，第 208—213 页。

2　参见孙机《中国梵钟》，《考古与文物》1998 年第 5 期。

图 4-24　第 217 窟主室北壁观无量寿经变中的钟台与经台

《酉阳杂俎续集》卷五《寺塔记上》记载：

> 寺之制度，钟楼在东……[1]

从现有材料看，至迟自隋代开始，佛教寺院中始有设置钟楼的传统。隋张公礼《龙藏寺碑》载：

> 夜漏将竭，听鸣钟于寺内；晓相既分，见承露于云表。[2]

辛德勇认为："佛寺鸣钟，亦不过为僧众修习佛法和饮食起居晓示时辰而已。"[3] 钟在佛寺中除具报时的实用功能外，应该还兼具类似法器之功能。唐道宣《关中创立戒坛图经》载有对受戒时钟声的叙述：

1　段成式：《酉阳杂俎》，方南生点校，中华书局，1981，第 253 页。
2　王昶：《金石萃编》卷三八，《历代碑志丛书》第 4 册，江苏古籍出版社，1998，第 634 页。
3　辛德勇：《唐代都邑的钟楼与鼓楼——从一个物质文化侧面看佛道两教对中国古代社会的影响》，《文史哲》2011 年第 4 期，第 24 页。

> 初祇桓戒坛，北有钟台，高四百尺，上有金钟，重十万斤。庄严希有凡夫受时，使摩抵比丘击之，声闻小千世界，此比丘有力当十万人。[1]

《关中创立戒坛图经》所载佛院建筑中的钟台与经台分别位于佛殿七重塔的东、西两侧：

> 正中佛院之内有十九所（初、佛院门东，佛为比丘结戒坛。二、门西，佛为比丘尼结戒坛。三、前佛殿，四、殿东三重楼，五、殿西三重楼，六、七重塔，七、塔东钟台，八、塔西经台，九、后佛说法大殿，十、殿东五重楼，十一、殿西五重楼，十二、三重楼，十三、九金镮，十四、方华池，十五、三重阁，十六、阁东五重楼，十七、阁西五重楼，十八、东佛库，十九、西佛库）。[2]

另外，《中国古代建筑史》第 2 卷中对敦煌石窟壁画所绘钟楼和经楼也有具体考证：

> 唐代佛寺中，钟楼和经藏已经作为一组对称设置的建筑物，出现在中院的两侧……经藏与钟楼往往对称设置在佛殿的两侧……但在敦煌唐代壁画中所见，佛寺内钟楼、经藏的位置却无定制。不仅可以左右对置，且有的设于殿侧，有的骑跨于前、后廊之上，或以角楼的形式出现。[3]

尽管前引萧默认为该经变画中所绘台的平面位置有"拼凑的痕迹"，但根据以上图像与文献的对应来看，单纯就钟台（钟楼）和经台（经楼）而言，经变画所绘是符合唐代梵钟使用和佛寺建筑实际的。

主尊说法场景所在平台的华板栏杆正前方望柱之间，绘有两身迦陵频伽乐

---

1 《大正新修大藏经》第 45 册，第 808 页。
2 《大正新修大藏经》第 45 册，第 811 页。
3 傅熹年主编《中国古代建筑史》第 2 卷，中国建筑工业出版社，2009，第 482 页。

伎。乐伎头部戴冠，冠两侧绘缯带，胸前佩戴项圈，双翅展开，尾羽上翘，一爪蹬地，一爪抬起，似在表现乐伎边行走边奏乐的姿态。左侧乐伎双手持一管乐器呈吹奏状，由于壁面模糊，无法确定具体的乐器名称，此处同样以竖吹管乐器统称之。右侧乐伎横抱曲项琵琶以椒拨奏，琵琶的琴头、音箱、捍拨和覆手均能分辨。

主尊说法平台前部绘七宝莲池，莲池前部的琉璃地中部绘一组乐舞组合，组合形式为"6+2+6"（见图4-25）。菩萨乐伎均戴有缯带的宝冠，发髻束于脑后，佩戴项圈、臂钏、腕钏，上身斜披天衣，下身外系腰裙，内着长裙，以半跏趺坐于琉璃地的方毯之上。左侧六身乐伎由内而外，由上（后）至下（前）演奏乐器依次为：方响、笙、琵琶、贝、筚篥、竖吹管乐器。右侧六身乐伎由内而外，由上（后）至下（前）演奏乐器依次为：答腊鼓、腰鼓、羯鼓、鼗鼓与鸡娄鼓、排箫、竖吹管乐器。其中位于左侧后排中间乐伎所持竖吹管乐器不甚清晰，经与其同侧相邻吹奏竖吹管乐器的乐伎对比，其双手与口部之间距离较短，因此推测其演奏乐器为筚篥。

图4-25　第217窟主室北壁观无量寿经变中的乐舞组合

两侧菩萨乐伎中间的琉璃地上绘两身舞伎。左侧舞伎以 S 形身形右腿单腿站立，左腿微吸，置于右膝处，左臂上举，右臂屈于胸前。右侧舞伎则左腿在前，右腿在后微屈站立，左臂向下展开，右臂内屈。舞伎装束、配饰与两侧菩萨乐伎基本一致，唯一的区别在于舞伎肩搭帔巾并手握长巾，长巾在周身呈翻卷状，以衬托舞伎的舞姿动势。不同于其他经变画中舞伎站立在舞筵之上，此处的舞伎是在莲台之上起舞。相对而言，经变画对舞伎的处理尽管少了些许现实性的成分，但这种形式与本书之前谈及的化生乐、舞伎具有一定的相似性，在净土的语境中，这应该是对包括乐舞在内的供养之具"自然化生，应念即至"[1]的表现。此外，在乐舞组合的周围还出现化生、孔雀、鹦鹉、白鹄、鹤等众鸟，加上前述的迦陵频伽乐伎，这些与乐舞相关的内容营造出一个万千种妙音自然而作的景象，将净土世界的功德庄严体现得淋漓尽致。

将乐舞组合中出现的乐器编制分类如下：

弹拨乐器：琵琶一；

吹奏乐器：笙一、贝一、筚篥一、排箫一、竖吹管乐器二；

打击乐器：方响一、答腊鼓一、腰鼓一、羯鼓一、鼗鼓与鸡娄鼓一。

从经变画乐舞组合中菩萨伎乐乐队编制反映的信息来看，这与莫高窟第 220 窟和第 172 窟经变画乐舞组合基本一致，即打击乐器数量最多，吹奏乐器数量次之，弹拨乐器数量最少，[2]只是本铺经变画中打击乐器和吹奏乐器的数量是相同的。这与唐代燕乐中龟兹、疏勒、康国等西戎乐部的用乐特征相近，此处以《通典》卷一四六《乐六》之四方乐记载为例说明，其载曰：

> 西戎五国（高昌、龟兹、疏勒、康国、安国）。《高昌乐》，舞二人……乐用答腊鼓一，腰鼓一，鸡娄鼓一，羯鼓一，箫一，横笛二，筚篥二，五弦琵琶二，琵琶二，铜角一，竖箜篌一（今亡），笙一。《龟兹乐》……舞四人……乐用竖箜篌一，琵琶一，五弦琵琶一，笙一，横笛一，箫一，筚篥一，答腊鼓一，腰鼓一，羯鼓一，

1　参见《大正新修大藏经》第 12 册，第 273 页。

2　参见朱晓峰《唐代莫高窟壁画音乐图像研究》，第 196—296 页。

毛员鼓一（今亡），鸡娄鼓一，铜钹二，贝一。《疏勒乐》……舞二人……乐用竖箜篌一，琵琶一，五弦琵琶一，横笛一，箫一，筚篥一，答腊鼓一，腰鼓一，羯鼓一，鸡娄鼓一。《康国乐》……舞二人……乐用笛二，正鼓一，和鼓一，铜钹二。《安国乐》……舞二人……乐用琵〔琵〕琶一，五弦琵琶〔琵琶〕一，竖箜篌一，箫一，横笛一，大筚篥一，双筚篥一，正鼓一，铜钹二，箜篌一。[1]

此外，笔者以胡旋舞为基础重新考订的《康国乐》用乐编制为：琵琶一，五弦琵琶一，竖箜篌一，笛二，正鼓一，和鼓一，正铜钹一，和铜钹一。[2]

应当客观地认识到，就经变画语境而言，其中出现的乐舞组合是对净土世界妙音的具象化呈现，而这种呈现是以现实音乐为基础的，正如上文提及唐前期经变画菩萨伎乐乐队与唐代燕乐乐部之间用乐的类似，这点毋庸置疑。但即便如此，也无法将二者直接对应起来，因为从现实到图像的过程至少经历过佛教的转化。那么，这种转化究竟是在不改变乐器编制基础上仅针对演奏主体形象的替换，还是对乐器编制进行了删除、增加或改变？我们不得而知，目前能够确定的，一方面是经变画乐舞组合中出现的乐器都是唐代真实使用的乐器；另一方面，二者用乐具有近似性。另外，就经变画乐舞组合的来源而言，我们也只能推测出两种可能性：第一，以唐代敦煌现实存在的乐舞活动为蓝本；第二，以画稿或画工为载体从中原传入。但不论是何种可能性，经变画所见反映唐代西戎燕乐的乐舞在现实中的传播应该是从发源地直接进入中原，之后在中原历经融合与发展，再以各种方式从中原向周边发散式传播，其中就包括敦煌地区，这是笔者在之前的研究中反复论述的观点。[3]

此外，施萍婷在《敦煌经变画》一文中对经变画左侧"未生怨"部分有过解读。由于该内容可能与唐代乐舞有关，因此在此处做一讨论，施文是这样说的：

1　杜佑：《通典》，第 3723—3724 页。该用乐记载与《旧唐书》《新唐书》大致相近。

2　朱晓峰：《基于历史文献的胡旋舞考证》，《敦煌学辑刊》2019 年第 4 期，第 179 页。

3　参见朱晓峰《唐代莫高窟壁画音乐图像研究》，第 464 页；朱晓峰《基于历史文献的胡旋舞考证》，《敦煌学辑刊》2019 年第 4 期，第 167—173 页。

　　左侧条幅"序分"的下半部分，画阿阇世太子幽闭父王，它很特别：一座大城，城外的广场上，十名武士分立两边，一边持矛正在进攻，一边持盾在抵抗；二大臣正在向骑在马上的太子禀报；头戴冕旒的国王及众人像局外人一般，在最不显眼的地方站立。这样表现"禁父"的，只此一幅。有学者认为它形象地表现了某次宫廷政变，而日本有学者则认为此画是唐"十部乐"之一的《秦王破阵乐》。总之，它是一幅名画。[1]

　　以上内容如图4-26所示，即在经变画左侧条幅灵鹫山说法图下方，画面右上角绘一座城邑，其中城的正前方为城楼，左侧绘角楼，周围为城墙，城内绘一宫殿。城楼前部绘三组人物。第一组为纵向站立的两列身着甲胄的武

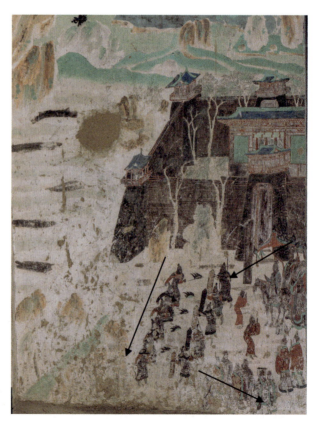

图4-26　第217窟主室北壁观无
　　量寿经变中的"未生怨"

士，其中左侧五身持带旗帜的矛作突刺状，右侧五身则持方形彭排呈守卫姿态。按施文的解读，左侧进攻一方代表太子阿阇世，右侧防守的则是国王频婆娑罗的军队。第二组位于画面右侧，主要人物在前部骑马，头顶有华盖，身后有随从五身，其前方有两身人物手持笏板作禀报状，其左前侧同样有两身人物持笏板站立，这一部分属于阿阇世太子及其部众。第三组位于画面最下（前）部，由九身人物分三排前后站立，最前部一身人物头戴冕旒，其两侧及身后均为随从，这一部分即国王及其随从。整个画面将主要内容均安排在右侧，左侧则大量留白，形成强烈的视觉对比。其中人物同样出现在画面右侧一角，而且三组人物的站位及视线相互构成三角形布局，使不同故事情节在画面中获得统一。

根据图像结合施文的解读，这部分应该就是对作为观无量寿经变依据的《佛说观无量寿佛经》中故事缘起的展现，我们来看经文的具体描述：

> 如是我闻：一时，佛在王舍城耆阇崛山中，与大比丘众千二百五十人俱，菩萨三万二千，文殊师利法王子而为上首。尔时王舍大城有一太子，名阿阇世，随顺调达恶友之教，收执父王频婆娑罗，幽闭置于七重室内，制诸群臣，一不得往。国大夫人，名韦提希，恭敬大王，澡浴清净，以酥蜜和麨，用涂其身，诸璎珞中盛葡萄浆，密以上王……[1]

事实上，经文中关于此部分仅有寥寥数语，即"尔时王舍大城有一太子，名阿阇世，随顺调达恶友之教，收执父王频婆娑罗，幽闭置于七重室内，制诸群臣，一不得往"。如果按画面中的情节，还可以简化为"王舍城太子阿阇世收执父王频婆娑罗"，也就是善导《观无量寿佛经疏》"六缘"中的"禁父缘"。[2] 经变画应该是将经文中在古印度王舍城发生的故事移植到了中土文化之上，因此画面才会表现出典型的中国传统文化特征，如城墙的形制，人物的服饰、造型等，

1　《大正新修大藏经》第 12 册，第 340—341 页。
2　参见《大正新修大藏经》第 37 册，第 253 页。

但故事的内核依然是"禁父",这在施文中也有明确说明。然而,需要注意的是,施文最后又补充道:"日本有学者则认为此画是唐'十部乐'之一的《秦王破阵乐》。"但后续未再做具体交代,因此就有必要去核查日本学者从唐代乐舞角度对此图像的研究。

最早将上述内容与唐代乐舞进行关联的是日本考古学家原田淑人,其在 1940 年的《千秋节宴乐考》一文中认为该图像具体表现的是唐代坐部伎乐舞之《小破阵乐》。[1]之后,日本音乐史学家岸边成雄在《唐代音乐史的研究》一书中对该观点进行了详细引述并提出了质疑。此外,牛龙菲在《敦煌壁画乐史资料总录与研究》中同样认为将其确定为《小破阵乐》是缺乏证据的。[2]此处援引岸边译文如下:

> 原田博士所著之《千秋节宴乐考》论文中,提及"千秋节"系开元十七年制定,为纪念玄宗生日之节日,按例在勤政楼前广场演出各种舞乐杂戏,供官吏及一般平民观览同乐。原田博士并就此对敦煌壁画之插图(即第 217 窟北壁观无量寿经变左侧条幅部分——引者注)指称为玄宗皇帝观览小破阵乐之图画,渠认为乘马者系玄宗帝。按玄宗帝恐穿戴通天冠绛纱袍,但壁画照片过小,细部地方无法辨认。图下端系穿戴冕服及进贤冠之官吏,两侧披甲胄持矛及盾牌者为舞人,谅系玄宗帝在臣民陪同下观赏小破阵乐之舞图。
>
> 但原田博士之解释,似有下列两种疑问。其一,所谓敦煌壁画系上演小破阵乐之图,系根据《新唐书·礼乐志》之"奏小破阵乐"之论说。但《新唐书·礼乐志》与旧唐志稍有不同……新唐志经常修改旧唐志发生错误,坐部伎系堂上坐奏,立部伎系堂下之户外立奏,上图没有乐人,立奏、坐奏无法区别,但其在楼外演出则很显然。况且小破阵乐仅有舞人四人,图中绘有武士八人,每行四人相对……但揆诸破阵乐舞容,主要在表演其舞队之雄壮,此图则毫无显示,亦无破阵乐使用大鼓等乐器……其次,关于图内楼殿与楼壁部分,是否为勤政楼颇有问题……如上所述,该敦煌壁画虽不能肯定其为原田博士所称之千秋节在勤政楼前演出小破阵乐。总之,

---

1　原田淑人「千秋節宴樂考」『東亜古文化研究』座右宝刊行会、1940。

2　参见牛龙菲《敦煌壁画乐史资料总录与研究》,第 561 页。

该壁画仅为类似阅兵之一种兵事图。但若否定其并非武装舞乐者，亦缺乏有力之论断也。[1]

将该图像解读为《小破阵乐》的观点具有一定的影响力，除前文所引施文外，段文杰1986年撰写的《莫高窟唐代艺术中的服饰》一文也认为画面与《破阵乐》有关："217窟《未生怨》故事中有类似《破阵乐舞》的场面，武士两行，穿甲胄、皮靴，持矛盾作相刺之状，旁有王者马上观赏。"[2]董锡玖同持此观点："盛唐217窟《阅兵图》虽是'未生怨'故事画，但也是唐代现实生活的反映……看了这幅阅兵图可以想见唐代舞蹈《破阵乐》的雄壮威武。"[3]

由于日本学者的考证依然以唐代正史记载作为基础，因此笔者拟对唐代文献记载中反映的千秋节、《破阵乐》和《小破阵乐》进行梳理。

《旧唐书》卷八《玄宗纪》载：

（开元十七年）八月癸亥，上以降诞日，宴百僚于花萼楼下。百僚表请以每年八月五日为千秋节，王公已下献镜及承露囊，天下诸州咸令宴乐，休暇三日，仍编为令，从之。[4]

《旧唐书》卷二八《音乐志》载：

玄宗在位多年，善音乐，若宴设酺会，即御勤政楼。先一日，金吾引驾仗北衙四军甲士，未明陈仗，卫尉张设，光禄造食。候明，百僚朝，侍中进中严外办，中官素扇，天子开帘受朝，礼毕，又素扇垂帘，百僚常参供奉官、贵戚、二王后、诸蕃酋长，谢食就坐。太常大鼓，藻绘如锦，乐工齐击，声震城阙。太常卿引雅乐，

1　〔日〕岸边成雄：《唐代音乐史的研究》，梁在平、黄志炯译，台北：中华书局，1973，第636—638页。

2　该文原载阎文儒、陈玉龙编《向达先生纪念论文集》（新疆人民出版社，1986，第220—275页），后被收入《段文杰敦煌石窟艺术论文集》（甘肃人民出版社，1994，第273—317页）中。

3　董锡玖：《敦煌壁画中的舞蹈艺术——"丝绸之路"上的乐舞之一》，董锡玖编《敦煌舞蹈》，第9页。

4　《旧唐书》，第193页。

每色数十人，自南鱼贯而进，列于楼下。鼓笛鸡娄，充庭考击。太常乐立部伎、坐部伎依点鼓舞，间以胡夷之伎。日旰，即内闲厩引蹀马三十四，为《倾杯乐曲》，奋首鼓尾，纵横应节。又施三层板床，乘马而上，抃转如飞。又令宫女数百人自帷出击雷鼓，为《破阵乐》《太平乐》《上元乐》。虽太常积习，皆不如其妙也。若《圣寿乐》，则回身换衣，作字如画。又五坊使引大象入场，或拜或舞，动容鼓振，中于音律，竟日而退。[1]

《新唐书》卷二二《礼乐志》载：

> 每千秋节，舞于勤政楼下，后赐宴设酺，亦会勤政楼。其日未明，金吾引驾骑，北衙四军陈仗，列旗帜，被金甲、短后绣袍。太常卿引雅乐，每部数十人，间以胡夷之技。内闲厩使引戏马，五坊使引象、犀，入场拜舞。宫人数百衣锦绣衣，出帷中，击雷鼓，奏《小破阵乐》，岁以为常。

> 千秋节者，玄宗以八月五日生，因以其日名节，而君臣共为荒乐，当时流俗多传其事以为盛。[2]

《通典》卷一四六《乐六》之坐立部伎条载曰：

> 《宴乐》，武德初，未暇改作，每宴享，因隋旧制，奏九部乐（一、《宴乐》，二、《清商》，三、《西凉》，四、《扶南》，五、《高丽》，六、《龟兹》，七、《安国》，八、《疏勒》，九、《康国》）。至贞观十六年十一月，宴百寮，奏十部。先是，伐高昌，收其乐，付太常。至是增为十部伎，其后分为立、坐二部。（立部伎有八部：一、《安乐》，后周平齐所作，周代谓之《城舞》。二、《太平乐》，亦谓之《五方师子舞》。三、《破阵乐》。四、《庆善乐》。五、《大定乐》，亦谓之《八纮同轨乐》，高宗平辽时作也。六、《上元乐》，高宗所造。七、《圣寿乐》，武太后所作。八、《光

1　《旧唐书》，第 1051 页。

2　《新唐书》，第 477 页。

圣乐》，高宗所造。坐部伎有六部：一、《宴乐》，张文收所作，又分为四部，有《景云》《庆善》《破阵》《承天》等。二、《长寿乐》，武太后长寿年所作。三、《天授乐》，武太后天授年所作。四、《鸟歌万岁乐》，武太后所造。五、《龙池乐》，玄宗所作。六、《破阵乐》，玄宗作，生于立部伎也。）

其中立部伎八部之三的《破阵乐》：

> 大唐所造也。太宗为秦王时，征伐四方，人间歌谣有《秦王破阵乐》之曲。及即位，贞观七年，制《破阵乐舞图》：左圆右方，先偏后伍，鱼丽鹅鹳，箕张翼舒，交错屈伸，首尾回互，以象战陈之形。令起居郎吕才依图教乐工百二十人，被甲执戟而习之。凡为三变，每变为四阵，有来往疾徐击刺之象，以应歌节。数日而就。发扬蹈厉，声韵慷慨。歌和云"秦王破阵乐"。飨宴奏之。

坐部伎六部之六《破阵乐》，即《小破阵乐》：

> 玄宗所作也。生于立部伎《破阵乐》。舞四人，金甲胄。[1]

根据记载，勤政楼宴设酺会中的乐舞表演应为开元十七年（729）之后玄宗在位期间的宫廷燕乐常例，而且按《旧唐书》和《新唐书》所言"每部数十人"的规模以及"列于楼下"的形式，勤政楼前表演的《破阵乐》应该是规模较大的立部伎《破阵乐》，而非脱胎自立部伎仅四人起舞的坐部伎《小破阵乐》。另外，《旧唐书》言通常宴会次日晚间蹀马表演之后，照例由数百宫女击鼓奏乐，其中的《太平乐》《上元乐》均为立部伎乐舞，因此与其并列出现的《破阵乐》理应同属立部伎。

1　杜佑：《通典》，第 3718—3722 页。

《千秋节宴乐考》主要是以服饰作为材料对经变画所绘内容进行了考证，而岸边则从《旧唐书·音乐志》和《新唐书·礼乐志》记载《小破阵乐》表演人数与经变画所绘人数不合、经变画中未见伴奏乐器，以及经变画所绘城内宫殿不是勤政楼等几个方面提出了质疑，笔者认为该论证是严谨且合理的。而且通过引文可以发现，日本学者事实上并未亲临第217窟实地考察，仅仅是依据不甚清晰的图版进行考证，如将武士人数错认为八人，因此很容易忽略经变画局部与整体的关系。首先，此内容出自观无量寿经变这是确定的，因此需要以观无量寿经变或是《佛说观无量寿佛经》作为基础来认识该图像，而不是单纯以经变画所绘服饰、人物形象等信息去和音乐史直接做对应，这在前文已经谈到。笔者认为此内容表现的是"禁父缘"的情节。其次，假设该图像真如《千秋节宴乐考》所说，是纪念玄宗生日的千秋节勤政楼前的乐舞演出，那时间应该在开元十七年之后，而第217窟的营建时间大致在初唐末至盛唐初，也就是从唐开国到武周时期，此时李隆基还未称帝，自然也就不会有千秋节。退一步讲，即便该《小破阵乐》不是为千秋节举行，而是源自立部伎《破阵乐》，那正如岸边成雄及上文所论，表演人数差异和伴奏乐器缺失是无法解释的。事实上，以洞窟营建时间作为比照的标准依然反映出洞窟与经变画整体与局部的关系问题，日本学者正是因为忽略了具体图像、经变画以及洞窟三者之间的相互关系，才将其误读为《小破阵乐》。此外，尽管目前所见经变画以帝王、武士等形象表现"禁父缘"仅此一处，但敦煌壁画中除供养人类的帝王图像有具体身份外，其他如出现在维摩诘经变中的帝王问疾、涅槃经变中的帝王举哀，其中中原帝王形象多为皇权的泛指，我们是无法将其做一一对应式解读的。因此，仅凭服饰及建筑将经变画内容解读为勤政楼前的玄宗皇帝是缺乏证据的。

二 主室南壁

主室南壁同样通壁绘制经变画一铺。《敦煌石窟内容总录》名该经变画为法华经变，并且对经变画内容有具体描述，如："中央序品，下药王菩萨本事品、譬喻品等，东侧妙庄严王本事品、随喜功德品等，西侧化城喻品等。"[1] 按施萍婷、张元林等的考证，该经变画定名最早由阎文儒在 1944—1945 年参加西北科学考察团考察莫高窟之后提出，[2] 自此学界一般将此经变画视作唐前期莫高窟法华经变的代表作，如施萍婷、贺世哲于 1963 年前后撰写的《敦煌壁画中的法华经变初探》一文中就有对该经变画的详细研究。[3] 直到 2004 年，日本学者下野玲子发表《莫高窟第 217 窟南壁经变新解》一文，对之前的定名提出疑问，并以唐佛陀波利译《佛顶尊胜陀罗尼经》对经变画重新进行了解读，从而将经变画定名为佛顶尊胜陀罗尼经变，该文之后由敦煌研究院学者先后进行翻译。[4] 新的定名尽管在个别画面与经文的对应上不是很相合，[5] 但也是迄今为止最全面和令人信服的，因此将该经变画称为佛顶尊胜陀罗尼经变已成为学界的共识。就乐舞角度而言，该经变画所绘乐舞图像仅为一身天女演奏琵琶。故此，本书将以《佛顶尊胜陀罗尼经》为主分析乐舞图像的绘制依据，同时以《妙法莲华经》中与乐舞相关记载进行对比，以求从乐舞的角度完成对该经变画定名的进一步认识。

　　该经变画中心位置的方形区域内为佛说法场景，该区域左、右及下部分别以较窄的线条作为与其他内容之间的间隔。根据《莫高窟第 217 窟南壁经变新解》对经变画内容的分析，经变画布局主要包括中央部分、左部、下部及右部。其中中央部分即经变画中心位置方形区域内的佛说法场景，上部则以一组建筑群表示须弥山上的天界场景，即善住天子和帝释天居住的三十三天。主尊说法场景中佛

1　《敦煌石窟内容总录》，第 86 页。

2　参见阎文儒《中国石窟艺术总论》，天津古籍出版社，1987，第 337 页；施萍婷、范泉《关于莫高窟第 217 窟南壁壁画的思考》，《敦煌研究》2011 年第 2 期，第 13 页；张元林《也谈莫高窟第 217 窟南壁壁画的定名——兼论与唐前期敦煌法华图像相关的两个问题》，《敦煌学辑刊》2011 年第 4 期，第 41 页。

3　按照施萍婷的说法，此文写成于 1963 年前后，正式发表于 1987 年。参见施萍婷、贺世哲《敦煌壁画中的法华经变初探》，《中国石窟·敦煌莫高窟》第 3 卷，第 181—182 页；施萍婷、范泉《关于莫高窟第 217 窟南壁壁画的思考》，《敦煌研究》2011 年第 2 期，第 13 页。

4　参见〔日〕下野玲子《莫高窟第 217 窟南壁经变画新解》，丁淑君译，敦煌研究院信息资料中心编印《信息与参考》总第 6 期，2005；〔日〕下野玲子《莫高窟第 217 窟南壁经变新解》，牛源译，刘永增审校，《敦煌研究》2011 年第 2 期。

5　参见施萍婷、范泉《关于莫高窟第 217 窟南壁壁画的思考》，《敦煌研究》2011 年第 2 期，第 15—16 页；张元林《也谈莫高窟第 217 窟南壁壁画的定名——兼论与唐前期敦煌法华图像相关的两个问题》，《敦煌学辑刊》2011 年第 4 期，第 44—46 页。

结转法轮印，结跏趺坐于莲花座上，两侧及前部绘众菩萨、比丘。主尊额间白毫放出若干光束，肩部、上臂、膝部各绘一圈细长白色线条，呈绕佛之状，这是"证明整幅壁画是依据《佛顶尊胜陀罗尼经》而绘制的一个最重要的证据"。[1] 因为该经中有"如来顶上放种种光，遍满十方一切世界已，其光还来绕佛三匝"[2] 的描述，但《妙法莲华经》无"绕佛三匝"的记载。经变画左部自下而上绘阎摩罗王拜访释尊、四天王请释尊讲说"受持陀罗尼法"和世尊讲说以及佛为善住天子摩顶授记等内容。下部的画面从右至左依次表现帝释天观善住即将遭受的七返恶道之身的种种情形，以及经中描述的众人闻听、忆念、读诵、书写经文和经咒后的种种获报。经变画右部自上而下绘佛陀波利寻访五台山，回西国取《佛顶尊胜陀罗尼经》，至长安皇帝处，在西明寺译经，最后入五台山的内容（见图4-27、图4-28）。

唯一的乐舞图像出现在经变画主尊说法场景上部横向绘制的一组建筑群内，也就是前文所说天界的部分。从整体观察，建筑的格局依然是按照通常经变画中主体宫殿、配殿和角楼这种方式排布和搭配的，只是此处建筑均为单层结构且绘制较为低矮。建筑一侧共出现七方榜题，但现已无法辨识。最左侧的建筑为一座八角攒尖式亭，亭内端坐一身戴冠的女性形象，着直领对襟宽袖袍衫，双手合掌呈礼拜状。亭外右侧站立一身女性形象，左侧以"品"字形同样排列三身女性形象，四身均束发髻，上身着交领宽袖袍衫，上臂处以褶裥装饰，下身着裙装。其中最左侧一身横抱四弦曲项琵琶，左手按弦，右手持拨拨奏（见图4-29）。这四身在《莫高窟第217窟南壁经变新解》中被解读为经文中的天女形象，而弹奏琵琶者指代的就是音乐。[3]

1 〔日〕下野玲子：《莫高窟第217窟南壁经变新解》，牛源译，刘永增审校，《敦煌研究》2011年第2期，第25页。

2 《大正新修大藏经》第19册，第350页。

3 参见〔日〕下野玲子《莫高窟第217窟南壁经变新解》，牛源译，刘永增审校，《敦煌研究》2011年第2期，第25页。

天女奏乐 ←

图 4-27 第 217 窟主室南壁佛顶尊胜陀罗尼经变

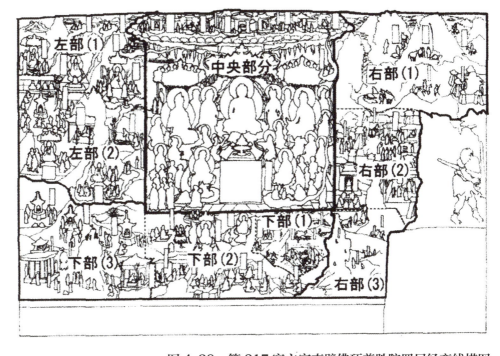

图 4-28 第 217 窟主室南壁佛顶尊胜陀罗尼经变线描图

资料来源:〔日〕下野玲子《莫高窟第 217 窟南壁经变新解》,牛源译,刘永增审校,《敦煌研究》2011 年第 2 期,图 1。

图 4-29　第 217 窟主室南壁佛顶尊胜陀罗尼经变中的天女

那么，我们来看《佛顶尊胜陀罗尼经》中的具体描述，其载曰：

> 如是我闻：一时薄伽梵在室罗筏。住誓多林给孤独园，与大苾刍众千二百五十
> 人俱。又与诸大菩萨僧万二千人俱。尔时三十三天于善法堂会，有一天子名曰善住。
> 与诸大天游于园观，又与大天受胜尊贵，与诸天女前后围绕，欢喜游戏种种音乐，
> 共相娱乐受诸快乐。[1]

按经文与图像的对应，"园观"就是经变画所绘的建筑群，"诸天女"即上文
所言的五身女性形象，"欢喜游戏种种音乐"则被刻画为演奏琵琶的场景。除此
之外，经文中未见与乐舞相关的描述，经变画同样也未出现与乐舞相关的图像。
因此，按排除法分析，经文中的音乐也只有可能与演奏琵琶的女性形象相关联，
而且上引经文内容与经变画所绘是能够基本对应的。据此，经变画中的乐舞图像

1　《大正新修大藏经》第 19 册，第 349—350 页。

应该视为对经文内容的忠实反映，而此处乐舞按经文表述，仅仅是作为娱乐功能出现的，其中不包含乐舞图像通常的供养、赞颂等功能。

由于该经变画曾被定名法华经变，因此需要进一步确定《妙法莲华经》中与乐舞相关的记载是否可以与该经变画对应。该经二十八品中"序品""方便品""譬喻品""授记品""化城喻品""法师品""见宝塔品""提婆达多品""如来寿量品""分别功德品""法师功德品""药王菩萨本事品""妙音菩萨品""陀罗尼品""普贤菩萨劝发品"等十五品内容皆涉及乐舞。结合敦煌壁画中的法华经变分析，其中具典型性的有两类。一类是法华经变中常见的"譬喻品"之火宅，尽管该品火宅部分未直接出现与乐舞相关的文字，但经变画中常以火宅内乐舞来表现世俗生活，经文曰：

> 舍利弗，若国邑聚落有大长者……长者见是大火从四面起，即大惊怖，而作是念：我虽能于此所烧之门安隐得出，而诸子等于火宅内乐著嬉戏，不觉不知，不惊不怖，火来逼身，苦痛切己，心不厌患，无求出意。[1]

另一类是经文中多次出现的"伎乐供养"，这是《妙法莲华经》以上诸品中反复出现的记载，如：

法师品第十

佛告药王：……若复有人受持、读诵、解说、书写妙法华经，乃至一偈，于此经卷敬视如佛，种种供养——华、香、璎珞、末香、涂香、烧香、缯盖、幢幡、衣服、伎乐，乃至合掌恭敬。药王，当知是诸人等已曾供养十万亿佛，于诸佛所成就大愿，愍众生故，生此人间。

分别功德品第十七

尔时佛告弥勒菩萨摩诃萨：……则为以佛舍利起七宝塔，高广渐小至于梵天，

---

1 《大正新修大藏经》第 9 册，第 12 页。

悬诸幡盖及众宝铃、华、香、璎珞、末香、涂香、烧香、众鼓、伎乐、箫、笛、箜篌，种种舞戏，以妙音声歌呗赞颂，则为于无量千万亿劫作是供养已。[1]

除以上两类外，经变画通常的乐舞内容在经文中也有提及，如"化城喻品"中的迦陵频伽声，"分别功德品"中以妙音、歌曲赞颂佛，"妙音菩萨品"中的天乐不鼓自鸣等，而以上这些内容是很难与前述乐舞图像相对应的。首先，火宅、迦陵频伽和不鼓自鸣乐器明显与图像不合；其次，敦煌经变画通常是以菩萨乐伎和舞伎组成的乐舞组合来表现伎乐供养和赞颂的，但这些形象与经变画中出现的女性形象也有一定的差别。此外，敦煌的法华经变在画面上为表现各品的主要内容，其中所绘的乐舞图像事实上并不多。综合以上，就乐舞图像而言，《佛顶尊胜陀罗尼经》中的天女形象更符合经变画所绘。

本节主要是对第 217 窟主室北壁和南壁所绘经变画中的乐舞图像进行研究。本窟乐舞图像主要包括不鼓自鸣乐器、迦陵频伽伎乐和乐舞组合，其中包括不鼓自鸣乐器十六件，经变画钟楼内的梵钟一口，迦陵频伽乐伎两身，菩萨乐伎十二身，舞伎两身，奏乐天女一身，上述乐伎所持乐器共计十六件。尽管本窟所绘乐舞图像数量不多，但经变画乐舞图像依然具有鲜明的唐前期敦煌乐舞特征，尤其是北壁的观无量寿经变。一方面，该经变画延续了唐代经变画乐舞图像的基本内容，即不鼓自鸣乐器、迦陵频伽伎乐和乐舞组合。另一方面，通过分析乐舞组合的编制可知，其与部分唐代燕乐的用乐编制具有一致性，这说明敦煌乐舞图像与现实乐舞之间的确存在联系，这种联系还表现在钟台反映的唐代现实的佛寺建筑格局和梵钟的使用上。正是因为历史上存在这种联系，现实的乐舞或以画稿为载体的乐舞在通过佛教的转化后出现在石窟壁面上，使我们得以观看和研究。此外，本节通过文献记载对观无量寿经变"未生怨"中出现的《小破阵乐》重新进行了考证，通过时间、规模、内容等分析，确定该图像并不是日本学者原田淑人所称对唐代《小破阵乐》的反映，这也再次说明敦煌乐舞的研究不能脱离石窟这

---

1 《大正新修大藏经》第 9 册，第 30、45 页。

个整体，对局部乐舞图像和整体壁画以及石窟间关系的把握，是这一研究的前提和基础，否则就很可能得出南辕北辙的结论。此外，通过对比经变画依据的佛教文本，本节对南壁佛顶尊胜陀罗尼经中的乐舞图像进行了分析，进一步确定其中所绘天女奏乐图像与《佛顶尊胜陀罗尼经》的记载更为接近。事实证明，与本章第一节第 321 窟南壁十轮经变一样，对于敦煌石窟较为稀见经变画中所绘乐舞图像是无法用通常的乐舞研究模式来考察的，此时文本与图像间的对应就显得格外关键，因为这是考证乐舞图像以及归纳乐舞图像功能的唯一有效且可行的方法。

小　结

本章主要以莫高窟第 321 窟和第 217 窟为个案，对敦煌石窟唐前期洞窟乐舞图像展开了研究。唐前期在时间上横跨初唐和盛唐两个时期，开凿洞窟共计 124 个，其中绘有同时期乐舞图像的洞窟共计 50 个，证明乐舞图像在唐前期洞窟中是较为丰富的。同时，唐前期洞窟乐舞图像在延续隋代洞窟的基础之上，又在乐舞图像位置、内容和构图等方面有了新的发展，而且在之后的敦煌石窟中被一直继承和保留了下来，以此形成敦煌石窟乐舞图像的基本内容和特征。

首先，就乐舞图像的类型而言，除去天宫伎乐和药叉伎乐这两种早期洞窟主要的乐舞类型之外，包括不鼓自鸣乐器组成的天乐、菩萨伎乐、飞天伎乐、迦陵频伽伎乐、化生伎乐和世俗伎乐在唐前期洞窟中均有绘制，而且从以上内容所在的位置看，与早期天宫乐伎被绘制在四壁上沿，药叉乐伎被绘制在四壁下部的方式不同，唐前期的乐舞图像基本是在洞窟壁画（主要是经变画）之内出现的。如果说早期乐舞图像与洞窟是直接关联的话，那么到了唐前期，这种关系之间又多了壁画这个环节，即乐舞—壁画（经变画）—洞窟。这样，我们能够从壁画或经变画的角度去全面认识和分析乐舞图像，也能够准确把握乐舞图像、壁画和洞窟三者之间局部与整体的关系。

其次，进一步确定了唐前期乐舞图像和唐代现实乐舞之间具有的关系。之前笔者在《唐代莫高窟壁画音乐图像研究》中已经形成了关于此问题的基本结论，即唐代乐舞图像中的乐器与唐代现实使用的乐器具有一致性，唐代经变画中乐舞组合反映的编制特征与唐代部分燕乐乐部具有一致性。本章通过对第321窟和第217窟乐舞图像的研究，如对第321窟主室北壁阿弥陀经变中不鼓自鸣乐器的梳理，第217窟主室北壁观无量寿经变中乐舞组合的分析以及对其中《小破阵乐》的考证，使以上观点得到进一步强化。尽管目前依然缺乏能够证明中原乐舞与敦煌石窟乐舞图像之间传播的切实证据，如传播方式是图像到图像的直接传播还是现实乐舞到图像的间接传播，传播轨迹具体如何形成，等等，但笔者梳理的从西域到中原再到敦煌的大致路径至少反映了敦煌石窟乐舞图像传播的一种可能性。

最后，本书选择以第321窟和第217窟作为唐前期乐舞图像的研究对象，主要是因为两个洞窟中出现了敦煌石窟较为少见的十轮经变和佛顶尊胜陀罗尼经变，而此类经变画数量稀少也是其中乐舞图像具有特殊性的根本原因。本书在对以上两种经变画乐舞图像进行研究的过程中，并未完全按照新的定名以及相应定名依据的佛教经典来进行分析，而是通过对比与之相关的佛教经典，从乐舞的角度完成对经变画的进一步认识，而认识的过程也就是研究乐舞图像和验证经变画定名的过程。事实证明，只有准确和深入地把握乐舞图像基于的文本，才能在乐舞图像功能及其与石窟、壁画的关系上得出客观、真实的结论。基于此，敦煌乐舞研究的目的，对内而言就是基于佛教文本来深入认识其内容，对外而言则是基于历史文献呼应与之相关的音乐史和舞蹈史。

第五章　吐蕃时期的敦煌乐舞

　　吐蕃统治敦煌的时期也就是敦煌的中唐时期，[1] 根据文献记载，天宝十四载（755），安史之乱爆发，吐蕃北上占领陇右。大历十一年（776），吐蕃攻陷瓜州，即围沙州。至贞元二年（786），沙州正式被吐蕃占领。大中二年（848），张议潮从吐蕃手中夺取瓜、沙二州。[2] 因此，吐蕃占领瓜州的时限为776—848年，占领敦煌的时限则为786—848年。根据史苇湘在《关于敦煌莫高窟内容总录》中的梳理，莫高窟吐蕃时代的洞窟共计44个。[3] 樊锦诗、赵青兰则在《吐蕃占领时期莫高窟洞窟的分期研究》中将该数量增加至57个，而且按吐蕃统治早期和吐

1　关于敦煌中唐时代划分的学术史综述，参见沙武田《吐蕃统治时期敦煌石窟研究》，中国社会科学出版社，2013，第1—2页。

2　S.6161+S.3329+S.6973+P.2762+S.11564《敕河西节度兵部尚书张公德政之碑》记载："敦煌、晋昌，收复已讫，时当大中二载。"S.788《沙州图经》记载寿昌县"建中初陷吐蕃，大中二年张议潮收复"。参见郑炳林、郑怡楠辑释《敦煌碑铭赞辑释（增订本）》，上海古籍出版社，2019，第155、173页。

3　参见史苇湘《关于敦煌莫高窟内容总录》，《敦煌石窟内容总录》，第232页。

蕃统治晚期做了进一步分期。[1] 笔者根据以上研究，对绘有乐舞图像的洞窟做了进一步调查，发现吐蕃时期出现了以往各时期洞窟未出现的情况，即吐蕃时期重修过部分之前的洞窟，主要是唐前期洞窟，在此过程中不免有乐舞图像绘入，因此，吐蕃时期绘有乐舞图像的洞窟大致有以下几类情况。第一，本期开凿且绘有本期乐舞图像的洞窟，这类洞窟共计 26 个，具体包括：第 92、112、134、135、144、154、155、158、159、191、197、200、201、231、236、237、238、240、258、358、359、360、361、369、370 和 472 窟。另外，西千佛洞第 18 窟也是吐蕃时期开凿并绘有同时期乐舞图像的洞窟。第二，重修前期洞窟时绘入乐舞图像的洞窟，这类洞窟共计 10 个，具体包括：第 44、91、117、126、129、180、188、199、202、386 窟。第三，本期开凿但现存窟内乐舞图像均为后代重修绘入的洞窟，这类洞窟共计 5 个，具体包括：第 7、31、53、449 和 468 窟。考虑到乐舞图像、壁画、洞窟三者之间的关系，本书对吐蕃时期乐舞图像的研究以第一类洞窟为主，但其余两类尤其是第二类洞窟也是需要注意的。

此外，根据敦煌研究院编定、霍熙亮整理《安西榆林窟内容总录》的分期断代，榆林窟开凿时代也是从唐代一直持续至清代的。[2] 段文杰《榆林窟的壁画艺术》一文也认为榆林窟开创于初唐，盛于吐蕃时期，终于元代。[3] 因此，榆林窟也存在上述与莫高窟情况大致相同的问题。根据《安西榆林窟内容总录》并结合调查，笔者认为榆林窟由唐代开凿且包含乐舞图像洞窟共计 16 个，分别是第 6、15、17、20、21、22、23、24、25、26、28、34、35、36、38 和 39 窟，其中绘有唐代乐舞图像的洞窟仅有第 15 窟和第 25 窟，而且这两个洞窟根据目前学界的研究，是在吐蕃时期开凿的洞窟，如段文杰认为："吐蕃统治瓜州期间，唐代大乘佛教艺术继续在榆林窟发展，第 15、25 等窟是榆林窟唐代壁画艺术的代

1　参见樊锦诗、赵青兰《吐蕃占领时期莫高窟洞窟的分期研究》，《敦煌研究文集·敦煌石窟考古篇》，第 182—210 页。

2　参见霍熙亮整理《安西榆林窟内容总录》，《敦煌石窟内容总录》，第 204—221 页。

3　参见段文杰《榆林窟的壁画艺术》，敦煌研究院编《中国石窟·安西榆林窟》，文物出版社，1989，第 162 页。

表作。"[1] 而本书对于吐蕃时期敦煌石窟乐舞的研究也将以榆林窟第 15 窟和第 25 窟为例展开，主要原因有以下几个方面。

首先，笔者在《唐代莫高窟壁画音乐图像研究》一书中，已对吐蕃时期代表洞窟莫高窟第 112 窟乐舞图像进行了系统和深入的研究，并得出了关于吐蕃时期乐舞图像总体特征的初步认识，因此对两处石窟乐舞图像进行对比和整合，才能形成对吐蕃时期乐舞图像的完整认识。其次，榆林窟第 15 窟和第 25 窟中出现了具典型意义的乐舞图像，这与莫高窟吐蕃时期洞窟存在差别，如第 15 窟前室甬道所绘的吐蕃装乐伎，第 25 窟主室南壁观无量寿经变中的乐舞组合，这将是本书接下来需要重点讨论的。最后，由于本书欲完成敦煌石窟乐舞的全面研究，因此需要纳入莫高窟以外具代表性的乐舞图像，以保证最终的研究结论能够更加系统和完整。

第一节　榆林窟第 15 窟中的乐舞图像

榆林窟第 15 窟位于窟区东侧崖面南段第一层，南、北侧分别与第 14、16 窟毗邻。洞窟由前室甬道、前室、主室甬道和主室构成，前室形制一面披顶，主室为覆斗形顶，设中心佛坛，上有清代重塑的七身一铺塑像。洞窟开凿于中唐时期，前室保留了部分唐代壁画，如东壁门南、北所绘菩萨、天王图像，南、北壁的天王图像以及西壁门南、北的普贤变和文殊变。主室甬道顶西夏重修为盝形顶并绘火焰宝珠，南、北壁西夏绘折枝花卉图案。主室窟顶及四壁大部分由宋代重绘，包括窟顶四披的边饰垂幔，东壁的佛、弟子和赴会菩萨，南、北壁所绘赴会菩萨和壸门供宝以及西壁门南、北的文殊变和普贤变。

唐代壁画主要集中在前室甬道南、北壁和前室顶及北壁，相应的，唐代乐舞图像也出现在这些位置，具体如下。

1　段文杰:《榆林窟的壁画艺术》,《中国石窟·安西榆林窟》, 第 162 页。

前室甬道，北壁西侧和南壁西侧唐代各绘世俗乐伎三身，共计六身。

前室，顶部唐代绘飞天乐伎两身，北侧一身演奏凤首弯琴，南侧一身演奏横笛。

前室，北壁唐代绘天王像一铺，天王头光两侧绘两身迦陵频伽乐伎，左侧一身演奏拍板，右侧一身演奏横笛。

除此之外，主室四壁上部垂幔下端宋代绘铃，窟顶四披下沿宋代绘飞天乐伎四身等。由于这些图像为宋代重绘，故本章不做讨论。以下将按洞窟位置对唐代乐舞图像进行分析与考证。

一　前室甬道

1996年编定整理的《安西榆林窟内容总录》对第15窟前室甬道壁面图像的描述为："南壁西侧唐画吐蕃装男伎乐三身（漫漶）……北壁西侧唐画吐蕃装男伎乐三身（漫漶）。"[1]

1995年出版张伯元《安西榆林窟》中的说法是："前室甬道北壁西侧供养人（模糊）……南壁西侧供养人（模糊）。"[2]

另外，1997年出版胡开儒《安西榆林窟》中的描述是："南壁：吐蕃供养像六身。"[3]

结合以上三种著作，可以得出对壁面所绘图像的认识：乐伎，男性，共六身。而且从出版时间看，至20世纪末，此处壁面已经漫漶，乐伎装束、所奏乐器已难以辨认。事实也是如此，笔者于2017年6月赴榆林窟，对此处乐舞图像曾多次勘察，发现壁面漫漶程度严重，画面细节大部分丢失。通过仔细辨识，南壁西侧可以清楚分辨两身乐伎，即图5-1左侧第一、二身，乐伎面部均朝向西侧，即图中右侧。左侧第一身仅存上半身，着绛紫色袍衫，系腰带；头部位置约略可见眼、唇及幞头脚，但应为后代随意补画；乐伎双手捧持一乐器，按外形为拍板，拍板外观上圆下方，由五块板组成，整体呈土红色。第二身较明显，身形呈

1　霍熙亮整理《安西榆林窟内容总录》，《敦煌石窟内容总录》，第208页。

2　张伯元：《安西榆林窟》，四川教育出版社，1995，第113页。

3　胡开儒：《安西榆林窟》，新疆大学出版社，1997，第23页。

浅土红色，脖颈、面部由赭石色勾线晕染，头部束巾，右耳饰珰，双目圆睁，口部吹奏一管状乐器，按乐器吹口及乐器管径判断，为筚篥。第三身已难以辨认，上部仅有巾留于画面，与第二身乐伎平齐的右侧似有一乐器音箱，从外观判断可能是琵琶，但只是推测，无法断言。

　　北壁西侧仅有一身乐伎较清晰，即图 5-2 左侧第一身，其外形与南壁西侧第二身相类，束巾，饰珰，面、胸部呈赭石色。乐伎面部左侧有一乐器，呈土红色，根据所处位置及高低错落的外观来看，应该是笙管，即乐器为笙。第二身乐伎头部有巾，是否演奏乐器，不明。乐伎面部已不存，但壁面上有被后代随意刻画的双眼。第三身同样只能分辨出绛紫色袍衫以及被随意刻于壁面的眼睛，而且后刻的眼睛给人以乐伎面部朝向南侧的错觉，但原作应该是朝向西侧。至于是否演奏乐器，同样不明。

图 5-1　第 15 窟前室甬道南壁西侧

图 5-2　第 15 窟前室甬道北壁西侧

　　以上为前室甬道壁面伎乐图像的真实状况，此处所绘人像共六身，其中能够辨别三身在演奏乐器，分别为拍板、筚篥和笙，另外一身似演奏琵琶（存疑）。按照敦煌石窟乐舞图像绘制的对称规律，剩余两身也应该同为演奏乐器的乐伎，只是已无法分辨。根据乐伎所着服饰分析，南、北两侧似乎也遵循了对称关系，六身乐伎均面向石窟西侧即前室甬道口，图 5-1 左一与图 5-2 左三两身同着绛紫色袍衫，图 5-1 左二与图 5-2 左二、图 5-1 左三与图 5-2 左一四身均束头巾，沙武田推测着袍衫的两身乐伎为唐装乐伎，另外四身为吐蕃装乐伎。[1] 这也就意味着乐伎图像为石窟最初营建时即中唐吐蕃占领时期所绘。同时，根据上引各著作的描述以及实地观察，六身乐伎以奏乐姿态出现在壁面上，除此之外看不到其他壁画内容，只能根据现存状况将其划入敦煌石窟壁画乐伎分类中的世俗乐伎范畴。而绘制乐伎的初衷不论是表现出行、迎接还是仪仗，应该均属于现实音乐活动的反映。

关于乐伎的具体身份，沙武田排除了其为供养人的可能。[2] 事实上，一旦确定此处所绘为乐伎，其非供养人的身份显而易见。因为在敦煌现存石窟中，既未发现甬道两侧壁所绘供养人有演奏乐器的现象，也无世俗乐伎作为石窟供养人出现的先例。当然，此处所谓"供养人"的概念，应该是狭义的供养人，即专指出资造窟的功德主及其家族成员。[3] 从广义上讲，凡以修持方式、仪轨、音乐、舞蹈、供养物等供给奉献佛教诸尊的施主，皆可称为供养人。[4] 因此，壁画中的六身乐伎尽管不是石窟语境下的供养人，但也不妨碍其具有供养功能。正如本书之前谈到的：乐舞图像来自石窟，它是石窟功能的反映，而且以音乐作为供养也是佛教的惯例。这在诸多佛教经典中皆有提及，如《妙法莲华经》规定音乐为十种佛供养之一，[5]《大宝积经》中的"复以种种微妙音乐供养如来，右绕三匝"，[6]《药师琉璃光如来本愿功德经》所言"欲供养彼世尊药师琉璃光如来者……鼓乐歌赞，右绕佛像"，[7] 等等。

1　参见沙武田《瓜州榆林窟第 15 窟吐蕃装唐装组合供养伎乐考》，四川大学中国藏学研究所编《藏学学刊》第 18 辑，中国藏学出版社，2018，第 5 页。

2　参见沙武田《瓜州榆林窟第 15 窟吐蕃装唐装组合供养伎乐考》，《藏学学刊》第 18 辑，第 6 页。

3　参见李永宁撰 "供养画像" 词条完整解释，季羡林主编《敦煌学大辞典》，第 177—178 页。

4　参见 "供养法" 词条完整解释，任继愈主编《佛教大辞典》，第 779 页。

5　《大正新修大藏经》第 9 册，第 30、31 页。

6　《大正新修大藏经》第 11 册，第 320 页。

7　《大正新修大藏经》第 14 册，第 406 页。

　　此外，壁画中的乐伎是以站姿奏乐的。敦煌石窟壁画中各类乐伎奏乐的身体姿态，大致分为三类——飞翔姿态、坐姿和站姿，其中飞天乐伎呈飞翔姿态，经变画菩萨乐伎基本为坐姿，世俗乐伎和部分菩萨乐伎则多以站姿出现。单纯就规模和排列来看，上述六身世俗乐伎与文殊变和普贤变中的菩萨乐伎有一定的相似性。敦煌石窟壁画中的文殊变和普贤变为对称题材，多绘于洞窟正壁帐门或窟门两侧，构图分别以文殊菩萨和普贤菩萨为中心。文殊和普贤身前通常绘有以站立姿态奏乐的菩萨乐伎，数量一般为三至五身，主要是为文殊与普贤的出行或说法奏乐，以此渲染佛国世界庄严盛大的气氛。以莫高窟晚唐第 156 窟主室西壁帐门南、北两侧所绘普贤变、文殊变中的菩萨乐伎与之进行对比，如图 5-3，画面中各有三身菩萨乐伎对称位于各自主尊坐骑前方，着典型的菩萨装，横向排列，普贤变中的乐伎分别演奏琵琶、筚篥与拍板，文殊变中则是琵琶、笙和拍板。第 15 窟前室甬道壁所绘乐伎同样以对称形式出现，数量也是南、北壁各三身，演奏乐器中也包括图 5-3 中出现的拍板、筚篥、笙和琵琶（存疑），两处壁画中出现的乐器均是敦煌唐代石窟壁画中惯常出现的乐器，只是第 15 窟所绘乐伎为世俗服饰造型。另外，从画面构图看，文殊变和普贤变中的菩萨乐伎仅占各自所在经变画很小的画幅，这与第 15 窟前室甬道所绘乐伎也是一致的。据张伯元《安西榆林窟》中的测量数据，前室甬道南、北壁高 2.5—2.6 米，宽 3.7—3.8 米，所绘乐伎区域大致高 1.3 米，宽 0.9 米，[1] 至于壁面其他区域是否绘有内容，今已不明。总体来看，二者在数量、对称方式、排列形式等方面是一致的。但由于第 15 窟前室甬道仅存六身乐伎，无法判断是否有其他壁画内容，因此也只能将其视作世俗乐伎，其性质与文殊变、普贤变中的菩萨乐伎还是有本质区别的。此处之所以引入菩萨乐伎图像进行对比，只是说明第 15 窟前室甬道南北壁所绘乐伎的形式并不具唯一性，至于其是否如现今壁面所见还是为壁画中的局部内容，已无法确定，但其世俗的性质以及供养的功能应该是不变的。

1　张伯元:《安西榆林窟》，第 113 页。

菩萨乐伎　◄──────────────────────────────► 菩萨乐伎

图 5-3　莫高窟晚唐第 156 窟主室西壁帐门南、北侧普贤变与文殊变

二　前室顶部

第 15 窟前室顶部塌毁较为严重，仅存两身飞天乐伎，分别位于前室顶部靠近甬道的南、北两侧，均绘制在白色平涂的壁面上。南侧一身所在壁面状况较好，画面基本完整；北侧一身所在壁面局部出现剥落且有烟熏痕迹。两身飞天乐伎演奏的乐器属敦煌石窟壁画中的特异型乐器，[1] 这不仅在敦煌石窟中数量稀少，而且在历史文献记载中也不多见，以下试考证之。

南侧飞天乐伎头戴山字冠，额头有白毫，耳部饰耳珰，胸前挂璎珞，腕部饰腕钏，上身赤裸，下身外着石绿色褶状围腰，内搭赭石色长裙，赤足。乐伎双臂缠绕一面为深、浅石绿相间，一面为深、浅土红相间的修长缯带，其右足搭于左小腿内侧，整个身体似反"L"形，周身祥云围绕，呈飞翔奏乐姿态。乐伎双手

1　根据郑汝中的研究，敦煌壁画乐器中特异型乐器主要有：异形笛、铜角、花边阮、葫芦琴、弯琴和胡琴。参见郑汝中《敦煌壁画乐舞研究》，第 117—124 页。

持一横吹乐器，口部位于器身吹口位置，可以明显看到在吹口下方反向延伸出一细长管状装置，除此之外该乐器与横笛基本一致（见图5-4）。

图5-4　第15窟前室顶部南侧飞天乐伎

若讨论该飞天乐伎演奏乐器，就不得不谈及以下两个问题：第一，敦煌壁画中的此类乐器是否文献中记载的"义觜笛"；第二，如何认识敦煌石窟壁画中所绘类似乐器上的管状装置。事实上，以上问题曾在学界引起深入的讨论，主要观点有以下三种。第一种，敦煌石窟壁画中的此类乐器不应称为"义觜笛"，其管状装置为某种装饰物，无关乐器的发声。对于此类乐器的定名，郑汝中称为"异型笛"，杨森称为"横笛"，刘永增称为"蝉折之笛"。[1]第二种，敦煌石窟壁画中的此类乐器就是文献记载中所言"义觜笛"，其管状装置为附加管，参与乐器的发声。[2]第三种，敦煌石窟壁画中的此类乐器为"义觜笛"，但同时认为"义觜"装置为装饰之物，与乐器音律毫无关系。[3]此外，学界针对文献记载中的"义觜笛"之"义觜"亦进行了大量讨论，[4]但由于该问题与此处的讨论无直接关系，故不再梳理。

1　参见郑汝中《敦煌壁画乐器分类考略》，《敦煌研究》1988年第4期；杨森《莫高窟壁画中的异形笛》，《敦煌研究》1988年第1期；刘永增《"蝉折之笛"与所谓"义觜笛""异形笛"》，《敦煌研究》2000年第4期。
2　参见牛龙菲《敦煌壁画乐史资料总录与研究》，第373—389页。
3　参见高德祥、吕殿生《敦煌石窟壁画中的吹奏乐器》，《乐府新声（沈阳音乐学院学报）》1989年第4期。
4　关于此部分的研究综述，参见牛龙菲《敦煌壁画乐史资料总录与研究》下卷之"义觜笛"，第373—389页。

根据先前的调查统计，[1] 笔者发现莫高窟壁画所绘此类乐器与第15窟前室顶部所绘乐器特征基本一致，即外观如横笛且吹口下方反向延伸出一细长管状装置，主要集中出现在唐至五代时期的洞窟中，包括由乐伎手持演奏和不鼓自鸣两种形式。此处选择与第15窟同时期的莫高窟中唐第112窟所绘不鼓自鸣乐器作为对比（见图5-5）。

图5-5　莫高窟中唐第112窟南壁观无量寿经变中的不鼓自鸣乐器

在明确了敦煌石窟壁画所绘此类乐器的基本特征之后，需要回顾历史文献中关于义觜笛的记载，以此验证图像与文献是否吻合。在目前所见文献中，义觜笛的最早记载出自《通典》卷一四四《乐四·竹八》"笛"条之下，其曰：

1　对莫高窟壁画所绘此类乐器进行过调查统计的有郑汝中、牛龙菲和杨森，其中郑汝中的统计结果为莫高窟有27件，牛龙菲的结果为19件，杨森的结果为59件。尽管数据出入较大，但均认为莫高窟壁画所绘此类乐器为同一种形制的乐器。参见郑汝中《敦煌壁画乐舞研究》，第220页；牛龙菲《敦煌壁画乐史资料总录与研究》，第375—376页；杨森《莫高窟壁画中的异形笛》，《敦煌研究》1988年第1期，第97页。

……今横笛去觜。其加觜者，谓之义觜笛。（按横笛，小篪也。）[1]

《旧唐书》卷二九《音乐志》所载，行文与《通典》基本一致：

篪，吹孔有觜如酸枣。横笛，小篪也……之〔今〕横笛皆去觜，其加觜者谓之义觜笛。[2]

根据以上记载分析，义觜笛就是去觜的横笛，横笛即小篪。小篪在《通典》同卷中亦有详细描述：

篪，以竹为之，长尺四寸，围三寸，一孔，上出寸三分，名曰翘，横吹之。小者尺二寸。[3]

至此，似乎可以将上述理解为横笛之"觜"即小篪之"翘"。关于"翘""觜"以及篪形制的问题，学界多有辨析与考证，如"觜""翘"同为附加管；[4]"觜""翘"同为簧；[5]"觜""翘"为突出于管身的吹口。[6]由于文献记载有限，本书对此不再做重复考证，但其中有一关键要素是可以确定的，不管是横笛的"觜"还是篪的"翘"形制如何，其都是乐器的吹孔装置。既然是吹孔，其必然位于横向管身的上部，否则无法按照正常姿态吹奏。我们可以参考《乐书》卷一三〇《乐图论·胡部·八音（竹之属）》中"义觜笛"的记载和附图（见图5-6）：

义觜笛，如横笛而加觜，西梁乐也，今高丽乐亦用焉。[7]

1　杜佑：《通典》，第3683页。

2　《旧唐书》，第1075页。

3　杜佑：《通典》，第3682页。

4　参见牛龙菲《敦煌壁画乐史资料总录与研究》，第375页。

5　参见李成渝《篪考》，《音乐研究》1997年第4期。

6　参见毛贞磊《篪之疑说》，《黄钟（武汉音乐学院学报）》2012年第4期。

7　陈旸：《乐书》，《文渊阁四库全书》第211册，第585页。

图 5-6 《乐书》所附义觜笛图像

资料来源：陈旸《乐书》卷一三〇，《文渊阁四库全书》第 211 册，第 585 页。

确定了这个问题，敦煌石窟壁画所绘相类乐器是否为义觜笛问题便可迎刃而解。因为壁画中乐器的管状装置均位于横向管身的下部，也就说明其不可能是类似觜的吹口部件，而且在乐器的吹口位置也未见任何凸出结构。据此，可以确定壁画中的乐器并非文献记载中的义觜笛，所以其管状装置不能称为义觜。那么，壁画中的乐器该如何定名？历史上是否有与之对应的乐器呢？我们可以参照日本正仓院所藏南仓 111 第 2 号竹制横笛与北仓 33 石雕横笛（见图 5-7），也就是前述持第一、三种观点所依证据。

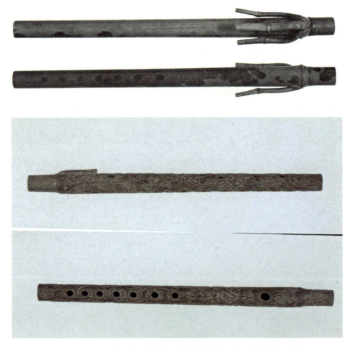

图 5-7 正仓院所藏竹制横笛与石雕横笛图像

资料来源：https://shosoin.kunaicho.go.jp/treasures/?id=0000014820&index=6；https://shosoin.kunaicho.go.jp/treasures/?id=0000010080&index=73。

图 5-7 中的横笛在横向管身下部均延伸出管状部件。竹制横笛延伸出三段，应该是制作过程中预留的竹节自然生长的枝节，也就是《"蝉折之笛"与所谓"义觜笛""异形笛"》文中所说的蝉折；而石雕横笛同样雕有类似枝节的部件，应该是对竹制横笛的模造，但由于质地，石质横笛只雕刻一段且只能附着于管身，无法像竹制有三段并与管身间形成自然间隙。通过对比，发现壁画所绘乐器与图 5-7 中的横笛较为接近，二者管状部件均位于管身下部，而且根据正仓院《东大寺献物帐》记载，北仓所藏横笛均为唐传乐器，[1] 这与壁画乐器图像的时代也是吻合的。假设敦煌壁画乐器图像与正仓院所藏横笛系同源乐器，那也就意味着管状部件的确不参与乐器发声，仅为装饰。目前持"管状装置为附加管，参与乐器发声"观点的学者并未详细说明管状装置参与乐器发声的具体原理，如管状装置是开管或是闭管等，加上没有更多证据支持此观点，此处不再讨论。综上，本书暂且按《东大寺献物帐》记载称敦煌壁画中类似乐器为横笛，期待以后可以发现新的证据来进一步确定其名称和源流。照此推测，此类横笛曾经流行于唐代，之后其乐器实物或图像流传至河西地区，再通过画工绘制于敦煌石窟壁面上，而东渡传至日本的乐器，也被保存到了今天。

北侧飞天乐伎服饰、身形、姿态基本同于南侧，束横式"一"字头发髻，头冠两侧配以 S 形白色缯带，脖颈处绘有三道，双臂饰臂钏，腰部有严身轮。乐伎左手持一乐器，右手食指与拇指以类似"捏"的动作弹弦。乐器大致由琴首、琴颈和共鸣箱三部分组成。琴首为凤头造型，眼、喙、额等部位刻画仔细，凤头枕部绘细长冠羽，琴首未见琴轴。琴身为流线弧形，表面未见品柱，下端为共鸣箱，琴身与共鸣箱似一体成型。共鸣箱类似琵琶的梨形，面板上亦绘有类似琵琶的覆手和捍拨。值得注意的是，该乐器仅有一根琴弦，但琴弦上、下末端的壁面恰好剥落，所以无法准确判断琴弦的固定方式，推测上端应固定于琴首凤头下喙的底部，下端固定于覆手位置（见图 5-8）。

1　参见〔日〕林谦三《东亚乐器考》，音乐出版社，1962，第 503 页。

图 5-8　第 15 窟前室顶部北侧飞天乐伎

　　学界对于敦煌壁画中此类乐器定名的差异，反映了各种观点在认识该乐器上的不同倾向性。庄壮和牛龙菲称此器为"凤首一弦琴"，都强调了乐器的弦数。从各自撰文角度可以看出，庄壮认为该乐器外形接近琵琶，同时又引用了《通典》"一弦琴"的记载；牛龙菲认为该乐器类似《新唐书》记载的"独弦匏琴"，而且应该是独弦匏琴与凤首箜篌结合的产物。[1]郑汝中称该乐器为"弯颈琴"，可见是强调了乐器琴身弯曲这一特性，但同时认为琴身弯曲使琴弦无法靠近琴身从而不能取音，不具备弦乐器的发音构造条件，因此提出该乐器仅仅是艺术创造而非真实乐器的观点。[2]岸边成雄、高德祥则称该乐器为"凤首箜篌"，意即该乐器属弓形竖琴类乐器，而且高德祥认为该乐器就是《隋书》《通典》《旧唐书》等文献中记载的"凤首箜篌"。[3]

　　事实上，各类文献涉及乐器的记载均无法与壁画所绘乐器做到完全对应，但通过分析以上观点不难看出，本书所说的倾向性其实是指以上各种观点的形成都或多或少地将某种现实乐器作为其论证的本源或基础，相关乐器至少涉及琵琶、

1　参见庄壮《榆林窟壁画中的音乐形象》，《中国音乐》1985 年第 3 期，第 63 页；庄壮《敦煌石窟音乐》，第 17 页；牛龙菲《敦煌壁画乐史资料总录与研究》，第 350—355 页。

2　参见郑汝中《敦煌壁画乐器分类考略》，《敦煌研究》1988 年第 4 期，第 15 页。

3　岸边成雄并未针对本窟壁画所绘乐器发表观点，且文中也未附敦煌石窟壁画中类似乐器图像，但按照表述，应该是指该乐器。参见〔日〕岸边成雄《古代丝绸之路的音乐》，王耀华译，人民音乐出版社，1988，第 80 页；高德祥《凤首箜篌考》，《中国音乐》1990 年第 1 期。

匏琴和凤首箜篌三种，而这三种乐器也恰好反映出壁画所绘乐器最典型的特征，如接近琵琶的外观，与匏琴一致的弦数以及类似凤首箜篌的形制和演奏方式。这些正好也是弦乐器组成的基本要素，同样也是决定一种乐器区别于另一种乐器的关键特征。那么接下来，我们尝试分析壁画所绘乐器表现出的特点来进一步讨论该乐器具有的真实性。

　　单纯以壁画所绘乐器的外观而言，的确与琵琶有相似性，比较明显的部分有琴身、共鸣箱和覆手等，而且这些部件在该乐器中承担的功能也大体与琵琶一致，琴身是为了演奏持握，共鸣箱是为增大音量，覆手是为固定琴弦。但通过分析，上述因素符合并不能说明该乐器与琵琶的关系，因为琵琶最关键的部件琴轴和品柱在壁画所绘乐器中没有出现，琴轴决定了乐器的弦数，品柱则是乐器取音的根本，所以壁画所绘乐器至多也只是在外观上与琵琶接近。另外，该乐器的共鸣箱面板上是明确绘有捍拨的（见图5-9，壁画中以黑色框线标示），捍拨的作用除了装饰外主要是为保护琵琶面板在演奏时不被划伤，尤其是在持拨演奏的过程中。但可以明显看到，壁画所绘乐器由于琴身弯曲琴弦与面板距离甚远，在实际演奏过程中，手指是无法触碰到面板的，即便持拨弹亦如此。这似乎说明该乐器外观的绘制直接照搬琵琶，并未考虑该乐器是否需要捍拨装置。退一步讲，即便这件乐器是历史上真实存在过的乐器，按理也是不需要捍拨的。

捍拨 ←

图5-9　第15窟前室顶部北侧飞天乐伎所奏乐器音箱部件

再来看弦数，可以明确看到壁画所绘乐器仅有一根琴弦，张于琴首凤头与音箱面板覆手之间，琴弦与琴身形成弓形。如果继续假设该乐器是真实的乐器，那么必须解决乐器取音的问题，即乐器如何实现音高变化。其实在前述中，庄壮和牛龙菲的观点主要就是针对乐器取音问题。前者引用了《通典》中"一弦琴"的记载，一弦琴的取音方式是通过柱实现的，因此才有"一弦琴十有二柱，柱如琵琶"的记载，[1]另外一弦琴是指有十二柱、外形近似古琴的乐器。壁画所绘乐器不仅无柱，即便有品柱也无法在弯曲的琴身上通过按弦改变音高，而且其外形也与一弦琴不符，因此可以排除一弦琴与壁画所绘乐器的关系。后者认为壁画所绘乐器与独弦匏琴的取音方式一致："当是用改变琴弓（琴弓即壁画所绘乐器的琴身——引者注）曲律以调节琴弦张力的方法来变化音调演奏乐曲。"[2]

按《新唐书》卷二二二《南蛮传·骠》的记载，独弦匏琴为贞元年间骠国向唐廷进献的乐器之一，其曰：

> 有独弦匏琴，以班竹为之，不加饰，刻木为虺首；张弦无轸，以弦系顶，有四柱如龟兹琵琶，弦应太蔟。[3]

根据乐器名称与记载，独弦匏琴外形大致与广西京族的传统乐器独弦琴相类，但传统的独弦琴面板是无柱的。当然，不论有柱还是无柱，二者均通过改变琴弦长度或张力来获取不同音高。反观壁画所绘乐器，其上、下两端琴弦的位置是固定的，又无法使用品柱装置，所以不大可能改变琴弦的长度。另外从壁画绘制来看，琴身应该为木质，因此就材料属性而言也不可能以琴身弹性改变曲律的方式得到不同的琴弦张力。再者，即便这种推测成立，从乐器的实际操作来讲，既要弹奏琴弦，还要在改变琴身曲律的同时持握乐器，这对于演奏而言实属困难。据此，可以将壁画所绘乐器与独弦匏琴之间的关

1　杜佑:《通典》，第3678页。

2　牛龙菲:《敦煌壁画乐史资料总录与研究》，第350页。

3　《新唐书》，第6313页。

系排除。

最后，我们来分析凤首箜篌与壁画所绘乐器之间的关系。提到凤首箜篌就不得不谈及另一种大量在敦煌石窟壁画上出现的乐器——竖箜篌。二者在历史文献中有一定的记载，学界根据现有的记载、乐器图像和乐器实物进行过系统深入的研究，此处不再重复。根据已有研究，凤首箜篌与竖箜篌尽管均为抱弹式竖琴类乐器，但并非同一类乐器，凤首箜篌源自印度弓形竖琴，而竖箜篌则属波斯角形竖琴，这在林谦三的《东亚乐器考》一书中早已言明。[1] 此外，凤首箜篌与竖箜篌还存在明显的区别，即凤首箜篌的共鸣箱通常位于乐器的底端，相应的，绦轸位于琴颈处。而竖箜篌的共鸣箱位于乐器的斜边，绦轸则在乐器横肘位置。这一点可以通过与上述两类乐器各自同源的乐器得到印证（见图5-10、图5-11）。

图5-10 缅甸"桑柯"弯琴（弓形竖琴，桂林博物馆藏）

资料来源：http://www.guilinmuseum.org.cn/Collection/Details/f0b8a5c2-4a3d-40fc-b0cb-422e890d7a14。

---

1 尽管林谦三对凤首箜篌、竖箜篌等乐器的形制、源流进行了对比和考证，但并未涉及敦煌石窟壁画中的相关乐器图像。参见〔日〕林谦三《东亚乐器考》，第213—228页。

图 5-11　Chang（角形竖琴）
资料来源：笔者摄于伊朗伊斯法罕音乐博物馆。

如果不考虑弦数，仅以乐器大致的外观与共鸣箱位置分析，壁画所绘乐器相对而言与弓形竖琴即凤首箜篌更加接近，因此需要对比历史文献记载中的凤首箜篌，以做进一步的研究。

《通典》卷一四四《乐四·八音·丝五》载：

> 竖箜篌，胡乐也。汉灵帝好之。体曲而长，二十二弦，竖抱于怀中，用两手齐
> 奏，俗谓之擘箜篌。凤首箜篌，颈有轸。[1]

"颈有轸"可以在图 5-10 中得到印证，即琴颈处有用于固定琴弦的绦轸。

此外，凤首箜篌与前述独弦匏琴一样，都是骠国于贞元年间向唐廷进献的乐器，《新唐书》卷二二二《南蛮传·骠》记载：

1　杜佑：《通典》，第 3680 页。

有凤首箜篌二：其一长二尺，腹广七寸，凤首及项长二尺五寸，面饰虺皮，弦一十有四，项有轸，凤首外向；其一顶有条［绦］轸，有鼍首。[1]

按记载，骠国进献的凤首箜篌共鸣箱为蒙皮，琴颈同样有绦轸。

《乐书》卷一二八《乐图论·胡部·八音（丝之属上）》中有"凤首箜篌"的记载和附图（见图5-12）：

凤首箜篌，出于天竺伎也。其制作曲颈凤形焉。扶娄、高昌等国凤首箜篌其上颇奇巧也。[2]

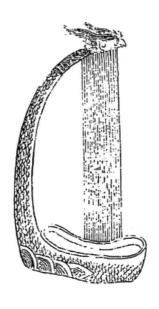

图5-12　《乐书》所附凤首箜篌图像

资料来源：陈旸《乐书》卷一二八，《文渊阁四库全书》第211册，第566页。

1　《新唐书》，第6312页。

2　陈旸：《乐书》，《文渊阁四库全书》第211册，第566页。

　　从乐器形制上讲，在琵琶、独弦匏琴和凤首箜篌三者之间，壁画所绘乐器更接近文献记载的凤首箜篌，主要表现为琴身造型接近、共鸣箱位置相同、琴头均有凤首装饰等。但同时需注意，如果严格按照壁画展示的乐器细节，琴弦数量及固定方式、共鸣箱面板材质等与凤首箜篌还是具有差异的。当然，既然通过分析比对找到了凤首箜篌与壁画所绘乐器的部分相似性，就难以否定其真实存在的可能。

　　按照敦煌乐舞与中国乐舞史的通常关系，某种乐器或与该乐器相关的曲种、舞种首先在某个中原文化密集的中心区域流行，之后该乐器实物或乐器图像随着政治、文化、经济的交流进入河西地区，并通过画稿被绘制在敦煌石窟壁面上。单就本窟壁画所绘乐器图像而言，如果其就是凤首箜篌或源自凤首箜篌，那么弦数从多弦变为单弦、共鸣箱外观趋于琵琶这两点，就意味着该乐器实物或图像可能并未真正进入榆林窟所在的瓜州地区，乐器的绘制出现了某种信息缺失或走样。我们不妨看一下榆林窟中唐第 25 窟主室南壁观无量寿经变中所绘类似乐器（见图 5-13）。

图 5-13　第 25 窟主室南壁观无量寿经变中的共命鸟乐伎

根据图像，榆林窟所绘两件乐器较接近，甚至第 25 窟南壁由共命鸟演奏的乐器共鸣箱、覆手、捍拨几乎与琵琶一致，这不仅说明该乐器在绘制时出现了前述的信息缺失或走样，而且补救的方式就是拟琵琶外形绘制。当然，这种假设的前提是壁画所绘乐器就是凤首箜篌或者源自凤首箜篌。但依有限的证据，我们无法确证壁画所绘乐器的来源。基于此，综合学界对壁画所绘乐器的定名及其关键特征，本书暂时称该乐器为凤首弯琴，期待以后出现新材料能够解释乐器弦数和共鸣箱外观异于凤首箜篌的真正原因。

第 15 窟前室顶部由于大部分壁面塌毁，现仅存南、北两侧的两身飞天乐伎。但从第 15 窟前室开凿的体量看，当初营建时室顶绘制的飞天乐伎应该不止两身，只是其余乐伎现已无处寻觅。现存乐伎演奏的两件乐器形制均具有一定的特殊性，似乎暗合壁画绘制的对应原则。南侧乐伎演奏乐器比常见横笛多出管状装置，但其真实性应该不存在疑问，所以北侧乐伎演奏的凤首弯琴按理也是真实存在的乐器，最起码不能视作画工纯粹的艺术创造。

三　前室北壁

第 15 窟前室南、北壁及东壁门南、北侧下部各绘天王一铺，以此构成佛教世界中居于须弥山四陲的四大天王。其中绘于北壁的天王半跏趺倚坐于须弥座上，头有项光，顶有华盖。天王头冠高耸，似为化佛形象。眉间点白毫，脖颈处绘三道，双目圆睁，气势威严。耳部饰耳珰，胸前挂璎珞，上臂戴臂钏，手腕、脚腕则以腕钏装饰。天王上身赤裸，下身着裤装，左手持吐珠貂鼠，右手握有菱格图案的棍棒。其两侧各绘一身胁侍，左侧为菩萨，右侧为力士。力士身形壮硕，着虎皮衣帽，此为吐蕃将士中战功卓著者的荣誉制服，也就是通常所说的大虫皮，[1] 从中也可以看出本铺天王图像具有明显的吐蕃艺术风格（见图 5-14）。

1　参见《中国石窟·安西榆林窟》图版说明部分，第 228 页。

图 5-14　第 15 窟前室北壁天王图像

在画面上部菩提双树下，天王项光两侧各绘两身飞天和迦陵频伽乐伎。两身飞天飘带与顶部华盖相连，构成天王背部画面轮廓。迦陵频伽乐伎绘于须弥座背靠两侧，两身乐伎上身均为典型的菩萨装造型，可以明显看到绘有项光、璎珞、臂钏、腕钏，双翅展开，双爪踩背靠横杆站立（见图5-15）。按乐伎演奏姿态和乐器外形，左侧乐伎演奏拍板，右侧乐伎演奏横笛。两件乐器通体均呈赭石色，由于乐伎所占画面较小，乐器细节不详。

在唐代敦煌石窟壁画中，迦陵频伽乐伎开始规模出现，通常被绘制在洞窟藻井、佛龛、佛背光和四壁的经变画中，数量二至四身。在经变画中多位于主尊两侧或说法场景前部乐舞平台上，与舞伎或白鹄、孔雀、鹦鹉等处同一区域。除演奏乐器之外，有些迦陵频伽亦呈舞蹈姿态。如本窟迦陵频伽乐伎出现在天王图像中，在整个敦煌石窟壁画中较为罕见，但其数量、对称形式依然如通常所见。在佛教文献中，也有天王与迦陵频伽关联的记载。

图 5-15　第 15 窟前室北壁迦陵频伽乐伎

《佛说长阿含经》卷一八言：

> 四天大王所居宫殿，有七重宝城栏楯，七重罗网，七重行树，七重诸宝铃，乃至无数众鸟相和而鸣，亦复如是。[1]

《法苑珠林》卷六《第五畜生部·会名部第二》记载：

> 四天王众天及三十三天中，有二足者，如妙色鸟等；有四足者，如象马等。余无者如前释。上四天中，唯有二足者，如妙色鸟等，余皆无者。空居天处转胜妙故。[2]

文献中分别提到"众鸟"于天王所居宫殿处相和而鸣，"妙色鸟"为四天王天及三十三天中的二足动物之一，而迦陵频伽应该包括在"众鸟"或"妙色鸟"之内。这可以在《佛说阿弥陀经》中得到印证，其曰：

1　《大正新修大藏经》第 1 册，第 115 页。

2　释道世著，周叔迦、苏晋仁校注《法苑珠林校注》，中华书局，2003，第 205 页。

> 彼国常有种种奇妙杂色之鸟：白鹄、孔雀、鹦鹉、舍利、迦陵频伽、共命之鸟。是诸众鸟，昼夜六时出和雅音，其音演畅五根、五力、七菩提分、八圣道分如是等法。其土众生闻是音已，皆悉念佛、念法、念僧……是诸众鸟，皆是阿弥陀佛欲令法音宣流，变化所作。[1]

可见，"妙色鸟"应该是"奇妙杂色之鸟"之简称，也就是"众鸟"，其中包括迦陵频伽。按佛经原文，其特点为"昼夜六时出和雅音，其音演畅五根、五力、七菩提分、八圣道分如是等法"，功能则是"众生闻是音已，皆悉念佛、念法、念僧"，本质即"阿弥陀佛欲令法音宣流，变化所作"。由于敦煌石窟壁画通常是根据佛教经典所绘，因此迦陵频伽乐伎不论出现在经变画、天王图像或是石窟其他位置，上述特点、功能和本质都是一致的。

通过本节的梳理可以看到，作为榆林窟吐蕃时期代表石窟之一，第15窟在前室甬道南、北壁，前室顶部及前室北壁均绘有乐舞图像，尽管数量有限，但种类既包括飞天乐伎、迦陵频伽乐伎，也有世俗类乐伎。遗憾的是，按通常规律可能绘有大量乐舞图像的主室四壁由于经宋代重修已不见乐舞图像，而主室窟顶四披下沿所绘宋代飞天乐伎由于时代原因也不在本章的讨论范围之内。但是，作为吐蕃时期另一代表洞窟的第25窟，其主室南壁所绘观无量寿经变中出现了典型的乐舞组合，这使得我们可以对中唐吐蕃时期经变画所绘乐舞图像一探究竟。

第二节　榆林窟第25窟中的乐舞图像

榆林窟第25窟位于窟区东侧崖面北段第一层，南、北侧分别与第23、26窟毗邻。洞窟结构、形制与第15窟相似，同样由前室甬道、前室、主室甬道和主室构成，前室形制一面披顶，主室为覆斗形顶，设有中心佛坛（见图5-16）。

---

1 《大正新修大藏经》第12册，第347页。

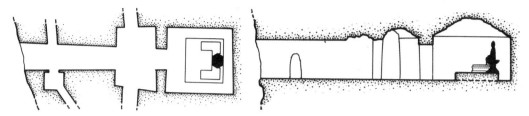

图 5-16 第 25 窟平、剖面示意图

资料来源：张伯元《安西榆林窟》，图版 6。

从现存窟内状况看，前室甬道南、北壁主要为曹氏归义军时期遗存，南壁西侧绘有曹元忠及其子侄、侍从供养人像共计七身，北壁西侧绘有曹元忠夫人翟氏及其长女延鼐、侍女供养人像共计四身。[1] 在前室和主室甬道中，除前室东壁门南、北侧五代绘观音像和一佛二弟子像外，其余所绘内容以天王和观音为主，时代与前室甬道南、北壁一致。主室窟顶南披除残存唐代千佛外，其余壁面均塌毁，四壁则基本保留了唐代壁画原作，东壁绘八大菩萨曼荼罗，南壁通壁绘观无量寿经变，北壁通壁绘弥勒经变，西壁门南侧绘普贤变，门北侧绘文殊变。

前室东壁甬道口南侧有一方光化三年（900）墨书汉文题记，但该题记与洞窟开凿时代无关。段文杰根据洞窟形制、内容、布局以及主室经变画题记、人物服饰造型考证洞窟开凿的大致时代为中唐吐蕃统治时期，[2] 但也有观点认为开凿时间晚于中唐，[3] 此处将沿用营建于中唐吐蕃统治时期的观点。由于本书主要针对乐舞图像展开研究，因此在研究过程中，将重点关注乐舞图像的时代特征，尝试从乐舞图像的角度验证洞窟的营建时代。

根据调查，第 25 窟现存乐舞图像集中在主室南壁所绘观无量寿经变中，窟内其他位置未发现乐舞图像。观无量寿经变所绘乐舞图像包括不鼓自鸣乐器组成的天乐、迦陵频伽伎乐和乐舞组合。下面将按照乐舞内容进行分类研究。

主室南壁通壁绘制观无量寿经变（见图 5-17），画面主体为阿弥陀佛说法

---

1 参见霍熙亮整理《安西榆林窟内容总录》，《敦煌石窟内容总录》，第 213 页。

2 参见段文杰《榆林窟的壁画艺术》，《中国石窟·安西榆林窟》，第 162—163 页。

3 根据沙武田对榆林窟第 25 窟营建时代的研究，大致包括 9—10 世纪，中唐吐蕃统治时期，从中唐持续至五代、宋等几种观点。参见沙武田《榆林窟第 25 窟：敦煌图像中的唐蕃关系》，商务印书馆，2016，第 17—24 页。

场景，团花纹样分隔出左、右两侧条屏，条屏左侧绘"未生怨"，右侧绘"十六观"。说法场景上端为净土天际部分，分别绘化佛与不鼓自鸣乐器。天际部分下面的整体建筑为前后纵置的双院式布局，正殿为上阁下殿的形制，以仰视角度绘制，产生一种高耸的视觉感。正殿两侧前后纵置两进廊庑，右后侧廊庑上有一八角攒尖式钟楼，内悬一钟。与之相对的左侧壁面现仅存地仗层，情况不明。两侧配殿为双层歇山顶式阁楼，中间以平台连接，左侧平台上绘鹤与迦陵频伽乐伎各一身，右侧绘共命鸟与孔雀各一身。主尊说法场景位于整个画面中心位置的平台，阿弥陀佛结跏趺坐于莲花宝座，顶部绘菩提树与华盖，观音、大势至菩萨以及十二身听法菩萨分列两侧，说法平台与配殿所在平台组成倒"品"字形构图位于八功德水之上。画面最下部为横向三段式平台，左、右两侧为菩萨所在平台，中间平台绘八身一组菩萨伎乐乐队与一身舞伎外加一身迦陵频伽乐伎的组合，乐舞组合形式为"4+1+1+4"。除正殿外，所有画面均以俯视视角绘制，以增加画面的纵深感和立体感。如果将经变画展现的内容视作对西方净土世界的全景勾

不鼓自鸣乐器

迦陵频伽乐伎

菩萨乐伎与舞伎

图 5-17　第 25 窟主室南壁观无量寿经变

勒，可以看到乐舞内容以纵向轴线左右对称的形式展开，并且分上、中、下三段贯穿整个净土世界，不仅象征净土世界的歌舞升平，同时也说明乐舞在观无量寿经变中具有的重要性。

由于经变画左侧净土天际部分壁画不存，目前可见不鼓自鸣乐器共计四件，正殿左侧存一件，右侧绘三件，由东向西依次为琵琶、腰鼓、筚篥、排箫（见图5-18）。根据经变画对称构图，左侧壁画不存处应该另绘有两件乐器，即原经变画中不鼓自鸣乐器共有六件。

图5-18　第25窟主室南壁观无量寿经变中的不鼓自鸣乐器

四件不鼓自鸣乐器中，琵琶为直颈，梨形音箱，有四根弦轴，但琴弦仅绘两根，未绘品柱，音箱面板上有凤眼、捍拨和覆手，仅大致绘出轮廓，未详细勾画。腰鼓外形呈典型的广首纤腹状，以鼓绳贯通两侧鼓面。腰鼓右侧为一管乐器，仔细观察，可以看到管身开有六孔，一侧管口有类似管哨的部件，故为筚篥。最右侧乐器为排箫，有十根音管且管身有明显的横向固定装置。四件乐器器身均绘有飘带，飘带修长飘逸以表现乐器悬处虚空，不鼓自鸣的状态。以乐器类别而言，仅存的四件乐器中既有弹拨、吹奏乐器，也有打击乐器，这是敦煌石窟壁画中不鼓自鸣乐器的一个重要特征，即囊括壁画中出现的所有乐器种类。

除不鼓自鸣乐器外，经变画该区域右侧所绘八角攒尖式钟楼（见图5-19），内有钟架，上悬一钟，钟体表面由圈状纹和卷草纹装饰。钟楼顶部有相轮并悬幡，檐头处悬铃。在榆林窟中，钟楼与经楼图像多出现在净土类经变画中，如在第33窟主室北壁西方净土变中，就可以清晰地看到经楼与钟楼骑跨于主体宫殿左、右侧廊庑之上，经楼内置经卷包裹，钟楼内悬钟。《龙藏寺碑》有"见承露于云表"的记载，承露即承露盘，也就是相轮，[1] 这在图 5-19 和图 5-20 的楼顶部也能够看到。可见，虽然钟楼与经楼之于经变画只是局部画面，但其绘制依然遵循了佛教建筑的基本格局。

图 5-19　第 25 窟主室南壁观无量寿经变中的钟楼

图 5-20　第 33 窟主室北壁西方净土变中的经楼与钟楼

---

1 《翻译名义集》卷七《寺塔坛幢篇第五十九》记载："八种塔并有露盘……佛造迦叶佛塔上施盘盖，长表轮相，经中多云相轮。以人仰望而瞻相也。"法云编《翻译名义集》，《大正新修大藏经》第 54 册，第 1168 页。

观无量寿经变中共出现奇妙杂色之鸟五身，包括鹤一身、孔雀一身、迦陵频伽乐伎三身。如果严格遵照佛教经典的说法，应该是迦陵频伽乐伎两身、共命鸟一身。隋智𫖮《阿弥陀经义记》载：

> 迦陵频伽，妙音清高，可譬佛声。共命，两头而同一体，生死齐等，故曰共命。此等众鸟昼夜六时演畅五根、五力、七觉、八道，妙音和雅。[1]

由于共命鸟在外形上除双首外基本同于迦陵频伽，故文中将二者统归入迦陵频伽乐伎范畴进行研究。

三身乐伎在经变画中呈倒"品"字形分布，主体宫殿两侧配殿前平台上各绘一身（见图5-21、图5-22），主尊说法场景前水池乐舞平台上绘一身（见图5-23）。三身乐伎上身均为菩萨造型，下身为鸟身。头戴山形冠，额间有白毫，颈部绘三道，胸前饰璎珞，上臂有臂钏，手腕有腕钏。双翅刻画详细，以不同颜色分别刻画飞羽、覆羽及小覆羽。双腿健硕，跗跖修长，双爪抓地有力，尾羽蓬松硕大，高高翘起。

图5-21 第25窟主室南壁观无量寿经变左侧配殿前平台上的迦陵频伽乐伎

---

1 《大正新修大藏经》第37册，第306页。

图 5-22　第 25 窟主室南壁观
无量寿经变右侧配殿前平台上的
迦陵频伽乐伎

图 5-23　第 25 窟主室南壁观
无量寿经变乐舞平台上的迦陵
频伽乐伎

位于配殿前左侧平台上的迦陵频伽乐伎手持拍板演奏，拍板通体呈深褐色，由五块板组成，每块均上圆下方。与之相对的共命鸟乐伎，位于配殿前右侧平台，其所持乐器为凤首、弯颈、一弦，音箱近似琵琶，绘有捍拨和覆手。此乐器与第15窟前室顶部北侧飞天乐伎所持乐器一致，前文考证为凤首弯琴。值得注意的是，作为敦煌石窟壁画所绘特异型乐器，同时在榆林窟中唐时期的第15窟和第25窟壁画中出现，说明该乐器图像的出现绝不是偶然。位于乐舞平台上的迦陵频伽乐伎与击腰鼓起舞的舞伎一并站立，该乐伎头冠两侧各有一条S形白色缯带，这与第15窟前室顶部所绘两身飞天乐伎一致。乐伎一手横握琵琶，另一手持椵拨奏，琵琶为曲项，琴弦明显为四根。琴身有柱，但数量不明，推测应为四根，梨形音箱面板上绘有捍拨与覆手。该乐器刻画精细，特征明显，为典型的曲项琵琶。

乐舞平台位于整个经变画画面中下部，阿弥陀佛说法场景之前，八功德水之上。八身一组的菩萨乐伎纵向排列组成菩萨伎乐乐队，另外在乐队中间各绘一身舞伎和一身迦陵频伽乐伎，乐舞组合形式为"4+1+1+4"（见图5-24）。仔细观察会发现，平台表面平铺的三块方毯已划分出乐舞组合的不同区域，方毯为长方形，上绘联珠纹，四边延伸出流苏。左、右侧纵向平铺的两块方毯上分别有四身菩萨乐伎，中间横向平铺的方毯则是舞伎与迦陵频伽乐伎的区域。敦煌经变画中的乐舞组合基本有方毯或圆毯出现，因此毯可以作为区分大型乐舞组合不同分组的参考标准之一。如莫高窟第220窟主室北壁药师经变中的乐舞组合，就可以通过方毯将菩萨伎乐乐队分为前后、左右并置的四组。

乐舞平台上的菩萨乐伎均为螺发，额间有白毫，颈部绘三道，胸前饰璎珞，手腕佩腕钏。上身着披帛式天衣，腹部有严身轮，以半跏趺坐于方毯之上演奏乐器，气定神闲、泰然自若之感跃然壁上，以此衬托经变画呈现的净土世界的无限美好。左侧菩萨乐伎由内而外演奏乐器依次为贝、筚篥、笙和琵琶。贝通体白色，壳顶向上，壳口向下，乐伎口部位于壳顶吹口，双手持乐器作吹奏状。筚篥管身细长，但开孔不明，乐伎口含管哨吹奏。笙的笙管、笙斗和吹管基本清晰，笙管高低错落，中间有横向固定部件，吹管弯曲细长，乐伎双手捧持笙斗，手指

图 5-24　第 25 窟主室南壁观无量寿经变中的伎乐舞组合

按孔吹奏。琵琶为直颈，四弦，琴身未绘品柱，梨形音箱，面板上有凤眼、捍拨及覆手，乐伎横抱琵琶持槟拨奏。右侧菩萨乐伎由内而外演奏乐器依次为尺八、横笛、排箫和拍板。其中拍板通体深褐色，由六块板组成，每块板均上圆下方，而且通过图像可以清晰地看到其固定方式和演奏方式与文献记载"以韦连之，击以代抃"[1]的说法相一致。画面中的排箫约为十五管，横向固定音管的部件较明显，乐伎口部位于管口吹奏。横笛由乐伎置于身体右侧吹奏，可以明显看到管身有开孔，但具体数量不明。

最内侧乐伎演奏一竖吹乐器（见图5-25），音孔除左手无名指所按可见外，其余不明。图像显示，乐伎将乐器吹口置于下唇外沿处，吹口处绘两条短弧线，应该是刻意为之，意即强调该乐器吹口处有切口，乐器管身较同侧乐伎演奏的横笛稍长且稍粗。

图5-25　第25窟主室南壁观无量寿经变菩萨伎乐乐队（局部）

---

1 《通典》卷一四四云："拍板，长阔如手，重十余枚，以韦连之，击以代抃。（抃，击其节也。情发于中，手抃足蹈。抃者，因其声以节舞。龟兹伎人弹指为歌舞之节，亦抃之意也。）"（第3680—3681页）

历史上曾出现种类较多的竖吹乐器，根据图像所示乐器外观分析，与其相近的乐器可能是尺八或洞箫。该经变画绘制的时代与洞窟开凿时代一致，即中唐吐蕃时期，因此经变画中的乐器应同为唐代乐器。在唐代历史文献中，均能看到有关尺八或洞箫的记载。

《通典》卷一四六《乐六》坐立部伎条曰：

> 《宴乐》，武德初，未暇改作，每宴享，因隋旧制，奏九部乐（一、《宴乐》，二、《清商》，三、《西凉》，四、《扶南》，五、《高丽》，六、《龟兹》，七、《安国》，八、《疏勒》，九、《康国》）。至贞观十六年十一月，宴百寮，奏十部。先是，伐高昌，收其乐，付太常。至是增为十部伎，其后分为立、坐二部……（坐部伎有六部：一、《宴乐》，张文收所作，又分为四部，有《景云》《庆善》《破阵》《承天》等……六、《破阵乐》，玄宗作，生于立部伎也）……《承天乐》……乐用玉磬一架，大方响一架，搊筝一，筑一，卧箜篌一，大箜篌一，小箜篌一，大琵琶一，小琵琶一，大五弦琵琶一，小五弦琵琶一，吹叶一，大笙一，小笙一，大筚篥一，小筚篥一，大箫一，小箫一，正铜钹一，和铜钹一，长笛一，尺八一，短笛一，揩鼓一，连鼓一，鼗鼓二，浮鼓二，歌二。此乐唯《景云舞》近存，余并亡。[1]

根据《通典》记载，尺八是贞观年间坐部伎之《宴乐》四部的伴奏乐器之一，《旧唐书·音乐志》记载内容与上引基本一致；对比用乐编制，《旧唐书》缺少筑、小琵琶、吹叶、尺八四件乐器。[2]《新唐书·礼乐志》关于《宴乐》用乐编制的记载与《通典》一致，即所用乐器中包含尺八。[3]

洞箫的记载见于《通典》卷一四四《乐四·八音·竹八》：

> 箫，《世本》曰："舜所造。"其形参差，象凤翼，十管，长二尺。《尔雅》曰：

1　杜佑：《通典》，第 3721—3722 页。

2　参见《旧唐书》，第 1061 页。

3　参见《新唐书》，第 471 页。

"编二十三管，长一尺四寸者曰箫。十六管，长尺二寸者曰筊。"凡箫一名籁。前代有洞箫，今无其器。蔡邕曰："箫，编竹有底。大者二十三管，小者十六管。长则浊，短则清。以蜜蜡实其底而增减之，则和。"然则邕时无洞箫矣。[1]

《通典》将洞箫列于箫（即今之排箫）的条目下解说，认为唐代洞箫已亡，唐之前是有这种乐器的，并且还引用了蔡邕的说法。但蔡邕所言为箫而非洞箫，蔡邕为东汉人氏，按引文说法推之，唐无此乐器，东汉亦无，所以洞箫出现的时间只可能是东汉之后、唐之前的魏晋南北朝和隋代。

相对而言，《旧唐书》是将箫和洞箫分开解说的，在条理上显得更清晰。当然事实也应如此，尽管箫与洞箫同为竖吹乐器，但二者在形制上还是有区别的，最明显的一点，箫是编管，洞箫是单管。《旧唐书》关于箫的记载大致同于《通典》，此处不再赘引。洞箫的说法见于卷二九《音乐志》：

> 汉世有洞箫，又有管，长尺围寸而并漆之，宋世有绕梁，似卧箜篌，今并亡矣。[2]

其中将洞箫和管并列叙述，意即洞箫与管形制相似，均为单管乐器。值得注意的是，此段记载还并列介绍了铜角、贝、桃皮、啸叶等乐器，而且这一部分是在整个唐代"八音"所含乐器全部介绍完之后的补充部分，同于《通典》所谓"八音之外又有三"，[3] 只是《旧唐书》"八音"之外的补充乐器多于《通典》，而其中就包括洞箫。

《新唐书·礼乐志》对于"八音"所涉乐器仅是简单分类罗列，[4] 寥寥数行，篇幅远不及《通典》与《旧唐书》，故未见洞箫。《旧唐书》认为汉代有洞箫，这便

1　杜佑:《通典》，第 3681—3682 页。

2　《旧唐书》，第 1079 页。

3　杜佑:《通典》，第 3683 页。《通典》中的"三"为桃皮、贝和叶三种乐器。

4　参见《新唐书》，第 464 页。

与《通典》记载中洞箫的时代相矛盾，但《通典》与《旧唐书》的基本观点是统一的，即唐代没有洞箫这种乐器。至于原因，《通典》直接给出"今无其器"的结论，《旧唐书》的说法则是与绕梁"今并亡矣"。因此，按照唐代文献关于尺八和洞箫的记载，如果唐代敦煌石窟壁画中出现与二者相类的竖吹单管乐器，则只可能是尺八。另外，通过上述文献记载中乐器的具体出处也可以发现，尺八出自坐部伎之《宴乐》四部的用乐编制，坐立部伎在唐代宫廷乐舞中居重要地位，因此尺八应该是唐代宫廷的常用乐器。而洞箫仅出现在"八音"之外的补充介绍中，十部伎、坐立部伎用乐均无此乐器。退一步讲，即便唐代有洞箫这种乐器，其流行程度也远不及在主流乐舞中使用的尺八，所以其传入河西地区的可能性也远小于尺八。

前文提到，观无量寿经变所绘该乐器吹口处类似切口的短弧线至今仍存于壁面之上（见图5-26），为此，可以将其与正仓院现藏编号北仓21的唐传尺八（见图5-27）以及现代洞箫的切口（见图5-28）做一对比。

通过对比可以明显看到，尺八为外切口，而且竹管斜切面形成的两条弧线正可以与经变画中乐器所绘的两条弧线相对应，而洞箫是内切口，不会在竹管外壁

图5-26　经变画所绘乐器的吹口

出现斜切面。因此，以切口判断，经变画中的乐器也应该是尺八，而非洞箫。事实上，由于第25窟主室南壁观无量寿经变保存较为完整，结合文献记载以及乐器的细部特征才能确定其为尺八，但敦煌石窟壁画所绘的大部分竖吹乐器除筚篥特征明显较易分辨外，其余乐器依然难以准确定名，主要就是因为最初绘制时较随意或简略，加之部分壁面漫漶导致乐器细部信息丢失。因此，在辨识这些乐器的过程中，对历史文献相关记载的分析和使用，与同壁面所绘其他乐器的对比，同一壁画内容中乐器间编制、声部、用乐等横向关系的梳理就显得格外关键和重要。

图 5-27　正仓院所藏尺八的吹口

资料来源：https://shosoin.kunaicho.go.jp/treasures?
id=0000010054&index=1。

图 5-28　现代洞箫的吹口

资料来源：http://www.360doc.com/conte
nt/22/0307/20/10756795_1020518570.shtml。

　　观无量寿经变中，舞伎位于乐舞平台中央绘联珠纹和流苏的方毯上，其左侧为迦陵频伽乐伎。舞伎为典型的菩萨装，头顶高束发髻，额前为螺发，戴冠，头冠两侧为S形白色缯带，其余装饰如白毫、三道、璎珞、臂钏、腕钏、严身轮与两侧菩萨乐伎一致。舞伎上身赤裸，肩披正面石绿、背面群青的帔巾，帔巾以S形垂于舞伎周身，极具飘逸之动态，下身着赭石色腰裙，小腿处有裹腿。舞伎上身微微前倾，双臂充分舒展，五指完全展开做拍击鼓面的夸张动作，右腿单腿站立，左腿呈吸腿之势，左足拇趾上翘，足心向上，整个身形姿态带有明显的力度，同时又给人一种稳定感（见图5-29）。画面线条勾画出舞伎圆润丰腴、雄强健美的特征，极具大唐气象。

　　舞伎腰部有一腰鼓，至于腰鼓的固定方式，画面未交代。腰鼓为典型的广首纤腹，鼓身通体为赭石色，表面绘黑色圈状纹和白色条纹。腰鼓两侧鼓面以黑色表示，间以赭石色的鼓圈，表明其蒙皮中包含镶嵌工艺。此类腰鼓在敦煌石窟壁画腰鼓图像中较为典型，尤其在盛唐和中唐时期经变画的菩萨伎乐乐队中。以下

图 5-29　第 25 窟主室南壁观无
量寿经变中的舞伎

图 5-30　莫高窟中唐第 112 窟主室北壁东侧药师经变和西侧报恩经变中的腰鼓

选取作为中唐时期标准窟的莫高窟第 112 窟主室北壁东侧药师经变和西侧报恩经变中的腰鼓图像（见图 5-30）进行对比。

可以明显看到，三件腰鼓除设色略有区别外，以手拍击的演奏方式、鼓身的形制、装饰纹样以及蒙皮的工艺均极其相近。通常，敦煌石窟壁画所绘乐器间具有相似性是在同一石窟群中，如莫高窟不同洞窟之间或榆林窟不同洞窟之间，但此具有相似性的腰鼓图像出现在莫高窟与榆林窟之间。这至少可以说明两点：第一，腰鼓图像所在的莫高窟第 112 窟和榆林窟第 25 窟壁画应该是同一时期的作品；第二，两处石窟在绘制乐器图像时所依据的画稿或参照的乐器实物具有相似性。照此推论，壁画所绘腰鼓图像的原型有可能来自当时现实音乐中使用的腰鼓。之前，笔者在《晚唐敦煌地区鼓类乐器制作考》一文中认为，敦煌地区在晚唐时期已完全具备鼓类乐器制作的能力。[1] 照此推论，壁画所绘腰鼓图像的原型有可能来自当时现实音乐中使用的腰鼓。当然，目前可以确定的是鼓类乐器制作行业出现于晚唐时期，至于中唐时期是否存在，无法断言，此也有可能是从中原传入河西地区的腰鼓，但可以肯定壁画所绘此类形制的腰鼓是唐代真实存在的乐器。

另外，日本正仓院南仓所藏腰鼓鼓身、鼓皮残件与壁画中腰鼓同样具有高度的一致性。正仓院网站显示，图 5-31 左侧陶制腰鼓鼓身和右侧鼓皮残件为相邻的两件藏品，编号分别为南仓 114、南仓 116，其中南仓 114 介绍称其为"唐乐所用细腰鼓"，南仓 116 未说明时代，应同为唐代。南仓 116 鼓皮残件由三部分组成：圆形蒙皮（其外延为一圈半团花装饰带），用于固定蒙皮的鼓圈，用于固定蒙皮、调音的鼓绳。而经变画所绘三件腰鼓（见图 5-30、图 5-32）也将蒙皮、装饰带和鼓圈以不同颜色标示出来，这一部分与南仓 116 鼓皮残件一致。在鼓身形制上，经变画所绘腰鼓与南仓 114 陶制腰鼓鼓身亦有相似性，如鼓身正中及两侧隆起的五道圈饰，腰鼓图像以纵向白色勾线的形式表示，南仓 114 则使用圈状棱边工艺。只是南仓 114 的材质很明确是陶质，而经变画所绘腰鼓材质不明。如依《晚唐敦煌地区鼓类乐器制作考》的结论，敦煌地区使用的鼓类乐器均为木

1　参见朱晓峰《晚唐敦煌地区鼓类乐器制作考》，袁行霈主编《国学研究》第 41 卷，北京大学出版社，2019，第 59—72 页。

质，而且根据敦煌文献记载，鼓类制作一般由木匠和画匠协同完成，其制作工艺也与制陶无关。[1] 当然，也不排除腰鼓材质为陶质或瓷质的可能，原因在于类似南仓 114 的腰鼓完全有可能在当时传入瓜、沙地区。

图 5-31　正仓院所藏陶制腰鼓鼓身与鼓皮残件

资料来源：https://shosoin.kunaicho.go.jp/treasures?id=0000014826&index=132；https://shosoin.kunaicho.go.jp/treasures?id=0000014849&index=134。

图 5-32　第 25 窟主室南壁观无量寿经变中的腰鼓

1　根据敦煌文献，晚唐敦煌地区的鼓类制作工匠包括"造鼓木匠"、"造鼓床木匠"、"油鼓床"匠以及"画鼓画匠"四类。参见朱晓峰《晚唐敦煌地区鼓类乐器制作考》，袁行霈主编《国学研究》第 41 卷，第 59—72 页。

南仓116上有固定蒙皮和调音用的鼓绳，但经变画中所绘腰鼓图像无该装置。目前已知敦煌石窟唐代经变画所绘腰鼓一部分有鼓绳装置，如莫高窟第220窟主室南壁西方净土变和第172窟主室南壁观无量寿经变所绘腰鼓。一部分无此装置，如上述三件腰鼓图像。腰鼓图像中未出现鼓绳的原因，或许为绘制时的省略，或许所摹原型的腰鼓本来无鼓绳。根据有限的材料，推论仅能到此，但可以确定，类似经变画形制的腰鼓在唐代已广泛地使用和流行，敦煌和瓜州地区很可能已经将此类腰鼓用于现实的音乐活动中。

在讨论完腰鼓形制后，继续来分析舞伎双手拍击腰鼓起舞的画面表现形式。可以确定榆林窟出现此类舞伎的观无量寿经变绘制于中唐时期，而在盛唐时期的莫高窟第172窟主室南壁观无量寿经变中就已经出现类似舞伎（见图5-33），这是敦煌石窟壁画中现存最早拍击腰鼓起舞的图像。

第172窟主室南壁观无量寿经变乐舞组合中绘有两身舞伎，为拍击腰鼓和反弹琵琶相对而舞。由于壁面稍漫漶，左侧舞伎面部、双臂、双足仅余轮廓，但依然能够明显看到舞伎所站立方毯的形状，舞伎的装饰，双臂、双腿的动作，头冠两侧垂于双肩的缯带样式，画法与榆林窟第25窟所绘舞伎近似。唯一的区别正是上文提及的第172窟腰鼓上有鼓绳，第25窟则无鼓绳，鼓身形制、蒙皮方式

图5-33　莫高窟第172窟主室南壁观无量寿经变中的舞伎

等是一致的。此外，在莫高窟第 5、98、108、146、156、158 窟和榆林窟第 12、16、33、34、38 窟壁画中均出现此类形式的舞伎图像，[1]壁画绘制时代大致从盛唐延续至五代。综上，第 172 窟所绘舞伎拍击腰鼓形式的图像作为敦煌石窟已知现存最早的，自盛唐出现并逐渐定型之后，可能以画稿或画样的方式在敦煌和瓜州两地的石窟中逐渐传承下来。

第 25 窟主室南壁观无量寿经变中的乐舞组合形式为"4+1+1+4"，即乐舞场景由左侧四身菩萨乐伎、中间一身舞伎和一身迦陵频伽乐伎、右侧四身菩萨乐伎共同组成。诚然，这仅是乐舞内容的呈现，难以体现菩萨伎乐乐队编制的信息，但对乐队编制的研究，在很大程度上可以反映其与古代现实音乐间的联系，这是敦煌乐舞研究的重点和目的之一。因此，根据前文对乐舞场景中乐器的考证，将其中乐队编制所涉乐器按性能分类如下：

吹奏乐器：贝一、笪篥一、笙一、尺八一、横笛一、排箫一；

弹拨乐器：琵琶二；

打击乐器：拍板一。

通过以上编制信息可以发现，相对通常的敦煌经变画菩萨伎乐乐队编制，该乐队存在两个显而易见的问题：第一，乐队编制不全导致声部不均衡；第二，与唐代经变画菩萨伎乐乐队侧重打击乐器的普遍特征不符。即便将舞伎所持腰鼓列入乐队的打击乐器中，该问题依然存在，况且经变画中腰鼓是包含舞具属性的，以下来逐条分析。

首先，尽管不能将唐代经变画菩萨伎乐乐队的编制与唐代现实的用乐编制进行直接对比得出相关结论，但如果考察菩萨伎乐乐队在现实中的操作性，应该是可行的。也就是说，其不论演奏什么曲目或表现何种风格，最起码应该符合乐队声部均衡的基本条件，但第 25 窟观无量寿经变菩萨伎乐乐队中使用的吹奏乐器数量明显多过弹拨乐器和打击乐器，或者说缺少唐代菩萨伎乐乐队中经常出现的如竖箜篌、阮咸、筝、答腊鼓、方响等乐器，这既不符合敦煌经变画菩萨伎乐乐

1　莫高窟包含此类图像的壁画参见吴曼英临摹《经变中的伎乐菩萨形象》，吴曼英、李才秀、刘恩伯《敦煌舞姿》，上海文艺出版社，1981，第 68—73 页；王克芬、柴剑虹《箫管霓裳——敦煌乐舞》，第 21—25 页。

队的编制特征，也有悖于唐代现实音乐的用乐规律。

其次，通过分析大量的唐代经变画菩萨伎乐乐队编制，笔者发现其用乐的普遍特征与唐代音乐的基本风格是相符的，即在注重各类乐器声部均衡的基础上突出打击乐器的重要性。为此，笔者选取莫高窟初、盛和中唐时期分别具代表性的三铺经变画菩萨伎乐乐队编制来进行对比。需要说明的是，由于中唐第112窟主室南壁所绘观无量寿经变菩萨伎乐乐队分区域排列为乐舞组合Ⅰ与乐舞组合Ⅱ，故未将其列入表5-1。

表 5-1　四铺经变画菩萨乐舞组合编制分类对比

	榆林窟	莫高窟		
	中唐第25窟主室南壁观无量寿经变菩萨伎乐乐队及舞伎	初唐第220窟主室北壁药师经变菩萨伎乐乐队及舞伎	盛唐第172窟主室南壁观无量寿经变菩萨伎乐乐队及舞伎	中唐第112窟主室北壁药师经变菩萨伎乐乐队及舞伎
吹奏乐器	贝一、竽篥一、笙一、尺八一、横笛一、排箫一	横笛三、竽篥三、笛一、排箫一、笙一、贝一	排箫一、贝一、横笛一、笙一、竽篥一、笛一	排箫一、横笛一
弹拨乐器	琵琶二	竖箜篌一、花边阮一、筝一	竖箜篌一、阮咸一、琵琶一、筝一	竖箜篌一、阮咸一
打击乐器	拍板一	拍板三、腰鼓三、羯鼓一、都昙鼓一、答腊鼓一、鸡娄鼓一、方响一、钹二	羯鼓一、鼗鼓与鸡娄鼓一、腰鼓一、答腊鼓一、拍板二	拍板一、方响一、答腊鼓一、腰鼓一
舞伎及舞种	舞伎一身，拍击腰鼓起舞	舞伎四身，肩搭帔巾旋转起舞	舞伎两身，一身拍击腰鼓起舞，另一身反弹琵琶起舞	舞伎一身，肩搭帔巾起舞

资料来源：莫高窟第220、172和112窟相关经变画乐舞场景中乐器编制和舞伎及舞种的研究结果，均出自朱晓峰《唐代莫高窟壁画音乐图像研究》，第215、309、359—362页。

通过对比，可以明显看到榆林窟第25窟观无量寿经变菩萨伎乐乐队并未按普遍的菩萨伎乐乐队编制安排乐器，主要表现为没有突出打击乐器的重要性，乐器数量也未遵循弹拨、吹奏和打击乐器数量依次增加的规律。尽管我们无法获知画面意欲表达的乐曲和风格，但乐舞场景中的菩萨伎乐乐队是为舞伎起舞伴奏的，这点应无疑。假设不同经变画乐舞场景出现相同的舞伎、舞姿或舞具，那么其乐舞风格应该相去不远，而根据前文以及表 5-1，盛唐第 172 窟主室南壁观无量寿经变菩萨伎乐乐队中间也有一身拍击腰鼓起舞的舞伎，且二者之间具有明显的近似性，所以榆林窟第 25 窟观无量寿经变菩萨伎乐乐队编制应该与第 172 窟菩萨伎乐乐队编制相近才符合常理，但事实却与此相异。

不过，通过对比乐队编制，发现二者所用的吹奏乐器编制是一致的，[1] 而且这种一致性并非孤例。笔者之前对比盛唐第 172 窟主室南壁与中唐第 112 窟主室南壁观无量寿经变乐舞组合时就发现，其中反弹琵琶舞伎与乐队右侧内向乐伎用乐相同，由此得出"第 112 窟观无量寿经变中菩萨伎乐乐队是参照第 172 窟南壁观无量寿经变菩萨伎乐乐队所绘或者二者使用的是同一菩萨伎乐乐队画稿"[2] 的结论。因此综合前述，可以将这一结论扩大至整个经变画乐舞组合，即盛唐第 172 窟主室南壁观无量寿经变很可能是之后部分洞窟如莫高窟第 112 窟和榆林窟第 25 窟观无量寿经变中乐舞组合绘制的底本。至于榆林窟第 25 窟观无量寿经变菩萨伎乐乐队编制相异的原因，应该是壁画绘制过程中的删减，但这种删减似乎并未考虑现实用乐编制的问题，否则既不符合唐代真实音乐的用乐，又与敦煌唐代经变画菩萨伎乐乐队编制相左的情况是无法得到合理解释的。

本铺观无量寿经变中出现的乐舞内容包括不鼓自鸣乐器组成的天乐、迦陵频伽伎乐和乐舞组合。这些图像之所以在观无量寿经变中出现，与其依据的《佛说观无量寿佛经》文本有直接关系，这在前文中已经提及，这同样也是不同题材经变画中绘入不同种类乐舞图像最根本的原因。从这个角度讲，经变画乐舞图像具有的功能正是基于其所依据的佛经文本。《佛说观无量寿佛经》载：

楼阁千万，百宝合成。于台两边，各有百亿华幢，无量乐器，以为庄严。八种

1　由于盛唐第 172 窟主室南壁观无量寿经变画面漫漶，笔者在《唐代莫高窟壁画音乐图像研究》中对乐器进行辨识时，称其中所绘一件竖吹管乐器为"笛"，但根据本书前文的考证，该乐器有可能是尺八。参见朱晓峰《唐代莫高窟壁画音乐图像研究》，第 307—308 页。

2　朱晓峰：《唐代莫高窟壁画音乐图像研究》，第 360 页。

清风，从光明出，鼓此乐器，演说苦、空、无常、无我之音。是为水想，名第二观。

…………

众宝国土，一一界上，有五百亿宝楼。其楼阁中，有无量诸天，作天伎乐。又有乐器，悬处虚空，如天宝幢，不鼓自鸣。此众音中，皆说念佛、念法、念比丘僧。此想成已，名为粗见极乐世界宝树、宝地、宝池。是为总观想，名第六观。[1]

这里，不鼓自鸣乐器组成的天乐在佛经中被两次提及，分别出自第二观"水想"和第六观"总观想"："无量乐器，以为庄严。八种清风，从光明出，鼓此乐器"；"又有乐器，悬处虚空，如天宝幢，不鼓自鸣"。这正可以与经变画中现存四件不鼓自鸣乐器对应，而且经文所言"悬处虚空"与不鼓自鸣乐器所在的经变画上部天际位置也是相合的。另外，经文所言乐器演奏的主体是净土世界中的"八种清风"，[2] 不鼓自鸣乐器在经变画中的功能按佛经原文为"演说苦、空、无常、无我之音"和"皆说念佛、念法、念比丘僧"。同时，第六观中"其楼阁中，有无量诸天，作天伎乐"，对应经变画菩萨伎乐乐队和舞伎组合，只是经文中所说的位置为净土世界五百亿宝楼之楼阁，经变画则处理为阿弥陀佛说法场景之前的乐舞平台。

经变画所绘迦陵频伽乐伎应与经文中"迦陵频伽"或"众鸟""妙色鸟""共命鸟"等对应。虽然《佛说观无量寿佛经》中并未直接涉及这一部分内容，但在第五观"八功德水想"中载有"百宝色鸟"：

极乐国土有八池水。一一池水七宝所成，其宝柔软从如意珠王生……从如意珠王踊出金色微妙光明，其光化为百宝色鸟，和鸣哀雅，常赞念佛、念法、念僧。是为八功德水想，名第五观。[3]

1　《大正新修大藏经》第 12 册，第 342 页。

2　唐善导《观无量寿佛经疏》："从八种清风下，至无我之音已来，正明光变乐音，转成说法之相。即有其三，一明八风从光而出，二明风光即出即鼓乐发音，三明显说四倒四真恒沙等法。"隋智𫖮说《佛说观无量寿佛经疏》："八种清风者，彼处实无时节，若寄此八，谓除上下余四方四维，故云八。亦可用对八卦也。"参见《大正新修大藏经》第 37 册，第 263、191—192 页。

3　《大正新修大藏经》第 12 册，第 342 页。

经文所言百宝色鸟的特征为"和鸣哀雅，常赞念佛、念法、念僧"，这与《佛说阿弥陀经》对迦陵频伽的解释一致：

> 彼国常有种种奇妙杂色之鸟：白鹄、孔雀、鹦鹉、舍利、迦陵频伽、共命之鸟。是诸众鸟，昼夜六时出和雅音……其土众生闻是音已，皆悉念佛、念法、念僧……[1]

对迦陵频伽描述最详细的佛教经典就是《佛说阿弥陀经》，而阿弥陀经变也是迦陵频伽乐伎出现数量最多的敦煌经变画。通常，绘有迦陵频伽的经变画并不一定是阿弥陀经变，但阿弥陀经变中必然会出现迦陵频伽。所以观无量寿经变在绘制时，应该是将百宝色鸟等同于迦陵频伽的。当然此种方式无可厚非，按经文所说二者本来就大同小异，而且目前所见经文也是不同时代、不同译者的译本，原经典中二者具体为何种称谓也不得而知。按《佛说观无量寿佛经》原文，百宝色鸟来自八功德水，经变画所绘迦陵频伽有一身也是位于画面中八功德水之上的乐舞平台，这是二者的相近之处。另外一身迦陵频伽乐伎和共命鸟乐伎在经变画中的位置为两侧配殿前的左右平台，而这种分布方式也多见于阿弥陀经变中。综上，观无量寿经变出现迦陵频伽和共命鸟乐伎，所依据的正是佛经中与之相关的内容，但具体绘制是参照阿弥陀经变进行的，这也是敦煌石窟壁画乐舞模式化的表现之一。至于迦陵频伽乐伎在经变画中的功能，前文在研究第15窟前室北壁的迦陵频伽乐伎时已有论述，此处不再重复。

小　结

由于榆林窟现已不存前室甬道、前室、甬道和主室全部由唐代开凿和绘制

---

1 《大正新修大藏经》第 12 册，第 347 页。

的石窟，所以对于吐蕃时期榆林窟壁画乐舞图像的研究，除进行基本的考证和总体特征归纳外，还牵涉一个重要的问题，即通过现存的部分乐舞图像来构建榆林窟吐蕃时期壁画乐舞的整体内容。简言之，假设存在一个由吐蕃时期开凿且窟内壁画均为原作的石窟，其窟内哪些位置的壁面上应该绘乐舞图像，这些乐舞图像应该包含哪些种类。所以接下来需要以现有乐舞图像位置信息结合第15窟、第25窟以及莫高窟同时期乐舞图像来综合得出结论。根据本章的梳理，第15窟内乐舞图像集中出现在前室甬道和前室，第25窟的乐舞图像则主要来自主室南壁，如果把二者结合，再综合莫高窟壁画乐舞图像的特征，就可以得出一些基本完整的有关乐舞图像位置和种类的结论。

前室甬道，两侧壁绘世俗乐伎。需要说明的是，鉴于第15窟内该位置所绘乐伎的特殊性，此处出现乐舞图像严格来讲并不具备普遍意义，因此不排除唐代其他石窟在营建之初未在前室甬道侧壁安排设计乐舞图像的可能。

前室，顶部绘飞天乐伎应该具有普遍性，而四壁应该会根据不同的壁画类型绘入零散的乐舞图像，如天王像中的迦陵频伽伎乐、说法图中的化生伎乐、普贤变和文殊变中的菩萨伎乐等。

主室，四披很少出现乐舞图像，这是敦煌石窟唐代乐舞图像的基本规律。两侧壁的经变画中通常会集中出现乐舞图像，而且乐舞图像的数量与壁面经变画安排的铺数成正比，即经变画数量越多，其中出现的乐舞图像数量就越多，主要包括不鼓自鸣乐器组成的天乐、飞天伎乐以及迦陵频伽伎乐、菩萨乐伎和舞伎组成的乐舞组合。正壁和壁门，由于其形制两侧通常绘具有对应形式的经变画或其他壁画，如绘普贤变和文殊变，其中往往就有菩萨伎乐出现。

总体而言，尽管榆林窟吐蕃时期壁画乐舞图像现存数量不多，但从类别来看，敦煌石窟壁画主要的乐舞类型基本都有涉及，如不鼓自鸣乐器、飞天乐伎、菩萨乐伎、迦陵频伽乐伎、世俗乐伎和菩萨舞伎。壁画所绘乐器图像也具有一定的典型性，如出现了敦煌石窟壁画中鲜见的特殊形制的横笛、凤首弯琴、尺八以及刻画细致、特征明显的腰鼓，这些都是研究唐代乐器史的重要资料。乐舞图像的整体绘制也基本延续敦煌石窟尤其是莫高窟初、盛唐时期的风格，而且与莫高窟中唐时期风格保持一致，尤其是通过研究榆林窟第 25 窟观无量寿经变乐舞组合，发现其与莫高窟第 172 窟、第 112 窟的观无量寿经变乐舞组合具有近似性的同时又有差异化的表现。通过分析，其中的近似性显而易见，差异化的具体成因由于缺乏文献支撑已无法探明，但分属不同石窟导致壁画绘制出现差异应该是客观存在的原因。总体而言，从莫高窟盛唐第 172 窟到莫高窟中唐第 112 窟再到榆林窟中唐第 25 窟，以观无量寿经变为代表的乐舞图像更像是经历了一个从起始到继承再到发展的过程，这至少说明三者之间具有一脉相承的性质。与此同时，榆林窟现存唐代壁画乐舞图像也表现出一定的特殊性，如第 15 窟前室甬道两壁所绘唐装和吐蕃装世俗乐伎，第 15 窟前室北壁天王图像中的迦陵频伽乐伎，这些都是值得关注并需要继续深入研究的。

　　需要特别指出的是，尽管第 15 窟前室北壁天王图像具有典型的吐蕃时期艺术风格，但其中出现的迦陵频伽乐伎以及乐伎演奏的乐器都是吐蕃之前就已存在的，尤其是乐器图像。乐器作为一个时代或一个地区乐舞文化的象征物和承载物，其图像应该是被频繁地、大量地作为符号和内容绘制的，但在榆林窟壁画中，并没有看到代表典型吐蕃乐舞文化的乐器出现，这不得不说是一个"遗憾"。当然，这很可能就是历史本来的样貌，其中或许并不存在"中唐时曾绘入而被后世所覆盖或破坏"的情况，因为在同时期的莫高窟，依然没有看到吐蕃乐器出现在壁画上。此外，在一些吐蕃时期遗存文物上出现的乐器也同样具有中原乐舞文化的特征，如美国普利兹克家族收藏的一组迦陵频伽鎏金银饰片中，迦陵频伽乐伎所奏乐器包括排箫、笙、直颈琵琶、鼗鼓（见图 5–34），这些乐器在同时期的中原曾被广泛使用。因此，吐蕃时期的乐舞文化依然带有较强的中原属性，这与吐蕃深受唐代汉地文化影响，使其文化具有浓厚的汉文化底色有直接关系。[1]

1　参见霍巍《考察吐蕃时代社会文化"底色"的三个重要维度》，《思想战线》2018 年第 2 期，第 23 页。

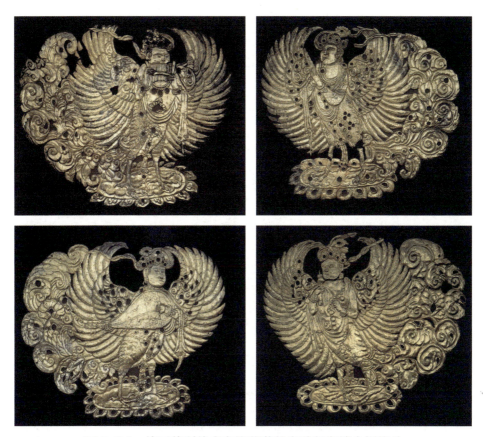

图 5-34 美国普利兹克家族收藏的迦陵频伽鎏金银饰片

资料来源：王旭东、汤姆·普利兹克主编《丝绸之路上的文化交流：吐蕃时期艺术珍品》，中国藏学出版社，2020，第 133—135 页。

第六章　归义军时期的敦煌乐舞

敦煌石窟的归义军时期包括晚唐、五代和宋初，其时限大致从唐大中二年（848）一直延续至宋景祐三年（1036），在此期间，归义军经历两个大的政权更迭，即通常所说的张氏归义军和曹氏归义军。"归义军在唐朝是一个边远的藩镇，五代、宋初则成为实际的外邦，这是归义军在中国历史上的特性之一。"[1] 大中二年，沙州土豪张议潮率众反抗，赶走吐蕃守将，收复瓜、沙二州。大中五年（851），唐廷于沙州设立归义军，以张议潮为第一任归义军节度使。文德元年（888），唐廷授予张议潮侄张淮深归义军节度使旌节。光化三年（900），张淮深侄张承奉继任归义军节度使并于天复十年（910）建立西汉金山国，[2] 以上时段即敦煌的晚唐时期，也就是张氏归义军统治敦煌时期。敦煌石窟的五代时期是以乾化四年（914）曹议金任归义军节度使为起点的，[3] 而五代的终点与历史上的

1　荣新江：《归义军史研究——唐宋时代敦煌历史考索》，第 2 页。

2　参见荣新江《归义军史研究——唐宋时代敦煌历史考索》，第 2—15 页。

3　参见史苇湘《关于敦煌莫高窟内容总录》，《敦煌石窟内容总录》，第 233—234 页。

划分一致，即建隆元年（960）北宋王朝建立。在这段时间，敦煌地区又历经四任归义军节度使：曹议金、曹元德、曹元深和曹元忠。宋代敦煌石窟的划分则以建隆元年为上限，以西夏全面占领瓜、沙地区的景祐三年（1036）为下限。960年前后的敦煌地区依然由曹氏归义军第四任节度使曹元忠掌权，曹元忠于开宝七年（974）去世后，其侄曹延恭和曹延禄先后任归义军节度使，曹延禄于咸平五年（1002）身死后，又由曹延禄族子曹宗寿和曹宗寿子曹贤顺分别掌权归义军至大中祥符七年（1014）以后。[1]

在《敦煌石窟内容总录》中，归义军时期的莫高窟依然是按照时代作为分期的，具体包括晚唐时期洞窟 60 个，五代时期洞窟 32 个，宋代开凿和重修的洞窟 43 个。[2] 因此，对于绘有乐舞图像洞窟的调查和统计，本书同样按照此分期进行表述，具体包括晚唐时期洞窟 35 个：第 8、9、12、14、15、18、19、20、29、85、107、127、128、132、136、138、141、142、145、147、156、160、161、163、167、173、177、192、195、196、198、227、232、337 和 343 窟。

五代时期洞窟 14 个：第 4、5、6、22、53、61、72、98、99、100、108、146、261 窟和天王堂。

宋代洞窟 8 个：第 7、25、55、76、233、234、452 和 454 窟。

需要注意的是，莫高窟第 39 窟中有五代重修时绘入的乐舞图像，第 7 窟和第 76 窟为宋代重修时绘入的乐舞图像，尽管此二窟并不是宋代开凿，但《关于敦煌莫高窟内容总录》是按宋代洞窟统计的，本书沿用这一统计结果，而晚唐第 29、136 和 142 窟中有西夏时期重修时绘入的乐舞图像。榆林窟第 6、12、13、16、19、20、26、31、32、33、34、35、36、38、40 窟中均绘有五代时期乐舞图像，第 14、15（主室）、17、21、22、28 窟中绘有宋代乐舞图像，西千佛洞第 19 窟绘有宋代乐舞图像，这些都是需要做特别交代的。

---

1 曹元忠在 961 年称"太傅令公"时，北宋已经建立，此时距曹元忠去世的 974 年还有 13 年的时间，其后还有曹延恭和曹延禄两任节度使。关于曹氏归义军世系及称号参见荣新江《归义军史研究——唐宋时代敦煌历史考索》，第 95—127 页。

2 参见史苇湘《关于敦煌莫高窟内容总录》，《敦煌石窟内容总录》，第 233—234 页。

尽管本书是按以上分期进行的乐舞图像统计，但在具体研究中依然将其作为归义军时期这个整体时段进行研究，这主要是考虑到归义军政权的连续性使该时段内部分洞窟营建横跨了不同的时代，而且在石窟艺术上具有一脉相承的性质。[1]因此，在之前对晚唐第156窟乐舞图像进行研究的基础上，本章分别选取张氏归义军和曹氏归义军政权主政时期营建的莫高窟第12窟和第61窟作为个案进行研究，以全面归纳归义军时期石窟乐舞图像的总体特征以及该时期不同阶段乐舞图像间的继承和发展关系。

第一节　莫高窟第12窟中的乐舞图像

第12窟位于莫高窟南区最北端崖面的第二层，即三层楼北侧，与其南北毗邻的洞窟均为归义军时期即晚唐、五代及宋代开凿的洞窟，如晚唐开凿的第8、9、10、13、14窟，五代开凿的第4、5、6窟，宋代开凿的第15窟以及重修的第7窟等（见图6-1）。晚唐时期洞窟在内容和形式上除延续了吐蕃时期洞窟的基本特征外，中原和地方文化的影响也较为明显地体现在洞窟营建的各个方面。与此同时，本期相继出现了一批由当时世家大族主持营建的洞窟，这与以地方豪强为主体的归义军政权执掌河西地区有着直接的关系。本期洞窟较为显著的特征包括开凿的大型洞窟数量增多，经变画种类逐渐丰富，而洞窟内等身供养人像的大量出现，也意味着洞窟世俗性的凸显以及个人主体意识的觉醒。

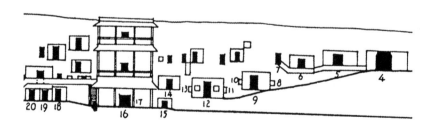

图6-1　归义军时期部分洞窟崖面位置示意图
资料来源：季羡林主编《敦煌学大辞典》，附录《莫高窟石窟位置图》。

1　参见史苇湘《关于敦煌莫高窟内容总录》，《敦煌石窟内容总录》，第234页。

第 12 窟由前室、甬道和主室组成。前室顶部晚唐及五代时期绘千佛。西壁窟门两侧上段绘垂幔，中部各绘天王一铺，下段北侧绘供养人，南侧绘出行图，其中最前部绘六身一组的乐伎，但该壁面漫漶较严重。南、北壁现存赴会菩萨各四组。前室北壁和南壁各分别有由清代和晚唐开凿的小型洞窟，现编号为第 11 窟和第 13 窟。[1] 甬道南壁现存男性供养人两身，北壁现存女性供养人三身。

主室形制为覆斗顶形洞窟，窟顶绘狮子莲花藻井，四披自上而下分别绘团花、菱格图案，迦陵频伽乐伎，垂幔，飞天乐伎，不鼓自鸣乐器，千佛以及千佛内部的说法图。西壁开盝顶帐形龛，龛内马蹄形佛床上为清代重修的一佛、二弟子、四菩萨、二天王共计九身一铺的塑像（见图 6-2），北、西、南侧龛壁共

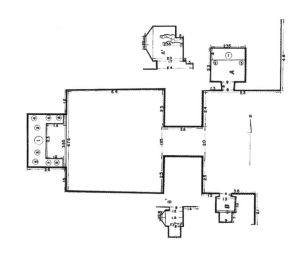

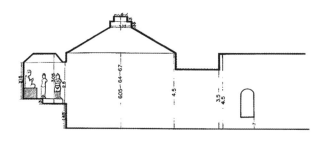

图 6-2 第 12、11、13 窟平面及剖面图
资料来源：《莫高窟形》（二），图版 130。

---

1 参见《敦煌石窟内容总录》，第 9—10 页。

绘屏风画十扇，佛床壶门处绘壶门乐伎及供养宝物。龛下中间绘供养物，两侧绘供养人共计二十九身。龛外两侧分别绘十方佛五身及文殊变、普贤变各一铺。北壁主体部分由西至东依次绘华严经变、药师经变和天请问经变各一铺，下段绘屏风画十一扇。南壁主体部分由西至东依次绘法华经变、观无量寿经变和弥勒经变，下段绘屏风画十一扇。东壁窟门上部绘男性和女性供养人各一身及侍从四身，北侧绘维摩诘经变一铺，下段绘屏风画三扇和女性供养人两身，南侧绘报恩经变一铺，下段同样绘屏风画三扇和女性供养人，供养人所在壁面有严重的烟熏痕迹。

如前所述，东壁窟门上部绘呈坐姿的男性和女性供养人各一身，两身供养人之间有墨书的供养人题名一方（见图 6-3）。该题名除下部有残缺外，其余字迹均清晰可辨，内容为："窟主沙州释门都法律和尚金光明寺僧索义暬（辩）……"[1]说明本窟窟主就是时任沙州都法律的索义暬（辩）。关于索义辩的生平及开窟事迹，敦煌文献 P.4640（6）《沙州释门索法律窟铭》、S.530《大唐沙州释门索法律义辨和尚修功德记碑》、P.2021（现编号 Pelliot Sogdien 10）《大唐沙州释门索法律义辨和尚修功德记碑》中均有记载，其中 P.4640（6）《沙州释门索法律窟铭》文首写有"唐和尚作"的文字，此唐和尚即时任河西都僧统的唐悟真。[2]根据以上文献记载，索义辩于咸通十年（869）卒于金光明寺，第 12 窟是其生前主持开凿的，

1 事实上，在墨书题名两侧石绿色区域内也是有题名的，只是字迹已漫漶。该题名最早曾被伯希和注意，但未深究。直到 2007 年，题名由范泉进行辨识并释读了部分内容，其中墨书左侧内容为："皇祖左金吾卫会州黄□府折□□□奉……"右侧内容为："□□（女）始（？）□□阎（？）氏一心供养。"从而引出了题名两侧供养人的身份问题。关于此问题，之前学界大致有两种意见：第一，万庚育等认为此处两身供养人为索义辩的祖父母；第二，梁尉英、李正宇认为两身供养人就是索义辩夫妇。而墨书两侧题名部分内容的确认，也就意味着该问题已基本解决，即男性供养人为索义辩祖父索奉珍，女性供养人为索义辩祖母阎氏。即便如此，有多处记载证明第 12 窟窟主就是索义辩，因此先有两侧题名，而后又在该题名之间补写墨书题名的原因又成为考证该窟营建始末的新问题。参见《敦煌莫高窟供养人题记》，第 7 页；〔法〕伯希和《伯希和敦煌石窟笔记》，耿昇、唐健宾译，甘肃人民出版社，1993，第 368 页；敦煌文物研究所编《中国石窟·敦煌莫高窟》第 4 卷，文物出版社，1987，第 228 页；梁尉英《敦煌石窟艺术·莫高窟第九窟、第一二窟（晚唐）》，江苏美术出版社，1994，第 11 页；李正宇《晚唐至宋敦煌听许僧人娶妻生子——敦煌世俗佛教系列研究之五（修订稿）》，郑炳林、樊锦诗、杨富学主编《敦煌佛教与禅学学术讨论会文集》，三秦出版社，2007，第 12—36 页；范泉《莫高窟第 12 窟供养人题记、图像新探》，《敦煌研究》2007 年第 4 期。

2 参见郑炳林、郑怡楠辑释《敦煌碑铭赞辑释（增订本）》，第 292—299、323—348 页。

图 6-3　第 12 窟主室东壁窟门上部供养人

但并未完工，之后由其侄僧常振主持开凿直至完工。《沙州释门索法律窟铭》则是索义辨去世后不久由唐悟真撰写的，[1] 而且该窟铭中有对此窟的具体描述，如：

> 更凿仙岩，镌龛一所……内素并小龛十千周遍。于是无胜慈尊，拟兜率而下降；多闻欢喜，对金色以熙怡。大士陵 [凌] 虚，排彩云而务 [雾] 集；神通护世，威振慑于邪魔。千佛分身，莲花捧足。恩报则报四恩之至德，法华赞一乘之正真。十六观门，对十二之上愿。[2]

以上引文与现存洞窟内容基本能够对应，说明撰写窟铭时此窟已基本完成营建，所以该窟彻底建成的时间当在咸通十年之后，或相去不远的时间。

本窟乐舞内容极为丰富，除早期洞窟特有的乐舞图像外基本囊括了敦煌乐舞涉及的各种类型，这也是晚唐时期洞窟的基本特征之一。如前室出行图中出现鼓吹前导，主室窟顶四披垂幔下端绘铃及不鼓自鸣乐器、飞天乐伎等，西壁龛内佛床壶门处绘壶门乐伎，西壁龛外两侧文殊变和普贤变中绘菩萨乐伎，北壁的华严

1　参见荣新江《归义军史研究——唐宋时代敦煌历史考索》，第 7 页。

2　郑炳林、郑怡楠辑释《敦煌碑铭赞辑释（增订本）》，第 293 页。

经变、药师经变和天请问经变中绘不鼓自鸣乐器和乐舞组合，南壁的法华经变和
观无量寿经变中绘有世俗乐伎、不鼓自鸣乐器和乐舞组合等，东壁窟门两侧的维
摩诘经变、报恩经变中同样有世俗乐伎和乐舞组合等内容出现。

一　前室西壁

　　本窟前室大部分已不存，仅西壁窟门两侧存有相对完整的壁画，其中南侧下
段绘出行图一幅。根据前室实际现状分析，在洞窟营建过程中，出行图的绘制应
该是从南壁下段一直延伸至西壁下段的，但南壁下段现存内容仅有一身僧人的头
部及题名一方，如图 6-4 所示。这种横跨相邻壁面绘制同一题材的方式在敦煌石
窟中较为常见，如莫高窟晚唐第 156 窟、榆林窟五代第 12 窟等洞窟主室所绘出

图 6-4　第 12 窟前室南壁及西壁南侧下段出行图

行图就是如此。此外，前述早期部分洞窟中的天宫乐伎、药叉乐伎也是按此方式绘制的。

南壁下段的题名除个别字迹外，其余已无法辨认。通过《伯希和敦煌石窟笔记》的记录，此处题名为"沙州释门都法律和尚义辩一心供养"，[1]那么此处残存的僧人形象即索义辩，而该窟窟主同为索义辩，因此可以确定此出行图反映的就是其生前率乐伎、仪仗、驼马、随从等出行的场景。笔者注意到，窟内两处题名以及前引 P.4640（6）文中索义辩的僧官官职均为"都法律"，但 S.530、P.2021 及 P.4660（21）唐悟真所撰《前沙州释门法律索义辩和尚邈真赞》均作"法律"。[2]根据学界梳理的敦煌教团僧官体系，归义军时期未设"都法律"这一官职，仅设"法律"，"都法律"主要存在于吐蕃时期的僧官体系中。[3]另外按时间推算，索义辩卒于咸通十年（869），而归义军政权正式确立是在大中五年（851），也就是说，索义辩生前在归义军辖内担任僧官至少有十八年的时间，而此时归义军的僧官制度应该已经确立，因此推测索义辩生前的官职为河西都僧统下属的法律一职。按归义军时期的僧官级别，法律位于都僧统、副僧统、都僧政和僧政之后，判官之前。[4]当然，也有可能其在吐蕃时期就已任职都法律，之后一直沿用了这一称谓，所以窟内榜题和部分文献中使用的是"都法律"。

出行图现存部分根据李金娟《莫高窟第 12 窟"索义辩出行图"研究》[5]一文结合笔者的调查，由北至南大致包括四部分内容，即鼓吹前导、仪仗、供养队伍、索义辩及随从。按敦煌石窟出行图通常的设计思路，该出行图对应的西壁北侧及北壁应该绘与出行图相关的内容，但由于该处壁画已基本剥落，现已无法判断。鼓吹前导部分由六身乐伎组成。之后是前后三组排列的仪仗部分，每组由两身组成，第一组两身世俗人物持幢伞，第二组两身僧人持莲花幡杆，第三组两身世俗人

1　〔法〕伯希和：《伯希和敦煌石窟笔记》，第 368 页。

2　参见郑炳林、郑怡楠辑释《敦煌碑铭赞辑释（增订本）》，第 493 页。

3　参见竺沙雅章『中国仏教社会史研究』同朋舍、1982、329—389 页；谢重光《吐蕃占领期与归义军时期的敦煌僧官制度》，《敦煌研究》1991 年第 3 期，第 54、56 页。

4　参见谢重光《吐蕃占领期与归义军时期的敦煌僧官制度》，《敦煌研究》1991 年第 3 期，第 56 页。

5　参见李金娟《莫高窟第 12 窟"索义辩出行图"研究》，《敦煌学辑刊》2016 年第 3 期。

物分别捧持包裹和食盒。紧随仪仗部分的是驼马及牵驼马者，其中骆驼两峰、马三匹。此之后为两身世俗人物所抬供案，供案四周绘帷幔，上陈各类供养物，供案后有一身世俗人物将一盆状供养物高高举起，盆上部似有盖，盖顶部嵌宝珠一枚。此之后又有一身戴幞头、身着圆领襕袍、手托花盘的男性形象，应为索氏家族成员。以上部分属供养队伍之列。最后的索义辨则被绘制在相邻的南壁下段，现仅存题名及索义辨形象的头部，推测其身后应绘制索氏家族成员、随从等内容（见图6-4）。

　　具体来看出行图最前部的鼓吹前导。此处壁画较漫漶，现能辨识的形象为六身，六身乐伎均戴幞头，着圆领袍衫，其中三身袍衫呈赭石色，较清晰。按壁画所绘，六身乐伎以前一、中二、后三的形式排列（见图6-5）。最前部一身乐伎演奏大鼓，鼓外观扁圆，鼓面向上且与鼓身等大，鼓身绘有纹饰。乐伎右手持鼓杖作敲击状，左臂未在画面中显示，应该是在一侧持握鼓身。与此形制、演奏形式及固定方式相同的鼓在莫高窟晚唐第156窟前室顶部降魔变中亦有绘制（见图

图6-5　第12窟前室西壁南侧下段出行图中的鼓吹前导及线描图

资料来源：线描图为李康敏绘。

6-6），加之该出行图具有的现实性，此类鼓在当时的敦煌地区应该真实存在。除击鼓乐伎外，其余五身乐伎所在壁面均有不同程度的漫漶，结合乐伎演奏姿态和乐器大致轮廓判断，两身中间乐伎中，画面外侧的乐伎演奏横笛，内侧乐伎演奏乐器不明。后方三身乐伎中，内侧乐伎演奏乐器不明，中间一身演奏笙，外侧乐伎演奏筚篥。

图 6-6　莫高窟晚唐第 156 窟前室顶部降魔变中的击鼓魔众

从乐器使用看，除大鼓和两身乐伎所奏乐器不明外，其余均为吹奏乐器，而且根据整个出行图的排列，乐伎部分位于整个队列的最前端，因此此处沿用笔者在第 156 窟张议潮统军出行图研究中的称谓，将其称作鼓吹前导。但需要明确的是，张议潮作为归义军节度使，其出行图所绘马上大鼓四面、大角四只的鼓吹前导是符合出行仪制且带有明显军乐性质的，[1] 而本窟出行图中索义辨作为僧官，是不可能使用类似节度使出行的鼓吹前导配置的，因此其出行所用鼓吹仅有大鼓一面，未见大角且非马上乐。如前所述，张议潮统军出行图中出现的鼓吹前导和伎乐队舞来自归义军时期敦煌地区的音乐管理机构——乐营，[2] 那么，我们来试析该出行图中鼓吹前导来自何处。

1　参见朱晓峰《〈张议潮统军出行图〉仪仗乐队乐器考》，《敦煌研究》2015 年第 4 期。

2　参见朱晓峰《唐代莫高窟壁画音乐图像研究》，第 445—449 页。

前引《莫高窟第12窟"索义辩出行图"研究》一文以出行图所绘盆状供养物、供案为主要证据，认为出行图表现的是"索义辩率领其家族成员盂兰盆节前往寺院送盆献供的盛大场景"。[1]假设这一推论成立，敦煌文献中是有敦煌寺院在盂兰盆法会设乐及赏赐乐人的记载来支撑的，如 P.2638《清泰三年（936）六月沙州俭司教授福集等状》：

> 七月十五日赏乐人，二月八日赏法师禅僧衣直，诸寺兰若庆阳等用。布二千七百一十尺，三年中间沿僧门，八日法师，七月十五日设乐，三窟禅僧衣直，布萨庆阳吊孝等用。[2]

而这也与目前通过敦煌文献梳理出的敦煌地区主要的两类乐舞活动——官府组织和寺院陈设相吻合，[3]如果张议潮统军出行图中的乐舞是以乐营为中心的官府组织活动，那么索义辩出行图所绘的鼓吹前导应该就是对寺院陈设的直接反映，具体而言就是索义辩所在金光明寺的设乐。姜伯勤在《敦煌音声人略论》中曾详细考证敦煌寺院的设乐主要包括"节庆、祭祀中的歌场设乐，安伞、窟上斋供等法事中的设乐以及行像行列及宗教巡行中的仪仗"，[4]这与出行图是能够对应的。另外根据李正宇对金光明寺的考证，该寺在敦煌文献中的记载从吐蕃时期一直持续到了宋代，而且该寺在最盛时有僧人、沙弥六十二人，有羊群、田园、仓贷等多种收入，有藏经，该寺包括索义辩在内的僧人曾先后参与莫高窟第12、13、44等窟营建，[5]金光明寺在敦煌应该属规模较大的寺院，[6]其设乐活动应该就是由寺属音声人完成的。综合以上，索义辩出

1　李金娟：《莫高窟第12窟"索义辩出行图"研究》，《敦煌学辑刊》2016年第3期，第118页。

2　上海古籍出版社、法国国家图书馆编《法藏敦煌西域文献》第17册，上海古籍出版社，2001，第38页；唐耕耦、陆宏基编《敦煌社会经济文献真迹释录》第3辑，全国图书馆文献缩微复制中心，1990，第394页。

3　参见朱晓峰《唐代莫高窟壁画音乐图像研究》，第158—164页。

4　姜伯勤：《敦煌音声人略论》，《敦煌研究》1988年第4期，第3页。

5　参见李正宇《敦煌地区古代祠庙寺观简志》，《敦煌学辑刊》1988年第1、2期，第78页。

6　乜小红女士认为敦煌并非所有寺院都有寺属音声人，此观点当是。照此推断，有寺属音声人的寺院通常是规模较大的寺院，而金光明寺正好符合。参见乜小红《唐五代敦煌音声人试探》，《敦煌研究》2003年第3期，第74—77页。

行图所绘鼓吹前导是金光明寺的寺属音声人完成的设乐活动，同时也是归义军时期敦煌地区寺院陈设乐舞活动的真实反映。

二　主室窟顶

如前文所述，主室窟顶所绘内容较丰富，四披除主体内容为千佛和说法图外，乐舞图像也相对集中。按自上而下的顺序包括迦陵频伽乐伎、垂幔下端的铃、不鼓自鸣乐器、飞天乐伎以及说法图中的化生，以下将按各披分别进行梳理。

西披所绘内容大致可分为四段，依次为四组边饰、垂幔、不鼓自鸣乐器和飞天乐伎以及十五排千佛（见图6-7），其中边饰自上而下第四组绘迦陵频伽乐伎与石榴卷草纹的组合，因此迦陵频伽乐伎是以边饰纹样元素的形式出现的。两身迦陵频伽乐伎绘于石榴卷草纹之间，乐伎头部戴冠，束发髻，额间有白毫，佩戴耳珰、臂钏和腕钏，双翅展开，硕大的尾羽在身后展开，与卷草纹连为一体。左侧乐伎双爪呈蹬地状，右侧乐伎双爪为行进姿态。乐伎头部和身体主要以白描形式绘制，双翅和尾羽则施彩。此处壁面内容较为清晰，可以明显看到左侧乐伎演奏横笛，横笛吹口对应的管体下方有枝节，右侧乐伎演奏拍板（见图6-8）。

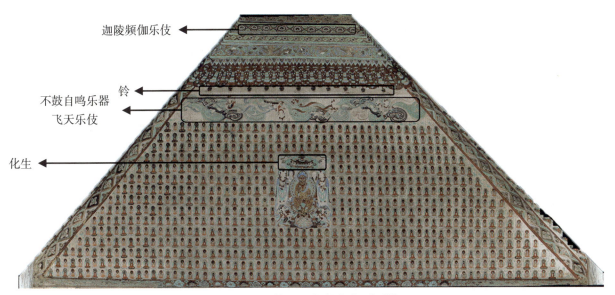

图6-7　第12窟主室窟顶西披

图 6-8　第 12 窟主室窟顶西披中的迦陵频伽乐伎

　　边饰以下绘垂幔，垂幔下端间隔绘铃。该铃外观呈球形，形制为底部开口、内部中空且有撞击物（见图 6-9）。垂幔下端绘铃的方式在敦煌石窟壁画中较为常见，主要从吐蕃时期洞窟中开始出现并一直延续至元代。敦煌石窟壁画所绘和敦煌文献中记载的铃包括不同种类及用途，按笔者在《榆林窟壁画乐舞图像研究》一书中的考证，壁画所绘的铃大致包括作为乐器的铃、作为法器的铃和作为装饰的铃，而敦煌社会经济类文献中出现的铃主要包括作为供养器的铃和装于佛殿、佛塔、幡杆上的铃。[1] 就功能来讲，此处垂幔下端所绘的铃，一方面以装饰洞窟为主，另一方面也有装饰洞窟营造的佛国世界的意味。此外，不论是作为乐器还是响器，铃的本质是要发声，因此假设垂幔下端所绘铃能够发声，那铃声也应该有象征佛声的含义。

图 6-9　第 12 窟主室窟顶西披垂幔

　　垂幔以下分别绘不鼓自鸣乐器和飞天乐伎（见图 6-10）。不鼓自鸣乐器横向排列于飞天乐伎上方空间，器身均缠绕细长的飘带，乐器共计四件，由北至南

1　参见朱晓峰《榆林窟壁画乐舞图像研究》，第 252—257 页。

依次为贝、铜钹、横笛和筚篥。此处乐器外观均比较清晰，如贝壳顶的吹口、横笛的音孔、铜钹类似浮沤的外观以及筚篥的管哨在壁面上均有明确绘制。严格来讲，此处飞天乐伎为三身，另有一身是未持乐器的飞天，四身均头部戴冠，佩戴耳珰、项圈、臂钏和腕钏，肩搭帔巾，腰部系腰裙，下身着裙装。乐伎周身以帔巾和祥云环绕，以衬托飞天乐伎凌空奏乐的姿态。由北至南第一身飞天双手各持一类似璎珞的供养物，下端垂有流苏，第二身飞天乐伎演奏筚篥，第三身飞天乐伎演奏筝，值得注意的是该乐伎被倒置绘于披面，这也是整个四披唯一被倒置绘制的乐伎，至于如此绘制的原因，暂时不明，第四身飞天乐伎演奏凤首弯琴。飞天乐伎所演奏的三件乐器除筚篥外观较模糊，主要通过演奏姿态判断外，筝和凤首弯琴的特征均非常明显，如筝的筝头、筝尾均为方形，面板上绘有筝码。凤首弯琴的琴头为凤首造型，共鸣箱外观呈梨形，弦数为一。该乐器在前述榆林窟第15窟时已做考证，此处不再重复。

图6-10　第12窟主室窟顶西披不鼓自鸣乐器和飞天乐伎

飞天乐伎下方绘千佛十五排，在千佛内部正中绘说法图一铺。佛结说法印，跏趺坐于莲座之上，佛两侧分别绘弟子和菩萨，佛前部为供案及供养物，两侧绘供养菩萨。在佛顶部华盖两侧，各绘一身化生，化生为童子形象，站立于祥云之上（见图6-11）。自唐代开始，敦煌壁画中的化生便逐渐以童子的形象出现，这在前文中已做交代，只是本窟此处的化生并未与莲花一同出现，由于其形象为童子，故此处仍以化生称之。化生以白描形式绘制，加之壁面已漫漶，

图 6-11　第 12 窟主室窟顶西披说法图中的化生

是否演奏乐器已无法确定，但窟顶北披相同位置的化生是能够看到乐器的。

以上就是主室窟顶西披所绘乐舞图像。由于窟顶四披内容均沿窟顶环绕排列，西披乐舞图像所在位置相应的其他披面绘相同图像，内容也基本一致，故不再一一描述。以下以表格形式进行统计，结果如表 6-1 所示。

表 6-1　第 12 窟主室窟顶四披所绘乐舞图像统计

位置	边饰中的迦陵频伽乐伎	垂幔下端的铃	不鼓自鸣乐器	飞天乐伎	说法图中的化生
西披（由北至南）	两身，分别演奏拍板和横笛（有枝节）	绘铃	四件，贝、铜钹、横笛、筚篥	三身，分别演奏竽篥、筝、凤首弯琴	两身
北披（由西至东）	一身，演奏铜钹	绘铃	六件，横笛（有枝节）、笙、筚篥、排箫、横笛（有枝节）、铜钹	四身，分别演奏横笛（有枝节）、直颈琵琶、筚篥、拍板	两身，演奏拍板、横笛
南披（由西至东）	一身，演奏笙	绘铃	三件，铜钹、拍板、贝	四身，分别演奏答腊鼓、鞞鞬、羯鼓与鸡娄鼓、腰鼓	两身化生
东披（由北至南）	一身，演奏腰鼓	绘铃	三件，横笛、贝、横笛（有枝节）	四身，分别演奏笙、竖箜篌、排箫、铜钹	两身化生
总计	五身，五件	不计	十六件	十五身，十六件	两身化生乐伎，六身化生

以上乐器中，有五件横笛的吹口对应管体下方有枝节，这类横笛在前文榆林窟第 15 窟中有详细考证，属特殊外观的一类横笛。这类乐器图像从吐蕃时期开始就不断被绘制在洞窟壁画中，说明此类横笛在当时的使用已具一定规模。南披由西至东第二身飞天乐伎左手持盘状物，右手持槌作敲击状，该乐器与莫高窟盛唐第 172 窟主室东壁、榆林窟五代第 19 窟主室南壁经变画中所绘乐器一致，为单面蒙皮的鼓类乐器——桨鞡。[1]（见图 6-12）此外，除北披千佛内部说法图中主尊华盖两侧的化生演奏乐器外，其余三个披面相同位置由于壁面漫漶无法确定是否演奏乐器，因此按化生进行统计。仅就窟顶四披而言，以本窟为代表的晚唐时期乐舞图像主要体现出对吐蕃时期的继承，如以边饰形式绘制的迦陵频伽乐伎和垂幔下端的铃，都是吐蕃时期洞窟中较为典型的窟顶乐舞内容。垂幔下方绘飞天乐伎的方式，应该就是在晚唐时期出现并在之后的五代、宋代和西夏时期洞窟中逐渐发展成为窟顶乐舞图像绘制的一种模式。如果追究这种模式的来源，就不得不提及早期、隋代和部分初唐洞窟，因为其中所绘天宫乐伎和飞天乐伎基本是按绕窟一周的形式绘制，只是晚唐之前的天宫乐伎和飞天乐伎大多位于四披下沿或四壁上沿的位置，到晚唐时期，这些乐伎被直接上提至窟顶四披，从而形成并固定为新的乐舞图像绘制方式。

图 6-12 第 12 窟主室窟顶北披横笛和南披桨鞡

---

1 参见朱晓峰《唐代莫高窟壁画音乐图像研究》，第 316—320 页；朱晓峰《榆林窟壁画乐舞图像研究》，第 326—327 页。

三　主室西壁

主室西壁乐舞图像具体包括西壁龛内佛床壶门位置所绘的壶门乐伎和龛外北侧文殊变和南侧普贤变中的飞天乐伎、菩萨乐伎和化生舞伎。此外龛壁上沿及龛外上部均以垂幔作为边饰，但垂幔下端未见铃，取而代之的是宝珠，这是与窟顶四披垂幔间的区别。龛内马蹄形佛床的侧立面共有壶门二十个，单个壶门为内凹式，外缘呈尖拱形。东向面壶门共计十二个，包括北侧两个，西侧即主尊下方的立面八个，南侧两个；南向面和北向面壶门均为四个（见图 6-13）。

图 6-13　第 12 窟主室西壁龛内佛床壶门（东向面）

壶门乐伎多绘于东向面壶门内，乐伎上身斜披天衣，腰部系腰裙，下身着裙装，帔巾环绕周身，以跏趺坐或胡跪姿态于圆毯之上演奏乐器。东向面壶门中，北侧两个壶门内均绘乐伎，乐伎分别演奏拍板和竖箜篌；中间八个壶门内向外的四个壶门内绘乐伎，分别演奏笙、筚篥、琵琶和横笛；南侧两个壶门内均绘乐伎，乐伎分别演奏排箫和筚篥。南向面和北向面均有四个壶门，其中仅最向内的壶门内绘乐伎，但由于该处壁面漫漶，具体演奏乐器不明。综上，佛床壶门内共绘乐伎九身，其余壶门内绘花盘、香炉等供养物。就功能而言，位于佛床处的壶门乐伎具有装饰和供养的功能是非常明显的，而且这两种功能均是有双重指向的——既针对洞窟实体本身同时又针对洞窟所营造的佛国世界。

龛外北侧壁面上段绘十方佛五身，中段绘文殊变一铺，南侧上段同样绘十方佛五身，中段绘普贤变一铺，经变画四周以团花为边饰。文殊变为纵向构图，画面左上角有墨书榜题一方，上写"大圣文殊师利像一铺……"坐于青狮之上的文殊菩萨占据整个画面的主体部分，文殊菩萨绘头光与身光，顶部为华盖和幢伞，华盖的上、下各绘两身飞天，其中上方右侧为演奏笙的飞天乐伎，下方左侧为演奏直颈琵琶的飞天乐伎，其余两身飞天均手托鲜花以为供养。榜题与左侧幢伞之间绘一身化生，化生为童子形象，以吸腿之姿立于莲花之上，双臂上举呈起舞之姿，故以化生舞伎称之。在文殊菩萨正前方位置绘两身菩萨乐伎，乐伎有头光，戴山形冠，冠两侧有缯带，佩戴耳珰、项圈和腕钏，上身着天衣，腰部系腰裙，下身着裙装，赤足。两身乐伎分别演奏排箫和拍板，乐器外观较清晰。

演奏拍板的菩萨乐伎一侧有一身供养菩萨双手捧宝螺，此器在不同语境中出现名称是有区分的，关于此问题笔者做过梳理。[1] 通常来讲，如果在壁画中以吹奏形式出现，按文献记载应称其为贝，如《通典》卷一四四《乐四》载，"八音之外又有三"，"贝，大蠡也。容可数升，并吹之以节乐，亦出南蛮"，[2] 这主要是突出其作为乐器的属性。如果以供养物形式出现，如密教手印，或供养菩萨捧持，或绘于壸门之内，按佛经记载应称为宝螺，因为此时其性质就是佛教宝物，如《千手千眼观世音菩萨广大圆满无碍大悲心陀罗尼经》曰："若为召呼一切诸天善神者，当于宝螺手。"[3] 如果作为响器，则应以法螺称之，如敦煌文献《降魔变文》中"舍利弗忽从定起……然后吹法螺，击法鼓"[4] 以及《金刚顶瑜伽中略出念诵经》卷四中"当吹无上法螺，令大法声遍一切处"的记载。[5] 在敦煌壁画中，通常以前两种形式居多，因此需要根据其在壁画中的不同含义进行恰当命名。

在牵狮的昆仑奴正前方，同样绘有两身菩萨乐伎，左侧一身吹奏横笛，右侧一身吹奏筚篥。根据以上梳理，本铺文殊变中共绘有飞天乐伎两身、化生舞伎一身、菩萨乐伎四身。南侧普贤变所绘乐舞图像的类型和位置与文殊变一致，具体包括普贤菩萨华盖上方演奏琵琶的飞天乐伎，下方演奏笙的飞天乐伎；榜题与右侧幢伞之间的化生舞伎；普贤菩萨正前方演奏笙和横笛（管体有枝节）的菩萨乐伎，牵

---

1 参见朱晓峰《榆林窟壁画乐舞图像研究》，第 195—196 页。

2 杜佑：《通典》，第 3683 页。

3 《大正新修大藏经》第 20 册，第 111 页。

4 项楚：《敦煌变文选注（增订本）》，中华书局，2006，第 729 页。

5 《大正新修大藏经》第 18 册，第 252 页。

白象昆仑奴正前方演奏拍板和直颈琵琶的菩萨乐伎（见图 6-14）。如果按自上而下的顺序，乐舞图像在文殊变和普贤变的上、中、下区域内均有绘制，其既有对经变画及文殊菩萨所在场景的装饰功能，又兼具对主尊的供养和赞颂功能。

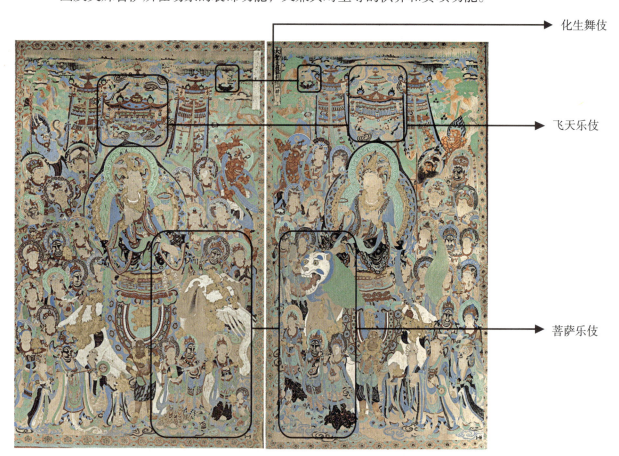

图 6-14　第 12 窟主室西壁龛外的普贤变和文殊变

四　主室北壁

主室北壁上段由西至东依次绘三铺经变画，分别为华严经变、药师经变和天请问经变，下段分别由西至东绘屏风画十一扇。屏风画与经变画相互对应，其中第一至四扇绘华严经变中善财童子五十三参的内容，第五至八扇绘药师经变中的十二大愿和九横死，第九至十一扇则是天请问经变中梵天诸问的内容。屏风画下部似绘壶门图案，但大多已不存。由于北壁的药师经变和天请问经变乐舞图像在笔者之前的研究中均有涉及，[1]考虑到晚唐时期经变画乐舞图像绘制的程式化因素，此处不再做具体梳理，以下主要针对华严经变乐舞图像展开研究，但上述经变画乐舞组合中的乐器编制与组合规律仍然是本书需要重点讨论的内容。

　　如上所述，北壁所绘经变画均由上、下两段内容组成。华严经变上段主体部分绘"七处九会"和香水海、大莲花等内容。"七处九会"，简言之即释迦牟尼在七个不同地方主持的九次法会，即"初会菩提场，二会普光殿，三会忉利天，四会夜摩天，五会兜率天，六会他化天，七、八重普光，九会给孤独"。[2]其中第二、七、八会均在普光明殿说法，故名。经变画通常以上、中、下三排每排各三组说法图形式表现九会内容，但九会具体的排列顺序和位置并非固定，[3]需要结合每组说法图的榜题内容加以确定。本铺经变画说法图中的榜题分别以土黄和石绿为底色书写，土黄底上为墨书，至今仍能清楚辨识，但石绿底上的字迹已无从辨认。据此，经变画九组说法图第一排中间为第六会，第二排左侧为第八会，右侧为第三会，第三排中间为第一会，其余五会难以确定。每组说法图均为一佛二菩萨形式，佛结说法印，呈跏趺坐，佛、菩萨顶部有华盖，身后以宫殿为背景。佛前部绘供案，供案两侧绘供养菩萨。九会上方即经变画上部区域绘不鼓自鸣乐器，九会下方石绿色半圆区域为华藏庄严世界海，海面绘一莲花，莲花两侧各有一身菩萨护持，莲花花瓣上方绘若干方格组成的莲蓬，以象征莲花藏世界。该区域外侧有以云纹和莲花纹组成的类似边饰的半环形区域，即善财童子见普贤菩萨时的三千大千世界，其中有乐器出现（见图6-15）。下段四扇屏风画绘善财童子五十三参的内容，"善财童子五十三参，是华严图像主要内容之一，实叉难陀译《华严经》占很大篇幅的是'入法界品'，主要讲述善财遍历一百一十城，参访

1　参见朱晓峰《唐代莫高窟壁画音乐图像研究》，第196—229、332—345页；朱晓峰《榆林窟壁画乐舞图像研究》，第276—278页。

2　唐澄观《新译华严经七处九会颂释章》曰："此经八十卷，四万五千偈，七处九会说，三十九品章。人中有三处，道场、普、独园。天上有四处，忉、夜、兜、他化。初会菩提场，二会普光殿，三会忉利天，四会夜摩天，五会兜率天，六会他化天，七、八重普光，九会给孤独。初会十世界，二会佛国，三会十住位，四会十行位，五会十回向，六会十地行，七会等妙位，八会二千行，九会法界境，是九会法门。"《大正新修大藏经》第36册，第709页。

3　参见〔日〕松本荣一《敦煌画研究》上册，第113—115页。

不鼓自鸣乐器

华严海乐器

图 6-15　第 12 窟主室北壁华严经变

五十五人次善知识。善财通过参访请教，并依教奉行，终于获证善果"。[1]

　　乐舞图像分别出现在华严经变主体部分最上部天际位置和最下部的华藏庄严世界海。其中天际位置绘不鼓自鸣乐器四件，分别位于第一排左、右两侧说法图的主尊华盖两侧，从左至右依次为竖吹管类乐器、竽篥、笙、竽篥，每件乐器器身均绘有飘带，以象征其不鼓自鸣的性质。两件竽篥吹口端均绘有较为明显的管哨，这是确定其名称的关键因素。最左侧乐器上并未见到类似管哨的部分，亦未见其他能够提供定名的细节，加之其在壁面中是被纵向绘制的，这与竖吹乐器的方式一致，因此本书以竖吹管乐器称之。笙的笙管、笙斗、吹嘴以及笙籁在壁面上均有绘制，而且可以明显看到吹嘴呈弯管状（见图6-16）。

图6-16　第12窟主室北壁华严经变中的不鼓自鸣乐器

　　在庄严世界海外侧的半环形区域内部绘一组莲花，莲花自经变画主体部分的左下角开始沿环形中线直至右下角，大致五十朵，莲花内绘动物、供养物、乐

---

[1]　"不称五十五参而称为五十三参，系因善财曾两度听闻文殊菩萨说法，属于请教一师（善财参问的第一人就是文殊菩萨、第五十二参也是），又于同一时间、地点请教德生童子、有德童女（第五十参），因为属于同一法门，所以也算一次，故按人员而不是按次数称，五十三参即参五十三人。即：一参德云比丘、二参海云比丘、三参善住比丘、四参弥伽大士（上面四参已经'渐次游行十二年'）、五参解脱长者、六参海幢比丘、七参休舍优婆夷、八参毗目瞿沙仙人、九参胜热婆罗门、十参慈行童女、十一参善见比丘、十二参自在主童子、十三参具足优婆夷、十四参明智居士、十五参法宝髻长者、十六参普眼长者、十七参无厌足王、十八参大光王、十九参不动优婆夷、廿参遍行外道、廿一参鬻香长者、廿二参婆施罗船师、廿三参无上胜长者、廿四参师子频申比丘尼、廿五参婆须蜜多女、廿六参鞞瑟胝罗居士、廿七参观自在菩萨、廿八参正趣菩萨、廿九参大天神、卅参安住地神、卅一参婆珊婆演底主夜神、卅二参普德净光主夜神、卅三参喜目观察众生主夜神、卅四参普救众生妙德夜神、卅五参寂静音海主夜神、卅六参守护一切众生主夜神、卅七参开敷一切树花主夜神、卅八参大愿精进力救护一切众生夜神、卅九参妙德圆满神、四十参释迦瞿波女、四十一参摩耶夫人、四十二参王女天主光、四十三参遍友童子师、四十四参善知众艺童子、四十五参贤胜优婆夷、四十六参坚固解脱长者、四十七参妙月长者、四十八参无胜军长者、四十九参最寂静婆罗门、五十参德生童子及有德童女、五十一参弥勒菩萨、五十二参文殊师利菩萨、五十三参普贤菩萨。"王惠民：《华严图像研究论著目录》，《敦煌学辑刊》2011年第4期，第156—157页。

器、农具等，以象征大千世界的万物景象。此部分是经变画局部，大部分内容已
漫漶，能够辨识的乐器包括腰鼓、直颈琵琶、排箫、拍板、横笛等。每件乐器以
白描形式勾勒轮廓，外观特征较明显，如广首纤腹的腰鼓，直颈、音箱呈梨形的
琵琶等（见图6-17），这些乐器也就是郑汝中所说的华严海乐器。[1] 通常敦煌的华
严经变中，能够看到此类乐器入画，如莫高窟晚唐第196窟主室北壁、五代第98
窟主室北壁、五代第61窟主室北壁的华严经变。

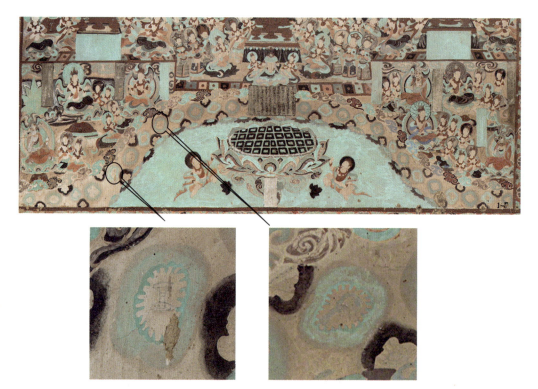

图 6-17　第 12 窟主室北壁华严经变中的华严海乐器

　　在梳理完本铺华严经变所绘乐舞图像后，我们来通过其与佛经文本之间的对
应来分析上述乐舞图像的功能。吐蕃时期之后的敦煌华严经变多为"七处九会"
形式的构图，这种形式是依据唐实叉难陀所译《八十华严》绘制，而东晋佛陀
跋陀罗所译《六十华严》内容为"七处八会"，与经变画构图不合，因此本书以

1　参见郑汝中《敦煌石窟全集·音乐画卷》，第32—33页。

《八十华严》即实叉难陀所译《大方广佛华严经》作为文本进行分析。

　　首先，经变画中的不鼓自鸣乐器被绘制在最上方天际的位置，不鼓自鸣乐器以下是第一排位于左、右的两组说法图。根据画面的呈现来看，不鼓自鸣乐器的入画似乎并不是追求与说法图之间的对应，而只是经变画绘制的程式化使然——将不鼓自鸣乐器作为填充经变画上部空间的内容或装饰性图像，因此在第二排和第三排说法图华盖上部是见不到不鼓自鸣乐器的，因为九会的构图导致第二排和第三排上部没有可以绘制乐器的多余空间。与此相类的形式在晚唐时期的经变画中经常能见到，即乐舞图像的出现并不是严格遵循文本与图像的对应，而是将乐舞图像作为经变画中的组成内容加以绘制，如金刚经变、楞伽经变等。即便如此，我们在《大方广佛华严经》中依然能够看到对不鼓自鸣乐器的描述，而这些描述主要表现的也是不鼓自鸣乐器对于佛国世界的装饰、对佛法的渲染等功能，如卷一六《十住品》曰：

　　　　尔时，佛神力故，十方各一万佛刹微尘数世界，六种震动。所谓：动、遍动、等遍动，起、遍起、等遍起，涌、遍涌、等遍涌，震、遍震、等遍震，吼、遍吼、等遍吼，击、遍击、等遍击。雨天妙华、天末香、天华鬘、天杂香、天宝衣、天宝云、天庄严具，天诸音乐不鼓自鸣，放大光明及妙音声。

又卷四七《佛不思议法品》曰：

　　　　（尔时，世尊告莲华藏菩萨言：）佛子，一切诸佛入于一切王都城邑，为诸众生而作佛事……入城门时，大地震动，光明普照，盲者得眼，聋者得耳，狂者得心，裸者得衣，诸忧苦者悉得安乐。一切乐器不鼓自鸣，诸庄严具若著、不著咸出妙音，众生闻者无不欣乐。[1]

　　相较而言，经变画所绘的华严海乐器也是能够找到与之相关的经文内容的，如卷八《华藏世界品》曰：

---

1 《大正新修大藏经》第 10 册，第 85、247 页。

尔时，普贤菩萨复告大众言：诸佛子……此香水海有大莲华，名种种光明蕊香幢。华藏庄严世界海，住在其中，四方均平，清净坚固。金刚轮山，周匝围绕。地海众树，各有区别。

…………

尔时，普贤菩萨欲重宣其义，承佛神力，观察十方而说颂言：

…………

此世界中大地上，有香水海摩尼严。

…………

种种乐音恒竞奏，佛神通力令如是。

…………

众华随浪皆摇动，悉奏乐音宣妙法。[1]

又卷——《毗卢遮那品》曰：

尔时，普贤菩萨复告大众言：……诸佛子，彼胜音世界中，有香水海，名清净光明。其海中，有大华须弥山出现，名华焰普庄严幢，十宝栏楯周匝围绕。于其山上，有一大林，名摩尼华枝轮。无量华楼阁，无量宝台观，周回布列。无量妙香幢，无量宝山幢，迥极庄严。无量宝芬陀利华，处处敷荣。无量香摩尼莲华网，周匝垂布。乐音和悦，香云照耀，数各无量，不可纪极。[2]

事实上，《大方广佛华严经》中对华藏世界妙音的描述较多，而且其中妙音通常包括两种含义，既是佛法之妙音声——"出妙音演说诸法"，同时又是赞颂、供养之妙音乐，此处限于篇幅，不再一一罗列。可以肯定的是，华严海乐器应该就是对以上经文内容的图像式反映。总体来看，华严经变所绘乐舞图像通常包括不鼓自鸣乐器和华严海乐器，而且并无通常出现在主尊式经变画中的乐舞组合。

---

1 《大正新修大藏经》第 10 册，第 39—40 页。
2 《大正新修大藏经》第 10 册，第 53—54 页。

一方面是因为华严经变以九会为主体的构图不同于主尊式经变画仅有一组主尊说法场景，没有足够空间绘入乐舞组合；另一方面也说明华严经变的设计和绘制是完全以佛经文本为依据的。

五　主室南壁

　　与北壁布局一致，主室南壁上段由西至东依次绘法华经变、观无量寿经变和弥勒经变各一铺，下段由西至东绘屏风画十一扇，第一至四扇绘观世音菩萨普门品的内容，第五至七扇绘观无量寿经变的"未生怨"和"十六观"，第八至十一扇则是与弥勒经变相关的弥勒世界种种场景。屏风画下部似绘壶门图案，但此部分大多已不存。以上三铺经变画中，观无量寿经变已在本书其他章节涉及，弥勒经变中未见乐舞图像，因此以下将对北壁华严经变所对应的法华经变乐舞图像展开研究。

　　法华经变由上、下两段内容组成。上段中心画面为释迦牟尼在耆阇崛山（灵鹫山）说法，即展现《妙法莲华经》序品"法华会"的内容。该说法场景呈圆形构图，在佛身前莲池前部有墨书"法华变"三字。说法场景四周围绕《法华经》各品内容，根据施萍婷、贺世哲《敦煌壁画中的法华经变初探》一文中的辨识和统计，该经变画上段所绘包括序品、方便品、譬喻品、信解品、药草喻品、化城喻品、见宝塔品、提婆达多品、从地涌出品、安乐行品、常不轻菩萨品、药王菩萨本事品、陀罗尼品、妙庄严王本事品等十四品内容，[1] 加上经变画下段四扇屏风画主要绘观世音菩萨普门品，经变画中共出现十五品内容（见图6–18），而这种布局和表现形式也成为吐蕃至归义军时期敦煌法华经变主要的特征。就乐舞图像而言，法华经变中无通常的乐舞组合，乐舞图像主要以零散形式结合部分经品的内容出现，故其性质和功能较为特殊。总体来看，法华经变乐舞图像的入画并不是对乐舞的直接反映，同时也不是经文中乐舞相关内容在经变画中的严格对应，其类型既有对世俗生活的反映，又有对自然现象的指代，抑或融入某个场景中充当故事情节推动的道具。本铺经变画所绘乐舞图像共计五处，其中四处出现在经变画上段的主体部分，另一处被绘于下段屏风画中，具体包括佛说法场景下方譬喻品中的世俗伎乐，佛说法场景

1　参见施萍婷、贺世哲《敦煌壁画中的法华经变初探》，《中国石窟·敦煌莫高窟》第3卷，第191页。

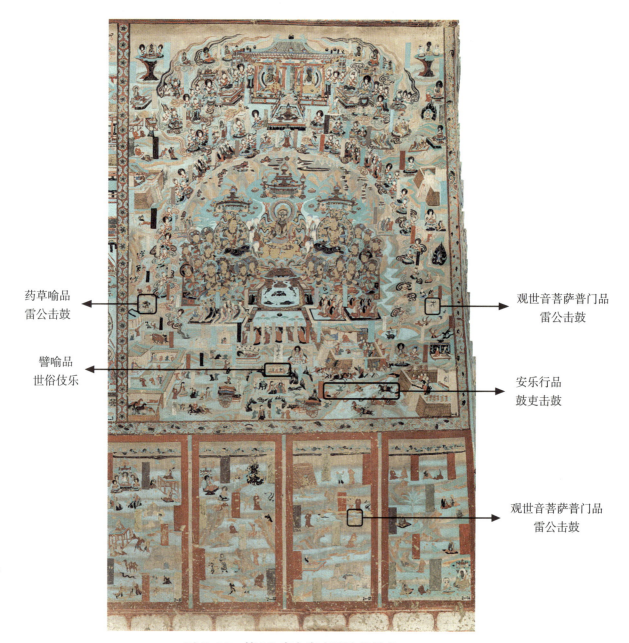

药草喻品
雷公击鼓

观世音菩萨普门品
雷公击鼓

譬喻品
世俗伎乐

安乐行品
鼓吏击鼓

观世音菩萨普门品
雷公击鼓

图 6-18　第 12 窟主室南壁法华经变

左侧药草喻品中的雷公击鼓，主体部分右下角安乐行品中的鼓吏击鼓，佛说法场景右侧和下段从左至右第三扇屏风画观世音菩萨普门品中的雷公击鼓。

譬喻品主要表现火宅的场景，其中位于起火宅院上方（后部）的一座悬山顶式房内绘一组世俗乐伎奏乐的场景。房的前部有栏杆，檐下有柱，柱与柱相隔的空间内分别绘五身乐伎，位于中间的一身似着交领袍衫，盘腿坐于房内，未见乐器。位于两侧的四身乐伎均着圆领袍衫，以站立的姿态演奏乐器，左侧两身分别演奏筚篥与拍板，右侧两身分别演奏琵琶与笙。按姿态和位置判断，中间一身乐伎可能是在吟唱，两侧乐伎为其伴奏；也有可能中间一身为房内主人，由乐伎为其奏乐（见图6-19）。由于此内容为譬喻品的局部画面，在经变画中所占篇幅极小，因此辨识的内容仅限于此。关于譬喻品的内容，本书在前文研究第217窟主室南壁佛顶尊胜陀罗尼经变时已有论及，此处再来回顾《妙法莲华经》关于譬喻品的描述：

> 舍利弗，若国邑聚落有大长者……长者见是大火从四面起，即大惊怖，而作是念：我虽能于此所烧之门安隐得出，而诸子等于火宅内乐著嬉戏，不觉不知，不惊不怖，火来逼身，苦痛切己，心不厌患，无求出意。[1]

图 6-19　第 12 窟主室南壁法华经变中的譬喻品

可见，经文并未直接涉及乐舞的内容，经变画绘房内乐伎奏乐事实上只是为表现"乐著嬉戏"的场景。由于此处乐伎为典型的世俗人物形象，可以确定法华经变譬喻品中世俗乐伎的出现并不是对乐舞的直接反映，而是通过世俗乐伎奏乐这种形式来指代世俗生活，也就是经文中譬喻品偈言所谓："诸子如此，益我愁恼。今此

---

1 《大正新修大藏经》第9册，第12页。

舍宅，无一可乐。而诸子等，耽湎嬉戏，不受我教，将为火害"；"三界无安，犹如火宅，众苦充满，甚可怖畏"。[1] 那么，既然经变画此处出现了伎乐形式，即便不是对乐舞的直接反映，还是有必要推测一下此类奏乐形式是否与现实的乐舞有关。从《通典》卷一四六《乐六·散乐》中"散乐，非部伍之声，俳优歌舞杂奏"[2] 的记载来看，假设经变画所绘此类奏乐形式来自现实，那么很有可能是以散乐杂奏为原型的。

药草喻品中，在农夫驱牛耕作和路人遮头疾行画面上部绘一身雷公于云端处击鼓布雷，以表现电闪雷鸣、大雨倾盆的场景。雷公绘制较为简略，仅以墨色线条勾勒其类人的身形轮廓。雷公周身围绕一圈鼓，鼓共有九面，按本书先前的梳理，此处雷公所击的鼓以鼓面相对、鼓身朝向观者的方式排列（见图6-20），即"累累如连鼓之形"。敦煌壁画所绘雷公击鼓的图像，以指代雷霆、大雨等自然现象居多，本铺经变画中雷公击鼓便是如此，来看《妙法莲华经》药草喻品的记载：

图 6-20　第 12 窟主室南壁
法华经变中的药草喻品

1 《大正新修大藏经》第 9 册，第 14 页。

2 　杜佑：《通典》，第 3727 页。

迦叶……一云所雨，称其种性，而得生长华果敷实。虽一地所生，一雨所润，而诸草木各有差别……如彼大云，雨于一切卉木丛林及诸药草，如其种性，具足蒙润，各得生长。

…………

尔时世尊欲重宣此义，而说偈言：

譬如大云，起于世间，遍覆一切。慧云含润，电光晃曜，雷声远震，令众悦豫。日光掩蔽，地上清凉，叆叇垂布，如可承揽。其雨普等，四方俱下，流澍无量，率土充洽。[1]

安乐行品主要通过两国交战的场景表现髻珠喻的内容。在画面左上部绘一城邑，转轮圣王坐于城内主殿之上，殿外绘群臣，其中有一身躬身面王。城外绘骑兵、步兵及弓箭手组成的军队正在与画面右下角另一城外的军队隔河对垒，右下角的城内同样绘国王与群臣。在河岸两侧各绘一身击鼓的男性形象，位于各自阵前。两身均着圆领袍衫，右侧一身戴幞头，因此其身份可能是军队中掌鼓的鼓吏。鼓吏击鼓的姿态以及鼓的外观与前述索义辨出行图及第156窟前室顶部降魔变所绘一致，均为鼓面向上位于身前，鼓身呈桶形且鼓面与鼓身等大（见图6-21）。

图6-21　第12窟主室南壁法华经变中的安乐行品

1　《大正新修大藏经》第9册，第19页。

《妙法莲华经》安乐行品载曰：

> 文殊师利，譬如强力转轮圣王，欲以威势降伏诸国，而诸小王不顺其命，时转轮王起种种兵而往讨罚。王见兵众战有功者，即大欢喜，随功赏赐，或与田宅、聚落、城邑；或与衣服、严身之具；或与种种珍宝：金、银、琉璃、车𤦲、马脑、珊瑚、虎珀、象马车乘、奴婢人民。唯髻中明珠，不以与之。所以者何？独王顶上有此一珠，若以与之，王诸眷属必大惊怪……文殊师利，此法华经，是诸如来第一之说，于诸说中最为甚深，末后赐与，如彼强力之王久护明珠，今乃与之。[1]

安乐行品的经文中并未出现与鼓或乐舞相关的文字，经变画所绘鼓吏击鼓应是"时转轮王起种种兵而往讨罚［伐］"的图像式表达之一，即通过鼓吏擂鼓助阵来表现战事的真实性。因此，笔者将法华经变中此类未与经文对应的乐舞图像视作故事情节中的道具，其在经变画中的出现同样不是对乐舞的直接反映。

除上述外，经变画中还绘有两处雷公击鼓的图像，其中一处位于经变画安乐行品的上方，从地涌出品的右侧（见图 6-22）。这一部分画面对应的经品在《敦煌莫高窟索义辩窟研究》中被辨识为妙庄严王本事品，即妙庄严王夫妇观看二子在空中表演各种神通变化。[2] 关于该品的画面解读，施萍婷、贺世哲在《敦煌壁画中的法华经变初探》中曾以莫高窟五代第 61 窟主室南壁法华经变为例加以说明。[3] 第 61 窟法华经变中的妙庄严王本事品同样绘于安乐行品的上方，从地涌出品的右侧，画面确为妙庄严王夫妇观看二子在空中表演各种神通变化，而且画面旁边有清晰的榜题佐证——"净藏净眼念其父故涌在虚空现一十八变会时"（见图 6-23）。但经过核对，本窟法华经变相同位置的画面内容却与第 61 窟不合，最明显的就是妙庄严王二子在空中表演神通的内容并未出现，此处所绘的内容自上而下依次为雷公于云端击鼓，狮子、蝎子等猛兽毒虫袭人。以上内容在画面中非常明显，

1　《大正新修大藏经》第 9 册，第 38—39 页。

2　参见李金娟《敦煌莫高窟索义辩窟研究》，甘肃教育出版社，2018，第 226 页。

3　参见施萍婷、贺世哲《敦煌壁画中的法华经变初探》，《中国石窟·敦煌莫高窟》第 3 卷，第 190 页。

图 6-22　第 12 窟主室南壁法华经变中的观世音菩萨普门品

图 6-23　第 61 窟主室南壁法华经变中的妙庄严王本事品

因此可以确定第 61 窟与第 12 窟法华经变相同位置所绘经品是不同的，第 61 窟所绘的确为妙庄严王本事品，但第 12 窟所绘应该是观世音菩萨普门品，因为画面中出现的雷公、猛兽、毒虫能够与经文完全对应。

《妙法莲华经》观世音菩萨普门品载曰：

> 尔时无尽意菩萨以偈问曰：
>
> 世尊妙相具，我今重问彼，佛子何因缘，名为观世音？具足妙相尊，偈答无尽意：汝听观音行，善应诸方所，弘誓深如海，历劫不思议，侍多千亿佛，发大清净愿。我为汝略说，闻名及见身，心念不空过，能灭诸有苦。假使兴害意，推落大火坑，念彼观音力，火坑变成池。或漂流巨海，龙鱼诸鬼难，念彼观音力，波浪不能没。或在须弥峰，为人所推堕，念彼观音力，如日虚空住。或被恶人逐，堕落金刚山，念彼观音力，不能损一毛。或值怨贼绕，各执刀加害，念彼观音力，咸即起慈心。或遭王难苦，临刑欲寿终，念彼观音力，刀寻段段坏。或囚禁枷锁，手足被杻械，念彼观音力，释然得解脱。咒诅诸毒药，所欲害身者，念彼观音力，还著于本人。或遇恶罗刹，毒龙诸鬼等，念彼观音力，时悉不敢害。若恶兽围绕，利牙爪可怖，念彼观音力，疾走无边方。蚖蛇及蝮蝎，气毒烟火燃，念彼观音力，寻声自回去。云雷鼓掣电，降雹澍大雨，念彼观音力，应时得消散。[1]

与以上经文及经变画相类的内容同样出现在经变画下端屏风画中。如图 6-24 从左至右第三幅屏风画局部所示，其中绘有遇毒龙、诸鬼、蛇蝎、雷雹、恶人等图像，[2] 这部分同样属于观世音菩萨普门品的内容。相对而言，经变画安乐行品的上方观世音菩萨普门品中出现的雷公击鼓图像较为清晰，雷公为类人形，双臂与双腿展开立于九面鼓组成的鼓圈之内，双手位于鼓面处作敲击状。但屏风画中雷公击鼓所在部分壁面已剥落，仅能看到五面鼓沿弧形排列，雷公已漫漶不见。即

1　《大正新修大藏经》第 9 册，第 57—58 页。

2　关于屏风画部分完整内容的解读，参见李金娟《敦煌莫高窟索义辩窟研究》，第 227—232 页。

图 6-24　第 12 窟主室南壁法华经变屏风画中的观世音菩萨普门品

便如此，依然能够确定观世音菩萨普门品所绘雷公击鼓图像的性质与前述药草喻品一致，即是经文中"云雷鼓掣电，降雹澍大雨"的图像化呈现，也就是以雷公击鼓的形式指代云雨雷电等自然现象。

六　主室东壁

主室东壁窟门北侧上段绘维摩诘经变一铺，下段绘屏风画三扇及女性供养人两身，屏风画内容为维摩诘经变弟子品、方便品内容。南侧上段绘报恩经变一铺，下段同样绘屏风画三扇及女性供养人，屏风画内容为报恩经变恶友品内容，供养人所在壁面有较严重的烟熏痕迹，仅见一身。由于东壁窟门上部所绘供养人及题名反映的该窟窟主及营建史的问题已在前文论及，因此以下对维摩诘经变和报恩经变所绘乐舞图像展开研究。

　　维摩诘经变由上段主体部分和下段屏风画组成，主体部分围绕文殊师利问疾品内容纵向构图，即画面中心为两身主要形象对坐的形式。具体而言，主体部分上部横向绘三组说法图，以表示《维摩诘所说经》中的三个佛国世界：中间为佛国品的释迦牟尼世界，左侧文殊菩萨对应的为香积佛品的香积佛世界，右侧维摩诘对应的则是不思议品的须弥灯王佛国。[1] 每组说法图均为一佛二菩萨形式，佛身前供案两侧绘听法菩萨、供养菩萨，左、右两组说法图华盖上方共绘不鼓自鸣乐器四件。说法图下方绘毗耶离城及城内文殊菩萨与维摩诘对坐的场景。经变画通过四座悬山式角楼、后方城楼及城墙构建出毗耶离城的内景，其中文殊菩萨位于画面左侧，以半跏趺坐于须弥座之上，文殊菩萨内侧及身后绘舍利弗、天女、听法菩萨、天王和力士，文殊外侧即画面下部绘一组着中原汉式衣冠服饰的帝王及其从属。与文殊菩萨对应的画面右侧绘维摩诘，其箕坐于帷帐内的胡床上，头戴纶巾，身着氅衣，手持麈尾，维摩诘内侧及身后绘舍利弗、天女、天王、力士，维摩诘外侧即画面下部绘一组着胡服的蕃王。帝王与蕃王队列之间写有该经变画题名："维摩居士变金（？）□位正神。"以上经变画主体部分画面涉及的经品包括佛国品、方便品、文殊师利问疾品、不思议品、观众生品、香积佛品等。经变画下段三扇屏风画主要表现《维摩诘所说经》中方便品、弟子品和法供养品的内容，其中乐舞图像出现在左侧第一扇最下方，即通常在维摩诘经变方便品中出现的酒肆图（见图6–25）。就乐舞图像而言，维摩诘经变与前述华严经变、法华经变基本一致，即经变画内未绘通常的乐舞组合，乐舞图像主要以零散形式结合部分经品的内容出现。即便如此，维摩诘经变中依然有乐舞图像的程式化绘制，如不鼓自鸣乐器，以下将进行详细分析。

1　参见贺世哲《敦煌石窟全集·法华经画卷》，香港：商务印书馆，1999，第227页。

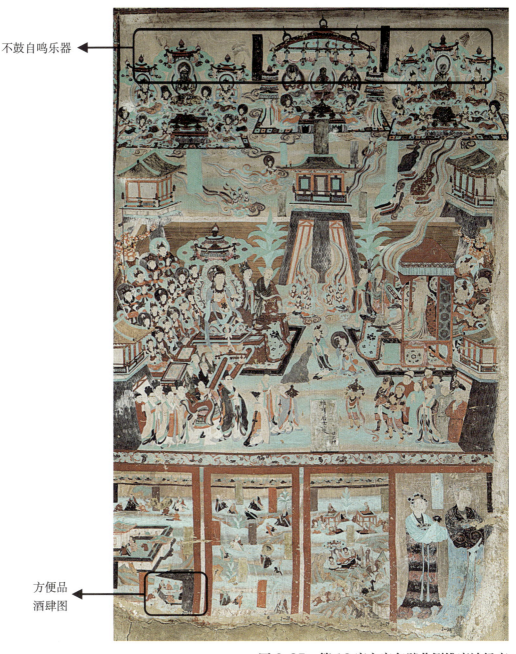

不鼓自鸣乐器

方便品
酒肆图

图 6-25　第 12 窟主室东壁北侧维摩诘经变

　　经变画中共绘有不鼓自鸣乐器四件，位于经变画最上部区域，即左、右两组说法图华盖的顶部，左侧两件分别为笙和排箫，右侧两件为腰鼓和拍板。乐器以墨线勾勒轮廓，器身上的飘带则以接近地仗层的颜色绘制，因此四件乐器已不甚清晰（见图 6-26）。以上乐器与前述本窟其他位置所绘乐器在外观、形制上均一致，此处不再重复描述。根据贺世哲、方广锠等的研究，敦煌文献中的《维摩诘经》写本以及该经注疏均以鸠摩罗什所译《维摩诘所说经》为底本，敦煌壁画中的维摩诘经变也主要据《维摩诘所说经》绘制，[1] 故本书此处同样以该经作为与乐舞图像对应的文本。经查，该经中未见与不鼓自鸣乐器相关的描述，因此可以确定维摩诘经变中出现的不鼓自鸣乐器属于前述经变画乐舞图像的程式化绘制，其作用至少包括两种：第一，借鉴其他经变画中绘入不鼓自鸣乐器的方式，以此作为对经变画所要展现的佛国世界的装饰和赞颂，但需要明确的是，此处所谓其他经变画应当是指佛经文本和经变画中的不鼓自鸣乐器能够相互对应的一类经变画；第二，以本铺经变画构图来看，三组说法图上部与壁面上沿之间形成了无内容的空白区域，因此不鼓自鸣乐器的绘入也是对这一空间的填充和利用。

维摩诘经变中的另一处乐舞图像出现在经变画下段屏风画左侧第一扇最下方，画面绘一庐帐，帐内横置一案，案上似有酒具。案两侧的凳上共坐七身男性形象，其中上首第一身着氅衣、持麈尾的为维摩诘，其余六身均为戴幞头、着袍衫的世俗形象。庐帐外另有一身同样戴幞头、着袍衫的男性形象，呈躬身作揖姿态。该男性下方绘一身女性形象，似持琵琶演奏，由于此处壁面有剥落且已漫漶，具体细节已无法进一步确认（见图6-27）。这一部分画面所描绘的就是维摩诘经变中常见的酒肆图（见图6-28），即《维摩诘所说经》方便品的内容：

　　尔时毗耶离大城中有长者，名维摩诘，已曾供养无量诸佛，深植善本，得无生忍。辩才无碍，游戏神通，逮诸总持。获无所畏，降魔劳怨，入深法门，善于智度，通达方便，大愿成就……入诸学堂，诱开童蒙；入诸淫舍，示欲之过；入诸酒肆，能立其志……长者维摩诘，以如是等无量方便饶益众生。[2]

---

1 《维摩诘经》共计有七个汉译本，保存至今的为支谦译《佛说维摩诘经》、鸠摩罗什译《维摩诘所说经》和玄奘译《说无垢称经》。参见贺世哲《敦煌石窟全集·法华经画卷》，第183页；方广锠撰"维摩诘所说经"等词条完整解释，季羡林主编《敦煌学大辞典》，第675—677页。
2 《大正新修大藏经》第14册，第539页。

图 6-26　第 12 窟主室东壁北侧维摩诘经变中的不鼓自鸣乐器

图 6-27　第 12 窟主室东壁北侧维
摩诘经变屏风画中的方便品

图 6-28　第 61 窟主室东壁维摩诘
经变中的方便品

经变画所反映的就是经文中"入诸酒肆，能立其志"这一内容，但此句过于简略。为完整理解此句含义并找寻其与乐舞之间的关系，有必要查阅洞窟内榜题文字、《维摩诘经》其他译本以及相关注疏中的记载。

本铺经变画此处榜题已漫漶，但第 61 窟主室东壁维摩诘经变酒肆图的榜题曾由贺世哲辨识：

或入诸酒肆，共坐诸□，□教谈章，广为方□，□□生患，□（能）立其志。[1]

支谦译《佛说维摩诘经》善权品此处经文为：

入诸酒会，能立其志。[2]

僧肇撰《注维摩诘经》方便品曰：

入诸酒肆，能立其志。
肇曰：酒致失志，开放逸门。[3]

玄奘译《说无垢称经》显不思议方便善巧品载：

入诸淫舍示欲之过，为令建立正念正知游诸伎乐。[4]

窥基撰《说无垢称经疏》显不思议方便善巧品曰：

1　贺世哲撰"酒肆图"词条，季羡林主编《敦煌学大辞典》，第 100 页。
2　《大正新修大藏经》第 14 册，第 520 页。
3　《大正新修大藏经》第 38 册，第 340 页。
4　《大正新修大藏经》第 14 册，第 560 页。

经：入诸淫舍至游诸伎乐。

赞曰：此有二句，一处欲劝超染，二游偶令念知。令彼正念正知，不因伎乐业妄忆邪解故。旧云：入诸酒肆，能立其志。酒肆多有弦歌，立志令正知念也。文虽有异，意会可知。[1]

综合以上文字，可以明确酒肆中是有乐舞表演的，因此维摩诘赴酒肆的目的就是通过说法教化，使饮酒娱乐的世俗百姓不至于沉迷其中，从而建立"正念正知"，这也是经文所说"无量方便饶益众生"的具体表现之一。因此，此处酒肆中的乐舞主要是为了表现世俗娱乐，也就是对世俗生活的指代。

窟门南侧的报恩经变同样由上段主体部分和下段屏风画组成。上段主体部分主要是对佛说法场景的呈现，即以净土类经变画的形式描绘《报恩经》序品的内容。其中画面最上（后）部绘一座两层悬山顶式主体宫殿，宫殿横向连接廊庑，廊庑延伸至画面两侧两层悬山顶式的配殿，廊庑顶部骑跨两座悬山顶式角楼。主体宫殿前部为主尊说法的区域，这一部分被绘于水面的平台上，释迦牟尼结说法印，跏趺坐于莲花座上，两侧为弟子、胁侍菩萨和听法菩萨。说法平台前部又有三组平台，平台之间以平桥连接，中间平台绘一组乐舞组合，乐舞平台两侧的平台分别绘供养菩萨、天王和力士，其中乐舞平台后方栏杆中部写有墨书的"报恩变"三字。经变画最下（前）部的水面正中，绘一身卢舍那佛以表现《报恩经》序品中提到的日月灯光如来。[2] 经变画下段的三扇屏风画均绘《报恩经》恶友品内容，[3] 其中从左至右第三扇最下方绘善友太子弹筝图像（见图6-29）。该经变画所绘乐舞图像共计上述两处，其中乐舞组合形式为"4+1+4"，左侧四身菩萨乐伎由内至外依次演奏拍板、笙、筚篥、横笛，右侧四身菩萨乐伎由内至外依次演奏铜钹、竖吹管乐器、琵琶、排箫，中间舞伎手持长巾起舞。关于本窟经变画乐舞组合中的乐器配置与组合关系，将在后文中统一进行对比和研究，故此处将重点讨论恶友品中的善友太子弹筝图像。

1　《大正新修大藏经》第38册，第103页。

2　参见〔日〕松本荣一《敦煌画研究》上册，第100页。

3　关于屏风画部分完整内容的解读，参见李金娟《敦煌莫高窟索义辩窟研究》，第172—176页。

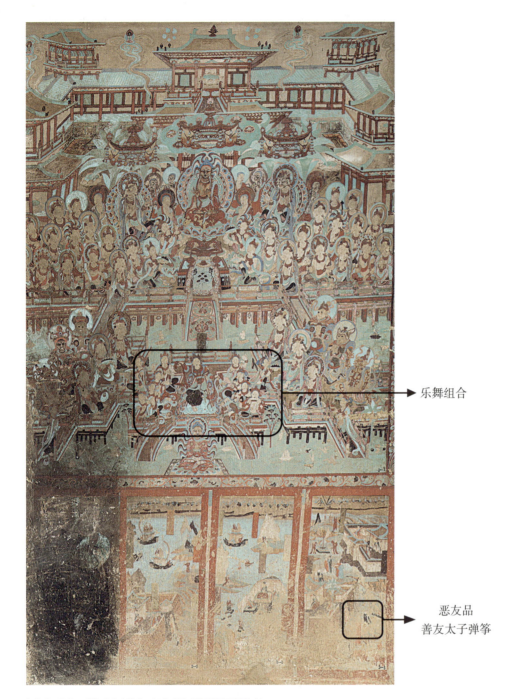

图 6-29　第 12 窟主室东壁南侧报恩经变

善友太子弹筝图像所在壁面剥落较为严重，榜题已无法辨认，现仅能大致辨别此处所绘内容。其中画面上方绘一身着氅衣的男性形象，此即波罗奈国善友太子，其双腿上横置一乐器，双手位于器身上方。乐器呈扁长的框箱式外观，一头呈方形，另一头呈圆形，其余细节不明。与其对坐的为一身着大袖襦裙的女性形象，即利师跋国公主（见图 6-30）。此外，本窟主室西壁龛壁的屏风画中同样绘有恶友品善友太子弹筝图像，该图像位于西侧龛壁从左至右第二扇最下方，但画面和榜题同样已漫漶（见图 6-31）。

图 6-30　第 12 窟主室东壁南侧报恩经变中的善友太子弹筝

图 6-31　第 12 窟主室西壁龛壁西侧的善友太子弹筝

如前所述，该图像一般被称为"树下弹筝图"，如《敦煌学大辞典》中有李永宁所撰"树下弹筝图"的词条：

> 报恩经变"恶友品"画面之一。以第 85 窟画面最有代表性。故事为：善友太子入海取得摩尼宝珠后，归途中被弟弟恶友刺瞎双眼，夺去宝珠，流落利师跋国为王宫守果园，常抚筝拨弦抒发情怀，吸引了利师跋国公主。图中地面绿草如茵，树影婆娑、枝叶葱郁。善友端坐树下，膝前置筝，一手抚琴，一手拨弦，公主面对而坐，聆听入神，对善友萌发爱情。整个画面以绿色为主调，间以白裙黑裳，亮色透光，形成宁静、幽深、无声胜有声的意境。[1]

在该辞典郑汝中所撰"琴"的词条中，也称此图为"树下弹筝"，意即善友所弹乐器为筝：

> 第 61 窟南壁所绘报恩经变"恶友品"，其中的"树下弹筝"榜题标明善友太子听弹的乐器是琴，但实际是具有弧形共鸣箱的筝。[2]

谭婵雪在《敦煌石窟全集·民俗画卷》中同样将第 85 窟主室南壁报恩经变中的此图称为"树下弹筝"，但图像解说文字变成了"太子在果园中弹琴"。[3]此外，松本荣一《敦煌画研究》中也称此图像为"树下弹筝"。[4]

根据上引记载可以发现，学界对报恩经变恶友品中该图像的命名基本是统一的，即"树下弹筝"，但在涉及该乐器名称时，又无法言之凿凿，似乎是在筝与琴之间摇摆。那么，为何会出现关于筝、琴之间的混乱？这主要因为报恩经变相关文本中出现了不同的表述，即通常认为报恩经变依据的佛经文本《大方便佛

1　季羡林主编《敦煌学大辞典》，第 136 页。

2　季羡林主编《敦煌学大辞典》，第 258 页。

3　谭婵雪：《敦煌石窟全集·民俗画卷》，香港：商务印书馆，1999，第 81 页。

4　参见〔日〕松本荣一《敦煌画研究》上册，第 107 页。

报恩经》中记载善友所弹为"筝",但敦煌石窟现存可以清晰辨认此图榜题的经变画中,此处均写作"琴"。事实上,关于筝与琴的问题,牛龙菲在《敦煌壁画乐史资料总录与研究》中已经发现并加以考证,而且牛著以第85窟该乐器图像为基础,从乐器史的角度进行了详细梳理。[1] 但依笔者看,之所以出现乐器名称间的差异,关键在于文本而非图像,因为报恩经变文本的出现肯定是要先于经变画绘制的。按经变画绘制的通常流程,应该是先有报恩经变绘制的文本,再按照文本中的描述进行绘制,因此如果单纯考证经变画中的乐器究竟是筝还是琴,似乎无法彻底解决这个问题。综上,下文拟对报恩经变相关文本进行分类爬梳。

李永宁在《报恩经和莫高窟壁画报恩经变》一文中对报恩经变所依据的《大方便佛报恩经》源流进行了详细考证,通过梳理历代经目对该经的著录情况,结合南朝僧祐在《出三藏记集》的《新集续撰失译杂经录》关于"盖寡观其所抄,多出四含、六度、地道、大集、出曜、贤愚及譬喻生经,并割品截揭,撮略取义,强制名号仍成卷轴"的说法,[2] 认为该经是改写、增删和纂辑《大般涅槃经》《贤愚经》相关经品而成,撰辑的时间大致在南朝宋、梁之际(445—516)。[3] 殷光明在《敦煌壁画艺术与疑伪经》中同持此观点,《敦煌石窟全集·报恩经画卷》未涉及该问题。[4] 方广锠认为《大方便佛报恩经》为印度大乘佛教经典。[5]

首先,来看《大方便佛报恩经》中的相关描述,该经恶友品曰:

> 佛言:过去世时,无量千岁,有国名波罗奈……善友太子聪明慈仁,好喜布施,父母偏心爱念,视如眼目。恶友太子其性暴恶,父母憎恶而不憘视,妒嫉于兄,

---

1 参见牛龙菲《敦煌壁画乐史资料总录与研究》,第278—281页。

2 《大正新修大藏经》第55册,第21页。

3 参见李永宁《报恩经和莫高窟壁画报恩经变》,《中国石窟·敦煌莫高窟》第4卷,第190—192页。

4 参见殷光明《敦煌壁画艺术与疑伪经》,民族出版社,2006,第166页;殷光明《敦煌石窟全集·报恩经画卷》,第96—97页;

5 参见方广锠撰"大方便佛报恩经"词条,季羡林主编《敦煌学大辞典》,第671页。

常欲毁害触事，不顺其兄，违逆反戾。

…………

善友言：汝若爱念我者，为我作一鸣筝，送我著多人民处，大城聚落……善友
善巧弹筝，其音和雅，悦可众心……时国王有一果园，其园茂盛，常患鸟雀……善
友防护鸟雀，兼复弹筝以自娱乐。[1]

经文中出现的乐器为"筝"，而且先后出现三次，分别对应善友委托牧牛
人送其筝、善友善弹筝以及善友经常在果园中弹筝的故事情节。根据前引观点，
《大方便佛报恩经》部分内容源自《贤愚经》，而《贤愚经》善事太子入海品的确
有与之相类的记载：

太子语言：汝哀我者，买索一琴，与我自娱。时牧牛人，寻买索与，共相辞
谢，于时别去。尔时太子，素多伎能，歌颂文辞，极善巧妙，即于陌宕，激声歌颂，
弹琴以和，音甚清雅。城中人民，闻其音者皆乐听观，无有厌［餍］足，各持饮食，
竞来与之。[2]

《贤愚经》所载故事情节与《大方便佛报恩经》大致相似，但其中善友索要
及演奏的都是"琴"。以上为《大正新修大藏经》中两部经典的记载，可以看到
其中关于善友所奏乐器的表述已经出现了差异。

再来看敦煌文献中《大方便佛报恩经》的记载。根据《敦煌遗书总目索引》
和《敦煌遗书总目索引新编》的整理，该经共有三十多个卷号，写有恶友品的仅
有 S.989 和 P.2893，[3] 遗憾的是以上两个卷号中关于善友奏乐部分的文字均已不存。
S.989《大方便佛报恩经恶友品第六》从"龙王所止住处其城四边"之后的卷子缺

1　《大正新修大藏经》第 3 册，第 142—143、145 页。

2　《大正新修大藏经》第 4 册，第 413 页。

3　参见商务印书馆编《敦煌遗书总目索引》，中华书局，1983，第 361 页；敦煌研究院编《敦煌遗书总目索引
新编》，中华书局，2000，索引第 6 页。

失，以《大正新修大藏经》中《大方便佛报恩经》校之，善友太子弹筝部分当在此句之后，所以关于此的文字亦缺失。[1] P.2893《报恩经卷第四》同样为恶友品内容，但该卷第六页经卷接驳处从前纸的"弟闻是语心生嫉妒忧恚懊恼作是念言父"一句直接接到了后纸"为我送食共此盲人饮食讫竟"，中间恰好漏掉善友太子弹筝部分的文字。[2] 以上两种总目索引均未收录俄藏敦煌文献，但经笔者核查，俄藏敦煌文献现编号 Φ094《大方便佛报恩经卷四恶友品》和 Φ096《双恩记》中均有关于善友弹奏乐器的文字，《双恩记》系根据《大方便佛报恩经》铺写而成的变文。[3]

Φ094《大方便佛报恩经卷四恶友品》共计 21 页，该部分文字出自第 11 页：

善友言：汝若爱念我者，为我作一鸣筝，送我著多人民处，大城聚落中……善友善巧弹筝，其音和雅，悦可众心……时国王有一果园，其园茂盛，常患鸟雀……善友防护鸟雀，兼复弹筝以自娱乐。[4]

Φ096《双恩记》共计 31 页，其中第 1—10 页卷首题作"双恩记第三"，现编号 Φ096A；第 11—21 页卷首题作"双恩记第七"，卷尾题作"佛报恩经第七"，现编号 Φ096B；第 22—31 页卷首题作"报恩经第十一"，卷尾题作"佛报恩经第十一"，现编号 Φ096C，善友弹奏乐器的内容就出自该部分第 29 页：

（散）：盲人曰：汝若怜念我者，为我作一面瑟，送我著州城多人之处安置，我自弹曲乞食矣。牧者遂求得一瑟赠之，送在利师王国市内。

…………

经：善友巧善弹瑟，其音和雅，悦可众心。[5]

1　参见方广锠、〔英〕吴芳思主编《英国国家图书馆藏敦煌遗书》第 16 册，广西师范大学出版社，2011，第 14、324 页。

2　参见《法藏敦煌西域文献》第 19 册，第 333 页。

3　参见任半塘《〈双恩记〉变文简介》，《扬州师院学报》1980 年第 2 期。

4　俄罗斯科学院东方研究所圣彼得堡分所等编《俄藏敦煌文献》第 3 册，上海古籍出版社，1993，第 65 页。

5　《俄藏敦煌文献》第 3 册，第 101 页。

　　另外，在散文与经文之间的韵文中出现的乐器同样是瑟，如"奉献家中一面瑟""送路聊申一面瑟""调弄瑟弦曲暗排"。以上是敦煌文献中的《报恩经》对于善友所弹乐器的记载。《大方便佛报恩经》写本中乐器为筝，但在《双恩记》变文中又变成了瑟，其余故事情节的描述基本相近。

　　现存敦煌石窟中能够辨认该图像榜题的有莫高窟晚唐第 85 窟主室南壁（见图 6-32）、晚唐第 138 窟主室北壁和五代第 98 窟主室南壁所绘报恩经变，其中乐器均为琴。此外，大英博物馆藏斯坦因收集品敦煌绢画 Stein painting 12.Ch. liv.004 和 Stein painting 1.Ch. xxxviii.004 同样为报恩经变，[1] 但未见相关图像和榜题。

　　第 85 窟报恩经变中的榜题为：

　　　　尔时太子于利师拔城，于果薗中防护鸟雀，兼复弹琴以自娱乐。利师王女见太子，心生爱念，愿为夫妻，遂两目平复。

　　第 138 窟榜题仅四字：

　　　　园中弹琴。[2]

　　第 98 窟榜题除"果薗"（果园）、"师利"字序及"访"字不同外，其余文字与第 85 窟一致：

　　　　尔时太子于师利拔城，于薗果中访护鸟雀，兼复弹琴以自娱乐。利师王女见太子，心生爱念，愿为夫妻，遂两目平复。[3]

1　『西域美術：大英博物館スタイン・コレクション』第 1 卷、图版 11、13。

2　张景峰：《敦煌莫高窟第 138 窟两铺报恩经变及其成因试析》，《敦煌学辑刊》2018 年第 4 期，第 51 页。

3　简佩琦：《敦煌报恩经变与变文〈双恩记〉残卷》，《敦煌学辑刊》2005 年第 1 期，第 30 页。

图 6-32　第 85 窟主室南壁报恩经变中的善友太子弹琴

　　以上是查询到的七处关于善友弹奏不同乐器的记载，如表 6-2 所示，与报恩经变关系最为直接的是报恩经变的榜题和报恩经变依据的《大方便佛报恩经》文本，三处榜题均作琴，《大正新修大藏经》和敦煌文献中均为筝，这至少说明以下两点。第一，敦煌石窟报恩经变绘制依据的文本如榜题底稿中的乐器统一为琴；第二，《大正新修大藏经》和敦煌文献的佛经传抄过程中乐器也未发生变化，均为筝。此外，《双恩记》是依据《大方便佛报恩经》铺写，其关系与报恩经变较远，故暂时不考虑该文本的文字。如果以佛经文本中的筝为准，那么从筝到琴的变化就应该出现在将佛经文本转化为经变画的这个过程中，至于具体是什么原因导致的这一变化，已无法进一步厘清。不过有一点值得注意，敦煌石窟现存最早的报恩经变尽管出现在盛唐的第 148 窟甬道顶，[1] 但是根据《贤愚经》绘制的善事太子入海品故事画

1　参见殷光明《敦煌壁画艺术与疑伪经》，第 169—170 页。

和须阇提太子本生故事画在北周第 296 窟中就有绘制,[1] 其中主室窟顶东披绘有善事太子奏乐的画面。根据前引《贤愚经》文本,该情节与报恩经变是近似的,只是第 296 窟中善事太子所奏乐器又被绘成了琵琶(见图 6-33),即从文本中的琴变成了图像中的琵琶。之前的琴、筝甚至瑟由于外观均为框箱式不易在壁画中区分,但琴和琵琶的区别极其明显。综合以上信息,善友所奏乐器最初应该就是筝,但之后在经变画绘制中被改为了琴,这与善事太子入海品故事画中将琴改为琵琶是相类的,这种改变应该发生在壁画的制作或绘制阶段。事实上,结合之前的相关文本分析,善友所弹乐器不论是筝、琴还是瑟并不具决定意义,因为此处的乐器如同前文法华经变安乐行品中的鼓,仅仅是推动故事情节发展的道具。但不同文本之间的互文性也是值得注意的,其中至少部分反映出不同文本及经变画的生成机制。按经文所述,善友遭其弟陷害后,依然能够通过奏乐来寄情抒怀,一方面反映出其坚韧的品性,另一方面以乐声为引,成为利师跋国公主出场的铺垫,使善友与公主间的故事继续发展,最终善友得善果,呼应该经善恶有报的核心思想,而经变画展现的恰恰是善友奏乐、公主聆听这一承上启下的关键情节。

表 6-2　善友所弹乐器对比

出处	内容	乐器名称
《大正新修大藏经》	《大方便佛报恩经》恶友品	筝
	《贤愚经》善事太子入海品	琴
俄藏敦煌文献	Φ094《大方便佛报恩经卷四恶友品》	筝
	Φ096C《报恩经第十一》	瑟
敦煌石窟报恩经变	第 85 窟主室南壁	琴
	第 138 窟主室北壁	琴
	第 98 窟主室南壁	琴

1　参见李永宁《敦煌石窟全集·本生因缘故事画卷》,香港:商务印书馆,2001,第 138—148 页。

图 6-33　第 296 窟主室窟顶东披的善事太子弹琵琶

七　经变画乐舞组合

如前所述，本窟主室所绘经变画中有四铺出现乐舞组合。由于这一类经变画乐舞组合在之前的研究中多有提及，故未做详细展开，但如果考察乐舞图像具有的现实性因素，那么对经变画乐舞组合的分析是不可或缺的。因此，以下对本窟经变画乐舞组合用乐规律做简单探讨。

本窟所绘经变画共计八铺，其中有四铺中出现乐舞组合，分别是北壁的药师经变、天请问经变，南壁的观无量寿经变以及东壁的报恩经变。此外，北壁药师经变上段主体部分绘不鼓自鸣乐器四件，从左至右依次为笙、腰鼓、竖吹管乐器、横笛，右侧钟楼内悬一梵钟，下段从左至右第七扇屏风画内绘一身弹奏曲项琵琶的女性世俗乐伎（见图 6-34）。[1]

1　郑汝中称该形象是为跳神人弹琵琶伴奏的妇人，谭婵雪则称其为弹琵琶的觋师，即巫师，本书此处暂以世俗乐伎称之。参见郑汝中《敦煌石窟全集·音乐画卷》，第 155 页；谭婵雪《敦煌石窟全集·民俗画卷》，第 242 页。

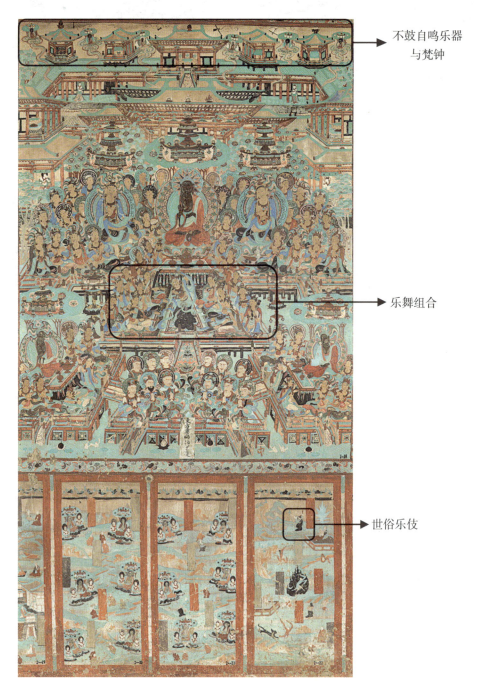

不鼓自鸣乐器
与梵钟

乐舞组合

世俗乐伎

图 6-34　第 12 窟主室北壁药师经变

　　南壁观无量寿经变上段主体部分绘有不鼓自鸣乐器六件，从左至右依次为横笛（有枝节）、铜钹、凤首弯琴、排箫、竽簧、琵琶，左侧钟楼内悬一梵钟。经变画最前部绘四身迦陵频伽乐伎，除一身未奏乐器外，其余分别演奏琵琶、排箫和拍板（见图 6-35）。

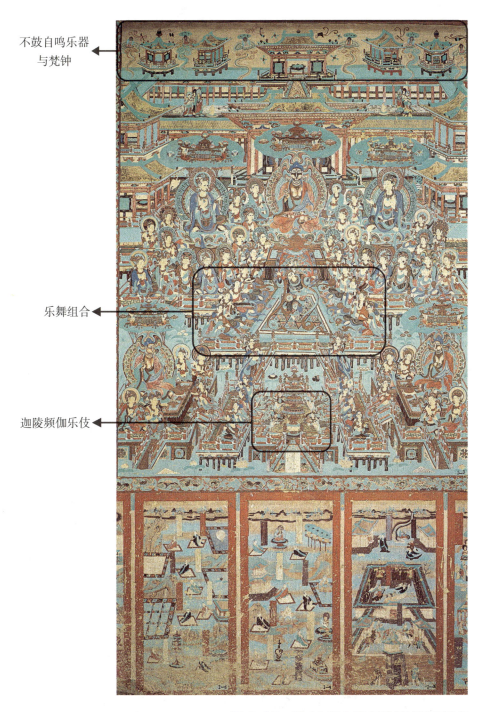

不鼓自鸣乐器
与梵钟

乐舞组合

迦陵频伽乐伎

图 6-35　第 12 窟主室南壁观无量寿经变

　　以上四铺经变画乐舞组合的用乐如表 6-3 所示。由于这些乐舞组合中的乐器
在前文中均有描述或考证，此处从略。通过对比分析可以看出，其中除报恩经变
外，其余三铺经变画对乐器的使用规律基本延续了前述唐前期的基本特征，即打
击乐器数量最多，吹奏乐器数量次之，弹拨乐器数量最少，甚至在天请问经变中
乐舞组合未使用弹拨乐器。

表 6-3　第 12 窟四铺经变画乐舞组合分类对比

名称	药师经变 （见图 6-36）	天请问经变 （见图 6-37）	观无量寿经变 （见图 6-38）	报恩经变 （见图 6-39）
位置	北壁	北壁	南壁	东壁
乐舞组合形式	6+1+6	3+1+3	4+1+4	4+1+4
吹奏乐器	笙一、竽篥二、横笛一	排箫一、笙一、竽篥一	竽篥一、笙一、排箫一	笙一、竽篥一、横笛一、竖吹管乐器一、排箫一
弹拨乐器	竖箜篌一、琵琶一、筝一		筝一、琵琶一	琵琶一
打击乐器	拍板二、腰鼓一、答腊鼓一、羯鼓一、鸡娄鼓一	拍板一、腰鼓一、羯鼓一、鸡娄鼓一	答腊鼓一、羯鼓一、鸡娄鼓一、拍板一	铜钹一、拍板一
舞伎及舞姿	一身，手握长巾起舞	一身，手握长巾起舞	一身，肩搭帔巾起舞	一身，手握长巾起舞

图 6-36　第 12 窟主室北壁药师经变中的乐舞组合

图 6-37　第 12 窟主室北壁天请问经变中的乐舞组合

图 6-38　第 12 窟主室南壁观无量寿经变中的乐舞组合

图 6-39　第 12 窟主室东壁报恩经变中的乐舞组合

第二节　莫高窟第 61 窟中的乐舞图像

为进一步探究本时期经变画乐舞组合的用乐规律，本节对第 61 窟主室经变
画中的乐舞组合用乐做简要梳理。由于第 61 窟所绘经变画乐舞图像的内容和类
型与第 12 窟基本一致，考虑到本章篇幅，此处仅针对经变画中的乐舞组合部分
展开论述。经查，第 61 窟主室共绘有经变画十一铺，其中绘有乐舞组合的经变
画为七铺，分别是北壁由西至东的密严经变（见图 6-40）、天请问经变（见图

图 6-40　第 61 窟主室北壁密严经变中的乐舞组合

图 6-41　第 61 窟主室北壁天请问经变中的乐舞组合

图 6-42　第 61 窟主室北壁药师经变中的乐舞组合

图 6-43　第 61 窟主室北壁思益梵天请问经变中的乐舞组合

图 6-44　第 61 窟主室南壁弥勒经变中的乐舞组合

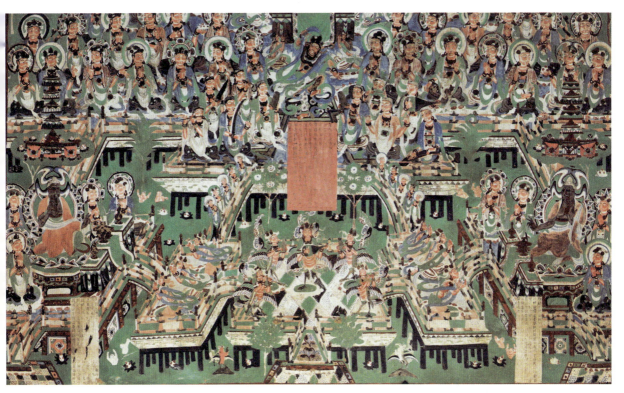

图 6-45　第 61 窟主室南壁阿弥陀经变中的乐舞组合

图 6-46　第 61 窟主室南壁报恩经变中的乐舞组合

6-41）、药师经变（见图 6-42）和思益梵天请问经变（见图 6-43），南壁由西至东的弥勒经变（见图 6-44）、阿弥陀经变（见图 6-45）和报恩经变（见图 6-46），经变画乐舞组合用乐如表 6-4、表 6-5 所示。

表 6-4　第 61 窟主室北壁四铺经变画乐舞组合分类对比

名称	密严经变	天请问经变	药师经变				思益梵天请问经变
			组合 I	组合 II	组合 III	组合 IV	
乐舞组合形式	3+1+3	6+2+6	5+5	6+6	5+2+5	6+2+5	5+1+5
吹奏乐器	横笛一、筚篥一	横笛二、筚篥一、排箫一、笙一	竖吹管乐器二、笙一、横笛一	笙一、排箫二、筚篥一、横笛二、竖吹管乐器一	筚篥一、横笛一、竖吹管乐器一	横笛一、竖吹管乐器一、笙一、排箫一	横笛一、筚篥二
弹拨乐器	琵琶一	曲项琵琶一、竖箜篌一、筝一	竖箜篌一、琵琶二、筝一	琵琶一、筝一、竖箜篌一	凤首弯琴一、竖箜篌一、筝一	竖箜篌一、筝一、琵琶一	竖箜篌一、筝一、琵琶一
打击乐器	拍板二、腰鼓一	拍板二、方响一、铜钹一	拍板二	拍板二	拍板二、腰鼓一、方响一	方响一、拍板二、竖吹管乐器一	拍板二、腰鼓一、铜钹一
舞伎及舞姿	一身，手握长巾起舞	两身，一身拍击腰鼓起舞，另一身反弹琵琶起舞			两身，均手握长巾起舞	两身，均手握长巾起舞	一身，手握长巾起舞

表 6-5　第 61 窟主室南壁三铺经变画乐舞组合分类对比

名称	弥勒经变	阿弥陀经变	报恩经变
乐舞组合形式	6+1+6	5+1+5	5+1+5
吹奏乐器	笙二、横笛二、排箫一、竖吹管乐器一	筚篥一、笙一、横笛一、排箫一	横笛二、筚篥一、笙一、排箫一、竖吹管乐器一
弹拨乐器	竖箜篌一、琵琶二	竖箜篌一、曲项琵琶一、筝一	竖箜篌一、曲项琵琶一
打击乐器	拍板二、铜钹一	拍板二、腰鼓一	拍板二
舞伎及舞姿	一身，手握长巾起舞	一身，手握长巾起舞	一身，手握长巾起舞

以上经变画中，北壁药师经变中共出现四组乐舞组合，其中两组位于主体宫殿两侧，未见舞伎，自上而下分别以乐舞组合 I、II 表示。主尊说法场景前

部绘两组，自上（后）而下（前）分别以乐舞组合Ⅲ、Ⅳ表示。阿弥陀经变乐舞组合前部平台上绘有一组乐队形式的迦陵频伽乐伎，组合形式为2+1+2，左侧乐伎分别演奏拍板、竽篥，右侧乐伎分别演奏拍板、横笛，中间一身乐伎演奏琵琶。通过分析可知，相较于第12窟，第61窟主室经变画中乐舞组合的用乐已经出现新的变化，即乐舞组合对于打击乐器的侧重已不是很明显，其中除三铺经变画乐舞组合如密严经变、药师经变乐舞组合Ⅲ和思益梵天请问经变依然保持这一特征外，其余乐舞组合中吹奏乐器逐渐开始占据用乐的主流。该问题笔者曾进行深入分析，首先可以确定这种改变始自五代时期，而且莫高窟和榆林窟均保持了同步，但这种用乐编制的变化找不到现实证据支持。一方面，五代时期中原处于"乐坏"的境地，经变画乐舞组合的绘制大概率不会受到中原用乐的影响；另一方面，按前述，这种编制特征与晚唐甚至更早的经变画乐舞组合出现差异，而曹氏归义军时期恰恰是石窟营建蓬勃兴起的阶段，画行、画院的出现在客观上又促进了经变画绘制的热潮，出自经变画的乐舞组合亦不例外，因此笔者将此归因于该时期经变画乐舞组合绘制在突破前代传统基础上的求新、求变，但这种"创新"事实上并无类似唐代的真实用乐依据。[1]

对于乐舞组合反映的特征及规律，本书中已多次提及，具体到归义军时期，至少应该从两个角度来理解这个问题。第一，对前代经变画乐舞组合特征的继承、发展和创新。其中张氏归义军时期主要表现出继承和发展的特征，这一点从对唐代各个时期经变画乐舞组合的分析就能够看出，尽管部分经变画并未完全遵循以上乐器使用规则，但总体特征在有唐一代并未发生改变。而且从整体的石窟营建风格，如主室西壁佛龛的形制、窟顶装饰纹样的使用以及经变画题材的选择都能看出这种延续性。曹氏归义军时期如上文所述主要是在继承和发展基础上的创新。此外，归义军时期经变画乐舞组合在此基础上往往体现出程式化、重复化的特征，本时期一窟之内的经变画数量尽管有明显增多的趋势，但具体到单铺经变画乐舞组合，其中乐伎、乐器的数量和规模已远不及前期，可以这样说，本时期乐舞组合从编制上看，数量要远胜于"质量"。乐舞组合中的舞伎也同样如此，

1　参见朱晓峰《榆林窟壁画乐舞图像研究》，第285—288页。

以上述经变画乐舞组合中的舞伎而言，除个别组合中出现两身舞伎外，每个组合大多仅有一身舞伎，而且舞具多为长巾或帔巾，舞姿也多为一腿立、一腿吸的形态，这些基本是对之前舞伎表现形式的直接照搬。

第二，本时期经变画乐舞组合与现实乐舞之间的联系。此处的现实乐舞至少应该包括敦煌和中原两个区域，就已有研究来看，洞窟内所绘乐舞图像与敦煌地区现实乐舞之间的确是有联系的，而这种联系主要是通过考证洞窟内具现实性因素的乐舞图像得出的，如第156窟张议潮统军出行图、第12窟索义辨出行图等。至于佛教语境下的经变画中究竟有多少现实乐舞的成分，我们无法确知，但是经变画乐舞组合形式本身及其使用乐器完全是来自现实的，而且经变画中也有反映世俗生活的乐舞出现，这些又能够从侧面证明经变画与现实之间的关系。就中原地区而言，也只能通过对比经变画乐舞组合和文献记载中唐代燕乐用乐规律进行宏观角度的分析，当然结果是可以想见的，即二者对于乐器的使用规律同样一致，但其中的缺陷依旧显而易见。假设将中原地区的现实乐舞看作起因，将敦煌石窟经变画乐舞组合看作结果，我们只能是通过起因直接看到结果，至于从中原到敦煌的空间转变、现实到图像的媒介变化、真实到佛教的语境转换，其生成机制究竟是什么，尽管笔者曾通过敦煌文献中的乐舞记载、敦煌画稿中的乐舞图像进行推测式的考证，但依然缺乏一锤定音的证据，这是我们不得不面对的研究现实。

小　结

本章主要对归义军时期的乐舞图像展开了梳理与研究。敦煌的归义军时期横跨晚唐、五代和宋初三个不同的历史阶段，从乐舞图像的整体表现来看，其内容、类型和表现形式并未出现大的变化。这一时期大型洞窟增多导致一窟之内所绘壁画数量增加，这成为本时期乐舞图像数量明显增多的直接原因。由于大型洞窟代表了归义军时期洞窟营建的最高水平，也是当时权力、财力和人力的重要表现，因此具代表性的乐舞图像也往往出现在这些大型洞窟内。考虑到本书各章的篇幅，本章将莫高窟第12窟乐舞图像作为主要内容，同时通过穿插对比莫高窟第61窟乐舞图像来考察不同时期洞窟间乐舞图像的异同。以下，对归义军时期的乐舞图像特征做大致归纳。

首先，本时期洞窟内乐舞图像在类型和数量上较之前有明显增加。以第12窟为例，其中共绘有乐伎一百零一身，包括菩萨乐伎四十二身、飞天乐伎十九身、迦陵频伽乐伎九身、化生乐伎两身、壶门乐伎十身、世俗乐伎十四身以及雷公击鼓图像三处、善友太子弹筝图像两处；舞伎共绘有六身，包括菩萨舞伎四身、化生舞伎两身；乐器共计一百五十件，包括由乐伎演奏乐器九十七件、不鼓自鸣乐器四十六件、梵钟两件、华严海乐器五件以及主室窟顶垂幔下端的铃（铃不计入乐器数量）。从乐舞图像所绘位置看，洞窟主室各个部分如佛龛内外、窟顶四披、四壁基本都有乐舞图像出现，说明本时期乐舞图像与洞窟之间具有紧密的关系，同时乐舞图像也成为洞窟壁画中不可或缺的内容。

其次，相较于之前，本时期出现乐舞图像的壁画题材也更加丰富，这主要体现在出行图和经变画中。出行图中的乐舞图像作为对官方组织和寺院陈设乐舞活动的记录和反映，为我们认识和考证敦煌地区现实乐舞活动提供了重要的样本和依据。尽管现存出行图的数量较少，但将其中乐舞图像与敦煌文献中乐舞记载结合起来研究，是敦煌乐舞研究极具价值和优势的部分。本时期内出现乐舞图像的经变画题材也更加多样，与之前乐舞图像以净土类经变画为主体不同，本时期除净土类以外的如法华经变、华严经变、报恩经变、维摩诘经变、弥勒经变中均有乐舞图像出现。这些经变画中乐舞图像的出现形式以乐舞组合和零散式为主，其中乐舞组合尽管在规模和构图上显得较为明显和重要，但其中往往带有经变画绘制的程式化倾向，而零散的乐舞图像在一铺经变画中并不占据主要位置，但这些图像却是认识经变画乐舞图像不同功能的主要材料，这也是本章重点围绕经变画零散乐舞图像进行研究的原因。

最后，通过分析经变画乐舞组合中的用乐编制可知，归义军时期乐舞图像的特征既包括对前代的继承与发展，同时又体现出一定的创新性。具体而言，张氏归义军时期洞窟乐舞图像主要是对吐蕃时期和唐前期的继承和发展，而到曹氏归义军时期，乐舞图像在此基础上又体现出求新、求变的趋势。但从整体的乐伎、乐器和舞伎来看，对前代乐舞图像的重复使用依然是本时期乐舞图像绘制的总体特征，而且这种重复性直接导致乐舞图像被进一步模式化和固定化。

第七章　西夏时期的敦煌乐舞

宋大中祥符七年（1014），曹宗寿子曹贤顺继任节度留后。同年，遣使入贡于宋，宋以曹贤顺为归义军节度使，其弟贤惠为检校刑部尚书，知瓜州。[1]天禧三年（1019），辽封曹贤顺为敦煌郡王。[2]至天圣六年（1028），李德明遣子元昊攻甘州，拔之。八年（1030），瓜州王以千骑降于夏。[3]景祐三年（1036），元昊取瓜、沙、肃三州。[4]自此，瓜、沙地区正式步入西夏时期，"但是，元昊据河西后，主要精力投放在与宋、辽的战事上，对瓜、沙仅实行有效控制而已。直到惠宗秉常（1068）至崇宗乾顺年（1139）的六七十年间，西夏才加强对瓜、沙二州的统治"。[5]直至西

1　参见《宋史》卷四九〇《外国六·沙州》，第 14124 页；史苇湘编《敦煌莫高窟大事年表（五）》，《中国石窟·敦煌莫高窟》第 5 卷，第 239 页。

2　参见《辽史》卷一六《圣宗纪七》，中华书局，1974，第 185 页；史苇湘编《敦煌莫高窟大事年表（五）》，《中国石窟·敦煌莫高窟》第 5 卷，第 239 页。

3　参见《宋史》卷四八五《外国一·夏国上》，第 13992 页。

4　参见《宋史》卷四八五《外国一·夏国上》，第 13994 页；史苇湘编《敦煌莫高窟大事年表（五）》，《中国石窟·敦煌莫高窟》第 5 卷，第 240 页。

5　史金波、白滨：《莫高窟榆林窟西夏文题记研究》，《考古学报》1982 年第 3 期，第 367 页。

夏宝义二年（1227），蒙古破沙州，瓜、沙州废。[1] 由于西夏当权者积极倡行佛教，在统治瓜、沙地区将近两百年时间里留下了数量可观的石窟遗存，如榆林窟第 16 窟前室北壁有西夏天赐礼盛国庆五年墨书的《阿育王寺释门赐紫（僧）惠聪俗姓张住持窟记》，其中有 "（山谷）内霄水常流，（树）木稠林，白日圣香烟起，夜后明灯出现"[2] 的记载，说明西夏时期的佛事活动已初具规模。

学界关于西夏时期敦煌石窟的分期，有以下几种成果可以参考。第一，史苇湘所撰《关于敦煌莫高窟内容总录》对莫高窟西夏时期洞窟的罗列以及敦煌研究院编《敦煌石窟内容总录》对洞窟开凿时间的标定，其中莫高窟西夏时期包括重修在内的洞窟共计82个，榆林窟共计8个，东千佛洞共计4个，五个庙石窟3个，[3]但仅显示洞窟开凿或重修的时间为西夏，并无具体排年和分期。第二，刘玉权分别于1982年、1987年和1998年三次对西夏时期洞窟进行分期，最终确定的西夏前期洞窟共计65个，其中莫高窟为58个，榆林窟为7个；西夏后期洞窟共计12个，其中莫高窟4个（包括4号塔婆），榆林窟3个，东千佛洞2个，五个庙石窟3个。[4]该分期对于西夏时期洞窟分期研究无疑起到了重要的基础性作用，但其中的问题也显而易见，即三次分期结果出入较大。第三，张世奇和沙武田在刘玉权三次分期结果的基础上，结合近年来学界关于西夏石窟分期研究的成果和自己的研究实践，于2014年重新罗列敦煌石窟中的西夏洞窟，其中包括莫高窟25个，榆林窟11个，东千佛洞4个，五个庙石窟3个，具体为：

莫高窟：第 3、6、34、61、140、164、169、206、252、281、285、351、355、356、368、408、432、460、464、465、491 窟，北 77 窟及第 464、465 窟周围的卫星式小窟，4 号塔；

1　参见《元史》卷六〇《沙州路》，中华书局，1976，第 1450—1451 页；史苇湘编《敦煌莫高窟大事年表（五）》，《中国石窟·敦煌莫高窟》第 5 卷，第 242 页。

2　参见张伯元《安西榆林窟》，第 210 页；胡开儒《安西榆林窟》，第 29 页。

3　参见《敦煌石窟内容总录》，第 235、204—226 页。

4　参见刘玉权《敦煌莫高窟、安西榆林窟西夏洞窟分期》，敦煌文物研究所编《敦煌研究文集》，甘肃人民出版社，1982，第 273—318 页；刘玉权《关于沙州回鹘洞窟的划分》，《敦煌石窟研究国际讨论会文集·石窟考古编》，辽宁美术出版社，1990，第 1—29 页；刘玉权《敦煌西夏洞窟分期再议》，《敦煌研究》1998 年第 3 期。

榆林窟：第 2、3、10、13、14、15、17、21、22、26、29 窟；

东千佛洞：第 2、4、5、7 窟；

五个庙石窟：第 1、3、4 窟。[1]

此外，诸多学者对西夏时期部分洞窟的时代也进行了专门的考证和研究。关于西夏时期洞窟分期研究综述在《敦煌西夏洞窟分期及存在的问题》《敦煌西夏石窟研究综述》《敦煌西夏石窟研究的成就及面临的问题》等文中均有详细梳理，[2]此处不再赘述。

事实上，由于晚期敦煌石窟多出现不同时代壁画层叠的复杂现象，因此西夏石窟的分期和断代需要进行反复甄别、对比、排除、归纳，加之西夏时期文献资料的缺乏，无法形成西夏统治瓜、沙地区清晰的时间线，这就有可能使西夏时期敦煌石窟分期遭遇差之毫厘谬以千里的尴尬和困境。尽管笔者已完成敦煌石窟绘有乐舞图像洞窟的全部调查工作，但由于敦煌石窟中西夏石窟的数量、排年等信息仍未形成确切结论，为避免误导，本书此处不再罗列绘有乐舞图像的西夏时期洞窟，仅以学界无过多争议的榆林窟第 3 窟和第 10 窟为例对西夏时期敦煌乐舞进行研究。[3]前

1　张世奇、沙武田：《敦煌西夏石窟研究综述》，《西夏研究》2014 年第 4 期，第 93 页。

2　参见王惠民《敦煌西夏洞窟分期及存在的问题》，《西夏研究》2011 年第 1 期；张世奇、沙武田《敦煌西夏石窟研究综述》，《西夏研究》2014 年第 4 期；刘宏梅、杨富学《敦煌西夏石窟研究的成就及面临的问题》，《西夏研究》2020 年第 S01 期。

3　根据霍熙亮《安西榆林窟内容总录》的分期断代，现存榆林窟由西夏时期开凿的洞窟有第 2、3、10 和 29 窟，经西夏时期重修的洞窟有第 6、15、18、22 和 28 窟。如就出现乐舞图像的第 2、3、10 和 29 窟而论，1982 年刘玉权《敦煌莫高窟、安西榆林窟西夏洞窟分期》一文中将第 2、3 和 29 窟划入西夏第三期，在 1998 年的《敦煌西夏洞窟分期再议》中，也是将第 2、3 和 29 窟列为西夏时期开凿洞窟，只是分期改为西夏后期。关于榆林窟第 10 窟，除《安西榆林窟内容总录》划为西夏时期外，关友惠在《敦煌宋西夏石窟壁画装饰风格及其相关的问题》一文中也将其列入西夏时期。除上述观点外，向达 1951 年的《莫高、榆林二窟杂考》认为第 2 窟（一号）、3 窟（二号）和 29 窟（二十号）壁画出于元人之手。张伯元《安西榆林窟》中，第 2、3 窟时代为西夏或元代，第 10 窟时代为元代，第 29 窟为西夏。胡开儒《安西榆林窟》中，第 2、3、29 窟时代均为西夏时期。参见霍熙亮整理《安西榆林窟内容总录》，《敦煌石窟内容总录》，第 204—221 页；刘玉权《敦煌莫高窟、安西榆林窟西夏洞窟分期》，《敦煌研究文集》，第 273—318 页；刘玉权《敦煌西夏洞窟分期再议》，《敦煌研究》1998 年第 3 期；关友惠《敦煌宋西夏石窟壁画装饰风格及其相关的问题》，敦煌研究院编《2004 年石窟研究国际学术会议论文集》下册，上海古籍出版社，2006，第 1110—1141 页；向达《莫高、榆林二窟杂考》，《文物参考资料》1951 年第 5 期；张伯元《安西榆林窟》，第 86—148 页；胡开儒《安西榆林窟》，第 11—54 页；杨富学、刘璟《榆林窟第 3 窟为元代西夏遗民窟新证》，《敦煌研究》2022 年第 6 期；杨富学、刘璟《再论榆林窟第 3 窟为元代皇家窟而非西夏皇家窟》，《形象史学》2022 年第 2 期。

文曾强调，敦煌乐舞研究之于敦煌石窟考古的价值之一就是为石窟壁画的时代和风格划定提供佐证和支撑，因此本章在研究并归纳西夏时期壁画乐舞图像总体特征的同时，尝试完成西夏石窟壁画中的乐舞图像对西夏石窟整体风格的反证。

第一节　榆林窟第 3 窟中的乐舞图像

榆林窟第 3 窟位于东侧崖面第一层，南、北侧分别与第 4 窟和第 2 窟毗邻（见图 7–1）。洞窟开凿于西夏，后经元代和清代重修。按刘玉权先生《敦煌西夏洞窟分期再议》的分期，该窟开凿时代大致处于西夏后期，即 1140—1227 年。[1]洞窟由甬道和主室构成，主室形制为浅穹隆顶形，设八角形中心佛坛，佛坛和四壁前有清代塑佛、观音、力士和罗汉造像共计四十身。甬道顶现已不存，南壁上部存西夏女性供养人三身，下部存元代女性供养人五身。北壁上部存西夏男性供养人四身，下部存元代男性供养人五身。主室窟顶绘金刚界曼荼罗，中心位置绘五方佛，四周绘边饰、千佛及垂幔，垂幔下端悬铃。东壁中部绘八塔变一铺，南侧绘五十一面千手观音经变一铺，北侧绘十一面千手观音经变一铺；南壁东侧绘曼荼罗一铺，中部绘观无量寿经变一铺，西侧绘曼荼罗一铺；北壁东侧绘曼荼罗一铺，中部绘净土变一铺，西侧绘曼荼罗一铺；西壁门上残存维摩诘经变一铺，门南绘普贤变一铺，门北绘文殊变一铺。壁画内容的安排展现出显密结合、密教为重的整体格局，而且部分壁画制式带有明显的藏传佛教特征。

1　西夏第一期（即西夏前期）洞窟的上限定在元昊占据瓜、沙、肃三州这一年，下限定在乾顺在位结束后（即1036—1139 年前后）；西夏第二期（即西夏后期）洞窟的上限定在仁孝在位前后，下限定在蒙古攻占沙州时期（即 1140—1227 年）。参见刘玉权《敦煌西夏洞窟分期再议》，《敦煌研究》1998 年第 3 期，第 3 页。

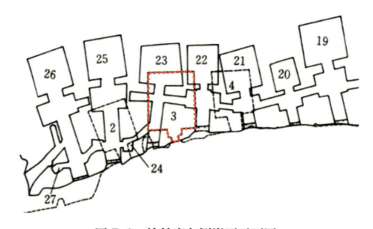

图 7-1　榆林窟东侧崖面平面图

资料来源:《中国石窟·安西榆林窟》，第 162 页。

以上定名来自《安西榆林窟内容总录》，[1]但除东、西两壁六铺壁画外，学界对于其余南、北壁所绘壁画定名出入较大，可以说"有多少种相关研究成果就有多少种定名"，具体可参见表 7-1。通过对比，可见差异主要集中出现在南、北壁两侧的密教类图像的定名上，具体而言是对曼荼罗内部所绘主尊的认识或说法不同，说明敦煌石窟壁画密教图像研究亟待统一范式，以便各类图像研究中能够表述一致，避免误解。本书主要涉及第 3 窟绘有乐舞图像的壁画，暂以《安西榆林窟内容总录》中的壁画定名为准，并对出现乐舞图像的壁画定名做简要讨论。

表 7-1　榆林窟第 3 窟主室南、北壁壁画定名对比

出处	榆林窟第 3 窟主室南壁			榆林窟第 3 窟主室北壁		
	东侧	中部	西侧	东侧	中部	西侧
《安西榆林窟内容总录》	曼荼罗	观无量寿经变	曼荼罗	曼荼罗	净土变	曼荼罗
《榆林窟第 3 窟〈千手经变〉研究》	曼荼罗八臂母塔	西方净土变	曼荼罗五方佛	曼荼罗八臂母塔	西方净土变	曼荼罗五方佛

1　参见霍熙亮整理《安西榆林窟内容总录》，《敦煌石窟内容总录》，第 204—205 页。

续表

出处	榆林窟第 3 窟主室南壁			榆林窟第 3 窟主室北壁		
	东侧	中部	西侧	东侧	中部	西侧
《榆林窟的壁画艺术》	观音曼荼罗	观无量寿经变	胎藏界曼荼罗	五方佛曼荼罗	天请问经变	金刚界曼荼罗
张伯元《安西榆林窟》	六臂观音曼荼罗	西方净土变	五方佛曼荼罗	八臂观音曼荼罗	西方净土变	五方佛曼荼罗
胡开儒《安西榆林窟》	坛城	西方净土变	坛城	坛城	东方药师变	坛城
《敦煌石窟全集·密教画卷》	观音曼荼罗	观无量寿经变	金刚界曼荼罗	不空绢索观音曼荼罗	净土变	三十七尊曼荼罗
《榆林窟第 3 窟壁画研究》	顶髻尊胜佛母五尊曼荼罗	观无量寿经变	九佛顶恶趣清净曼荼罗	摩利支天五尊曼荼罗	观无量寿经变或药师经变	金刚界三十七尊曼荼罗

资料来源：霍熙亮整理《安西榆林窟内容总录》，《敦煌石窟内容总录》，第 204—205 页；刘玉权《榆林窟第 3 窟〈千手经变〉研究》，《敦煌研究》1987 年第 4 期，第 15 页；段文杰《榆林窟的壁画艺术》，《中国石窟·安西榆林窟》，第 172 页；张伯元《安西榆林窟》，第 89 页；胡开儒《安西榆林窟》，第 15 页；彭金章《敦煌石窟全集·密教画卷》，香港：商务印书馆，2003，第 216—222 页；贾维维《榆林窟第 3 窟壁画研究》，博士学位论文，首都师范大学，2014，第 55—56 页。

根据调查，第 3 窟主室所绘乐舞图像种类和数量较多，包括主室窟顶金刚界曼荼罗南侧所绘供养物宝螺，窟顶下沿垂幔下端所绘的铃，东壁南侧五十一面千手观音经变中的不鼓自鸣乐器和世俗舞伎，东壁北侧十一面千手观音经变中的乐器类法器，南壁东侧曼荼罗中的密教乐伎和舞伎，南壁中部观无量寿经变中的乐舞组合，北壁东、西两侧曼荼罗中的密教舞伎，北壁中部净土变中的不鼓自鸣乐器和乐舞组合。下文将依次进行梳理和考证。

一　主室东壁

1. 南侧

主室东壁南侧西夏绘五十一面千手观音经变一铺（见图 7-2），经变画前有六臂观音坐像一身和男性胁侍人物立像两身。整铺经变画为纵向方形，上方以石青绘出天际，左、中、右各有一身化佛，其间以鲜花填充。画面主体部分呈深褐色，上绘无数观音手，其外缘轮廓呈石绿色的圆角方形，占整铺经变画面四分之三。主尊五十一面观音位于画面偏下位置，上身着石绿色双领垂肩短袖天衣，胸前饰璎珞，上臂佩臂钏，腕部戴腕钏，身前四臂结不同手印。主尊头部由上下叠置的十层组成，共计五十一首，最顶层头部上方绘一座七重宝塔，宝塔顶部自下而上依次绘化佛、承露盘和兜率天宫，这一部分位于整幅经变画纵向轴线上。轴线两侧以左右对称形式绘制人物（含佛教和世俗人物）、动物、植物、建筑、交通工具、生产工具、乐器、量器、宝物宝器、兵器以及其他各种法物、法器等，[1]充填主尊周身，构成画面的主体内容。在圆角矩形轮廓的两侧，分别绘八双观音手，各持净瓶倾倒海水，海水上方与象征天际的部分相接，下方与"凸"字形莲台相隔，莲台区域内左、右侧各绘三身不同形象，左侧为女性世俗人物、金刚和功德天各一身，右侧为男性世俗人物、金刚和婆薮仙各一身，世俗人物头部亦有从主体部分伸出的若干观音手臂护持。

1　该经变画所绘内容在刘玉权《榆林窟第 3 窟〈千手经变〉研究》中有详细统计和整理："该图颇有意思的是千手中的特别众多的诸般法器、法物，并取左右两侧相同和对称的形式。按类可分为人物（含佛教和世俗人物）、动物、植物、建筑、交通工具、生产工具、乐器、量器、宝物宝器、兵器以及其它各种法物、法器。具体有：华盖、旌旗、幡、拂尘、胡瓶、五色云、日精月精摩尼宝珠、宝莲花、宝镜、珍珠、玛瑙、珊瑚、宝箧、宝螺、宝铎、宝印、宝钵、宝经、数珠、骷髅杖、玉环、矛、盾、宝剑、宝戟、斧钺、弓箭、刀、锡杖、宝轮、金刚杵、羂索、宝扇、大伞盖、笏板；锯、钉钯［耙］、锄、墨斗、箭刀、曲尺、熨斗、斗（或斛）；龙、象、麒麟、牛、鸡、狗、鸭、鹅；筝、笙、排箫、箜篌、阮咸、琵琶、手鼓、腰鼓、拨郎［浪］鼓、钟、拍板；佛塔、庙宇、宫殿、楼阁；船；杨柳枝、荷叶、宝树、棉花、芭蕉、葡萄、瓜果、香花等等。最有意思的是还有工农商艺诸行业活动的场面。如踏碓图、犁耕图、酿酒图、锻铁图、商旅图、舞蹈图等等，三教九流，五花八门，包罗万象。在由手组成的椭圆形法光的有限空间里，试图将一个十分复杂的社会浓缩进来。"刘玉权：《榆林窟第 3 窟〈千手经变〉研究》，《敦煌研究》1987 年第 4 期，第 16 页。

图 7-2　第 3 窟主室东壁南侧五十一面千手观音经变

关于该经变画所绘乐器图像的研究，郑汝中在《榆林窟三窟千手观音经变乐器图》中的辨识如下：

本图共绘乐器 16 种，自上而下排列于观音像之两侧，左右相同而对称，计有：筝、拍板、笙、铜钹、方响、琵琶、钟、金刚铃、排箫、箜篌、胡琴、鼗鼓、阮、锣、扁鼓、腰鼓。[1]

1　郑汝中：《榆林窟三窟千手观音经变乐器图》，氏著《敦煌壁画乐舞研究》，第 131 页。

此外，郑文还将各乐器在经变画中的具体分布以线描图形式加以呈现，如图 7-3 所示。但通过多次核对原壁画，笔者发现郑文对部分乐器的辨识与经变画实际所绘不符，这一问题主要集中在钟、金刚铃和锣这三件乐器上，也就是在图 7-3 中以黑色框线标出部分所绘乐器。首先，经变画中乐器器身多有飘带缠绕，

图 7-3　第 3 窟主室东壁南侧五十一面千手观音经变不鼓自鸣乐器线描图

资料来源：郑汝中《敦煌壁画乐舞研究》，第 130 页。

这也明确了其不鼓自鸣的性质，但上述三件乐器中钟和金刚铃器身是无飘带的，这在线描图中也有反映，说明这两件乐器并非不鼓自鸣乐器。其次，两件乐器其实分别是由主尊手托或手持的，只是由于主尊手臂与背景同样为深褐色，才被误以为是不鼓自鸣乐器，事实上应为法器类乐器，属于观音手印范畴。最后，与右侧金刚铃对应的左侧为金刚杵并非金刚铃，这也是由于金刚杵和金刚铃上半部分形制相似又加之壁面模糊而引起的误读（见图7-4、图7-5）。钟和金刚铃在东壁北侧的十一面千手观音经变中也有绘制，同样由观音手托和手持，也是钟二、金刚铃一、金刚杵一的对应式排列，这将在后文中继续讨论。我们也可以通过经变画局部特写的图像做进一步核对。

图7-4　第3窟主室东壁南侧五十一面千手观音经变中的钟

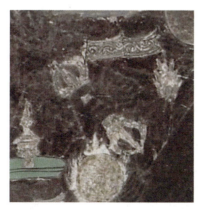

图7-5　第3窟主室东壁南侧五十一面千手观音经变中的金刚杵和金刚铃

图 7-6　第 3 窟主室东壁南侧五十一面千手观音经变中的宝镜

图 7-7　观世音菩萨四十二手印之跋折罗手、宝镜手、宝铎手和宝螺手
资料来源:《佛教造像手印》,图 27 之 5、20、27、30。

图 7-3 黑色框线最下方的两件乐器在郑文中称为锣,且为不鼓自鸣乐器。首先可以确定,此器依然由观音手持,其表面按壁画呈现应该是光滑的平面,这与锣通常的弧形表面有区别,而且此器是以背面类似钮和绳带的装置持于观音手的(见图 7-6),这与锣以边框穿绳固定的方式不同,所以此器应该是刘玉权《榆林窟第 3 窟〈千手经变〉研究》中所言的"宝镜",而非锣。上述器物除钟外,都能够与观世音菩萨四十二手印对应,如金刚杵对应跋折罗手、宝镜对应宝镜手、金刚铃对应宝铎手(见图 7-7)。另,按刘玉权统计,经变画观音手持宝物还包

括宝螺，[1] 即图 7-7 中的宝螺手，但由于部分壁面已漫漶，经仔细辨认未见此器图像。综上，五十一面千手观音经变中出现的法器类乐器共计两种三件，分别是钟二、金刚铃一。

除沃器类乐器外，经变画共出现不鼓自鸣乐器十三种二十六件。这些乐器器身皆有飘带，以对称形式沿纵向轴线依次自上而下排列，分别为筝二、拍板二、笙二、铜钹二、方响二、曲项琵琶二、排箫二、竖箜篌二、嵇琴二、鼗鼓二、阮咸二、扁鼓二、腰鼓二（具体分布见图 7-3）。乐器细部刻画较为细致，如筝的筝码，笙的笙管，方响的发音体，曲项琵琶的弦轴、捍拨和覆手，排箫的音管、腰带，嵇琴琴筒的纹饰，阮咸的琴码，鼗鼓鼓身的纹饰，扁鼓的鼓钉，腰鼓的鼓绳，等等，上述部件均能够在画面中清晰辨别。上述乐器中，有三种具有一定的特殊性，需单独做一交代。

根据经变画的呈现，乐器细节都做了详细绘制，唯独竖箜篌的琴弦及绦轸等部件未在图像中见到。按敦煌石窟壁画通常的表现形式，竖箜篌最重要的三个组成部分即共鸣箱、横肘和琴弦，甚至绦轸都会完整绘在壁画上，但在经变画中，仅见竖箜篌的共鸣箱和横肘，且两件都是如此，不过该竖箜篌上却出现了较少见的用于持握的手柄（见图 7-8）。至于未见琴弦的原因，可能有二：第一，最初经变画是绘有琴弦的，只是画面以深褐色绘制无数观音手作为背景，再加上时间过长，导致现存壁面已看不到琴弦；第二，经变画在绘制时，考虑到背景颜色过深无法凸显琴弦，有意将其省略。但可以肯定的是，该经变画应该是包括乐器在内的器物等内容绘制在前，作为观音手的背景绘制在后，否则就不会出现类似图 7-8 竖箜篌局部沾染的深褐色和轮廓处略显生硬的过渡。

在左右两侧竖箜篌下方，即犁耕图正上方绘有两件嵇琴，该乐器已明显具备拉弦乐器的特征，只是由于该乐器以不鼓自鸣形式出现，故在画面中未见琴弓，但同为西夏时期的榆林窟第 10 窟主室窟顶所绘嵇琴是由飞天乐伎手持琴弓演奏

---

1 《造像量度经续补》曰："……右旋白螺（身质右旋，其衽则反回左转。按螺虫骨身，通是左旋，而衽回右转。今番僧寺庙为乐器用者即是。谓之凡螺，亦谓逆转螺，不为贵。传云：螺身辄转生螺，连转五次者，即变右旋螺，谓之仙螺，亦谓顺运螺，在处大有吉祥，世间甚为罕有）。"《大正新修大藏经》第 21 册，第 946 页。

图 7-8　第 3 窟主室东壁南侧五十一面千手观音经变中的竖箜篌

的。根据图像，该乐器由琴头、琴身和琴筒三个基本部件组成，两件嵇琴均未见弦轴。左侧嵇琴琴筒上有凸起的蒙皮并绘有团花纹饰，右侧嵇琴琴筒蒙皮上绘有琴码且可以清晰看出两根琴弦（见图 7-9）。现存榆林窟壁画中此类乐器共计四件，除本窟所绘的两件外，其余两件绘于第 10 窟主室窟顶，此外还有一件出现在东千佛洞第 7 窟主室东壁药师经变中。对于敦煌石窟壁画中仅存的五件拉弦乐器图像，郑汝中、庄壮、孙星群及笔者与导师郑炳林都曾做过深入研究，[1] 以下对研究结论做一简述。首先，关于该乐器的定名问题。拉弦乐器在音乐史中先后被称为胡琴、奚琴和嵇琴，[2] 但由于西夏时期文献现编号为 Дх02822《蒙学字书》或 Дх2822《杂字》的"音乐部第九"中出现了"嵇琴"的记载，[3] 而五件拉弦乐器所在壁画的时代也是西夏，因此将敦煌石窟壁画中的此类乐器以嵇琴称之。其次，嵇琴图像之于敦煌乐舞和敦煌石窟研

1　参见郑汝中《榆林窟三窟千手观音经变乐器图》，氏著《敦煌壁画乐舞研究》，第 131 页；孙星群《西夏辽金音乐史稿》，中国青年出版社，1998，第 106—107 页；庄壮《西夏的胡琴和花盆鼓》，《敦煌研究》1997 年第 4 期；庄壮《榆林窟、东千佛洞壁画上的拉弦乐器》，《交响——西安音乐学院学报》2004 年第 2 期；郑炳林、朱晓峰《榆林窟和东千佛洞壁画上的拉弦乐器研究》，《敦煌学辑刊》2014 年第 2 期；郑炳林、朱晓峰《壁画音乐图像与社会文化变迁——榆林窟和东千佛洞壁画上的拉弦乐器再研究》，《东北师大学报》2016 年第 1 期。

2　关于历史上胡琴、奚琴和嵇琴名称的梳理，参见项阳《中国弓弦乐器史》，国际文化出版公司，1999，第 168—178 页。

3　该文献被同时编入《俄藏敦煌文献》和《俄藏黑水城文献》中，实为同一写本。参见《俄藏敦煌文献》第 10 册，第 62 页；《俄藏黑水城文献》第 6 册，第 141 页。

究的价值。嵇琴的出现标志着敦煌石窟所绘乐器图像囊括了吹奏、拉弦、弹拨、打击的传统民族乐器门类，使敦煌石窟成为中国传统乐器图像的"资料库"。嵇琴图像仅在榆林窟和东千佛洞的西夏时期洞窟中出现，而莫高窟包括西夏时期在内的洞窟均未见该图像，可能是不同政治势力控制瓜、沙两地造成的，即西夏流行的嵇琴作为经变画元素被绘制在了西夏掌控的榆林窟和东千佛洞壁画上，而与此同时，莫高窟所在的沙州由沙州回鹘实际控制，那么石窟壁画的新风格自然无法在莫高窟中出现，这是从乐器图像角度对石窟营建史和社会政治史的管窥。最后，敦煌石窟壁画嵇琴图像

图 7-9　第 3 窟主室东壁南侧五十一面千手观音经变中的嵇琴

作为现存最早的拉弦乐器图像之一，为拉弦乐器史的梳理和西夏音乐史的研究提供了珍贵的图像资料，尤其是西夏时期的嵇琴记载和图像均与敦煌石窟相关，也再次说明敦煌石窟之于今日音乐史研究的价值。

两件扁鼓绘于两侧商旅图的正下方。该鼓鼓身与鼓面等大，外观扁圆，双排鼓钉说明此鼓为双面蒙皮，而且鼓身处绘有可以穿绳固定的环扣（见图 7-10）。由于是不鼓自鸣形式，所以现实演奏方式不明。此鼓与榆林窟五代第 14、35 和 38 窟壁画中出现的扁鼓外观近似，区别在于五代时期的扁鼓均为单面蒙皮，不同于该鼓的双面蒙皮。由于西夏时期文献记载中未发现与壁画所绘相类的鼓，[1] 而且

1　西夏时期有乐器记载的文献包括《西夏书事》、《番汉合时掌中珠》、《文海》以及 Дx02822《蒙学字书》或 Дx2822《杂字》等，孙星群对此进行过详细梳理和考证。参见孙星群《西夏辽金音乐史稿》，第 90—126 页。

图 7-10　第 3 窟主室东壁南侧五十一面千手观音经变中的扁鼓

通过前文研究可知，西夏以外的文献记载中依然没有与此鼓相关的证据，因此本书将依郑汝中最初的定名，将此鼓称为扁鼓。

通过以上梳理，五十一面千手观音经变中共出现乐器二十九件，是现存敦煌石窟密教题材壁画中所绘乐器数量最多的图像，其中包括三件法器类乐器和二十六件不鼓自鸣乐器。同时，也是现存敦煌石窟壁画乐器种类最为齐全的图像，可以将其中出现的乐器分类如下：

吹奏乐器：笙二、排箫二；

拉弦乐器：嵇琴二；

弹拨乐器：筝二、曲项琵琶二、竖箜篌二、阮咸二；

打击乐器：拍板二、铜钹二、方响二、鼗鼓二、扁鼓二、腰鼓二、钟二、金刚铃一。

事实上，不鼓自鸣乐器是西夏时期佛教绘画中的常见元素，除本书讨论的经变画外，在尊像形式的绢帛画中也可以看到不鼓自鸣乐器。本书此处列举现藏俄罗斯冬宫博物馆编号分别为 X–2411（见图 7–11）、X–2412（见图 7–13）、X–2419（见图 7–14）的黑水城出土卷轴予以说明。X–2411 中的不鼓自鸣乐器位于画面左上方象征净土天际的位置，每件乐器同样以飘带缠绕，自上而下依次为曲项琵琶、横笛、笙、拍板、贝、手鼓、大铜钹、小铜钹、排箫。其乐器绘制的方式与五十一面千手观音经变极其相近，此处选取排箫图像做一对比。X-2411与五十一面千手观音经变中的排箫均以吹口向下倒置方式出现，有腰带且两侧均有宽大的用于固定管体的木制部件，而通常在敦煌石窟壁画中出现的应该如同榆林窟五代第16窟主室窟顶北披飞天乐伎演奏的排箫，即图7-12最右侧图像所示，该排箫用于固定管体的木制部件与管体等大。

不鼓自鸣乐器

**图 7-11　黑水城出土 X-2411
《阿弥陀佛》亚麻质卷轴**

资料来源：俄罗斯国立艾尔米塔什博物馆等编《俄罗斯国立艾尔米塔什博物馆藏黑水城艺术品》，上海古籍出版社，2012，图版15。

图 7-12　三件排箫图像对比

资料来源:《俄罗斯国立艾尔米塔什博物馆藏黑水城艺术品》,图版 15;敦煌研究院供图;敦煌研究院供图。

不鼓自鸣乐器 ◄

图 7-13　黑水城出土 X-2412 《阿弥陀佛》丝质卷轴

资料来源:《俄罗斯国立艾尔米塔什博物馆藏黑水城艺术品》,图版 16。

不鼓自鸣乐器

图7-14　黑水城出土 X-2419《阿弥陀佛》棉质卷轴
资料来源:《俄罗斯国立艾尔米塔什博物馆藏黑水城艺术品》,图版2。

　　X-2412 所绘不鼓自鸣乐器位置与 X-2411 一致,但数量明显少于 X-2411,现仅能分辨四件,分别是筝、横笛(疑似)、笙和曲项琵琶。X-2419 中的不鼓自鸣乐器分别位于主尊阿弥陀佛身光两侧,左侧自上而下依次为曲项琵琶、铙、笙和凤头笛(疑似),右侧依次为筝、扁鼓、排箫和嵇琴。其中出现的嵇琴图像是继敦煌石窟壁画后又一新的图像,只是所绘时代难以确定,冬宫博物馆给出的时限为 12 世纪初至 14 世纪。[1] 从嵇琴外观来看,其与前述经变画所绘嵇琴

1　参见台北历史博物馆编译《丝路上消失的王国——西夏黑水城的佛教艺术》,台北历史博物馆,1996,第190页。

一致。除上述三件卷轴外，编号 X-2349 的《阿弥陀佛》唐卡中也绘有不鼓自鸣乐器三件及共命鸟两身，该图像将在后文中加以讨论。

除乐器外，五十一面千手观音经变中还绘有两组各三身的男性舞伎（见图7-15）。两组舞伎同样沿纵向轴线对称方式排列，位于主尊观音头部正上方的七重宝塔左、右两侧，即筝的下方、拍板内侧位置。每组三身舞伎呈"品"字形站立于类似树的枝杈上，枝杈上有托盘，枝杈下端为三角形底座。舞伎皆戴黑色幞头，上身分别着蓝、绿、黄、白等色的长袖袍衫，下穿长裤，足蹬布履。每身舞伎皆一臂高举头顶，另一臂水平置于胸前。下方四身舞伎双腿前后分开并屈腿站立，上方两身舞伎似交叉腿站立。从画面来看，六身舞伎的姿态既类似舞蹈动作，又与戏曲中亮相动作相似。由于经变画中绘有大量世俗生活的场景，因此将其归入世俗舞伎的范畴。值得注意的是，此处所绘舞伎服饰与榆林窟壁画所绘的男性世俗舞伎较接近，即中原汉地风格，如榆林窟五代第33窟主室南壁西侧所绘牛头山瑞像中的世俗舞伎（见图7-16）。反而与西夏乐舞中出现的服饰风格相异，如现藏俄罗斯冬宫博物馆编号 X-2439 的黑水城出土12世纪《水月观音》丝质卷轴中所绘世俗舞伎（见图7-17）。该舞伎发式为髡发，着窄袖袍衫，足蹬短皮靴，属于典型的西夏式造型。

图7-15　第3窟主室东壁南侧五十一面千手观音经变中的舞伎

图 7-16　榆林窟第 33 窟主室南壁西侧所绘牛头山瑞像中的世俗乐、舞伎

图 7-17　黑水城出土 X-2439《水月观音》（局部）丝质卷轴中的世俗乐、舞伎
资料来源:《俄罗斯国立艾尔米塔什博物馆藏黑水城艺术品》，图版 22。

　　由于本铺经变画的乐舞均以零散排列的方式出现，无法直接通过乐器演奏、乐队编制等进行研究，只能间接从乐器、服饰等方面探查西夏时期壁画的乐舞特征。总体来看，五十一面千手观音经变作为密教经变画，其中乐舞图像既延续了前代乐舞图像的部分特征，如不鼓自鸣乐器的绘入以及与五代时期石窟壁画风格接近的舞伎形象，同时又有突出西夏自身审美特征的表现，如不同于之前形制的排箫图像以及前代石窟壁画中未见的嵇琴图像等。前文曾提到，西夏时期石窟壁画乐舞图像代表了一种全新风格。从五十一面千手观音经变中可以看到，这种所谓新风格的形成并非一蹴而就，而是在吸收和继承前代传统基础上逐渐融入了自身特色。

2. 北侧

主室东壁北侧西夏绘十一面千手观音经变一铺（见图 7-18），与南侧五十一面千手观音经变南北呼应。经变画前有六臂观音坐像一身和男、女胁侍人物立像各一身。整铺经变画为纵向方形，画面布局与五十一面千手观音经变一致，同样

图 7-18　第 3 窟主室东壁北侧十一面千手观音经变

由上、中、下三部分组成。上部以石青绘出象征天际的部分，左、中、右各绘一身化佛，其间绘鲜花。中部即画面主体部分，其外缘轮廓呈椭圆形，内部纵向轴线上绘主尊观音，观音头部上下分五层叠置，共计十一面。观音造型、配饰与五十一面千手观音基本相近。在观音周身绘千手并围绕主尊呈放射状排列，每手均持或托法器。与南侧经变画不同的是，这一部分画面仅表现观音的千手和法器，除此之外的内容和场景并未出现。经变画下部两侧同样绘海水与上部天际相接，由于常年受光照的侵害，此部分壁面脱色较严重，仅能看到以墨线勾勒的水面波纹。下部的主体部分绘"凸"字形莲台，其中左、右侧各绘三身不同形象，左侧上方绘玄奘一身，右侧上方绘猴行者一身，下方绘天王一身，其余内容因壁面脱色不明。

　　本铺经变画中未见不鼓自鸣乐器，所绘乐器均以观音手持或手托的法器形式出现，集中在画面中上部位置（见图7-19）。其中除金刚铃与金刚杵对称排列仅有一件外，其余乐器均为左右对称的两件，自上而下依次为拍板二、钟二、曲项琵琶二、铜钹二和鼗鼓二。乐器外观、形制与五十一面千手观音经变中的基本相同，如拍板外观上圆下方并由六块板组成，钟表面绘条块状纹样，曲项琵琶弦轴为四，面板上有覆手、捍拨和凤眼，铜钹外观扁圆且在画面上分别呈现出一铜钹片的内侧和另一铜钹片的外侧，鼗鼓形制为一柄叠三鼓，鼓身有用于击打鼓面

图 7-19　第 3 窟主室东壁北侧十一面千手观音经变（局部）

的小型球状物。在观音手所托宝钵的下方为手持宝镜的图像，这在该经变画中较清晰，也再次印证了前述五十一面千手观音经变中观音所持法器之一为宝镜。另外，经仔细辨识，该经变中同样未见宝螺。

第3窟主室东壁南、北侧所绘经变画均是以千手观音作为主尊的，因此本书拟通过寻找与千手观音相关的佛教经典来考察经变画中出现不鼓自鸣乐器和法器类乐器具有的功能。根据刘玉权的观点，五十一面千手观音经变是根据作为《千手经》流通本的唐伽梵达摩译《千手千眼观世音菩萨广大圆满无碍大悲心陀罗尼经》绘制的,[1] 而对于十一面千手观音经变依据的经典，学界尚无准确结论。[2] 《大正新修大藏经》中收录有与千手观音相关的经典十余部，通过查阅，《千手千眼观世音菩萨广大圆满无碍大悲心陀罗尼经》《千手千眼观世音菩萨大悲心陀罗尼经》《千光眼观自在菩萨秘密法经》等经典中有对观世音菩萨四十二手印的介绍以及各手印功能的阐释，大致相类,[3] 本书以《千手千眼观世音菩萨广大圆满无碍大悲心陀罗尼经》为例加以说明：

> 佛告阿难：若为富饶，种种珍宝资具者，当于如意珠手。若为种种不安求安隐者，当于羂索手。若为腹中诸病，当于宝钵手。若为降伏一切魍魉鬼神者，当于宝剑手。若为降伏一切天魔神者，当于跋折罗手。若为摧伏一切怨敌者，当于金刚杵手。若为一切处怖畏不安者，当于施无畏手。若为眼暗无光明者，当于日精摩尼手。若为热毒病求清凉者，当于月精摩尼手。若为荣官益职者，当于宝弓手。若为诸善朋友早相逢者，当于宝箭手。若为身上种种病者，当于杨枝手。若为除身上恶障难者，当于白拂手。若为一切善和眷属者，当于胡瓶手。若为辟除一切虎狼豺豹诸恶兽者，当于旁牌手。若为一切时处好离官难者，当于斧钺手。若为男女仆使者，当于玉环手。若为种种功德者，当于白莲华手。若为欲得往生十方净土者，当于青莲

1　参见刘玉权《榆林窟第3窟〈千手经变〉研究》，《敦煌研究》1987年第4期，第13页。

2　参见彭金章《千眼照见　千手护持——敦煌密教经变研究之三》，《敦煌研究》1996年第1期；贾维维《榆林窟第3窟壁画研究》，第154—172页。

3　关于密教经典对观世音菩萨四十二手印记载的异同，彭金章进行了对比研究。参见彭金章《千眼照见　千手护持——敦煌密教经变研究之三》，《敦煌研究》1996年第1期，第15—18页。

华手。若为大智慧者，当于宝镜手。若为面见十方一切诸佛者，当于紫莲华手。若为地中伏藏者，当于宝箧手。若为仙道者，当于五色云手。若为生梵天者，当于军迟手。若为往生诸天宫者，当于红莲华手。若为辟除他方逆贼者，当于宝戟手。若为召呼一切诸天善神者，当于宝螺手。若为使令一切鬼神者，当于髑髅杖手。若为十方诸佛速来授手者，当于数珠手。若为成就一切上妙梵音声者，当于宝铎手。若为口业辞辩巧妙者，当于宝印手。若为善神龙王常来拥护者，当于俱尸铁钩手。若为慈悲覆护一切众生者，当于锡杖手。若为一切众生常相恭敬爱念者，当于合掌手。若为生生之处不离诸佛边者，当于化佛手。若为生生世世常在佛宫殿中，不处胎藏中受身者，当于化宫殿手。若为多闻广学者，当于宝经手。若为从今身至佛身，菩提心常不退转者，当于不退金轮手。若为十方诸佛速来摩顶授记者，当于顶上化佛手。若为果蓏诸谷稼者，当于蒲萄手。如是可求之法，有其千条，今粗略说少耳。[1]

记载中与经变画相关的手印为"宝铎手"，对应经变画中的金刚铃，其功能为"成就一切上妙梵音声"，即发出象征佛法的美妙乐音，这与不鼓自鸣乐器的功能是一致的。"宝螺手"在经变画中未见到，但作为敦煌石窟壁画中常见的法器类乐器，其功能为"召呼一切诸天善神"，即对佛教神通力的一种展现，但根据经典中的表述，上述功能也是法器类乐器在发声这一基本功能的基础上实现的。纵观上述诸手印的解释，大多是通过诵念修持的手段来实现消灾避祸、提升自我的目的。从这个角度讲，经变画所绘的法器类乐器功能是一致的，即通过乐器发声的方式实现佛教语境下种种美好世界的景愿。

上述密教经典中未见关于不鼓自鸣乐器的记载，不过在其他密教类经典中有相关描述，如唐不空译《金刚恐怖集会方广轨仪观自在菩萨三世最胜心明王经》，其《序品第一》曰：

观自在菩萨才说三世胜等大心真言，三千大千世界六种震动，诸天从空雨微妙华，

---

1 《大正新修大藏经》第 20 册，第 111 页。

一切寒水地狱皆得温适，乃至阿鼻地狱诸热地狱皆得清凉。光明照曜上至阿迦尼吒天，在于空中百千音乐不鼓自鸣，天龙药叉紧那罗等咸皆赞叹如来及观自在菩萨，诸魔障者毗那夜迦等战掉号哭，诸天同音以伽他赞扬曰……[1]

唐菩提流志译《如意轮陀罗尼经·序品第一》载：

> 尔时诸天各持天诸种种殊胜安悉牛头栴檀，沈水、末香、涂香、烧香，奇妙天花，众宝璎珞，钗、珰、环、钏、宝盖、头冠，天诸衣服一切饰具，于虚空中缤纷散雨，供养如来及会大众。满虚空际起种种色云，于其云中无量天乐不鼓自鸣，出不思议和雅音声供养如来，见闻听者住慈忍力，如斯神变皆是观自在菩萨摩诃萨秘密如意轮陀罗尼咒神力所致。[2]

引文对不鼓自鸣乐器的描述与显教经典是相同的，如《佛说观无量寿佛经》中乐器"悬处虚空，如天宝幢，不鼓自鸣"，但密教经典中的不鼓自鸣乐器主要突出乐器的装饰属性和对佛的供养，显教经典中的不鼓自鸣乐器则多有"演说苦、空、无常、无我之音"和"皆说念佛、念法、念比丘僧"[3]的明确功能指向。

二　主室南壁

1. 东侧

主室南壁东侧绘曼荼罗一铺。关于该壁画的具体名称，除本章前文梳理的几种，如曼荼罗、曼荼罗八臂母塔、观音曼荼罗、六臂观音曼荼罗、顶髻尊胜佛母五尊曼荼罗等，刘永增称其为尊胜佛母曼荼罗，[4]林瑞宾（Rob Linrothe）同样认为壁画主尊为顶髻尊胜佛母，[5]即顶髻尊胜佛母曼荼罗。由于本书主要讨论的内容是主体画

1　《大正新修大藏经》第 20 册，第 9 页。

2　《大正新修大藏经》第 20 册，第 189 页。

3　参见《大正新修大藏经》第 12 册，第 341—342 页。

4　参见刘永增《敦煌石窟尊胜佛母曼荼罗图像解说》，《故宫博物院院刊》2013 年第 4 期。

5　参见贾维维《榆林窟第 3 窟壁画研究》，第 188、190 页。

面下方所绘的密教乐、舞伎，故沿用前述《安西榆林窟内容总录》的说法，将其概称为曼荼罗。整铺壁画为纵向构图（见图7-20），分为上、中、下三个部分。最上方横向绘五方佛一组，中间以方形内切圆又内接方形的形式绘曼荼罗，曼荼罗中心位置绘佛塔，塔内绘主尊一身，佛塔外上、下、左、右分别绘象征西、东、南、北四方的四门。曼荼罗下方区域横向绘五身一组密教乐、舞伎，除中间一身持剑呈舞

图 7-20　第 3 窟主
室南壁东侧曼荼罗

蹈姿态，另一身因壁面剥落难以辨识外，其余三身均持乐器演奏，因此本书以画面展现的动作分别称之为密教乐、舞伎，以下将进行详细分析。

根据图像，五身乐、舞伎服饰和造型大致相近（见图7-21），均头部戴冠，有头光，额间有白毫，胸前饰璎珞，上臂套臂钏，手腕佩腕钏。上身赤裸，仅有帔巾缠绕周身，下身着腰裙，脚腕戴腕钏，赤足。每身皆以不同颜色涂绘，按壁画现存状况，东起第一身身体局部有石青色残留，第二身局部为灰白色，第三身腿部呈暗金色，第四身通体赭石色，第五身通体石绿色。东起第一身横抱曲项琵琶作领首之姿，其左手按弦，右手持楪，左腿高抬用于固定琵琶，右腿微屈站立。琵琶外观清晰，四弦、琴头、琴身、音箱、捍拨明显。第二身所在壁面剥落严重，现仅存头光、头冠和右腿。按对称原则，很有可能也是在演奏某件乐器。

图 7-21　第 3 窟主室南壁东侧曼荼罗下方绘密教乐、舞伎

第三身左腿向外抬起，右腿站立，右手执剑举过头顶，左手似托一盘状物，整个身体呈侧屈状，具舞蹈动态。第四身左腿微屈站立，右腿呈吸腿之势，双手持拍板。拍板通体深红色，由五块上圆下方的板组成，拍板上方右侧垂以流苏装饰。第五身同样左腿微屈站立，右腿向内抬起夹于腰鼓下方鼓面，左手位于上方鼓面作拍击状，右手则持一细长鼓杖。腰鼓广首纤腹，上下鼓面间以鼓绳连接。可以看出，三身持乐器演奏的乐伎体态呈明显的舞蹈姿态，加之其中还绘有一身持剑起舞的舞伎，因此总体给观者一种边奏乐、边起舞的动态感，这在之前壁画中未见到。

在密教类单幅尊像画下方绘类似上述的乐伎或舞伎，在西夏时期的壁画或其他绘画作品中较常见，而且其数量多以五身为主，应该是与画面中所绘五方佛相呼应。如东千佛洞西夏第2窟主室东、南、北壁的各类尊像画下方均绘有与本铺壁画相似的乐、舞伎，只是主室南、北壁西侧壁面前有塑像遮挡（见图7-22、图7-23），目前仅见四身。由于所在位置壁面较漫漶，每身具体是奏乐或起舞难以确定，但可以看到每身均以赭石、石青、石绿、深褐等颜色涂绘，周身有帔巾缠绕。就整体风格而言，与前述乐、舞伎基本一致。

除壁画外，在黑水城出土现藏于俄罗斯冬宫博物馆的唐卡、木刻版画中也有类似形象出现，如编号为X-2409《胜乐轮威仪曼荼罗》唐卡断片（见图7-24）、X-2374《不动明王》唐卡和X-2537《大黑天》木刻版画（见图7-25）。X-2409上部分残缺，因此是否有五方佛不明，下方有四臂乐舞伎形象共七身。X-2374和X-2537均为五方佛与五身乐舞伎上下呼应的构图，这与第3窟主室南壁东侧曼荼罗一致。每身形象皆以不同颜色涂绘以及一腿微屈站立、另一腿呈吸腿之势的近舞蹈姿态也与曼荼罗相似。X-2409中左起第二身吹奏铜角，其余或手持供养物或难以辨明。另外，按前述本窟曼荼罗有被定名为尊胜佛母曼荼罗或顶髻尊胜佛母曼荼罗，在黑水城出土绘画品中也有两件《佛顶尊胜曼荼罗》木版绘画作品，但两件作品仅有主体的曼荼罗图像，[1] 未见类似本窟曼荼罗上方的五方佛和下方乐舞伎。

《丝路上消失的王国——西夏黑水城的佛教艺术》将这一部分形象推测为

1　参见《丝路上消失的王国——西夏黑水城的佛教艺术》，图版20、21。

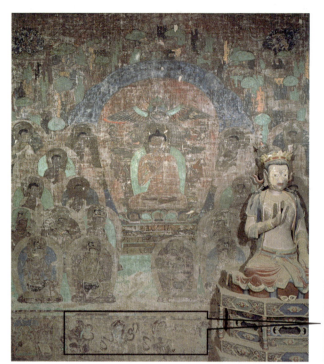

图 7-22　东千佛洞西夏第 2 窟主室南壁所绘密教乐、舞伎

图 7-23　东千佛洞西夏第 2 窟主室北壁所绘密教乐、舞伎

图 7-24　黑水城出土 X-2409《胜乐轮威仪曼荼罗》唐卡断片

资料来源:《俄罗斯国立艾尔米塔什博物馆藏黑水城艺术品》,图版 140。

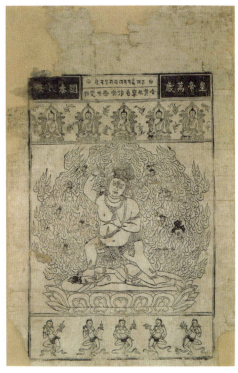

图 7-25　黑水城出土 X-2374《不动明王》唐卡和 X-2537《大黑天》木刻版画

资料来源:《俄罗斯国立艾尔米塔什博物馆藏黑水城艺术品》,图版 159、图版 129。

"空行母"或"女舞者"，以下摘引部分解说文字：

X-2409《胜乐轮威仪曼荼罗》：

底部，有一平行的带状雕刻饰带，上有七位一边跳舞一边弹奏乐器的空行母。

X-2374《不动明王》：

底部有五持供品的女舞者，以花布为背景，供品有花、柱香、灯、贝壳和果盘。

（注：她们可能是西夏的女神或空行母。空行母由印度教传入西藏的密教神话后，在金刚乘信徒的瑜伽行中开始扮演一重要的角色。被认为具有唤起修禅者的潜能的力量。密教含有五高级空行母，此五高级空行母和禅定佛一起象征阴阳。）

X-2537《大黑天》：

底部有五个空行母，手持花束、蜡烛、灯、贝、山等供具。[1]

再来看《佛教大辞典》中"空行母"词条的解释：

空行母，藏文 mkhav-vgro-ma，亦称"佛母""明妃"。藏传佛教密宗所奉明王的伴侣。主要有五位，称"五部空行母"，即佛陀空行母（居中央）、金刚空行母（居东方）、珍宝空行母（居南方）、业空行母（居北方）、莲花空行母（居西方）。其肤色各有不同，分别为青绿、淡黄、鲜红、墨绿、洁白。皆为一面三目二臂，面带怒相，手中法器各有不同，均以舞姿立于莲台之上。亦泛指各种单体佛母、天女以及有成就的瑜伽行女。[2]

1　《丝路上消失的王国——西夏黑水城的佛教艺术》，第 162、172、168 页。
2　任继愈主编《佛教大辞典》，第 868 页。

根据上引空行母的记载可知，空行母通常由五身组成，象征五个方位，其身以不同颜色作为肤色，通常持供养物、法器或乐器，身形姿态呈舞蹈状，包括单体佛母、天女以及有成就的瑜伽行女。这些特征大多与主室南壁东侧曼荼罗中所绘乐、舞伎相合。其中有一关键因素值得注意，不论黑水城出土绘画作品还是对空行母的文字解释，都突出其"母"的刻画和说明，如 X-2374 和 X-2537 中均能明显看到凸起的双乳、披于脑后的长发等女性特征，但本窟曼荼罗中的乐、舞伎并无明确的性别指向，因此也就不能完全确言其为空行母，暂以密教乐、舞伎称之。

另外就密教乐舞的功能而言，其除了具有显教乐舞的供养、赞颂等普遍功能外，还包括部分乐器兼以法器出现时具有的功能，以及密教舞蹈与部分仪轨结合时具有的功能。法器的功能在前文五十一面千手观音经变和十一面千手观音经变研究中已做梳理，此处结合曼荼罗中出现的乐、舞伎加以说明。如《佛说一切如来真实摄大乘现证三昧大教王经》卷第八《金刚事业曼拏罗广大仪轨分第四》曰：

> 坚固菩提心出生，我此观想于诸佛。歌音妙乐供养故，由普供养得妙爱。坚固菩提心出生，我此观想于诸佛。我以旋舞供养故，尚得诸佛为供养。

《忿怒秘密印曼拏罗广大仪轨分第七》曰：

> 复次此金刚部秘密曼拏罗中入等仪轨，即彼如是所有法用，皆如降三世大曼拏罗引入法仪，金刚阿阇梨如是入已，即以金刚秘密金刚部三昧印、对印、小印、智印，作彼现前执金刚供养事。所谓旋舞等诸作用，即彼如是旋舞、对舞、小舞、智舞，是为作用印智，谓先以彼金刚界摄受心明及金刚歌，歌咏称赞一切如来，作已然后金刚阿阇梨应当开示萨埵金刚印，后以应用入印所应入者，现前引入。
>
> 当依金刚旋舞法，即以二手忿怒指。依法当于自心间，结彼降三世大印。然后旋舞如仪轨，以彼金刚忿怒钩。……[1]

---

1 《大正新修大藏经》第 18 册，第 367、382 页。

由此可知，密教仪轨中的舞与印是相互结合和对应的，而最终依然是指向供养和歌赞，这在经文表述中非常明确。

2. 中部

主室南壁中部绘观无量寿经变一铺（见图 7-26）。该经变画构图不同于以往敦煌石窟所见观无量寿经变，由于其打破了固有的以净土三尊为核心、种种庄严相向心围绕的模式，尤其是对"十六观""未生怨"的安排以及建筑风格、菩萨形象和乐舞场景迥异于前代，因此施萍婷称之为敦煌石窟观无量寿经变的新面目和新风貌。[1]经变画整体为纵向构图，画面主体为通常的净土世界佛说法场景，最下部裸露白灰，壁面已漫漶的部分为横幅式分格的"十六观"和"未生怨"。主体画面自上而下为两进式佛寺布局，萧默认为该部分是寺院后部中轴线一带的建筑。[2]主体宫殿为三间横向重檐歇山顶建筑，上部左、右各绘两组化佛，正中的宫殿内绘阿弥陀佛、观世音和大势至菩萨，宫殿间左、右廊庑内各绘六身菩萨。主体宫殿前部左、右各绘一重檐攒尖方亭，两方亭内侧左、右各绘一身迦陵频伽，但未持乐器。方亭前部又各绘一重檐歇山顶的楼阁于水池上，方亭与楼阁位于主体画面中间位置并形成类似"X"形的区域，该区域内绘菩萨、听法部众及孔雀、鹤等奇妙杂色之鸟。这一部分前部为三间与主体宫殿相同结构的横向建筑，唯一的区别是此三间无殿墙，类似门屋，在左、中、右三间门屋内，各绘有一组"2+1+2"形式的乐舞组合。门屋间同样以廊庑连接，门屋前部绘听法部众。经变画所绘宫殿均为重檐建筑，这种重檐的方式在敦煌壁画中仅见于西夏晚期。[3]

根据上文描述，本铺经变画乐舞图像共有两类，即迦陵频伽和乐舞组合。其中迦陵频伽绘于重檐攒尖方亭左、右内侧，迦陵频伽头部与主体宫殿两侧须弥座齐平，其胸部以上部分与经变画中所绘菩萨一致，双手合十，朝向主尊呈礼拜状，迦陵频伽的翅、腿、跗跖和爪均绘制清晰，尤其是尾羽，修长舒展，极具动态（见图

---

1 参见施萍婷《敦煌石窟全集·阿弥陀经画卷》，香港：商务印书馆，2002，第239—240页。

2 参见萧默《敦煌建筑研究》，第79页。

3 参见萧默《敦煌建筑研究》，第79页。

迦陵频伽

法众乐伎

乐舞组合

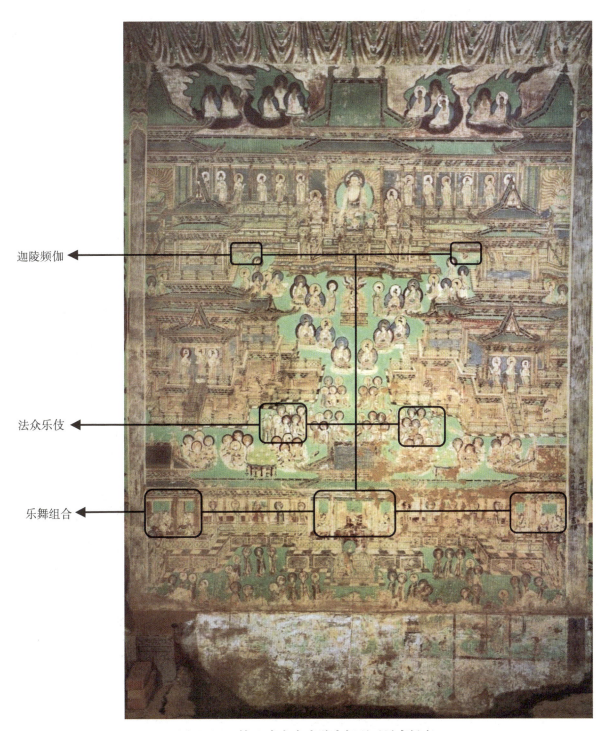

图 7-26　第 3 窟主室南壁中部观无量寿经变

7-27）。迦陵频伽在显教经典中常以"出和雅音"和"法音宣流"[1]的方式出现，这在本书中多次提及。在密教经典中，按《如意轮陀罗尼经·序品第一》的记载，其同样是"美妙梵声"[2]的代名词，因此，即便经变画所绘迦陵频伽未演奏乐器，依然将其归入乐舞图像的范畴。另外，从现存榆林窟西夏时期壁画来看，迦陵频伽的绘制应该是常见形式，因为能够确定的榆林窟西夏时期洞窟中皆有此类图像，如本铺经变画及其对应的北壁经变画，第 10 窟主室窟顶南、北披下沿（见图 7-28）以及第 29 窟主室东壁北侧药师经变主尊说法场景前部的平台（见图 7-29），上述洞窟壁画中的迦陵频伽大多未演奏乐器，似乎是对佛教经典中"出和雅音"的直观反映。

另外，现藏俄罗斯冬宫博物馆编号为 X-2349 的黑水城出土的 13 世纪初唐卡中也出现了迦陵频伽图像，其中一身完整，另一身仅存右翅。X-2349 表现的是

图 7-27　第 3 窟主室南壁中部观无量寿经变中的迦陵频伽

图 7-28　第 10 窟主室南披下沿西侧和北披下沿东侧所绘迦陵频伽

1　参见《大正新修大藏经》第 12 册，第 347 页。

2　参见《大正新修大藏经》第 20 册，第 189 页。

图 7-29　第 29 窟主室东壁北侧药师经变中的迦陵频伽

净土世界的场景，其中在阿弥陀佛身前的区域，以对称形式绘有奇妙杂色之鸟，[1]
包括迦陵频伽、鹦鹉和鹤。严格来说，X-2349 左侧所绘为一身双首的共命鸟，
而且该共命鸟身前的鹦鹉同样以一身双首形式绘制（见图 7-30）。至于右侧仅存
右翅的是单首的迦陵频伽还是双首的共命鸟，现已无法确定。如按照左右对称的
方式判断，右侧应同绘共命鸟。但如果依照鹦鹉左双首、右单首的形式，右侧所
绘应该为迦陵频伽。不过，左侧的共命鸟依然同上述经变画所绘，双手合十，未
演奏乐器。考古发掘同样可以佐证这一点，宁夏银川西夏三号陵园遗址的门址、
角阙、陵塔、献殿、鹊台、角台等处发掘出土了一批西夏时期作为装饰性建筑构
件的迦陵频伽造像（见图 7-31），质地包括灰陶、红陶和琉璃，[2] 迦陵频伽外形与
上述图像基本一致，均双手合十呈礼拜状，未演奏乐器。

　　在前述"X"形听法部众所在区域的下方，横向排列四组法众，法众身后各

1　《佛说阿弥陀经》曰："彼国常有种种奇妙杂色之鸟：白鹄、孔雀、鹦鹉、舍利、迦陵频伽、共命之鸟。是诸
　　众鸟，昼夜六时出和雅音，其音演畅五根、五力、七菩提分、八圣道分如是等法。其土众生闻是音已，皆悉念
　　佛、念法、念僧……是诸众鸟，皆是阿弥陀佛欲令法音宣流，变化所作。"参见《大正新修大藏经》第 12 册，
　　第 347 页。

2　参见宁夏回族自治区文物考古研究所、银川市西夏陵区管理处《宁夏银川市西夏 3 号陵园遗址发掘简报》，
　　《考古》2002 年第 8 期，第 36 页。

图 7-30　黑水城出土 X-2349《阿弥陀佛》唐卡（局部）

资料来源：《俄罗斯国立艾尔米塔什博物馆藏黑水城艺术品》，图版 103。

图 7-31　西夏陵区三号陵园出土红陶迦陵频伽造像

资料来源：宁夏文物考古研究所、银川西夏陵区管理处编著《西夏三号陵——地面遗迹发掘报告》，科学出版社，2007，彩版 23。

有两身侍从持长柄羽扇站立（见图 7-32）。其中内侧两组法众均为六身，踞坐于方毯之上，每身头戴通天冠，有头光，着右衽交领长衫，阔袖，双手合十呈礼拜状。外侧两组同为六身，同样踞坐于方毯上，每身戴狮头帽，披发于脑后，有头光，上身同样着右衽交领长衫，阔袖。其中位于左侧内向的两身分别持竖箜篌和曲项琵琶，但可以明显看出仅是持乐器，并未演奏。因为持竖箜篌者的动作近似肩搭，持琵琶者为竖抱，右手置于琵琶捍拨处。右侧内向有三身持乐器者，分别持拍板、曲项琵琶和竖箜篌，拍板由于前部头光遮挡仅露出上方三分之一的部分，持琵琶的姿势同于左侧，竖箜篌则是被斜握于共鸣箱下侧位置，按画面呈现也是未演奏乐器的状态（见图7-33）。按经变画的对称原则，左侧内上应该也有一身持拍板，只是可能在绘制时考虑到头光遮挡的缘故而被省略了。此处壁面有局部剥落痕迹，因此不排除最初还有其他乐器被绘入，不过能够辨认的仅有左侧两身和右侧三身。

　　此类持乐器形象在其他敦煌经变画中未见到，因此需要对其身份进行探讨，才能够确定其作为音乐图像在经变画中的功能。首先从外形来看，其中最明显的特征是戴狮头帽，帽上有类似长发的线条以表现狮子的鬃毛。值得注意的是，该帽饰不同于敦煌壁画中力士所戴呈斑纹状的虎头帽，如榆林窟唐代第15窟前室北壁天王图像中的力士，但戴狮头帽的形象在敦煌壁画中多有绘制，如榆林窟第25窟主室北壁弥勒经变中的天龙八部神将（见图7-34）、第33窟主室西壁说法图所绘两身天王（见图7-35）及第34窟主室西壁说法图所绘一身天王（见图7-36），而且第33、34窟天王均手持琵琶以椋拨奏。由于第33窟说法图左侧天

图7-32　第3窟主室南壁中部观无量寿经变中的法众

图 7-33　第 3 窟主室南壁中部观无量寿经变中持乐器的法众

图 7-34　第 15 窟前室北壁天王图像中的力士和第 25 窟主室北壁弥勒经变中的天龙八部神将

王是有题名的，所以该题名可以为确定其身份提供直接证据。题名现仅存五个字，按长度原题名应多于五个字，字迹经辨认为"南无乩闼婆……"，即南无乾达婆，所以此处完整的题名很可能就是《佛说佛名经》卷五记载的"南无乾达婆王佛"或《五千五百佛名神咒除障灭罪经》卷一记载的"南无乾达婆王如来"。[1]

1　《大正新修大藏经》第 14 册，第 137、332 页。

图 7-35　第 33 窟主室西壁说法图中的天王

乾达婆作为天龙八部之一，在佛教经典中较多见，通常是佛国世界音乐的象征，如《佛说长阿含经》卷一八《阎浮提州品第一》曰：

> 佛告比丘：雪山右面有城，名毗舍离，其城北有七黑山，七黑山北有香山，其山常有歌唱伎乐音乐之声。山有二窟，一名为昼，二名善昼，天七宝成，柔濡香洁，犹如天衣，妙音乾达婆王从五百乾达婆在其中止。[1]

《妙法莲华经》卷一《序品第一》曰：

> 尔时释提桓因，与其眷属二万天子俱。复有名月天

图 7-36　第 34 窟主室西壁
说法图中的天王

1　《大正新修大藏经》第 1 册，第 117 页。

子、普香天子、宝光天子、四大天王，与其眷属万天子俱……有四紧那罗王——法紧那罗王、妙法紧那罗王、大法紧那罗王、持法紧那罗王，各与若干百千眷属俱。有四乾达婆王——乐乾达婆王、乐音乾达婆王、美乾达婆王、美音乾达婆王，各与若干百千眷属俱。[1]

除狮头帽外，经变画法众形象的另一明显特征是仅手持乐器并未演奏，这种形象在西夏时期其他图像中也有绘制，如莫高窟第 61 窟甬道南、北壁炽盛光佛图中各有一身女性形象，其中南壁的女性抱持被织物包裹或置入琴袋的琵琶（见图 7-37）。黑水城出土现藏于俄罗斯冬宫博物馆编号为 X-2424 的丝质卷轴《星宿神》（见图 7-38）和 X-2481 的纸质彩绘中，均出现一身女性形象手持琵琶的画面，宁夏贺兰县宏佛塔出土绢画《炽盛光佛像》中也绘有与莫高窟第 61 窟甬道南壁相同的形象（见图 7-39）。[2]

通过对比，尽管图 7-37 中仅见琵琶的轮廓，但按琴头造型应该是曲项琵琶。图 7-38 中明显为曲项琵琶，而且该琵琶图像比观无量寿经变中的更为精细，绘出了琵琶的品柱、凤眼，女性手持椖位于琵琶捍拨处，经变画中则无椖。除琵琶形制外，最大的区别集中在持琵琶者的形象上。以上均为象征十一曜中金星的女性形象，这体现了西夏时期对星宿文化的崇拜，[3]而经变画中的形象为头戴狮头帽、身着长衫的男性形象，这与女性星宿形象明显不合。而且根据密教经典《梵天火罗九曜》中的记载和附图（见图 7-40），金星形象也是持椖演奏曲项琵琶的女性，其载曰：

行年至那颉，是太白星，西方金精也。其星一名大白，一名长庚，一名那颉。其星周回一百里，属秦国之分野。若临人年本命，至有哭泣刀兵。形如女人，头戴

1　《大正新修大藏经》第 9 册，第 2 页。

2　参见宁夏回族自治区文物管理委员会办公室、贺兰县文化局《宁夏贺兰县宏佛塔清理简报》，《文物》1991 年第 8 期，第 4 页。

3　参见《丝路上消失的王国——西夏黑水城的佛教艺术》，第 228 页；〔俄〕萨莫秀克《西夏王国的星宿崇拜——圣彼得堡艾尔米塔什博物馆黑水城藏品分析》，谢继胜译，《敦煌研究》2004 年第 4 期。

图 7-37　莫高窟第 61 窟甬道南壁炽盛光佛
图中的金星形象

图 7-38　黑水城出土 X-2424《星宿神》
丝质卷轴中的金星形象

资料来源:《俄罗斯国立艾尔米塔什博物馆藏
黑水城艺术品》,图版 39。

图 7-39　宏佛塔出土绢画《炽盛光佛像》
中的金星形象

资料来源:宁夏回族自治区文物管理委员会办公
室、贺兰县文化局《宁夏贺兰县宏佛塔清理简
报》,《文物》1991 年第 8 期,彩色插页 2。

图 7-40　《梵天火罗九曜》所附金星
形象

资料来源:《大正新修大藏经》第 21 册,
第 460 页。

首 [酉] 冠，白练衣，弹弦。[1]

综合以上图像信息，可以发现第 3 窟主室南壁中部观无量寿经变所绘法众形
象与乾达婆形象最为接近，唯一的不同在于前者是持乐器，而后者在画面中呈明
显的演奏状态，但非演奏却持乐器的形象除本窟经变画外，目前仅见女性星宿形
象和男性世俗乐伎形象，这同样与经变画有差异。依有限的资料，推论也仅能到
此，至于经变画所绘的形象究竟是谁，只能暂时存疑。当然，也不排除此类形象
与西夏当时存在的某种乐部或演奏形式相关的可能性，但按照此类形象在经变画
中被安排在主尊身前的位置和同组其他形象双手合十的动作推断，该部分图像在
经变画中的功能应该以音乐供养为主，因此暂以"法众乐伎"称之。

本铺经变画乐舞组合分别绘于画面前部左、中、右位置的门屋之内，形式均
为"2+1+2"。经变画中出现多个乐舞组合的方式在榆林窟五代第 16 窟主室南壁
东侧药师经变和莫高窟中唐第 112 窟主室南壁观无量寿经变等中已有涉及，但本
铺经变画与上述经变画在乐舞组合的布局和数量上有明显区别。通常的经变画中
即便出现多个乐舞组合，也都是沿画面纵向轴线左右对称排列的，但本铺经变画
稍有不同，即三组乐舞组合横向排列，每组各自呈左右对称（见图 7-41）。以下，
将分别从左至右按乐舞组合Ⅰ、Ⅱ和Ⅲ进行表述。

每个乐舞组合的排列形式与通常经变画一致，即两侧菩萨乐伎演奏乐器，中
间舞伎起舞。乐舞组合Ⅰ中菩萨乐伎与舞伎配饰和穿着一致，头戴花冠，两侧悬
赭石色缯带，顶束发髻，额前为螺发；耳部饰耳珰，胸前佩璎珞，上臂套臂钏，
腕部戴腕钏；上身赤裸，肩搭帔巾，双臂同样有正面石绿、背面土黄的帔巾环
绕，下身配土黄色腰裙和赭石色长裤，赤足（见图 7-42）。左内侧乐伎似半跏跌
坐，手持铜钹呈敲击状。左外侧乐伎被其前部一身法众头光遮挡，仅绘出头部及

---

1 《大正新修大藏经》第 21 册，第 460 页。根据记载，金星形象的特征之一为"弹弦"，而且《梵天火罗九曜》
中金星的插图也是持拨弹奏琵琶的女性形象，但前引图 7-37、图 7-38、图 7-39 中的金星形象皆为抱持不弹奏
的状态。鉴于此处是围绕第 3 窟观无量寿经变中乐伎进行讨论，故关于金星形象的问题不再展开，笔者将另辟
专文考证。

图 7-41　第 3 窟主室南壁中部观无量寿经变中的乐舞组合

吹奏的排箫。右内侧乐伎较为特殊，其双手以左手内、右手外的位置前后排列，按手指抬按的动作，应该是在演奏某种竖吹的管类乐器。经仔细辨认，其双手并未持任何管类装置的痕迹，但在乐伎左手与口部之间，有一赭石色绘制的埙。埙外观扁圆，有明显吹口，乐伎口部位于埙吹口处呈吹奏状。埙在敦煌石窟壁画中所绘数量稀少，依然能够看到的有莫高窟初唐第220窟主室南壁西方净土变菩萨乐伎所奏（见图7-43）。通过对比，可以确定本铺经变画乐伎手持的就是埙，而乐伎演奏手势的差异应该是壁画绘制过程中出现的。右外侧乐伎半跏趺坐于门屋内，双手各持一件羯鼓拨奏，羯鼓均为一柄叠三鼓形制。除埙外，经变画所绘其他三件乐器图像的外观与前述十一面千手观音经变和五十一面千手观音经变近似，如铜钹均以赭石色绘制，排箫音管两侧均有用于加固的装置，羯鼓均为一柄叠三鼓的形制。乐舞组合Ⅰ中间舞伎左腿单腿微屈站立，右腿呈吸腿动作，左臂平置，右臂上举，双手持长巾呈舞蹈姿态。

乐舞组合Ⅱ（见图7-44）中左内侧乐伎演奏贝，贝通体以赭石色绘制，乐伎口部位于贝的壳顶处吹奏。左外侧乐伎横抱曲项琵琶，右手持槭拨奏，琵琶通体为土红色，以白底赭石色纹样绘出捍拨。右内侧乐伎演奏一竖吹管乐器，该乐器管身较通常壁画所绘筚篥稍长，但乐器吹口处细节不甚明显，结合前文梳理的榆林窟壁画所绘竖吹管类乐器特征，[1] 暂以尺八称之。右外侧乐伎手持拍板演奏，拍板以土红色绘制，由上圆下方的五块板组成。中间舞伎同样双手持长巾起舞，身形姿态皆与乐舞组合Ⅰ舞伎一致，说明为同一舞种的展示。

乐舞组合Ⅲ（见图7-45）左内侧乐伎呈半跏趺坐，其双腿上部横置一琴，琴头处依稀可见岳山，琴尾处冠角清晰可辨，侧面以圆点标有三个徽位，其余未见。乐伎左手位于琴面上，食指上翘作按弦取音状，右手被左外侧乐伎头部遮挡，具体动作不明。琴的图像在敦煌石窟壁画中数量较少，但本窟除该图像外，在北壁中部经变画中也绘有琴的图像。左外侧乐伎横抱一弹拨乐器，为典型的盘圆柄直造型，乐伎持槭拨奏，其余细节如是否有品柱、琴头造型如何均因壁面漫

1　参见本书第五章尺八考证的相关内容。

图 7-42　第 3 窟主室南壁中部观无量寿经变中的乐舞组合 I

图 7-43　榆林窟第 3 窟主室南壁观无量寿经变和莫高窟第 220 窟主室南壁西方净土
变中的埙

图7-44　第3窟主室南壁中部观无量寿经变中的乐舞组合Ⅱ

图7-45　第3窟主室南壁中部观无量寿经变中的乐舞组合Ⅲ

澷不得而知，暂以阮咸称之。右内侧乐伎演奏腰鼓，鼓面向上置于乐伎胸前，乐伎双手位于鼓面上作击打状，腰鼓为广首纤腹，上下鼓面间绘有赭石色的鼓绳。腰鼓鼓面向上的固定方式在敦煌石窟壁画中不多见，但在本窟壁画中却非特例，前述同壁东侧曼荼罗中所绘乐伎同样是以此种方式持腰鼓演奏的。右外侧乐伎同样被身前一身法众头光遮挡，仅露出乐伎头部和土红色拍板的上端部分。中间舞伎的身体呈左腿吸、右腿立的动作，与乐舞组合Ⅱ舞伎相互对称。

　　梳理完经变画乐舞组合的内容后，我们将三个组合的乐队编制和舞伎统计如表 7–2。根据统计，尽管单个乐舞组合是按照通常的经变画模式排列的，但由于乐伎数量仅有四身，难以得出有效的乐队编制结论。如果将三个组合的用乐做一整合，其体现的信息与敦煌壁画经变画乐舞组合是有一定关联的，这主要表现在该经变画乐舞组合整体上突出对打击乐器的使用，六件打击乐器中有三件是鼓类乐器，而且数量依次是打击乐器最多，吹奏乐器次之，弹拨乐器最少，该特征与莫高窟五代和榆林窟唐、五代时期经变画乐舞编制侧重吹奏乐器、极少使用鼓类乐器的特征不同，但与莫高窟唐代经变画乐舞编制特征一致。因此，需要分析西夏时期经变画乐舞编制的这种特征从何而来，与现实的西夏用乐特征间是否存在联系。

表 7-2　榆林窟第 3 窟主室南壁观无量寿经变乐舞组合乐舞编制统计

	乐舞组合Ⅰ	乐舞组合Ⅱ	乐舞组合Ⅱ	总计
吹奏乐器	排箫、埙	贝、尺八		4 件
弹拨乐器		曲项琵琶	琴[1]、阮咸	3 件
打击乐器	铜钹、羯鼓	拍板	腰鼓、拍板	6 件
舞伎及舞种	一身，持长巾起舞	一身，持长巾起舞	一身，持长巾起舞	3 身

　　西夏时期音乐的沿革，《西夏书事》《西夏纪》等文献中有记载，本书引《西夏书事》卷一二如下：

1　从严格意义上讲，琴并不属于弹拨乐器，但由于敦煌壁画中出现的琴的图像较少，因此在统计中采用与筝同样的归类方式，将其纳入弹拨乐器进行统计。

景祐四年、契丹重熙六年、元昊大庆元[二]年（1037）春正月，始制蕃书，改元。

⋯⋯⋯⋯⋯⋯

秋七月，更定礼乐。

夏州沿党项蕃俗，自赤辞臣唐，始习尊卑跽拜诸仪。而其音乐，尚以琵琶，击缶为节。禧[僖]宗时，赐思恭鼓吹全部，部有三驾：大驾用一千五百三十人，法驾七百八十一人，小驾八百一十六人：俱以金钲、节鼓、掆鼓、大鼓、小鼓、铙鼓、羽葆鼓、中鸣、大横吹、小横吹、觱栗、桃皮、茄[笳]、笛为器。历五代入宋，年隔百余，而其音节悠扬，声容清厉，犹有唐代遗风。迨德明内附，其礼文仪节，律度声音，无不遵依宋制。元昊久视中国为不足法，谓野利仁荣曰："王者制礼作乐，道在宜民。蕃俗以忠实为先，战斗为务，若唐宋之缛节繁音，吾无取焉。"于是，于吉凶、嘉宾、宗祀、燕亨[享]，裁礼之九拜为三拜（沈括《笔谈》云，元昊令国中悉用胡礼，即此），革乐之五音为一音（王巩《闻见近录》云，增五音为六，与《夏台事迹》异），令于国中，有不遵者，族。

按：书西夏礼乐始此。[1]

有关西夏音乐的记载最早可追溯至党项拓跋赤辞时期，时间应该在唐贞观年间（627—649），[2] 但乐器仅言琵琶与缶，可见在党项早期，其音乐中就存在外来因素而且可能相对单一。至唐僖宗朝（873—888），也就是夏州政权时期，唐廷曾赐拓跋思恭鼓吹部三架，这种有组织、有规模的中原政府给赐行为，无疑极大丰富和推动了党项民族音乐的发展。根据记载推测，中原赐乐应该不止一次，而且一直持续到德明时期（1004—1031）。正因如此，记载中才会有"犹有唐代遗风""无不遵依宋制"的说法。这也促使元昊于大庆二年（1037）更定礼乐，而礼乐的制定以务实为先，推行则以强制为准。之后，西夏音乐历时一百多年去"中原化"的发展，至仁孝人庆二年（1145），对之前的音乐又进行第二次改革，

1　吴广成撰，龚世俊等校证《西夏书事校证》，甘肃文化出版社，1995，第143—146页。参见戴锡章编撰《西夏纪》，罗矛昆点校，宁夏人民出版社，1988，第157—160页。

2　参见吴天墀《西夏史稿》，广西师范大学出版社，2006，第6—7页。

在前代基础上融合中原音乐的元素，并在人庆五年（1148）正式完成重制。

《西夏书事》卷三六载：

> 绍兴十八年、金皇统八年、夏人庆五年（1148）春正月，使贺金正旦及万寿节。
>
> …………
>
> 夏五月，新律成。
>
> 西夏音乐，经元昊更张，久非唐末遗音。仁孝使乐官李元儒采中国乐书，参本国制度，历三年始成，赐名"新律"，进元儒等官。[1]

以上就是根据有限的文献梳理的西夏音乐历史，[2] 记载既包括元昊和仁孝时期改革的礼乐，也包括鼓吹等其他音乐。在首次制乐的大庆二年（1037）至二次制乐的人庆二年（1145）之间，西夏音乐应该是朝着简约务实、突出本民族文化特色的方向发展，但一直没有脱离中原音乐的窠臼。以西夏第二次制乐为例，记载明言"仁孝使乐官李元儒采中国乐书"，那么此"中国"对应的应该是高宗时期的南宋，所以第二次制乐吸收的中原音乐也当与宋代音乐有关，即宋代的雅乐、燕乐等。敦煌石窟壁画是自唐代开始大量出现乐队的，通常这些乐队编制与唐代燕乐系统有关联。[3] 第 3 窟营建的时间按前述大致在 1140—1227 年，这与西夏第二次制乐完成的 1148 年接近，假设榆林窟第 3 窟观无量寿经变乐舞组合的乐队编制与西夏时期真实用乐有关，那该真实用乐中就应当包含吸收自宋代的音乐，具体应该是宋代的燕乐系统。

《宋史》卷一四二《乐志》记载：

> 燕乐
>
> 古者，燕乐自周以来用之。唐贞观增隋九部为十部，以张文收所制歌名燕乐，而被之管弦。厥后至坐部伎琵琶曲，盛流于时，匪直汉氏上林乐府、缦乐不应经法

1　吴广成撰，龚世俊等校证《西夏书事校证》，第 417—418 页。参见戴锡章编撰《西夏纪》，第 573—574 页。

2　关于西夏音乐发展历程的详细梳理，参见孙星群《西夏辽金音乐史稿》，第 151—161 页。

3　参见朱晓峰《唐代莫高窟壁画音乐图像研究》，第 213—226 页。

而已。宋初置教坊，得江南乐，已汰其坐部不用。自后因旧曲创新声，转加流丽。政和间，诏以大晟雅乐施于燕飨，御殿按试，补徵、角二调，播之教坊，颁之天下……绍兴中，始蠲省教坊乐，凡燕礼，屏坐伎。乾道继志述事，间用杂攒以充教坊之号，取具临时，而廷绅祝颂，务在严恭，亦明以更不用女乐，颁旨子孙守之，以为家法。于是中兴燕乐，比前代犹简，而有关乎君德者良多。

…………

教坊

自唐武德以来，置署在禁门内。开元后，其人浸多，凡祭祀、大朝会则用太常雅乐，岁时宴享则用教坊诸部乐。前代有宴乐、清乐、散乐，本隶太常，后稍归教坊，有立、坐二部。宋初循旧制，置教坊，凡四部……乐用琵琶、箜篌、五弦琴、筝、笙、觱栗、笛、方响、羯鼓、杖鼓、拍板。

法曲部，其曲二，一曰道调宫《望瀛》，二曰小石调《献仙音》。乐用琵琶、箜篌、五弦、筝、笙、觱栗、方响、拍板。龟兹部，其曲二，皆双调，一曰《宇宙清》，二曰《感皇恩》。乐用觱栗、笛、羯鼓、腰鼓、揩鼓、鸡楼鼓、鼗鼓、拍板。鼓笛部，乐用三色笛、杖鼓、拍板。

…………

云韶部者，黄门乐也。开宝中平岭表，择广州内臣之聪警者，得八十人，令于教坊习乐艺，赐名箫韶部。雍熙初，改曰云韶。每上元观灯，上巳、端午观水嬉，皆命作乐于宫中。遇南至、元正、清明、春秋分社之节，亲王内中宴射，则亦用之……乐用琵琶、筝、笙、觱栗、笛、方响、杖鼓、羯鼓、大鼓、拍板。杂剧用傀儡，后不复补。[1]

根据记载，宋代燕乐机构包含教坊、云韶部、钧容直、东西班乐等，其中教坊又包含大曲部、法曲部、龟兹部和鼓笛部，[2] 教坊可能还包括由小儿队和女弟子队组成的队舞和百戏。燕乐所用二十八调和各部乐曲皆有明确记载，如教坊十八调四十大曲、法曲部二曲、龟兹部二曲等。如果将乐曲作为对比参照，问题可能

1　《宋史》，第3345—3360页。

2　参见杨荫浏《中国古代音乐史稿》上册，人民音乐出版社，1981，第414页。

就会迎刃而解，但敦煌壁画中的乐舞组合作为佛教语境下乐舞的呈现，缺失的恰恰是乐曲。西夏时期则由于史料匮乏，所见现实音乐的乐队编制正是基于敦煌石窟壁画所绘的乐舞组合而来，[1]也就无法拿他山之石再攻他山之石。因此在既无西夏时期乐队编制信息可以参考，也无法提供燕乐乐曲作为对比的前提下，只能将宋代有记载的燕乐乐队编制信息与西夏第 3 窟观无量寿经变乐舞组合的乐队编制进行对比，如表 7-3 所示。

表 7-3　宋代燕乐系统与西夏第 3 窟观无量寿经变乐舞组合乐队编制对比

	宋代燕乐系统			西夏第 3 窟观无量寿经变乐舞组合
	教坊四部	法曲部	云韶部	
吹奏乐器	笙一、筚篥一、笛一	筚篥一、笛一	筚篥一、笛一	排箫一、埙一、贝一、尺八一
弹拨乐器	琵琶一、箜篌一、五弦琴一、筝一		琵琶一、筝一、笙一	曲项琵琶一、琴一、阮咸一
打击乐器	方响一、羯鼓一、杖鼓一、拍板一	羯鼓一、腰鼓一、揩鼓一、鸡娄鼓一、鼗鼓一、拍板一	方响一、杖鼓一、羯鼓一、大鼓一、拍板一	铜钹一、鼗鼓二、拍板二、腰鼓一

通过对比，以上乐队编制除教坊四部所用打击乐器与弹拨乐器数量相当外，其余均突出打击乐器的重要性，而且突出了对鼓类乐器的使用，这种方式也与唐代莫高窟经变画乐舞组合特征一致。而唐代莫高窟经变画乐舞组合编制多来自唐代的燕乐系统，这说明从唐代到宋代燕乐乐队的编制、从唐代莫高窟到西夏榆林窟经变画乐舞组合编制，都具有相同的特征。

再来看西夏第二次制乐后出现的乐器。编著于西夏乾祐二十一年（1190）的《番汉合时掌中珠》作为西夏文与汉文对音对意的辞书，记载有一部分乐器名称。根据此文献在当时的实用性，其中出现的乐器应该是西夏社会普遍使用的，这样才符合西夏文的创制和流行。乐器名称出现在该书的"人事下"，其中与佛教相关的乐器在供养物和法器部分罗列，其余乐器单独罗列，具体如下：

1　参见孙星群《西夏辽金音乐史稿》，第 61—77 页。

　　磬钟 铙钹 铜鼓 净瓶 法鼓 海螺 金刚杵 铃

　　…………

　　三弦 六弦 琵琶 琴 筝 箜篌 管 笛 箫 笙 筚篥 七星 吹笛 击鼓 大鼓 丈
鼓 拍板[1]

　　前述编号为 Дx02822《蒙学字书》或 Дx2822《杂字》的"音乐部第九"也
出现了部分乐器名称，如：

　　龙笛 凤管 篆筝 琵琶 弦管 声律 双韵 嵇琴 筚篥 云箫 箜篌 七星 影戏 杂
剧 傀儡 舞绾柘枝宫商 丈鼓 水盏 相扑 曲破 把色 笙簧 散唱 遏云 合格 角徵 欣
悦 和众 雅奏 八佾 拍板 三弦 六弦 勒波 笛子[2]

　　除上述外，在"礼乐部第十五"中有"礼乐"，"司分部十八"中有"教坊"
词条。[3]Дx02822 的写作年代，孙星群考定大致为 1144—1145 年，[4]其依据的正是
前述西夏第二次制乐，在此处并不具备参考价值。但不能否认的是，上述文献中
出现的乐器是可以与宋代燕乐和榆林窟第 3 窟观无量寿经变乐舞组合中的乐器基
本对应的，而且如"礼乐""傀儡""教坊"这些语词在《蒙学字书》《杂字》中
出现也能够说明西夏时期音乐对宋代的借鉴和效仿。综合以上，假设西夏吸收南
宋音乐并完成制乐，之后再将燕乐的用乐编制以某种方式传播至瓜州地区，最后
被绘制在榆林窟第 3 窟内，这在逻辑上是说得通的。但这也仅仅是依有限史料的
推测，如果推测成立，第 3 窟的营建时间就应该在西夏第二次制乐完成的 1148
年之后，因为在此之前，西夏音乐中可能没有太多的中原燕乐因素作为参照。

1　骨勒茂才著，黄振华等整理《番汉合时掌中珠》，宁夏人民出版社，1989，第 115、137—138 页。

2　《俄藏敦煌文献》第 10 册，第 62 页。参见《俄藏黑水城文献》第 6 册，第 141 页。

3　《俄藏敦煌文献》第 10 册，第 65—66 页。参见《俄藏黑水城文献》第 6 册，第 144—145 页。

4　参见孙星群《西夏汉文本〈杂字〉"音乐部"之剖析》，《音乐研究》1991 年第 4 期，第 95 页。

三　主室北壁

1. 东侧

主室北壁东侧绘曼荼罗一铺，与南壁东侧曼荼罗相互对应。关于该壁画的具体名称，前文已做列举，此处统称曼荼罗。该壁画同样为上、中、下三部分构图（见图7-46），上方横向绘五方佛，中间绘曼荼罗，下方横向绘五身近似舞伎的密教形象。该五身形象的配饰与南壁东侧曼荼罗基本一致，均头戴冠，有头光，

图 7-46　第 3 窟主室
北壁东侧曼荼罗

佩戴璎珞、臂钏、腕钏，上身赤裸，下身着腰裙，赤足。西起第一身通体石绿色，第二身为赭石色，第三身灰白色，第四身呈暗金色，第五身通体石青色，与南壁所绘五身正好相互对应。

北壁五身舞伎与南壁的区别在于舞伎的身形姿态以及未演奏乐器（见图7-47）。西起第一身侧身以左腿站立，右腿向前抬起，左臂前伸，右臂自头顶前伸，双手似托一供养物。第二身右腿微屈站立，左腿高抬至身前，手臂动作与第一身相同，左手托一贝作供养物，即密教所谓的宝螺。第三身右腿微屈站立，左腿呈吸腿之姿，双手置于胸前似持一供养物，由于壁面漫漶，该供养物不明。第

图 7-47　第 3 窟主室北壁东侧曼荼罗下方绘密教乐、舞伎

四身壁面剥落严重，仅余头光、头冠和下身。第五身右腿微屈站立，左腿呈吸腿状，左手中指与拇指相捻作香印，[1] 右手似托一碗状物。按前文考证，此类形象有可能是空行母，但文中暂以密教舞伎称之。与此相类的近舞蹈姿态的形象在北壁西侧的曼荼罗中亦有绘制（见图 7-48），[2] 本书不再单独展开讨论。总体来看，此五身形象虽然持供养物，但体态呈现明显的舞蹈动态，这与南壁所绘是一致的，即表现出密教仪轨中舞、印结合的特征，这在目前所见榆林窟壁画以及其他密教类图像中均有体现。尽管如此，依然不能简单地以其近舞蹈性的动作就将其纳入舞伎范畴，还需结合此类形象所在壁画的内容，依据佛经的记载以及同类图像间的对比做进一步研究，以确定其在壁画中的功能。

2. 中部

主室北壁中部绘净土变一铺。该经变画与南壁中部所绘观无量寿经变均为纵向构图，主体画面内容也与观无量寿经变相近。经变画最下部同样为横幅式分格部分，上下共计十六格，但此部分壁面漫漶严重，已无法辨认内容，故《安西榆林窟内容总录》以"净土变"称之。[3] 画面上部绘主体宫殿，形制为重檐歇山顶式，两侧以廊庑连接，但经变画此处仅中部绘宫殿，两侧未绘宫殿。廊庑顶部左、右各绘两组化佛，在内侧两组化佛与宫殿顶部之间绘有两件不鼓自鸣乐器。主体宫殿及廊庑内，绘一佛二菩萨及听法菩萨。两侧廊庑前部左、右各绘一重檐攒尖方亭，两方亭内侧各绘一身迦陵频伽，同样未持乐器。方亭前部又各绘一重檐式楼阁于水池上，方亭与楼阁间呈"X"形的区域内绘菩萨、听法部众及孔雀、鹤等众鸟，其中下部左、右各九身的两组法众内侧各有三身持乐器。主体画面下部中间绘单层重檐歇山顶式宫殿，歇山面向前，宫殿前部有平桥与廊台，上有一组"2+1+2"的乐舞组合。其两侧为重檐攒尖方亭，以木台相互连通。左、右方亭内各绘一组"2+1+2"的乐舞组合（见图 7-49）。值得注意的是，这一部分不同

1　《佛说持明藏瑜伽大教尊那菩萨大明成就仪轨经》卷四《尊那持诵法分第六之二》："次结香印。以右手中指与拇指相捻成印，以此印献烧香诵香大明曰。"《大正新修大藏经》第 20 册，第 689 页。

2　与第 3 窟主室北壁西侧曼荼罗图中舞伎相似的形象还出现在东千佛洞第 2 窟主室左、右甬道南、北壁，不过东千佛洞是以单体尊像画的形式出现的，《安西东千佛洞内容总录》称为"菩提树观音"。参见王惠民整理《安西东千佛洞内容总录》，《敦煌石窟内容总录》，第 222 页。

3　参见霍熙亮整理《安西榆林窟内容总录》，《敦煌石窟内容总录》，第 204 页。

图 7-48　第 3 窟主室北壁西侧曼荼罗

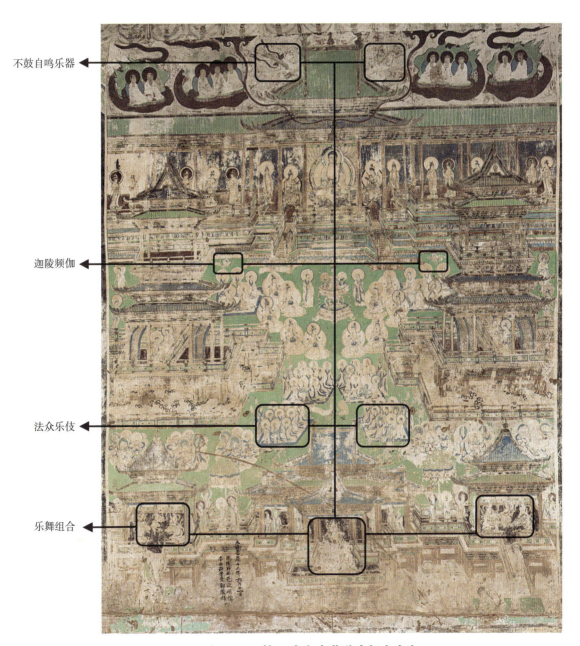

不鼓自鸣乐器

迦陵频伽

法众乐伎

乐舞组合

图 7-49　第 3 窟主室北壁中部净土变

于南壁观无量寿经变中门屋的样式，此外经变画所绘乐舞图像种类也明显多于前者，以下将详细进行梳理。

不鼓自鸣乐器在本铺经变画中共绘有两件，位于主体宫殿顶左、右两侧，左侧为琴，右侧为曲项四弦琵琶，与化佛共同组成净土天际部分（见图7-50）。琴以琴头在右、琴尾在左的方式斜向横置，琴身背面系有飘带，方形琴额、弧形冠角、面板、琴弦都比较明显，在琴的侧边以黑色圆圈标有六个徽位，该图像为敦煌石窟壁画所绘为数不多的较为清晰的琴。曲项琵琶以斜向竖置的方式绘制，飘带同样系于琵琶背面，琴头明显为曲项造型，弦数为四，但未见弦轴，另在琵琶面板上绘有捍拨、覆手和凤眼。关于不鼓自鸣乐器在经变画中的功能，前文中已有讨论，此处不再重复。主体宫殿两侧廊庑前部绘重檐攒尖方亭于左、右两侧，两方亭内侧与主体宫殿两侧须弥座齐平位置各绘一身迦陵频伽（见图7-51）。其头部均绘头光，其余外形特征与南壁观无量寿经变以及其他西夏时期的迦陵频伽图像类似，姿态也都是双手合十于胸前，未持乐器。

画面中部"X"区域的下方，也就是前述南壁中部观无量寿经变的相同位置，同样绘四组法众形象，只是此部分为上、下各两组排列，不同于观无量寿经变横向四组并置排列。法众均踞坐于方毯上，每块方毯上均有九身，每组身后皆有两身侍从持长柄羽扇站立。上方两组形象均戴通天冠，有头光，着右衽交领长衫，阔袖，双手合十呈礼拜状。下方两组戴狮头帽，披发于脑后，有头光，上身同样着右衽交领长衫，阔袖，其中两内侧六身分别手持乐器，其余均双手合十呈礼拜状。所持乐器呈左右对应，为竖箜篌、曲项琵琶和拍板，与南壁出现的乐器基本一致，而且同样为持乐器的非演奏状态（见图7-52、图7-53）。对于此类形象的认识前文已进行探讨，但囿于记载匮乏无法确言。

经变画下部绘单层重檐歇山顶式宫殿，两侧为重檐攒尖方亭，此部分同样出现横向排列的三组乐舞组合（见图7-54）。按前文南壁观无量寿经变乐舞组合的表述方式，从左至右分别为乐舞组合Ⅰ、Ⅱ和Ⅲ，其中乐舞组合Ⅰ、Ⅲ位于方亭内部，乐舞组合Ⅱ位于宫殿前部延伸出的平台上，乐舞组合均为"2+1+2"的形式，但组合Ⅱ和Ⅲ由于壁面漫漶，已无法确认菩萨乐伎所奏乐器。乐舞组合Ⅰ部

图 7-50 第 3 窟主室北壁中部净土变中的不鼓自鸣乐器

图 7-51 第 3 窟主室北壁中部净土变中的迦陵频伽

图 7-52 第 3 窟主室北壁中部净土变中的法众

图7-53 第3窟主室北壁中部净土变中持乐器的法众

图7-54 第3窟主室北壁中部净土变中的乐舞组合

分内容（见图 7-55）可以分辨，其中乐伎和舞伎的服饰与前述南壁中部观无量寿经变一致，此处不再重复描述。左内侧乐伎演奏乐器为笙，笙的笙管和乐伎捧持吹奏的动作较为明显。右内侧乐伎演奏乐器与观无量寿经变以及本铺经变画所绘不鼓自鸣的琴外观接近，而且乐伎的动作应该是左手位于琴尾处按弦取音，右手位于琴头处弹弦，因此将其确定为琴。舞伎右腿微屈站立，左腿呈吸腿之势，双臂上举，呈现舞蹈动态。乐舞组合Ⅱ舞伎呈左腿立、右腿吸的姿势，左臂前伸，右臂上举，与乐舞组合Ⅲ的舞伎互为对称（见图 7-56、图 7-57）。关于类似乐舞组合的编制问题，已在前述观无量寿经变乐舞组合中进行分析，此处不赘。由于本铺经变画此处壁面漫漶难以辨识乐器，无法进行两铺经变画间编制的对比和讨论。又本铺经变画比南壁经变画多出两件不鼓自鸣乐器，乐舞图像种类更加丰富，这些图像自上而下穿插出现在经变画不同位置，这种布局与莫高窟净土类经变画一致，同样象征净土世界中乐舞无处不在。

本节主要对榆林窟第 3 窟所绘乐舞图像进行了梳理和研究，本窟共绘有乐伎四十二身，包括菩萨乐伎二十四身、迦陵频伽乐伎四身、法众乐伎十一身、密

图 7-55 第 3 窟主室北壁中部净土变乐舞组合 I

图 7-56　第 3 窟主室北壁中部净土变乐舞组合Ⅱ

图 7-57　第 3 窟主室北壁中部净土变乐舞组合Ⅲ

资料来源:《中国石窟·安西榆林窟》,图版 149。

教乐伎三身；舞伎共计二十身，包括菩萨舞伎六身、世俗舞伎六身、密教舞伎八身。乐器共计七十三件，其中不鼓自鸣乐器二十八件、法器类乐器十五件、乐伎手持三十件，主室窟顶四披垂幔下端绘铃（铃不计入乐器数量）。

第二节　榆林窟第 10 窟中的乐舞图像

　　榆林窟第 10 窟位于东侧崖面第二层南侧，与第 11 窟毗邻（见图 7-58）。该窟开凿于西夏时期，元代、清代有重修，现仅存甬道和主室两部分。甬道顶绘花鸟联泉纹图案，中心位置绘双凤。南壁东侧元代绘佛传故事一铺，西侧元代绘六臂金刚一铺。北壁东侧元代绘大日如来一铺，南侧元代绘六臂观音，现均仅存局部。主室为覆斗形顶，设中心佛坛，四壁壁画现已不存，仅窟顶藻井和四披有西夏时期所绘完整内容（见图 7-59）。藻井绘阿弥陀九品曼荼罗，井心周围为图案边饰组成的帐形华盖，边饰共绘回纹、联珠纹、卷草花卉鸟兽纹等共计 14 条，[1] 最外侧为垂幔，垂幔下端绘铃。窟顶东披下沿绘五佛赴会四组以及不鼓自鸣乐器十九件，南披下沿东、西两侧分别绘供养飞天和迦陵频伽各一身，北披下沿东侧绘迦陵频伽一身，西披下沿绘飞天乐伎九身，四披除上述内容外均以

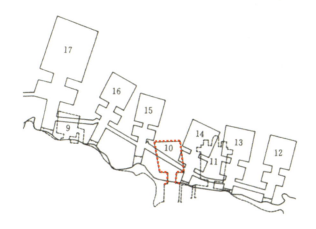

图 7-58　榆林窟东侧崖面平面图

资料来源：《中国石窟·安西榆林窟》，第 162 页。

1　参见《中国石窟·安西榆林窟》图版说明部分，第 240—241 页。

图 7-59   第 10 窟主室窟顶

摩尼宝珠、象牙、祥云和鲜花作为填充。以下对主室四披下沿所绘乐舞图像做逐一梳理和研究。

一　主室窟顶东披

主室窟顶东披下沿绘不鼓自鸣乐器，共计十九件，乐器由北向南依次为小铜钹、手鼓、嵇琴、笙、曲项琵琶、凤头笛、铜角、筝、拍板、铜钹、腰鼓、笛、铜角、排箫、鼗鼓、贝、小铜钹、大铜钹、手鼓（见图 7-60）。从壁面绘制情况看，其绘制方式与第 3 窟主室东壁南侧五十一面千手观音经变相同，即包括不鼓自鸣乐器在内的内容绘制在前，墨黑色背景填涂在后，导致乐器及飘带边缘与背景的过渡较生硬。以上乐器中，嵇琴图像仅绘出琴头、琴身和音筒，未见琴弓。铜钹、笙、曲项琵琶、拍板、腰鼓、排箫、鼗鼓、贝等乐器的外观、形制与前述西夏时期壁画中出现的乐器图像一致，此处不再重复。

铜角在东披中共出现两件，其外观为细长的筒形，而且其中一件还绘出了位于管体上三分之一处的球形结构，这些特征都与《三才图会·器用三卷》的附图一致（见图 7-61）。前述黑水城出土 X-2409《胜乐轮威仪曼荼罗》唐卡中也绘有一件铜角，外观同样为细长筒形。

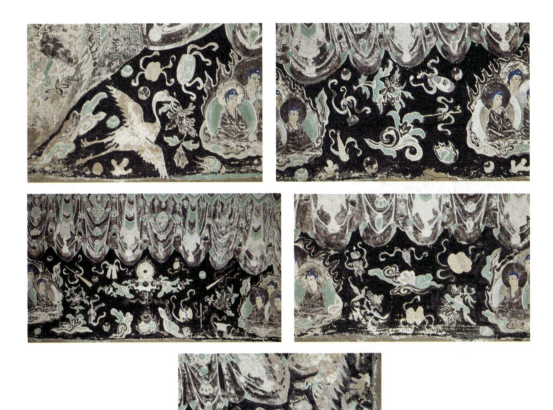

图 7-60　第 10 窟主室窟顶东披下沿所绘不鼓自鸣乐器

《三才图会》中铜角的记载为：

> 古角以木为之，今以铜，即古角之变体也。其本细，其末巨。本常纳于腹中，用即出之，为军中之乐。[1]

此铜角应该与前引《西夏书事》卷一二记载唐僖宗时期赐西夏鼓吹三部中的

1　王圻、王思义编集《三才图会》，上海古籍出版社，1988，第 1133 页。

角铜

**图7-61　第10窟主室窟顶东披下沿所绘
铜角与《三才图会》所附铜角图像**

资料来源：敦煌研究院供图；王圻、王思义编集《三
才图会》，第1133页。

中鸣是同类乐器。[1]孙星群在考证西夏时期的中鸣、长鸣时，认为其符合西夏的审美习惯和战争生活需求。[2]而且根据记载可以推定西夏时期的铜角主要用于军乐和鼓吹仪仗。

东披所绘乐器中有两件图像较为模糊（见图7-62）。左侧乐器整个琴身呈弯曲状，面板上绘有琴弦，两侧头、尾部分均呈方形，未见琴徽，因此按外观将其称为筝。右侧乐器在壁面上仅呈现出竖长的管体，其余细节不明。按通常壁画所绘吹奏类不鼓自鸣乐器的位置朝向与演奏方式直接相关的特点，该乐器应为竖吹管乐器；如果是横吹管乐器，通常在壁画中是横向绘制的。而且该乐器管体较长且未见管哨等装置，与笙篥相差较大。因此推测其应该是《番汉合时掌中珠》中记载的笛或箫

图7-62　第10窟主室窟顶东披下沿所绘筝和笛

1　参见吴广成撰，龚世俊等校证《西夏书事校证》，第143—146页；戴锡章编撰《西夏纪》，第157—160页。
2　参见孙星群《西夏辽金音乐史稿》，第95页。

类乐器，[1]故暂以笛称之。

　　除上述外，东披不鼓自鸣乐器中还出现两种较为特殊的乐器，分别为手鼓和凤头笛，这两种乐器同样出现在西披飞天乐伎所奏乐器之列。鉴于飞天乐伎所持乐器图像较清晰，故在下文中加以讨论。

二　主室窟顶南、北披

　　南披下沿西侧和北披下沿东侧各绘迦陵频伽一身（见图 7-63）。其中南披下沿迦陵频伽身体所在壁面已裸露出地仗层，仅有头部、双翅和爪能够分辨，按其身形及所在位置为窟顶披面判断，应该呈飞翔的姿态。北披下沿的迦陵频

伽较清晰，头部为典型的菩萨造型，有头光，戴冠，冠两侧有 S 形缯带，额间点白毫，脖颈处绘三道。双翅展开，可以明显看到飞羽、覆羽及小覆羽，双腿和双爪向后腾空，同样为飞翔姿态。迦陵频伽右手持一盘状物于胸前，内盛鲜花，左手则在身前持一伞盖。如按照对称关系，南披下沿所绘迦陵频伽应该也是持某种供养物。因此，此处所绘两身迦陵频伽应该具"法音宣流"和持物供养的双重功能。

　　榆林窟壁画所绘包括西夏时期在内的迦陵频伽乐伎在前文已做梳理，可以发现迦陵频伽自唐代开始，在外形上并无较大改变，到西夏时期，迦陵频伽主要以双手合十的礼拜造型或

图 7-63　第 10 窟主室南披下沿西侧和北披下沿东侧所绘迦陵频伽

---

1 《番汉合时掌中珠》中记载的管类乐器包括：管、笛、箫、笙、筚篥和七星。参见骨勒茂才著，黄振华等整理《番汉合时掌中珠》，第 137—138 页。

持供养物的方式出现，而且多为站立姿态，只有本窟所绘两身迦陵频伽以翔于天际的姿态入画。当然，这应该与迦陵频伽被绘制在窟顶披面的位置有直接的关系，这同样说明对于石窟壁画中乐舞图像的研究，必须回归到洞窟本身，才能对其有更加准确的认识。

三 主室窟顶西披

窟顶西披下沿绘飞天乐伎共计九身（见图7-64）。乐伎造型与前述西夏时期菩萨乐伎以及五代、宋时期的飞天乐伎大致相近，如白毫、三道、璎珞、臂钏、腕钏皆全，上身均以帔巾缠绕，下身着腰裙与长裤，最明显的区别在于飞天乐伎头顶部高束环状发髻，发髻前戴冠，发髻均以群青绘制，极具特点。乐伎身姿多为上身侧倾，下身向一侧自然伸展。演奏乐器由南向北依次为凤头笛、拍板、笙、腰鼓、手鼓、笛、嵇琴、筝和曲项琵琶。

图7-64 第10窟主室西披下沿所绘飞天乐伎

以上由飞天乐伎演奏的乐器中，竖吹笛类乐器吹口及乐伎面部所在壁面漫漶，难以确定其吹口具体的形制，故同样依照前文将其称为笛。嵇琴音筒上的琴码以及筝面板上"∧"形筝码均清晰可辨，其余乐器在前文中均有交代，此处重点分析凤头笛和手鼓。凤头笛在窟顶东披以不鼓自鸣形式绘制，但外观与西披飞天乐伎所奏一致。该乐器除靠近吹孔一侧的管身末端为凤头造型外，外观及演奏方式均与横笛一致。图7-65所示两件乐器中，均可以明显看到凤头顶端有冠羽。

凤头笛在文献中缺乏记载，目前仅见清代姚际恒《好古堂家藏书画记》卷下中记载其家藏周文矩仕女画作中绘有该乐器，其曰：

> 方幅杂画二册，共三十六帧。上册……一为周文矩横笛士女，作凤头笛二，已持其一，神思闲雅，其一侍女持之。[1]

引文提到的画作现已无迹可寻，但现藏美国芝加哥美术馆、传由周文矩所绘绢本《合乐图》卷（见图7-66）中，也有女性乐工演奏该乐器的图像。

结合记载和画作，大致能够确定周文矩所在的南唐时期，就已出现有凤头造型的横笛。而且该乐器与第10窟所绘是一致的，至少说明这件乐器在西夏时期

图7-65　第10窟主室东披和西披下沿所绘凤头笛

1　姚际恒:《好古堂家藏书画记》卷下，卢辅圣主编《中国书画全书（修订本）》第12册，上海书画出版社，2009，第305页。

图 7-66　现藏美国芝加哥美术馆绢本《合乐图》卷

资料来源：https://www.jiguzuo.com/guohua/zhou-wen-ju-he-le-tu-juan.html。

也曾出现，但无法确定此器真正的名称是否就是"凤头笛"。因为"凤头笛"一词除姚际恒的描述外，其他文献中是不见记载的。不过，与其相类的"龙颈笛"或"龙头笛"在文献记载中较为多见。

　　如《乐书》卷一三〇《乐图论·胡部·八音》"竹之属"有龙颈笛的记载和附图（见图 7-67）：

　　　　龙颈笛

　　　　横吹出自北国，梁栋［横］吹曲曰：下马吹横笛是也。今教坊用横笛八孔鼓吹，世俗号为龙颈笛焉。[1]

1　陈旸:《乐书》,《文渊阁四库全书》第 211 册，第 585 页。

龍　頸　笛

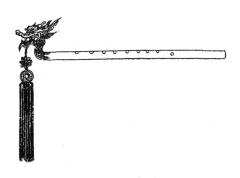

图 7-67　《乐书》所附龙颈笛图像

资料来源：陈旸《乐书》卷一三〇，《文渊阁四库全书》第 211 册，第 585 页。

说明：如果附图中最右侧为吹孔，那么《乐书》龙头位置应同在右侧，而不是图中的左侧。

《文献通考》卷一三八《乐十一·竹之属·胡部》记载：

> 龙头笛
>
> 横吹出自北国，梁横吹曲曰：下马吹笛是也。今教坊用横笛八孔鼓吹，世俗号
> 为龙颈笛。（笛首为龙头，有绶带下垂。）[1]

就称谓而言，龙颈笛为俗称，龙头笛是正式名称。根据两处记载，龙颈、龙头的区别并非十分严格，因为《乐书》本来就是以"龙颈笛"作为条目介绍的。另外，记载中均提到横吹，说明龙头笛应该是在横吹基础上发展演变来的，但这种演变始自何时，不明。照此看来，凤头笛也应该同样源自横吹，但二者在历史上出现的先后，依然无法确言。目前看到的最早的图像为五代时期的凤头笛，最早的文字记载则是宋代的龙头笛。至于凤头笛的名称，如按龙头笛推之，理应也

---

[1]　马端临：《文献通考》，中华书局，2011，第 4214 页。

有凤头笛和凤颈笛两种名称，故以凤头笛称之。

手鼓在窟顶共出现三件（见图7-68），其中两件为绘于东披下沿的不鼓自鸣乐器，一件在西披下沿由飞天乐伎手持。根据图像，三件手鼓外观、形制相同，均为扁圆形，鼓面绘以石绿色类似单个球路纹图案。[1]此图案应该直接取自本窟甬道顶绘制的球路纹（见图7-69）。而且，以壁画中的纹样作为乐器个别部件上的装饰并非本窟独有。莫高窟第55窟主室窟顶东北角所绘东方提头赖吒天王所持

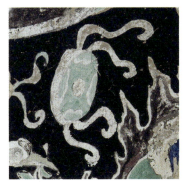

图 7-68　第 10 窟主室东披和西披下沿所绘手鼓

图 7-69　第 10 窟甬道顶

资料来源：《中国石窟·安西榆林窟》，图版114。

琵琶捍拨表面鳞片状的图案与天王铠甲披膊、甲裙处的甲片结构是一致的（见图7-70）。与此类似的，还有莫高窟第146窟主室窟顶东北角的天王。这再次说明对乐舞图像的研究不能脱离其所在洞窟和壁画本身。

由飞天乐伎手持演奏的图像来看，此鼓以鼓枹敲击。该鼓枹细长，顶端为球形。前文中对榆林窟壁画所绘此类外观扁圆的鼓进行过考证，通过对比，清代宫廷清乐所用手鼓与本

1　该图案在《中国石窟·安西榆林窟》的图版说明中被称作"联泉纹"。参见《中国石窟·安西榆林窟》，第241页。

图 7-70　莫高窟第 55 窟主室窟
顶东北角天王

窟所绘的图像最为接近。如《御制律吕正义后编》卷六九《乐器考八》记载：

手鼓，以木为匡，冒以革。面径九寸一分零二毫，为倍夷则之度。腰径一尺零二分四厘，为倍蕤宾之度。厚二寸一分六厘，为半南吕之度。顶高二寸，柄并托云共长一尺五寸。鼓面粉油，匡柄朱油绘五彩云龙，绿边镀金钉，顶及托云皆涂金。左手持而右手以槌击之。

案：手鼓之制，不知其所自起。隋唐以来，燕乐鼓名不一，而其制不详。明王圻《三才图会》手鼓制圆而小，今清乐用之。《周礼》小师小乐事鼓棘此，或其遗意欤。[1]

1　允禄、张照等：《御制律吕正义后编》，《文渊阁四库全书》第 217 册，上海古籍出版社，2012，第 175 页。

唯一的区别是清乐所用手鼓是有鼓柄的，而本窟所绘的鼓未见手柄。但按壁画所绘内容，此鼓同样是乐伎手持演奏的，据此仍然称之为手鼓。

本窟窟顶所绘的乐舞图像包括主室窟顶四披垂幔下端的铃（铃不计入乐器数量），不鼓自鸣乐器十九件，迦陵频伽两身和飞天乐伎九身，这些乐舞图像的功能已在本书其他章节中讨论，此处不再赘述。

小　结

对于西夏时期乐舞图像的研究，本书选取时代特征较为明显的榆林窟第3窟和第10窟加以论述。从内容来讲，西夏时期石窟壁画中出现的乐舞图像较丰富，既囊括了通常所有的敦煌乐舞图像，如不鼓自鸣乐器、迦陵频伽、菩萨乐伎、飞天乐伎、密教乐伎和密教舞伎，还出现了之前未曾见到的法众乐伎类图像。这些法众乐伎图像也表现出不同于前代的特征，如法器类不鼓自鸣乐器的数量明显增多，法众乐伎仅持而非演奏乐器，等等。对于上述特征，通过引入西夏时期其他乐舞图像进行了分析与对比，并结合文献加以考证，但得出的成因和结论依然有持续深入的余地。

单纯就西夏石窟中出现的乐器图像而言，嵇琴、琴、铜角、埙、凤头笛、手鼓等均为敦煌石窟壁画稀见的乐器，这也说明西夏时期乐舞图像的特殊性。如果将乐器具有的特殊性对应到西夏音乐史中，不难看出西夏在历经大庆、人庆两次制乐后与中原音乐保持的近缘关系，这种关系同样表现在经变画乐舞组合的乐队编制上。通过研究，发现经变画乐队编制与唐、宋燕乐的用乐编制具有一致性，只是西夏时期经变画乐舞组合的数量和西夏音乐史的记载相对缺乏，所以没有更多证据来强化本书的观点，但对于打击乐器的侧重又与西夏时期尚武的审美习惯相合，说明壁画乐舞反映的特征中明显包含西夏真实音乐的因素。

西夏时期乐舞图像的另一个显著特征是密教乐舞图像的出现，突出表现在法器类乐器和密教舞伎两类图像上。这些图像又同时指向密教手印和仪轨，第3窟东壁五十一面千手观音经变和十一面千手观音经变中所绘的法器类乐器就是密教手印与乐器相统一的最好例证。以第 3 窟南、北壁东侧曼荼罗所绘密教舞伎为代表的西夏时期舞伎图像，则充分体现出密教仪轨中舞、印结合的重要特点。但同时这也为我们确定密教题材壁画中的舞伎带来一定难度，因为仅凭图像，很难分离出类似图像哪些为仪轨展示，哪些为舞蹈刻画，而且其中部分图像又兼具奏乐和起舞的双重性质。根据以往的研究经验，只能将手持舞具如第 3 窟壁画中出现的剑、巾且有舞姿呈现的一类归入密教舞伎，将演奏乐器的形象全部归入密教乐伎，而将手持法器、供养物的形象视作对密教仪轨的呈现。

如果将西夏时期乐舞图像置入敦煌壁画乐舞图像这个整体之中，可以发现其风格除上述在乐伎、舞伎、乐器以及乐舞组合中具有的自身特点外，还包含对前代乐舞图像的少量继承，其中最突出的表现是在洞窟内部装饰上依然沿用前代的做法，即在主室窟顶四披垂幔下端绘铃，前述的第 3 窟和第 10 窟皆是如此。同时，第 10 窟主室飞天乐伎绘制的位置也与五代、宋代石窟一致。但第10 窟中未见飞天乐伎出现在窟顶四披，这可能与洞窟最初营建时的壁面内容设计有直接关系。假设以飞天乐伎作为参照标准的话，第 10 窟最初营建的时间可能早于第 3 窟，因为第 10 窟现存的乐舞图像更接近西夏之前的绘制风格。总体而言，榆林窟西夏时期壁画乐舞图像不论内容还是形式，均在前代的基础上呈现出契合时代特征的整体风貌，其中既有摆脱前代乐舞图像影响的尝试，同时也能够看到其自身审美特征的展现。当然，这种趋势应该是在不断融合和创新的过程中逐渐形成的。

根据《敦煌石窟内容总录》，现存莫高窟元代洞窟包括第 1、2、3、95、149、462、463、464、465、477 窟和宕泉河东岸的几座塔，榆林窟仅有第 4 窟，东千佛洞为第 6 窟。[1] 根据笔者调查，其中绘有乐舞图像的洞窟仅有莫高窟第 3、465 窟和榆林窟第 4 窟，此外在元代重修前代的个别洞窟中也有少量乐舞图像出现，这些乐舞图像以密教乐伎、舞伎为主要内容。总体来看，元代乐舞图像在洞窟中分布较为零散且数量不足，难以按成章体量进行系统研究，清代开凿或重修的洞窟亦如此，因此本书对元代和清代的乐舞图像不再另辟章节展开。

1　参见《敦煌石窟内容总录》，第 5—236 页。

结　语

通过七个章节的系统梳理和研究，本书在敦煌石窟乐舞图像方面形成了较为全面和深入的认识。不得不承认，通过具体实践之后得出的部分结论与研究初始阶段的预想还是有一定的出入；这也再次印证了那句常读常新的话——"实践是检验真理的唯一标准"。当做完整个研究或读完整本书，一定会对敦煌乐舞有全新的认识。以下，将对本书形成的研究结论做一个简单的回顾和总结。

首先，敦煌石窟乐舞图像的丰富程度是毋庸置疑的。根据笔者的调查和统计，现存敦煌石窟中绘有乐舞图像的洞窟共计 373 个，其中莫高窟 327 个、西千佛洞 10 个、榆林窟 31 个、东千佛洞 3 个、五个庙石窟 2 个。按石窟营建时期梳理的具体洞窟数量在第二至七章每章的前言部分，此处不再赘述。就种类而言，敦煌石窟乐舞图像至少包括乐伎、乐器、舞伎、舞种四类，其中菩萨乐伎与舞伎组成的乐舞组合 300 余组、飞天乐伎 4000 余身、天宫乐伎 600 余身、迦陵频伽乐伎 400 余身、化生乐伎 200 余身、壶门乐伎 400 余身、世俗乐伎 100 余身，所绘乐器共计 7000 余件……具体每类的研究在本书中均有详细展开，此处不再重复。总之，就乐舞图像而言，敦煌石窟为后人留下了巨大的文化遗产，值得我们重视和深挖。

其次，敦煌石窟乐舞图像与敦煌石窟营建的上下限保持了一致。也就是说，石窟考古确定的敦煌开凿最早和最晚的一批洞窟中均出现了乐舞图像。在这横贯千年的石窟时间线上，本书也大致归纳了敦煌乐舞图像曲线式更迭的历程，即从早期和隋代的中原与西域文化融合阶段过渡到唐前期、吐蕃和归义军时期的继往开来阶段，之后又迎来以西夏时期为主的推陈出新阶段。本书一再强调，乐舞图像是基于壁画，壁画又是基于洞窟的，因此敦煌乐舞图像和敦煌石窟的发展是大致保持同步的，但乐舞图像又有自身的特殊性，使其与大的石窟营建史在某些时段并未完全同频共振。比如通常认为晚期的敦煌石窟营建是逐步式微的，但此时的乐舞图像却迎来一个小的高潮期，这也正是敦煌石窟乐舞图像研究真正的旨趣之一。

接下来，谈一下敦煌石窟乐舞图像与古代乐舞史的关联。这是本研究重要的价值之一，也是本书最为重要的内容，因为敦煌乐舞研究必须解决乐舞史中的实际问题，才能保持其永久的活力和魅力。事实上，从早期的敦煌石窟开始，乐舞图像已经呈现明显的中原和西域文化相融合的特征，这似乎有点反常识，因为按照石窟整体风格而言，早期石窟中的西域因素是较多的。但通过研究发现，早期乐舞应该是西域文化和中原文化共同作用的结果，这具体表现在乐伎、舞伎的形式主要受西来之风的影响，比如天宫栏墙的出现，乐伎、舞伎的服饰等。乐器的表现与之恰恰相反，中国本土乐器自不必说，非本土乐器也应该是从中原传入的，因为上述乐器进入中国的时间要远早于早期石窟开凿的上限，因此早期石窟中出现的乐器均与中原现实乐器保持了紧密的联系。尽管部分乐器的源出地并不是中国，如琵琶、竖箜篌等，但作为石窟图像的起点却在中国。进入隋代之后，乐舞表现出的中原因素更加凸显。通过和文献的对比，笔者找到了隋代真实乐器的图像，如《礼毕伎》中的鞞鞘、手持演奏的方响，而且隋代记载中的女乐也以供养人的形式被清晰绘制在洞窟壁面之上。

到了唐前期，经变画中出现了另一种形式的燕乐表演。可以说，除了真实的乐工被替换为佛教世界的菩萨外，其余如乐器、乐队编制、乐舞组合形式几乎就是宫廷乐舞的照搬，而且通过大量的图像和文献对比可以看出，经变画乐舞组合与唐代燕乐的用乐规律保持了高度的一致，其中最典型的如《西凉乐》、《康国乐》、《龟兹乐》和《疏勒乐》。此外，壁画中反映的胡旋舞、散乐均能与唐代的记载对应，说明敦煌石窟乐舞图像中包含大量的现实性因素，对这些内容的梳理、考证能够为我们认识古代乐舞史、丰富古代乐舞史框架提供具体的帮助。吐蕃时期，敦煌石窟乐舞图像继续保持中原乐舞文化的特征，这又有点反常规。因为就敦煌的历史而言，吐蕃统治敦煌达六十余年，但通过调查，发现除少量具有典型吐蕃民族特征的供养人外，其余乐舞图像依然与唐前期有直接的继承关系，甚至唐代出现的一些特殊乐器也在本时期的洞窟中出现，如保留枝节的横笛、凤首弯琴等。可见，吐蕃王朝深受唐代汉地文化影响使其具有浓厚汉文化底色的特征也被同步在了乐舞图像上。

在归义军时期洞窟中，乐舞图像的具体表现又出现一定的变化。根据敦煌历史，本书是按张氏归义军时期和曹氏归义军时期分而述之的。如果要归纳出两个时期乐舞图像的关键词，那么前者应该以继承为特征，后者则以创新为趋势，而且前者主要表现出与中原乐舞的联系，后者则是与区域乐舞的联动。通过张氏归义军时期洞窟中的出行图，进一步厘清了唐代出行仪仗涉及的乐舞仪制，如鼓吹前导、队舞和散乐的具体使用规范。曹氏归义军时期的乐舞图像，更多反映的是敦煌地区现实用乐的信息，如官方组织和寺院陈设的乐舞活动、乐器制作行业的出现等。值得一提的是，曹氏归义军时期乐舞图像的求新、求变似乎只是为了创新而创新，因为找不到更多类似张氏归义军时期乐舞的文献佐证或现实依据。

西夏时期洞窟乐舞图像在莫高窟和榆林窟中具有不同的特征和表现。从学界的考证和研究来看，主要是由于西夏时期沙州和瓜州的政治地位和实际归属不同，莫高窟的西夏洞窟大多是在西夏前期开凿的，榆林窟则集中在西夏晚期。本书选择以乐舞图像更丰富、更具典型性的榆林窟洞窟为基础展开研究，事实证明，榆林窟西夏时期洞窟乐舞图像与中原乐舞之间具有较为紧密的联系。这在历史中是能够找到佐证的，因为西夏经历了两次重要的制乐，制乐的来源就是宋代的官方乐舞，因此我们看到西夏时期经变画乐舞组合与宋代燕乐的趋同。与此同时，西夏时期乐舞图像也表现出自身的审美特征，如对打击乐器尤其是金属类打击乐器的侧重，这与其尚武、务实的民族特点是契合的。此外，密教类图像中的乐舞图像在本时期内也开始逐渐增多和丰富，这与西夏时期的信仰直接相关。

再次，关于敦煌石窟乐舞图像与佛教之间的关系。该内容涉及乐舞图像在石窟、壁画中的功能和形式，因此也是连接本书各部分内容的重要链条。乐舞图像作为石窟壁画的组成部分，其主要功能是在佛教语境下实现的，但这种功能不能一概而论，不同题材壁画中乐舞的功能是有区别的，这又涉及乐舞图像与佛经文本对应的问题。可以明确敦煌壁画是基本遵照佛经文本绘制的，这是壁画研究的重要前提。因此，壁画中的乐舞图像能够与经文中的记载相对应，这也解释了为什么敦煌有些题材的壁画中看不到乐舞图像，因为这些壁画如果有对应的佛经文本，这些文本中几乎很少出现与乐舞相关的记载。当然，这也并非放之石窟而皆准的真理，具体还要视壁画内容、风格、时代做进一步研究，但多数情况下的确如此，尤其是在经变画中这种规律更加明显。这样，我们就能依据文本看到不同乐舞图像具有的功能，如赞颂、宣法、供养、舞印结合等。再来看形式，不论是通过洞窟还是壁画来观察具体的乐舞图像，可以发现其形式也是与佛教紧密结合的。敦煌乐舞图像中乐伎和舞伎的分类标准一直沿用以佛教形象作为区分的方式，因为这种方式最为直观、有效。以乐舞图像绘制的位置而言，洞窟窟顶四披、四壁上段以及龛顶位置通常会绘以天宫乐伎、飞天乐伎、天宫舞伎、不鼓自鸣乐器这一类与佛国世界中天界相关的乐舞图像，而菩萨、药叉、化生、世俗类的乐舞伎则大多出现在壁面的中段或下段位置。在经变画中也是如此，不鼓自鸣乐器位于天际部分，乐舞组合出现在说法场景前部，迦陵频伽乐伎更多分散在说法场景的周边区域，以上这些与佛经文本中的记载是能够完全呼应的。那么，为什么石窟中会出现大量的乐舞图像？这当然与佛教向来以乐舞作为供养和仪轨的传统有关，但其中还有关键的一点，以乐舞尤其是音声譬喻佛声，是最恰如其分的。可以说，敦煌石窟乐舞图像是乐舞与佛教共同作用的结果，当然其来源依然是现实（世俗）乐舞，这是需要明确的。

最后，就是敦煌石窟乐舞图像反映的乐舞文化的传播问题。应当认识到，我们今天看到的所有乐舞图像，不论完整、漫漶、剥落、层叠，都是文化传播的结果。如果将这种传播简化为从 A 点到 B 点的动态过程，然后拿着结果去"模拟""还原"，其实是极为困难的。因为我们不知道在千余年的时间线上，从 A 点到 B 点究竟发生了什么，路径是怎样的，有没有融合，有没有回授，传播中的信息是否走样。当然，这不是本书所能解决的问题。值得欣慰的是，本书在研究的过程中通过和敦煌以外图像、各类文献的对比，找到了一些能够反映乐舞文化交流和传播的蛛丝马迹。根据现有的资料，以敦煌石窟为节点的乐舞文化传播基本是以从西域到中原再到敦煌为基本路径的。这也算是能够为本书画上一个不太圆满的句号。因为接下来可能需要更多的证据和材料来挖掘和寻找这条基本路径之下隐藏的节点、支线，真正让敦煌石窟乐舞图像的传播之路立体、丰满起来。

参考文献

一 典籍文献

《大正新修大藏经》第 1 册，台北：新文丰出版公司影印，1992。

《大正新修大藏经》第 2 册，台北：新文丰出版公司影印，1992。

《大正新修大藏经》第 3 册，台北：新文丰出版公司影印，1992。

《大正新修大藏经》第 9 册，台北：新文丰出版公司影印，1992。

《大正新修大藏经》第 10 册，台北：新文丰出版公司影印，1992。

《大正新修大藏经》第 11 册，台北：新文丰出版公司影印，1992。

《大正新修大藏经》第 12 册，台北：新文丰出版公司影印，1992。

《大正新修大藏经》第 13 册，台北：新文丰出版公司影印，1992。

《大正新修大藏经》第 14 册，台北：新文丰出版公司影印，1992。

《大正新修大藏经》第 16 册，台北：新文丰出版公司影印，1992。

《大正新修大藏经》第 18 册，台北：新文丰出版公司影印，1992。

《大正新修大藏经》第 19 册，台北：新文丰出版公司影印，1992。

《大正新修大藏经》第 20 册，台北：新文丰出版公司影印，1992。

《大正新修大藏经》第 21 册，台北：新文丰出版公司影印，1992。

《大正新修大藏经》第 24 册，台北：新文丰出版公司影印，1992。

《大正新修大藏经》第 25 册，台北：新文丰出版公司影印，1992。

《大正新修大藏经》第 29 册，台北：新文丰出版公司影印，1992。

《大正新修大藏经》第 36 册，台北：新文丰出版公司影印，1992。

《大正新修大藏经》第 37 册，台北：新文丰出版公司影印，1992。

《大正新修大藏经》第 38 册，台北：新文丰出版公司影印，1992。

《大正新修大藏经》第 45 册，台北：新文丰出版公司影印，1992。

《大正新修大藏经》第 54 册，台北：新文丰出版公司影印，1992。

《大正新修大藏经》第 55 册，台北：新文丰出版公司影印，1992。

班固：《汉书》，中华书局，1962。

王充：《论衡》，中华书局编印《四部备要》第 54 册，1989。

郑玄注，贾公彦疏《周礼注疏》，中华书局编印《四部备要》第 4 册，1989。

郭璞传，郝懿行笺疏《山海经》，中华书局编印《四部备要》第 47 册，1989。

魏徵等：《隋书》，中华书局，1973。

杜佑：《通典》，中华书局，1988。

李林甫等：《唐六典》，陈仲夫点校，中华书局，1992。

玄奘、辩机著，季羡林等校注《大唐西域记校注》，中华书局，1985。

段成式：《酉阳杂俎》，方南生点校，中华书局，1981。

释道世著，周叔迦、苏晋仁校注《法苑珠林校注》，中华书局，2003。

刘昫：《旧唐书》，中华书局，1975。

欧阳修、宋祁：《新唐书》，中华书局，1975。

陈旸：《乐书》，《文渊阁四库全书》第 211 册，上海古籍出版社，2012。

骨勒茂才著，黄振华等整理《番汉合时掌中珠》，宁夏人民出版社，1989。

脱脱等：《宋史》，中华书局，1977。

马端临：《文献通考》，中华书局，2011。

宋濂：《元史》，中华书局，1976。

王圻、王思义编集《三才图会》，上海古籍出版社，1988。

《钦定皇朝通典》，《景印文渊阁四库全书》第642册，台北：台湾商务印书馆，2008。

王昶：《金石萃编》，《历代碑志丛书》第4册，江苏古籍出版社，1998。

允禄、张照等：《御制律吕正义后编》，《文渊阁四库全书》第217册，上海古籍出版社，2012。

姚际恒：《好古堂家藏书画记》卷下，卢辅圣主编《中国书画全书（修订本）》第12册，上海书画出版社，2009。

吴广成撰，龚世俊等校证《西夏书事校证》，甘肃文化出版社，1995。

戴锡章编撰《西夏纪》，罗矛昆点校，宁夏人民出版社，1988。

二　敦煌文献及壁画图录

商务印书馆编《敦煌遗书总目索引》，中华书局，1983。

敦煌研究院编《敦煌遗书总目索引新编》，中华书局，2000。

方广锠主编《中国国家图书馆藏敦煌遗书总目录·新旧编号对照卷》，中国人民大学出版社，2013。

俄罗斯科学院东方研究所圣彼得堡分所等编《俄藏敦煌文献》第3册，上海古籍出版社，1993。

俄罗斯科学院东方研究所圣彼得堡分所等编《俄藏敦煌文献》第10册，上海古籍出版社，1998。

俄罗斯科学院东方研究所圣彼得堡分所等编《俄藏黑水城文献》第6册，上海古籍出版社，2000。

上海古籍出版社、法国国家图书馆编《法藏敦煌西域文献》第 16 册，上海古籍出版社，2001。

上海古籍出版社、法国国家图书馆编《法藏敦煌西域文献》第 17 册，上海古籍出版社，2001。

上海古籍出版社、法国国家图书馆编《法藏敦煌西域文献》第 19 册，上海古籍出版社，2001。

上海古籍出版社、法国国家图书馆编《法藏敦煌西域文献》第 24 册，上海古籍出版社，2002。

上海古籍出版社、法国国家图书馆编《法藏敦煌西域文献》第 28 册，上海古籍出版社，2004。

上海古籍出版社、法国国家图书馆编《法藏敦煌西域文献》第 32 册，上海古籍出版社，2005。

中国社会科学院历史研究所等编《英藏敦煌文献》第 2 卷，四川人民出版社，1992。

中国社会科学院历史研究所等编《英藏敦煌文献》第 8 卷，四川人民出版社，1992。

方广锠、〔英〕吴芳思主编《英国国家图书馆藏敦煌遗书》第 16 册，广西师范大学出版社，2011。

敦煌研究院编《敦煌石窟内容总录》，文物出版社，1996。

敦煌研究院编《敦煌莫高窟供养人题记》，文物出版社，1986。

敦煌文物研究所编《中国石窟·敦煌莫高窟》第 1 卷，文物出版社，1981。

敦煌文物研究所编《中国石窟·敦煌莫高窟》第 2 卷，文物出版社，1984。

敦煌文物研究所编《中国石窟·敦煌莫高窟》第 3 卷，文物出版社，1987。

敦煌文物研究所编《中国石窟·敦煌莫高窟》第 4 卷，文物出版社，1987。

敦煌文物研究所编《中国石窟·敦煌莫高窟》第 5 卷，文物出版社，1987。

敦煌研究院编《中国石窟·安西榆林窟》，文物出版社，1989。

敦煌研究院编《莫高窟第 266—275 窟考古报告》第 1 册，文物出版社，

2011。

敦煌研究院编《莫高窟第 266—275 窟考古报告》第 2 册，文物出版社，2011。

贺世哲：《敦煌石窟全集·法华经画卷》，香港：商务印书馆，1999。

谭婵雪：《敦煌石窟全集·民俗画卷》，香港：商务印书馆，1999。

李永宁：《敦煌石窟全集·本生因缘故事画卷》，香港：商务印书馆，2001。

殷光明：《敦煌石窟全集·报恩经画卷》，香港：商务印书馆，2001。

施萍婷：《敦煌石窟全集·阿弥陀经画卷》，香港：商务印书馆，2002。

郑汝中：《敦煌石窟全集·音乐画卷》，香港：商务印书馆，2002。

关友惠：《敦煌石窟全集·图案卷（上）》，香港：商务印书馆，2003。

关友惠：《敦煌石窟全集·图案卷（下）》，香港：商务印书馆，2003。

彭金章：《敦煌石窟全集·密教画卷》，香港：商务印书馆，2003。

梁尉英：《敦煌石窟艺术·莫高窟第九窟、第一二窟（晚唐）》，江苏美术出版社，1994。

李月伯：《敦煌石窟艺术·莫高窟第一五六窟附第一六一窟（晚唐）》，江苏美术出版社，1995。

俄罗斯国立艾尔米塔什博物馆等编《俄罗斯国立艾尔米塔什博物馆藏黑水城艺术品》，上海古籍出版社，2012。

傅惜华、陈志农编《山东汉画像石汇编》，山东画报出版社，2012，第377 页。

焦德森主编《中国画像石全集·山东汉画像石》，山东美术出版社，2000。

王旭东、汤姆·普利兹克主编《丝绸之路上的文化交流：吐蕃时期艺术珍品》，中国藏学出版社，2020。

ジャック・ジエス編『西域美術：ギメ美術館ペリオ・コレクション』第 1 巻、講談社、1994。

ロデリック・ウィットフィールド編集解説『西域美術：大英博物館スタイン・コレクション』第 1 巻、講談社、1982。

三　专著

董锡玖编《敦煌舞蹈》，新疆美术摄影出版社、霍兰德出版有限公司，1992。

傅熹年主编《中国古代建筑史》第2卷，中国建筑工业出版社，2009。

高德祥：《敦煌古代乐舞》，人民音乐出版社，2008。

高金荣：《敦煌石窟舞乐艺术》，甘肃人民出版社，2000。

胡开儒：《安西榆林窟》，新疆大学出版社，1997。

吉联抗译注《乐记译注》，阴法鲁校订，音乐出版社，1958。

季羡林主编《敦煌学大辞典》，上海辞书出版社，1998。

姜伯勤：《敦煌礼乐宗教与艺术文明——敦煌心史散论》，中国社会科学出版社，1996。

姜伯勤：《中国祆教艺术史研究》，生活·读书·新知三联书店，2004。

赖鹏举：《丝路佛教的图像与禅法》，圆光佛学研究所，2002。

李金娟：《敦煌莫高窟索义辩窟研究》，甘肃教育出版社，2018。

牛龙菲：《敦煌壁画乐史资料总录与研究》，敦煌文艺出版社，1991。

任半塘编著《敦煌歌辞总编》，上海古籍出版社，1987。

任继愈主编《佛教大辞典》，江苏古籍出版社，2002。

荣新江：《敦煌学十八讲》，北京大学出版社，2001。

荣新江：《归义军史研究——唐宋时代敦煌历史考索》，上海古籍出版社，1996。

沙武田：《吐蕃统治时期敦煌石窟研究》，中国社会科学出版社，2013。

沙武田：《榆林窟第25窟：敦煌图像中的唐蕃关系》，商务印书馆，2016。

石璋如：《莫高窟形（二）》，台北："中研院"历史语言研究所，1996。

孙星群：《西夏辽金音乐史稿》，中国青年出版社，1998。

台北历史博物馆编译《丝路上消失的王国——西夏黑水城的佛教艺术》，台北历史博物馆，1996。

唐耕耦、陆宏基编《敦煌社会经济文献真迹释录》第 3 辑，全国图书馆文献缩微复制中心，1990。

王惠民：《敦煌佛教图像研究》，浙江大学出版社，2016。

王惠民：《敦煌净土图像研究》，《法藏文库》81，台北：佛光山文教基金会，2003。

王克芬、柴剑虹：《箫管霓裳——敦煌乐舞》，甘肃教育出版社，2007。

吴天墀：《西夏史稿》，广西师范大学出版社，2006。

项楚：《敦煌变文选注（增订本）》，中华书局，2006。

项阳：《中国弓弦乐器史》，国际文化出版公司，1999。

萧默：《敦煌建筑研究》，机械工业出版社，2003。

阎文儒、陈玉龙编《向达先生纪念论文集》，新疆人民出版社，1986。

阎文儒：《中国石窟艺术总论》，天津古籍出版社，1987。

杨荫浏：《中国古代音乐史稿》上册，人民音乐出版社，1981。

殷光明：《敦煌壁画艺术与疑伪经》，民族出版社，2006。

张伯元：《安西榆林窟》，四川教育出版社，1995。

郑阿财、朱凤玉：《敦煌蒙书研究》，甘肃教育出版社，2002。

郑炳林、郑怡楠辑释《敦煌碑铭赞辑释（增订本）》，上海古籍出版社，2019。

郑汝中：《敦煌壁画乐舞研究》，甘肃教育出版社，2002。

郑学檬、郑炳林主编《中国敦煌学百年文库·文献卷》（一），甘肃文化出版社，1999。

朱晓峰：《唐代莫高窟壁画音乐图像研究》，甘肃教育出版社，2020。

朱晓峰：《榆林窟壁画乐舞图像研究》，文物出版社，2023。

庄壮：《敦煌石窟音乐》，甘肃人民出版社，1984。

〔法〕伯希和：《伯希和敦煌石窟笔记》，耿昇、唐健宾译，甘肃人民出版社，1993。

〔日〕岸边成雄：《唐代音乐史的研究》，梁在平、黄志炯译，台北：台湾中华书局，1973。

〔日〕岸边成雄:《古代丝绸之路的音乐》，王耀华译，人民音乐出版社，
1988。

〔日〕林谦三:《东亚乐器考》，音乐出版社，1962。

〔日〕松本荣一:《敦煌画研究》上册，林保尧、赵声良、李梅译，浙江大学
出版社，2019。

竺沙雅章『中国仏教社会史研究』同朋舎、1982。

四　论文

蔡渊迪:《杏雨书屋藏敦煌舞谱卷子校录并研究》，《敦煌研究》2012年第1期。

陈菊霞、曾俊琴:《莫高窟第217窟东壁供养人洪认生平考》，《敦煌研究》
2018年第4期。

陈菊霞:《敦煌莫高窟第217窟营建家族新探》，《故宫博物院院刊》2020年
第8期。

董锡玖:《敦煌壁画中的舞蹈艺术——"丝绸之路"上的乐舞之一》，董锡玖
编《敦煌舞蹈》，新疆美术摄影出版社、霍兰德出版有限公司，1992。

段文杰:《道教题材是如何进入佛教石窟的——莫高窟249窟窟顶壁画内容探
讨》，敦煌文物研究所编《1983年全国敦煌学术讨论会文集　石窟·艺术编》上
册，甘肃人民出版社，1985。

段文杰:《唐代前期的莫高窟艺术》，敦煌文物研究所编《中国石窟·敦煌莫
高窟》第3卷，文物出版社，1987。

段文杰:《榆林窟的壁画艺术》，敦煌研究院编《中国石窟·安西榆林窟》，
文物出版社，1989。

段文杰:《莫高窟唐代艺术中的服饰》，《段文杰敦煌石窟艺术论文集》，甘肃
人民出版社，1994。

樊锦诗、马世长、关友惠:《敦煌莫高窟北朝洞窟的分期》，敦煌文物研究所

编《中国石窟·敦煌莫高窟》第 1 卷，文物出版社，1981。

樊锦诗、关友惠、刘玉权:《莫高窟隋代石窟分期》，敦煌文物研究所编《中国石窟·敦煌莫高窟》第 2 卷，文物出版社，1984。

樊锦诗、刘玉权:《敦煌莫高窟唐前期洞窟分期》，敦煌研究院编《敦煌研究文集·敦煌石窟考古篇》，甘肃民族出版社，2000。

樊锦诗、赵青兰:《吐蕃占领时期莫高窟洞窟的分期研究》，敦煌研究院编《敦煌研究文集·敦煌石窟考古篇》，甘肃民族出版社，2000。

范泉:《莫高窟第 12 窟供养人题记、图像新探》，《敦煌研究》2007 年第 4 期。

傅熹年:《永乐宫壁画》，《文物参考资料》1957 年第 3 期。

高德祥、吕殿生:《敦煌石窟壁画中的吹奏乐器》，《乐府新声（沈阳音乐学院学报）》1989 年第 4 期。

高德祥:《敦煌石窟壁画中的各种鼓》，《乐器》1988 年第 2 期。

高德祥:《凤首箜篌考》，《中国音乐》1990 年第 1 期。

关友惠:《敦煌宋西夏石窟壁画装饰风格及其相关的问题》，敦煌研究院编《2004 年石窟研究国际学术会议论文集》下册，上海古籍出版社，2006。

贺世哲:《从供养人题记看莫高窟部分洞窟的营建年代》，敦煌研究院编《敦煌莫高窟供养人题记》，文物出版社，1986。

贺世哲:《关于敦煌莫高窟的三世佛与三佛造像》，《敦煌研究》1994 年第 2 期。

霍巍:《考察吐蕃时代社会文化"底色"的三个重要维度》，《思想战线》2018 年第 2 期。

霍熙亮整理《安西榆林窟内容总录》，敦煌研究院编《敦煌石窟内容总录》，文物出版社，1996。

暨远志:《张议潮出行图研究——兼论唐代节度使旌节制度》，《敦煌研究》1991 年第 3 期。

贾维维:《榆林窟第 3 窟壁画研究》，博士学位论文，首都师范大学，2014。

简佩琦:《敦煌报恩经变与变文〈双恩记〉残卷》，《敦煌学辑刊》2005 年第 1 期。

姜伯勤：《敦煌音声人略论》，《敦煌研究》1988 年第 4 期。

李成渝：《篪考》，《音乐研究》1997 年第 4 期。

李金娟：《莫高窟第 12 窟"索义辩出行图"研究》，《敦煌学辑刊》2016 年第 3 期。

李静杰：《敦煌莫高窟北朝隋代洞窟图像构成试论》，云冈石窟研究院编《2005 年云冈国际学术研讨会论文集·研究卷》，文物出版社，2006。

李翎：《早期金刚手图像考》，《新疆师范大学学报》2014 年第 5 期。

李永宁：《报恩经和莫高窟壁画报恩经变》，敦煌文物研究所编《中国石窟·敦煌莫高窟》第 4 卷，文物出版社，1987。

李玉珉：《敦煌莫高窟第三二一窟壁画初探》，《美术史研究集刊》第 16 期，2004 年。

李正宇：《敦煌地区古代祠庙寺观简志》，《敦煌学辑刊》1988 年第 1、2 期。

李正宇：《晚唐至宋敦煌听许僧人娶妻生子——敦煌世俗佛教系列研究之五（修订稿）》，郑炳林、樊锦诗、杨富学主编《敦煌佛教与禅宗学术讨论会文集》，三秦出版社，2007。

刘宏梅、杨富学：《敦煌西夏石窟研究的成就及面临的问题》，《西夏研究》2020 年第 S01 期。

刘玉权：《敦煌莫高窟、安西榆林窟西夏洞窟分期》，敦煌文物研究所编《敦煌研究文集》，甘肃人民出版社，1982。

刘玉权：《榆林窟第 3 窟〈千手经变〉研究》，《敦煌研究》1987 年第 4 期。

刘玉权：《关于沙州回鹘洞窟的划分》，《敦煌石窟研究国际讨论会文集·石窟考古编》，辽宁美术出版社，1990。

刘玉权：《敦煌西夏洞窟分期再议》，《敦煌研究》1998 年第 3 期。

刘永增：《"蝉折之笛"与所谓"义觜笛""异形笛"》，《敦煌研究》2000 年第 4 期。

刘永增：《敦煌石窟尊胜佛母曼荼罗图像解说》，《故宫博物院院刊》2013 年第 4 期。

陆鸿年:《永乐宫壁画艺术》,《美术研究》1959 年第 3 期。

马德:《敦煌新本 Дx02822〈杂集时用要字〉刍议》,《兰州学刊》2006 年第 1 期。

毛贞磊:《篪之疑说》,《黄钟(武汉音乐学院学报)》2012 年第 4 期。

乜小红:《唐五代敦煌音声人试探》,《敦煌研究》2003 年第 3 期。

宁强:《上士登仙图与维摩诘经变——莫高窟第 249 窟窟顶壁画再探》,《敦煌研究》1990 年第 1 期。

宁夏回族自治区文物管理委员会办公室、贺兰县文化局:《宁夏贺兰县宏佛塔清理简报》,《文物》1991 年第 8 期。

宁夏回族自治区文物考古研究所、银川市西夏陵区管理处:《宁夏银川市西夏 3 号陵园遗址发掘简报》,《考古》2002 年第 8 期。

彭金章:《千眼照见　千手护持——敦煌密教经变研究之三》,《敦煌研究》1996 年第 1 期。

任半塘:《〈双恩记〉变文简介》,《扬州师院学报》1980 年第 2 期。

沙武田:《瓜州榆林窟第 15 窟吐蕃装唐装组合供养伎乐考》,四川大学中国藏学研究所编《藏学学刊》第 18 辑,中国藏学出版社,2018。

山西省考古研究所、太原市文物管理委员会:《太原市北齐娄叡墓发掘简报》,《文物》1983 年第 10 期。

山西省考古研究所、忻州市文物管理处:《山西忻州市九原岗北朝壁画墓》,《考古》2015 年第 7 期。

施萍婷、贺世哲:《敦煌壁画中的法华经变初探》,敦煌文物研究所编《中国石窟·敦煌莫高窟》第 3 卷,文物出版社,1987。

施萍婷、范泉:《关于莫高窟第 217 窟南壁壁画的思考》,《敦煌研究》2011 年第 2 期。

施萍婷:《敦煌经变画略论》,敦煌研究院编《敦煌研究文集·敦煌石窟经变篇》,甘肃民族出版社,2000。

施萍婷:《敦煌经变画》,《敦煌研究》2011 年第 5 期。

史金波、白滨:《莫高窟榆林窟西夏文题记研究》,《考古学报》1982年第3期。

史苇湘:《敦煌莫高窟中的〈福田经变〉壁画》,《文物》1980年第9期。

史苇湘:《敦煌佛教艺术产生的历史依据》,《敦煌研究》1982年第1期。

史苇湘:《敦煌莫高窟的〈宝雨经变〉》,敦煌文物研究所编《1983年全国敦煌学术讨论会文集　石窟·艺术编》上册,甘肃人民出版社,1985。

史苇湘编《敦煌莫高窟大事年表(五)》,敦煌文物研究所编《中国石窟·敦煌莫高窟》第5卷,文物出版社,1987。

史苇湘:《关于敦煌莫高窟内容总录》,敦煌研究院编《敦煌石窟内容总录》,文物出版社,1996。

宿白:《东阳王与建平公(二稿)》,氏著《中国石窟寺研究》,文物出版社,1996。

孙机:《中国梵钟》,《考古与文物》1998年第5期。

孙星群:《西夏汉文本〈杂字〉"音乐部"之剖析》,《音乐研究》1991年第4期。

万庚育:《敦煌早期壁画中的天宫伎乐》,《敦煌研究》1988年第2期。

王惠民整理《安西东千佛洞内容总录》,敦煌研究院编《敦煌石窟内容总录》,文物出版社,1996。

王惠民:《敦煌321窟、74窟十轮经变考释》,中山大学艺术史研究中心编《艺术史研究》第6辑,中山大学出版社,2004。

王惠民:《敦煌莫高窟若干经变画辨识》,《敦煌研究》2010年第2期。

王惠民:《敦煌西夏洞窟分期及存在的问题》,《西夏研究》2011年第1期。

王惠民:《华严图像研究论著目录》,《敦煌学辑刊》2011年第4期。

王惠民:《敦煌早期洞窟分期及存在的问题》,《石河子大学学报》2015年第6期。

王惠民:《敦煌莫高窟第390窟"幽州总管府长史"题记考》,敦煌研究院编《2014敦煌论坛:敦煌石窟研究国际学术研讨会论文集》,甘肃教育出版社,2016。

王惠民:《敦煌莫高窟第390窟绘塑题材初探》,《敦煌研究》2017年第1期。

王小盾、高宇星:《敦煌舞谱:一个文化表象的生成与消亡》,《音乐艺术》2018 年第 2 期。

吴曼英临摹《经变中的伎乐菩萨形象》,吴曼英、李才秀、刘恩伯:《敦煌舞姿》,上海文艺出版社,1981。

向达:《莫高、榆林二窟杂考》,《文物参考资料》1951 年第 5 期。

谢重光:《吐蕃占领期与归义军时期的敦煌僧官制度》,《敦煌研究》1991 年第 3 期。

辛德勇:《唐代都邑的钟楼与鼓楼——从一个物质文化侧面看佛道两教对中国古代社会的影响》,《文史哲》2011 年第 4 期。

杨富学、刘璟:《榆林窟第 3 窟为元代西夏遗民窟新证》,《敦煌研究》2022 年第 6 期。

杨富学、刘璟:《再论榆林窟第 3 窟为元代皇家窟而非西夏皇家窟》,《形象史学》2022 年第 2 期。

杨森:《莫高窟壁画中的异形笛》,《敦煌研究》1988 年第 1 期。

阴法鲁:《从敦煌壁画论唐代的音乐舞蹈》,《文物参考资料》1951 年第 4 期。

袁德领:《试释莫高窟第 272 窟的内容》,《敦煌研究》2002 年第 5 期。

张景峰:《佛教两种末法观的对抗与阐释——敦煌莫高窟第 321 窟研究》,《敦煌学辑刊》2014 年第 3 期。

张景峰:《敦煌莫高窟第 321 窟营建年代初探》,《敦煌学辑刊》2016 年第 4 期。

张景峰:《敦煌莫高窟第 138 窟两铺报恩经变及其成因试析》,《敦煌学辑刊》2018 年第 4 期。

张世奇、沙武田:《敦煌西夏石窟研究综述》,《西夏研究》2014 年第 4 期。

张元林:《净土思想与仙界思想的合流——关于莫高窟第 249 窟窟顶西披壁画定名的再思考》,《敦煌研究》2003 年第 4 期。

张元林:《也谈莫高窟第 217 窟南壁壁画的定名——兼论与唐前期敦煌法华图像相关的两个问题》,《敦煌学辑刊》2011 年第 4 期。

赵晓星:《从人间仙境到佛教天堂——莫高窟第 249 窟窟顶图像溯源》,陈声柏主编《宗教对话与和谐社会（第三辑）——第三届"宗教对话与和谐社会"学术研讨会论文集》，宗教文化出版社，2012。

郑炳林、朱晓峰：《榆林窟和东千佛洞壁画上的拉弦乐器研究》，《敦煌学辑刊》2014年第2期。

郑炳林、朱晓峰：《壁画音乐图像与社会文化变迁——榆林窟和东千佛洞壁画上的拉弦乐器再研究》，《东北师大学报》2016年第1期。

郑汝中：《敦煌壁画乐器分类考略》，《敦煌研究》1988年第4期。

郑汝中：《新发现的莫高窟275窟音乐图像》，《敦煌研究》1992年第2期。

郑汝中：《榆林窟三窟千手观音经变乐器图》，氏著《敦煌壁画乐舞研究》，甘肃教育出版社，2002。

朱晓峰、刘致畅：《敦煌乐舞中的舞蹈：概念与分类》，《北京舞蹈学院学报》2021年第3期。

朱晓峰：《〈张议潮统军出行图〉仪仗乐队乐器考》，《敦煌研究》2015年第4期。

朱晓峰：《弹拨乐器流变考——以敦煌莫高窟壁画弦鼗图像为依据》，《中央音乐学院学报》2015年第4期。

朱晓峰：《敦煌画稿中的音乐图像研究》，《敦煌学辑刊》2017年第2期。

朱晓峰：《基于历史文献的胡旋舞考证》，《敦煌学辑刊》2019年第4期。

朱晓峰：《晚唐敦煌地区鼓类乐器制作考》，袁行霈主编《国学研究》第41卷，北京大学出版社，2019。

朱晓峰：《解读敦煌乐舞——敦煌乐舞研究方法之讨论》，《艺术评论》2020年第1期。

朱晓峰：《唐代莫高窟经变画乐舞图像述略》，《敦煌研究》2021年第6期。

庄壮：《榆林窟壁画中的音乐形象》，《中国音乐》1985年第3期。

庄壮：《西夏的胡琴和花盆鼓》，《敦煌研究》1997年第4期。

庄壮：《榆林窟、东千佛洞壁画上的拉弦乐器》，《交响——西安音乐学院学报》2004年第2期。

庄壮:《敦煌壁画乐器组合艺术》,《交响——西安音乐学院学报》2008 年第 1 期。

〔俄〕萨莫秀克:《西夏王国的星宿崇拜——圣彼得堡艾尔米塔什博物馆黑水城藏品分析》,谢继胜译,《敦煌研究》2004 年第 4 期。

〔日〕东山健吾:《敦煌莫高窟佛树下说法图形式的外来影响及其变迁》,贺小萍译,《敦煌研究》1991 年第 1 期。

〔日〕菊地淑子:《围绕敦煌莫高窟第 217 窟的开凿与重修之历史——汉语史料中的供养人》,颜菊馨译,《形象史学》2018 年第 2 期。

〔日〕秋山光和:《唐代壁画中的山水表现》,敦煌文物研究所编《中国石窟·敦煌莫高窟》第 5 卷,文物出版社,1987。

〔日〕水原渭江:《释北京图书馆藏敦煌舞谱残卷（No.820）的舞辞"皇"》,贺小萍译,《敦煌研究》2000 年第 3 期。

〔日〕下野玲子:《莫高窟第 217 窟南壁经变画新解》,丁淑君译,敦煌研究院信息资料中心编印《信息与参考》总第 6 期,2005。

〔日〕下野玲子:《莫高窟第 217 窟南壁经变新解》,牛源译,刘永增审校,《敦煌研究》2011 年第 2 期。

岸辺成雄「燉煌画に現われた音楽資料 -- ことに河西地方の音楽との関係について --」東洋音楽学会編『唐代の楽器』、日本音楽の友社、1968。

岸辺成雄「南北朝隋唐における河西の音楽 -- 西涼楽と胡部新声とについて --」東洋音楽学会編『唐代の楽器』、日本音楽の友社、1968。

原田淑人「千秋節宴樂考」『東亜古文化研究』座右宝刊行会、1940。

后　记

　　2018 年 9 月，由我主持的 2018 年度国家社科基金艺术学青年项目"'一带一路'视野下的敦煌石窟乐舞文化研究"获批立项，2023 年 7 月该项目正式结项，之后在结项成果基础上完成修订、增补后申报 2024 年度《国家哲学社会科学成果文库》，并于 2024 年 10 月正式入选。根据文库评审意见重新修改了书名，也就是现在看到的《敦煌石窟乐舞图像研究》。以上就是从项目立项到结项再到入选成果文库的全过程，尽管现在用寥寥数语就能够概括，但算起来也已经过去了近七年时间。

　　由于本书的主体是结项成果，因此个别章节内容已以论文形式作为项目阶段性成果发表，此次一并收入。按项目立项之初的设想，计划选取莫高窟不同时期具代表性乐舞图像的洞窟展开研究，这主要是考虑到莫高窟在整个敦煌石窟中的主体性和重要性。但在结项后申报文库的过程中，对内容进行了一定的调整，主要是以之前已完成研究的榆林窟部分洞窟替换了莫高窟同时期的部分洞窟，并且对这一部分内容重新进行了校改和补充，也就是本书现在的第五章和第七章，这是需要向读者交代清楚的。当然，这么做的目的也很明确——只有这样，书名中"乐舞图像研究"之前才可以当之无愧地冠以"敦煌石窟"四字。本书也算是我十余年敦煌乐舞研究的回顾和总结，以国家社科项目始，以哲社文库成果终，善始善终。

如将本书计算在内，截至现在我已独立出版学术专著三部，分别是对唐代莫高窟、榆林窟和敦煌石窟乐舞图像的研究，其中也穿插了关于敦煌文献、敦煌画稿等材料中乐舞的研究，而目前在研的国家社科基金项目是敦煌文献乐舞部分的全面整理与研究。之所以在此处罗列，主要是因为在长期以来的研究中，我始终试图寻找真正适合敦煌乐舞研究的系统或方法。当我以初学者进入敦煌乐舞这个领域时，绝大多数的研究采用"统计为纲、研究为目"的模式，内容则多以乐器或乐伎分类展开，也就是将乐舞视作研究的主体和核心。这样做无可厚非，而且也是众多学者实践经验累积而成的。坦率地讲，这个世界上不存在十全十美的研究模式，因此当我深入学习过这些学术成果后，发现这种模式对敦煌石窟的整体性研究存在某种消解。打一个不太恰当的比喻，就好像拿着一把"乐舞"的筛子，直接从敦煌石窟中筛出符合要求的内容，而忽略了乐舞所在的壁画以及壁画所在的洞窟，似乎有点"其余不问、唯寻乐舞"的意思。我们知道，乐舞是壁画的组成部分，而壁画又是洞窟的组成部分，因此乐舞作为洞窟中的内容，必须符合洞窟语言和壁画语境。也就是说，在研究中要时刻注意敦煌乐舞的特殊性，即壁画图像的形式、音乐舞蹈的内容和佛教为主的功能。所以，包括本书在内的研究采取了不同以往的思路，即以洞窟为研究单元，这样做的好处显而易见，就是弥补了研究"只见树木，不见森林"的遗憾，但与此同时似乎又滑向了另一个"极端"，就是难以观照敦煌石窟不同时期所有的乐舞图像，因为再宏大的叙事也不可能把敦煌所有洞窟中的乐舞都纳入其中。那么，如何做到在兼顾敦煌乐舞特殊性的同时又保证其整体性呢？相信读者会在我的下一本书里找到答案。

需要说明的是，本书共使用图片 300 余幅，其中除特别标注出处的图片外，其余敦煌石窟和法藏敦煌文献的图片分别由敦煌研究院文物数字化研究所和敦煌学信息中心提供，在此致以我最诚挚的感谢。同样，向对本书提供过支持和帮助的敦煌研究院、兰州大学和社会科学文献出版社的前辈、老师和同事致以我最诚挚的感谢。

如果从366年算起，敦煌乐舞很可能伴随敦煌石窟一同走过了一千六百余年。其中既有洞窟营建的刀劈斧凿，又有乐舞组合的娓娓铺陈；既有低眉垂目的颔首微笑，又有如天宝幢的不鼓自鸣。作为一个从事敦煌乐舞研究的工作者，我只是在用最普通的文字对乐舞做简单的记录和解读，相比于敦煌石窟寂寂无闻的建造者和敦煌研究院默默无闻的石窟人，我所做的其实微乎其微，但正如我的导师郑炳林先生在为本书作的序中所提到的："如果能在有生之年选择一个目标并为之努力奋斗其实是一件幸福的事。"所以我身处敦煌并研究敦煌就是幸福的。

2025 年 5 月 6 日凌晨于敦煌市东方瑞景 2082 室